U0822866

轻松过关® 1

2020年注册会计师考试
应试指导及全真模拟测试

经济法
（下册）

郭守杰　编著

东奥会计在线　组编

北京科学技术出版社

目　录

第二部分　同步辅导及强化训练

第三部分 跨章节综合题演练

第四部分　全真模拟测试题及参考答案

第七章 证券法律制度

本章考情分析

在最近3年的考试中，本章的平均分值为18分，2019年试卷一的分值为16.5分，试卷二的分值为19.5分。在四个案例分析题中，肯定有一个18分的题目来自公司法律制度和证券法律制度的结合，希望考生高度重视。

本章分为十个单元，共计46个考点。大多数考点需要准确理解，大多数考点需要死记硬背，复习难度非常大。复习本章需要20个小时或者更长的时间，自己花钱报的CPA，含泪也得坚持下去。

2020年教材的主要变化：（1）根据2020年3月1日起施行的《证券法》对本章内容进行了全面调整；（2）根据中国证监会2019年10月18日公布的《上市公司重大资产重组管理办法》，对“重大资产重组”的内容进行了重大调整；（3）对“非上市公众公司”的内容进行了重大调整。

需要说明的是，为了帮助考生更好地理解教材内容，本章未按照2020年教材的顺序编写。

最近3年题型、题量分析表

题型	2017年	2018年 试卷一	2018年 试卷二	2019年 试卷一	2019年 试卷二
单选题	2题2分	2题2分	2题2分	2题2分	2题2分
多选题	2题3分	1题1.5分	1题1.5分	1题1.5分	1题1.5分
案例分析题	12分	10分	18分	13分	16分
合计	17分	13.5分	21.5分	16.5分	19.5分

历年试题涉及本章的主要考点

考点	年份/题型
在主板和中小板上市的公司首次公开发行股票的条件	2017年单选题
在创业板上市的公司首次公开发行股票的条件	2019年单选题
科创板首次公开发行股票的发行条件和程序	2019年单选题
上市公司发行可转换公司债券	2010年单选题

续表

考点	年份/题型
上市公司非公开发行股票	2019 年案例分析题
优先股	2014 年案例分析题
公司债券	2014 年案例分析题、2015 年案例分析题、2017 年单选题、2017 年多选题、2018 年多选题
上市公司收购	2011 年案例分析题、2014 年单选题、2015 年多选题、2015 年案例分析题、2016 年单选题、2016 年案例分析题、2018 年案例分析题、2019 年案例分析题
重大资产重组	2015 年案例分析题、2016 年单选题、2016 年多选题、2016 年案例分析题、2017 年多选题、2018 年案例分析题
重大事件的披露	2010 年多选题、2016 年案例分析题、2017 年单选题、2017 年案例分析题、2019 年案例分析题
虚假陈述	2013 年案例分析题、2014 年单选题、2016 年单选题、2016 年案例分析题、2017 年案例分析题
内幕交易	2014 年单选题、2014 年案例分析题、2015 年案例分析题、2016 年案例分析题、2018 年单选题、2018 年案例分析题、2019 年案例分析题
证券的承销	2015 年多选题
股票的上市条件	2019 年案例分析题
大宗交易	2015 年单选题、2017 年多选题
重大违法行为强制退市制度	2019 年单选题
退市整理期	2015 年单选题
非上市公众公司	2014 年单选题、2014 年多选题、2015 年多选题、2017 年单选题、2018 年单选题、2019 年多选题

本章思维导图

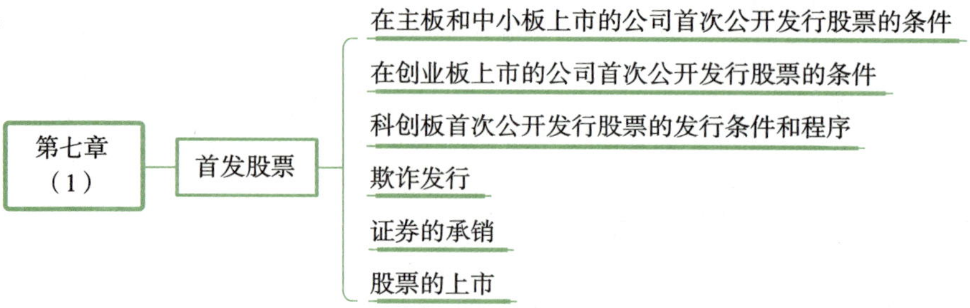

- 第七章（2）
  - 上市公司增发新股
    - 上市公司公开发行证券的一般条件
    - 配股条件
    - 增发条件
    - 上市公司发行普通的可转换公司债券
    - 上市公司发行分离交易的可转换公司债券
    - 上市公司非公开发行股票
    - 优先股
  - 公司债券
    - 公开发行公司债券
    - 公司债券持有人的权益保护
    - 非公开发行公司债券
  - 上市公司收购
    - 收购人
    - 权益变动披露
    - 全面要约还是部分要约？
    - 免于发出要约
    - 要约收购
    - 协议收购
  - 上市公司重大资产重组
    - 重大资产重组行为的界定
    - 发行股份购买资产
    - 重组上市
    - 公司决议
  - 信息披露制度
    - 定期报告
    - 重大事件
    - 信息披露的要求
  - 内幕交易
    - 内幕信息
    - 内幕交易行为
    - 短线交易
  - 虚假陈述
    - 虚假陈述行为的界定
    - 虚假陈述行为的行政责任
    - 虚假陈述行为的民事赔偿责任
    - 重大违法公司强制退市制度

- 第七章（3）
  - 非上市公众公司
    - 非上市公众公司的界定
    - 非上市公众公司向特定对象发行股票
    - 非上市公众公司向不特定合格投资者公开发行股票
    - 对非上市公众公司的监管
  - 其他规定
    - 《证券法》的适用范围
    - 股份转让的限制（综述）
    - 操纵证券市场行为
    - 编造、传播虚假信息的行为
    - 大宗交易制度
    - 退市整理期

本章核心考点解读

【解释 1】根据《证券法》的规定，有两种情况构成公开发行：(1) 向不特定对象发行证券；(2) 向特定对象发行证券累计超过 200 人，但依法实施员工持股计划的员工人数不计算在内。另外，非公开发行证券，不得采用广告、公开劝诱和变相公开方式。反而言之，如果采用了广告、公开劝诱等方式宣传证券发行活动，即可认定其构成了公开发行。

【解释 2】根据《证券法》的规定，公开发行证券，必须符合法律、行政法规规定的条件，并依法报经国务院证券监督管理机构或者国务院授权的部门注册。未经依法注册，任何单位和个人不得公开发行证券。证券发行注册制的具体范围、实施步骤，由国务院规定。2020 年 2 月 29 日，国务院办公厅印发《关于贯彻实施修订后的证券法有关工作的通知》。自 2020 年 3 月 1 日起，公司债券公开发行实行注册制。在科创板上市已经实行了注册制，在主板、中小板和创业板上市目前继续实行核准制。

【解释 3】公开发行的证券，应当在依法设立的证券交易所上市交易或者在国务院批准的其他全国性证券交易场所交易。我国目前有上海和深圳两家证券交易所。我国目前经国务院批准设立的全国性证券交易场所主要是全国中小企业股份转让系统。

【解释 4】如果一个上市公司需要筹资 10 亿元，是发行普通股、优先股还是公司债券？如果发行普通股，是公开发行（包括配股和增发）还是非公开发行（向不超过 35 人的特定对象进行定向增发）？如果发行优先股，是公开发行还是非公开发行？如果发行普通的公司债券，是公开发行还是非公开发行？如果选择发行可转换公司债券，是发行普通的可转换公司债券还是发行公司债券与认股权证分离交易的可转换公司债券？对于不同融资工具发行条件的异同，考生需要死记硬背，复习难度的确很大。但考生应清楚的是，本章的重中之重是上市公司收购与重组、虚假陈述和内幕交易（这部分内容复习难度并不是特别大，需要死记硬背的东西并不多），其次才是各种融资工具的发行条件。

表 7-1　是否需要中国证监会的核准？

具体情形				是否须经中国证监会的核准？
首发股票	在主板、中小板上市			√
	在创业板上市			√
	在科创板上市			注册制
增发股票	普通股	公开发行	配股	√
			增发	√
		非公开发行		√
	优先股	公开发行		√
		非公开发行		√
公司债券	普通的公司债券	公开发行		注册制
		非公开发行		×
	可转换公司债券	普通的可转换公司债券		√
		公司债券与认股权证分离交易的可转换公司债券		√

第一单元　首发股票

扫码听名师课

【解释】根据《证券法》的规定，公司首次公开发行新股，应当符合下列条件：(1) 具备健全且运行良好的组织机构；(2) 具有持续经营能力；(3) 最近 3 年财务会计报告被出具无保留意见审计报告；(4) 发行人及其控股股东、实际控制人最近 3 年不存在贪污、贿赂、侵占财产、挪用财产或者破坏社会主义市场经济秩序的刑事犯罪；(5) 经国务院批准的中国证监会规定的其他条件。

【考点 1】 在主板和中小板上市的公司首次公开发行股票的条件（★★★）（P238）①

根据中国证监会《首发管理办法》的规定，公司在主板和中小板首次公开发行股票，应当符合下列条件：

1. 持续经营时间 3 年以上

(1) 股份有限公司自成立后，持续经营时间在 3 年以上。

(2) 有限责任公司按原账面净资产值折股整体变更为股份有限公司的，持续经营时间可以从有限责任公司成立之日起计算，并达 3 年以上。

【解释 1】有限责任公司变更为股份有限公司时，折合的实收股本总额不得高于有限责任公司的净资产额。

【解释 2】经国务院批准，有限责任公司在依法变更为股份有限公司时，可以采取募集设立方式公开发行股票。

2. 最近 3 年稳定

发行人最近 3 年内主营业务和董事、高级管理人员没有发生重大变化，实际控制人没有发生变更。

【解释】如果发行人最近 3 年内持有、实际支配公司表决权比例最高的人发生变化，

① 为方便您在学习中可以快速了解知识点的重要程度，本书中将知识点进行分类。★★★代表重要知识点，★★代表次重要知识点，★代表非重要知识点。

且变化前后的股东不属于同一实际控制人，视为公司控制权发生变更。

3. 持续盈利能力

发行人应当具有持续盈利能力，不得有下列影响持续盈利能力的情形：

（1）发行人的经营模式、产品或者服务的品种结构已经或者将发生重大变化，并对发行人的持续盈利能力构成重大不利影响；

（2）发行人的行业地位或者发行人所处行业的经营环境已经或者将发生重大变化，并对发行人的持续盈利能力构成重大不利影响；

（3）发行人最近一个会计年度的营业收入或者净利润对关联方或者存在重大不确定性的客户存在重大依赖；

（4）发行人最近一个会计年度的净利润主要来自合并财务报表范围以外的投资收益；

（5）发行人在用的商标、专利、专有技术以及特许经营权等重要资产或者技术的取得或者使用存在重大不利变化的风险；

（6）其他可能对发行人持续盈利能力构成重大不利影响的情形。

4. 审计报告

由注册会计师出具了无保留意见的审计报告。

5. 财务指标

（1）最近3个会计年度净利润均为正数且累计超过人民币3000万元，净利润以扣除非经常性损益前后较低者为计算依据。

（2）最近3个会计年度经营活动产生的现金流量净额累计超过人民币5000万元；或者最近3个会计年度营业收入累计超过人民币3亿元。

（3）发行前股本总额不少于人民币3000万元。

（4）最近一期期末无形资产（扣除土地使用权、水面养殖权和采矿权等后）占净资产的比例不高于20%。

（5）最近一期期末不存在未弥补亏损。

【解释】符合中国证监会规定条件的试点企业，可不适用上述第（1）项、第（5）项财务指标要求。

6. 发行人的注册资本已足额缴纳，发起人或者股东用作出资的资产的财产权转移手续已办理完毕；发行人的主要资产不存在重大权属纠纷。

7. 法定障碍

（1）最近36个月内违反税收、土地、环保、海关以及其他法律、行政法规，受到行政处罚，且情节严重。

（2）涉嫌犯罪被司法机关立案侦查，尚未有明确结论意见。

8. 招股说明书

（1）招股说明书的有效期为6个月，自公开发行前招股说明书最后一次签署之日起算。

【相关链接】 上市公司公开发行证券的，公开募集证券说明书自最后签署之日起6个月内有效。

（2）招股说明书中引用的财务报表在其最近一期截止日后6个月内有效。特别情况下发行人可申请适当延长，但至多不超过1个月。

【解释】甲公司2020年7月10日申请首发，至少应提供截止日为2019年12月31日的财务会计报告。

经典题解

【真题·单选题】 根据证券法律制度的规定，招股说明书的有效期为6个月。该有效期的起算日是（　　）。（2017年）

A. 发行人全体董事在招股说明书上签名、盖章之日

B. 招股说明书在中国证监会指定网站第一次全文刊登之日

C. 公开发行前招股说明书最后一次签署之日

D. 保荐人及保荐代表人在核查意见上签字、盖章之日

【答案】 C

【考点2】在创业板上市的公司首次公开发行股票的条件（★★）（P241）

根据中国证监会《创业板首发管理办法》的规定，公司在创业板首次公开发行股票，应当符合下列条件：

1. 发行人是依法设立且持续经营3年以上的股份有限公司；有限责任公司按原账面净资产值折股整体变更为股份有限公司的，持续经营时间可以从有限责任公司成立之日起计算。

2. 最近2年连续盈利，最近2年净利润累计不少于1000万元；或者最近1年盈利，最近1年营业收入不少于5000万元。净利润以扣除非经常性损益前后孰低者为计算依据。

3. 最近一期期末净资产不少于2000万元，且不存在未弥补亏损。

【解释】符合中国证监会规定条件的试点企业，可不适用上述第2项规定和第3项“不存在未弥补亏损”的条件。

4. 发行后股本总额不少于3000万元。

5. 发行人最近2年内主营业务和董事、高级管理人员均没有发生重大变化，实际控制人没有发生变更。

6. 发行人的注册资本已足额缴纳，发起人或者股东用作出资的资产的财产权转移手续已办理完毕；发行人的主要资产不存在重大权属纠纷。

7. 发行人的股权清晰，控股股东和受控股股东、实际控制人支配的股东所持发行人的股份不存在重大权属纠纷。

8. 发行人应当主要经营一种业务，其生产经营活动符合法律、行政法规和公司章程的规定，符合国家产业政策及环境保护政策。

9. 发行人具有完善的公司治理结构，依法建立健全股东大会、董事会、监事会以及独立董事、董事会秘书、审计委员会制度，相关机构和人员能够依法履行职责。发行人应当建立健全股东投票计票制度，建立发行人与股东之间的多元化纠纷解决机制，切实保障投资者依法行使收益权、知情权、参与权、监督权等股东权利。

10. 发行人会计基础工作规范，财务报表的编制和披露符合企业会计准则和相关信息披露规则的规定，在所有重大方面公允地反映了发行人的财务状况、经营成果和现金流量，并由注册会计师出具无保留意见的审计报告。

11. 发行人内部控制制度健全且被有效执行，能够合理保证公司运行效率、合法合规和财务报告的可靠性，并由注册会计师出具无保留结论的内部控制鉴证报告。

12. 发行人的董事、监事和高级管理人员应当忠实、勤勉，具备法律、行政法规和规章规定的资格，且不存在下列情形：

（1）被中国证监会采取证券市场禁入措施尚在禁入期的；

（2）最近3年内受到中国证监会行政处罚，或者最近1年内受到证券交易所公开谴责的；

（3）因涉嫌犯罪被司法机关立案侦查或者涉嫌违法违规被中国证监会立案调查，尚未有明确结论意见的。

13. 发行人及其控股股东、实际控制人最近3年内不存在损害投资者合法权益和社会公共利益的重大违法行为；发行人及其控股股东、实际控制人最近3年内不存在未经《证券法》规定的程序，擅自公开或者变相公开发行证券，或者有关违法行为虽然发生在3年前，但目前仍处于持续状态的情形。

经典题解

【真题·单选题】 根据证券法律制度的规定，公司申请在创业板公开发行股票并上市的，在不存在未弥补亏损的情况下，其最近一期期末净资产的最低金额应当是（　　）。（2019年）

A. 1000万元　　B. 4000万元

C. 2000万元　　D. 3000万元

【答案】 C

表7-2　首次公开发行股票的条件

	在主板和中小板上市	在创业板上市
成立满3年的规定	√	√
由注册会计师出具了无保留意见的审计报告	√	√
由注册会计师出具了无保留结论的内部控制鉴证报告	√	√
最近一期期末不存在未弥补亏损	√	√
主营业务和董事、高级管理人员均没有发生重大变化，实际控制人没有发生变更	最近3年内	最近2年内
股本总额不少于3000万元	发行前	发行后
盈利能力	（1）最近3个会计年度净利润均为正数且累计超过人民币3000万元 （2）最近3个会计年度经营活动产生的现金流量净额累计超过人民币5000万元；或者最近3个会计年度营业收入累计超过人民币3亿元	最近2年连续盈利，最近2年净利润累计不少于1000万元；或者最近1年盈利，最近1年营业收入不少于5000万元
净资产	最近一期期末无形资产（扣除土地使用权、水面养殖权和采矿权等后）占净资产的比例不高于20%	最近一期期末净资产不少于2000万元

【考点3】科创板首次公开发行股票的发行条件和程序（★★★）（P242）

根据中国证监会2019年1月公布的《关于在上海证券交易所设立科创板并试点注册制的实施意见》，上海证券交易所设立科创板并试点注册制。

1. 在科创板上市的公司首次公开发行股票的条件

（1）发行人是依法设立且持续经营3年以上的股份有限公司，具备健全且运行良好的组织机构，相关机构和人员能够依法履行职责。有限责任公司按原账面净资产值折股整体变更为股份有限公司的，持续经营时间可以从有限责任公司成立之日起计算。

（2）发行人会计基础工作规范，财务报表的编制和披露符合企业会计准则和相关信息披露规则的规定，在所有重大方面公允地反映了发行人的财务状况、经营成果和现金流量，并由注册会计师出具标准无保留意见的审计报告。发行人内部控制制度健全且被有效执行，能够合理保证公司运行效率、合法合规和财务报告的可靠性，并由注册会计师出具无保留结论的内部控制鉴证报告。

（3）发行人业务完整，具有直接面向市场独立持续经营的能力：

①资产完整，业务及人员、财务、机构独立，与控股股东、实际控制人及其控制的其他企业间不存在对发行人构成重大不利影响的同业竞争，不存在严重影响独立性或者显失公平的关联交易。

②发行人主营业务、控制权、管理团队和核心技术人员稳定，最近2年内主营业务和董事、高级管理人员及核心技术人员均没有发生

重大不利变化；控股股东和受控股股东、实际控制人支配的股东所持发行人的股份权属清晰，最近2年实际控制人没有发生变更，不存在导致控制权可能变更的重大权属纠纷。

③发行人不存在主要资产、核心技术、商标等的重大权属纠纷，重大偿债风险，重大担保、诉讼、仲裁等或有事项，经营环境已经或者将要发生重大变化等对持续经营有重大不利影响的事项。

（4）生产经营合法合规，相关主体不存在法定的违法违规记录：

①发行人生产经营符合法律、行政法规的规定，符合国家产业政策。

②最近3年内发行人及其控股股东、实际控制人不存在贪污、贿赂、侵占财产、挪用财产或者破坏社会主义市场经济秩序的刑事犯罪，不存在欺诈发行、重大信息披露违法或者其他涉及国家安全、公共安全、生态安全、生产安全、公众健康安全等领域的重大违法行为。

③董事、监事和高级管理人员不存在最近3年内受到中国证监会行政处罚，或者因涉嫌犯罪被司法机关立案侦查或者涉嫌违法违规被中国证监会立案调查，尚未有明确结论意见等情形。

2. 科创板首次公开发行股票的发行程序

（1）发行人董事会应当依法就本次股票发行的具体方案、本次募集资金使用的可行性及其他必须明确的事项作出决议，并提请股东大会批准。

（2）发行人申请首次公开发行股票并在科创板上市，应当按照中国证监会有关规定制作注册申请文件，由保荐人保荐并向交易所申报。

（3）交易所应当自受理注册申请文件之日起3个月内形成审核意见。同意发行人股票公开发行并上市的，将审核意见、发行人注册申请文件及相关审核资料报送中国证监会履行发行注册程序。

（4）中国证监会在20个工作日内对发行人的注册申请作出同意注册或者不予注册的决定。

（5）中国证监会同意注册的决定自作出之日起1年内有效，发行人应当在注册决定有效期内发行股票，发行时点由发行人自主选择。

（6）交易所因不同意发行人股票公开发行并上市，作出终止发行上市审核决定，或者中国证监会作出不予注册决定的，自决定作出之日起6个月后，发行人可以再次提出公开发行股票并上市申请。

经典题解

【真题·单选题】 根据证券法律制度的规定，在科创板申请公开发行股票并上市的公司，作出同意或者不同意股票公开发行并上市的审核意见的是(　　)。(2019年)

A. 保荐人

B. 中国证券业协会

C. 证券交易所

D. 中国证监会

【答案】 C

【考点4】欺诈发行（★★）（P245）（2020年新增）

1. 尚未发行

根据《证券法》的规定，国务院证券监督管理机构或者国务院授权的部门对已作出的证券发行注册的决定，发现不符合法定条件或者法定程序，尚未发行证券的，应当予以撤销，停止发行。

2. 已经发行尚未上市

已经发行尚未上市的，撤销发行注册决定，发行人应当按照发行价并加算银行同期存款利息返还证券持有人；发行人的控股股东、实际控制人以及保荐人，应当与发行人承担连带责任，但是能够证明自己没有过错的除外。

3. 已经上市

股票的发行人在招股说明书等证券发行文件中隐瞒重要事实或者编造重大虚假内容，已经发行并上市的，国务院证券监督管理机构可以责令发行人回购证券，或者责令负有责任的控股股东、实际控制人买回证券。

【考点5】证券的承销（★★）（P245）

1. 发行人向不特定对象发行的证券，法律、行政法规规定应当由证券公司承销的，发行人应当同证券公司签订承销协议。公开发行证券的发行人有权依法自主选择承销的证券公司。

2. 证券承销业务采取代销或者包销方式。证券代销是指证券公司代发行人发售证券，在承销期结束时，将未售出的证券全部退还给发行人的承销方式。证券包销是指证券公司将发行人的证券按照协议全部购入或者在承销期结束时将售后剩余证券全部自行购入的承销方式。

3. 向不特定对象发行证券聘请承销团承销的，承销团应当由主承销和参与承销的证券公司组成。

4. 证券的代销、包销期限最长不得超过90日。

5. 证券公司在代销、包销期内，对所代销、包销的证券应当保证先行出售给认购人，证券公司不得为本公司预留所代销的证券和预先购入并留存所包销的证券。

6. 股票发行采取溢价发行的，其发行价格由发行人与承销的证券公司协商确定。

7. 股票发行采用代销方式，代销期限届满，向投资者出售的股票数量未达到拟公开发行股票数量70%的，为发行失败。发行人应当按照发行价并加算银行同期存款利息返还股票认购人。

经典题解

【真题·多选题】 甲公司委托乙证券公司以代销方式公开发行股票6000万股，代销期限届满，投资者认购甲公司股票的数量为4000万股。根据证券法律制度的规定，下列表述中，正确的有（　　）。（2015年）

A. 甲公司应当以自有资金购入剩余的2000万股

B. 股票发行失败

C. 甲公司可以更换承销商，继续销售剩余的2000万股

D. 应当返还已收取的4000万股发行价款，并加算银行同期存款利息

【答案】 BD

【考点6】股票的上市（★★★）（P269）

1. 申请股票上市交易，应当向证券交易所提出申请，由证券交易所依法审核同意，并由双方签订上市协议。

2. 上市条件（2019年案例分析题）

根据《上海证券交易所股票上市规则》，发行人首次公开发行股票后申请其股票在证券交易所上市，应当符合下列条件：

（1）股票经中国证监会核准已公开发行；

（2）公司股本总额不少于人民币5000万元；

（3）公开发行的股份达到公司股份总数的25%以上；公司股本总额超过人民币4亿元的，公开发行股份的比例为10%以上；

（4）公司最近3年无重大违法行为，财务会计报告无虚假记载；

（5）本证券交易所要求的其他条件。

【解释1】股权分布不具备上市条件，是指社会公众股东持有的股份连续20个交易日低于公司总股本的25%，公司股本总额超过人民币4亿元的，低于公司总股本的10%。

【解释2】社会公众股东是指不包括下列股东的上市公司其他股东：（1）持有上市公司10%以上股份的股东及其一致行动人；（2）上市公司的董事、监事、高级管理人员及其关联人。

第二单元　上市公司增发新股

扫码听名师课

【考点1】上市公司公开发行证券的一般条件（★★★）（P247）

1. 上市公司的组织机构健全、运行良好，符合下列规定：

（1）公司章程合法有效，股东大会、董事会、监事会和独立董事制度健全，能够依法有效履行职责。

（2）公司内部控制制度健全，能够有效保证公司运行的效率、合法合规性和财务报告的可靠性；内部控制制度的完整性、合理性、有效性不存在重大缺陷。

（3）现任董事、监事和高级管理人员具备任职资格，能够忠实和勤勉地履行职务，不存在违反《公司法》第147条、第148条规定的行为，且最近36个月内未受到过中国证监会的行政处罚、最近12个月内未受到过证券交易所的公开谴责。

【《公司法》第147条】董事、监事、高级管理人员不得利用职权收受贿赂或者其他非法收入，不得侵占公司的财产。

【《公司法》第148条】董事、高级管理人员不得有下列行为（包括但不限于）：（1）违反公司章程的规定或者未经股东会、股东大会同意，与本公司订立合同或者进行交易；（2）未经股东会或者股东大会同意，利用职务便利为自己或者他人谋取属于公司的商业机会，自营或者为他人经营与所任职公司同类的业务。

（4）上市公司与控股股东或者实际控制人的人员、资产、财务分开，机构、业务独立，能够自主经营管理。

（5）最近12个月内不存在违规对外提供担保的行为。

【解释1】须经股东大会审批的对外担保包括：（1）上市公司及其控股子公司的对外担保总额，达到或者超过最近一期经审计净资产50%以后提供的任何担保；（2）上市公司的对外担保总额，达到或者超过最近一期经审计总资产的30%以后提供的任何担保；（3）为资产负债率超过70%的担保对象提供的担保；（4）单笔担保额超过最近一期经审计净资产10%的担保；（5）上市公司对股东、实际控制人及其关联方提供的担保。

【解释2】股东大会在审议为股东、实际控制人提供担保的议案时，该股东或者受该实际控制人支配的股东，不得参与该项表决，该项表决由出席股东大会的其他股东所持表决权的过半数通过。

2. 上市公司的盈利能力具有可持续性，符合下列规定：

（1）最近3个会计年度连续盈利。扣除非经常性损益后的净利润与扣除前的净利润相比，以低者作为计算依据。

（2）业务和盈利来源相对稳定，不存在严重依赖于控股股东、实际控制人的情形。

（3）现有主营业务或者投资方向能够可持续发展，经营模式和投资计划稳健，主要产品或者服务的市场前景良好，行业经营环境和市场需求不存在现实或者可预见的重大不利变化。

（4）高级管理人员和核心技术人员稳定，最近12个月内未发生重大不利变化。

【在主板和中小板首发股票】发行人最近3年内主营业务和董事、高级管理人员没有发生重大变化，实际控制人没有发生变更。

【在创业板首发股票】发行人最近2年内主营业务和董事、高级管理人员均没有发生重大变化，实际控制人没有发生变更。

【在科创板首发股票】最近2年内主营业务和董事、高级管理人员及核心技术人员均没有发生重大不利变化，实际控制人没有发生变更。

（5）公司重要资产、核心技术或其他重大权益的取得合法，能够持续使用，不存在现实或者可预见的重大不利变化。

（6）不存在可能严重影响公司持续经营

的担保、诉讼、仲裁或其他重大事项。

(7) 最近 24 个月内曾公开发行证券的，不存在发行当年营业利润比上年下降 50% 以上的情形。

3. 上市公司的财务状况良好，符合下列规定：

(1) 会计基础工作规范，严格遵循国家统一会计制度的规定。

(2) 最近 3 年及一期财务报表未被注册会计师出具保留意见、否定意见或者无法表示意见的审计报告；被注册会计师出具带强调事项段的无保留意见审计报告的，所涉及的事项对发行人无重大不利影响或者在发行前重大不利影响已经消除。

(3) 资产质量良好，不良资产不足以对公司财务状况造成重大不利影响。

(4) 经营成果真实，现金流量正常。营业收入和成本费用的确认严格遵循国家有关企业会计准则的规定，最近 3 年资产减值准备计提充分合理，不存在操纵经营业绩的情形。

(5) 最近3 年以现金方式累计分配的利润不少于最近3 年实现的年均可分配利润的 30%。

4. 上市公司最近 36 个月内财务会计文件无虚假记载，且不存在下列重大违法行为：

(1) 违反证券法律、行政法规或者规章，受到中国证监会的行政处罚，或者受到刑事处罚。

(2) 违反工商、税收、土地、环保、海关法律、行政法规或者规章，受到行政处罚且情节严重，或者受到刑事处罚。

(3) 违反国家其他法律、行政法规且情节严重的行为。

5. 上市公司募集资金的数额和使用应当符合下列规定：

(1) 募集资金数额不超过项目需要量。

(2) 募集资金用途符合国家产业政策和有关环境保护、土地管理等法律和行政法规的规定。

(3) 除金融类企业外，本次募集资金使用项目不得为持有交易性金融资产和可供出售的金融资产、借予他人、委托理财等财务性投资，不得直接或者间接投资于以买卖有价证券为主要业务的公司。

(4) 投资项目实施后，不会与控股股东或者实际控制人产生同业竞争或者影响公司生产经营的独立性。

(5) 建立募集资金专项存储制度，募集资金必须存放于公司董事会决定的专项账户。

6. 上市公司存在下列情形之一的，不得公开发行证券：

(1) 本次发行申请文件有虚假记载、误导性陈述或者重大遗漏。

(2) 擅自改变前次公开发行证券募集资金的用途而未作纠正。

(3) 上市公司最近 12 个月内受到过证券交易所的公开谴责。

(4) 上市公司及其控股股东或者实际控制人最近 12 个月内存在未履行向投资者作出的公开承诺的行为。

(5) 上市公司或其现任董事、高级管理人员(不包括监事) 因涉嫌犯罪被司法机关立案侦查或者涉嫌违法违规被中国证监会立案调查。

(6) 严重损害投资者的合法权益和社会公共利益的其他情形。

7. 股东大会

股东大会就发行证券事项作出决议，必须经出席会议的股东所持表决权的 2/3 以上通过。

8. 中国证监会的核准

(1) 上市公司申请公开发行证券或者非公开发行新股，应当由保荐人保荐，并向中国证监会申报。

(2) 自中国证监会核准发行之日起，上市公司应在 12 个月内发行证券；超过 12 个月未发行的，核准文件失效，须重新经中国证监会核准后方可发行。

【考点 2】 配股条件 (★★) (P248)

上市公司配股除了应满足公开发行证券的一般条件外，还应当符合以下条件：

1. 拟配售股份数量不超过本次配售股份前股本总额的30%。

2. 控股股东应当在股东大会召开前公开承诺认配股份的数量。

3. 采用代销方式发行。控股股东不履行认配股份的承诺，或者代销期限届满，原股东认购股票的数量未达到拟配售数量70%的，发行人应当按照发行价并加算银行同期存款利息返还已经认购的股东。

【案例】 2020年1月13日，国海证券发布配股发行结果公告。本次国海证券配股按照每10股配3股的比例配售，共计可配售股份总数为12.65亿股（未超过本次配售股份前股本总额的30%），发行价格为3.25元/股，全部采取网上定价发行方式。截至认购缴款结束日，有效认购数量为12.29亿股，占本次可配售股份总数的97.18%（超过了拟配售数量的70%），认购金额为39.94亿元。其中，公司控股股东广西投资集团及其他主要股东均履行了全额认购的承诺。本次配股发行成功。

【考点3】 增发条件（★★）（P249）

上市公司向不特定对象公开募集股份（以下简称“增发”），除了应满足公开发行证券的一般条件外，还应当符合以下条件：

1. 最近3个会计年度加权平均净资产收益率平均不低于6%，扣除非经常性损益后的净利润与扣除前的净利润相比，以低者作为加权平均净资产收益率的计算依据。

2. 除金融类企业外，最近一期期末不存在持有金额较大的交易性金融资产和可供出售的金融资产、借予他人款项、委托理财等财务性投资的情形。

3. 发行价格应不低于公告招股意向书前20个交易日公司股票均价或者前一个交易日的均价。

【考点4】 上市公司发行普通的可转换公司债券（★★★）（P262）

1. 发行条件

上市公司发行普通的可转换公司债券，除了应满足公开发行证券的一般条件外，还应当符合以下条件：

（1）最近3个会计年度加权平均净资产收益率平均不低于6%，扣除非经常性损益后的净利润与扣除前的净利润相比，以低者作为加权平均净资产收益率的计算依据。

（2）最近3个会计年度实现的平均可分配利润不少于公司债券1年的利息。

2. 可转换公司债券的期限最短为1年，最长为6年。可转换公司债券每张面值100元。

3. 公开发行可转换公司债券，应当委托具有资格的资信评级机构进行信用评级和跟踪评级。资信评级机构每年至少公告一次跟踪评级报告。

4. 债券持有人会议

存在下列事项之一的，应当召开债券持有人会议：

（1）拟变更募集说明书的约定；

（2）发行人不能按期支付本息；

（3）发行人减资、合并、分立、解散或者申请破产；

（4）保证人或者担保物发生重大变化；

（5）其他影响债券持有人重大权益的事项。

5. 担保

（1）公开发行可转换公司债券，应当提供担保，但最近一期期末经审计的净资产不低于人民币15亿元的公司除外。

（2）提供担保的，应当为全额担保，担保范围包括债券本金及利息、违约金、损害赔偿金和实现债权的费用。

（3）以保证方式提供担保的，应当为连带责任担保，且保证人最近一期经审计的净资产额应不低于其累计对外担保的金额。

（4）证券公司或者上市公司不得作为发行可转债的担保人，但上市商业银行除外。

经典题解

【真题·单选题】 根据证券法律制度的规定，下列关于上市公司公开发行可转换公司

债券的表述中，正确的是(　　)。(2010年)

A. 所有上市公司公开发行可转换公司债券均应由第三方提供担保

B. 上市商业银行可以作为上市公司公开发行可转换公司债券的担保人

C. 证券公司可以作为上市公司公开发行可转换公司债券的担保人

D. 以保证方式提供担保的，可以为一般保证

【答案】 B

6. 转股期限

可转换公司债券自发行结束之日起6个月之后方可转换为公司股票，转股期限由上市公司根据可转换公司债券的存续期限及公司财务状况确定。

【解释】转股期限在募集说明书中应明确约定，可以约定9个月，但不得少于6个月。

7. 转股价格

(1) 转股价格应不低于募集说明书公告日前20个交易日该公司股票交易均价和前一交易日的均价。

(2) 发行可转换公司债券后，因配股、增发、送股、派息、分立及其他原因引起上市公司股份变动的，应当同时调整转股价格。

(3) 募集说明书约定转股价格向下修正条款的，应当同时约定：

①转股价格修正方案须提交公司股东大会表决，且须经出席会议的股东所持表决权的2/3以上同意。股东大会进行表决时，持有公司可转换债券的股东应当回避；

②修正后的转股价格不低于前项规定的股东大会召开日前20个交易日该公司股票交易均价和前一交易日的均价。

【考点5】 上市公司发行分离交易的可转换公司债券(★★★)(P261)

1. 发行条件

上市公司发行分离交易的可转换公司债券，除了应满足公开发行证券的一般条件外，还应当符合以下条件：

(1) 公司最近一期期末经审计的净资产不低于人民币15亿元。

(2) 最近3个会计年度实现的年均可分配利润不少于公司债券1年的利息。

(3) 最近3个会计年度经营活动产生的现金流量净额平均不少于公司债券1年的利息，但最近3个会计年度加权平均净资产收益率平均不低于6%的除外。

(4) 预计所附认股权全部行权后募集的资金总量不超过拟发行公司债券金额。

2. 分离交易的可转换公司债券的期限最短为1年。

3. 认股权证

(1) 行权价格

认股权证的行权价格应不低于公告募集说明书日前20个交易日公司股票均价和前一个交易日的均价。

(2) 存续期间

认股权证的存续期间不超过公司债券的期限，自发行结束之日起不少于6个月。

(3) 行权期间

认股权证自发行结束至少已满6个月起方可行权，行权期间为存续期限届满前的一段期间，或者是存续期限内的特定交易日。

【案例】 甲上市公司董事会于2006年11月7日发布公告：公司本次发行分离交易的可转换公司债券已经获得中国证监会核准。公司拟发行55亿元分离交易的可转换公司债券，票面金额为100元，债券期限为5年，票面利率为2%。本次发行的分离交易可转债的到期日为2011年11月13日，兑付日期为到期日2011年11月13日之后的5个工作日。每张分离交易可转债的最终认购人可以同时获得发行人派发的23份认股权证(可以认购23股甲公司股票)，每张权证的认购价格为人民币3.40元/股。

【分析1】王某投资9000元购得90张分离交易可转债，同时也可获得甲上市公司派发的2070份(90×23)认股权证。注意公司债券与认股权证是分开上市交易的：(1)甲公司的公司债券上市首日开盘价为83元/张，

王某抛售可获得7470元（83×90张）收益；（2）甲公司的认股权证上市首日开盘价为1.133元/份，王某抛售可获得2345.31元（1.133×2070份）收益；（3）两项收益合计扣除9000元成本可以获利815.31元（不考虑手续费等支出）。

【分析2】（1）如果王某持有的90张公司债券坚持不抛售，5年以后可以按照约定得到本息（只是债券利率偏低）；（2）如果在认股权证的行权期间，甲公司的股票价格一直在3.40元以下，王某持有的2070份认股权证有可能一文不值。

【解释】（1）行权价格3.40元应不低于公告募集说明书日前20个交易日甲上市公司股票均价和前一个交易日的均价；（2）在行权价格3.40元/股既定的情况下，为什么每张分离交易可转债的最终认购人不得获得40份认股权证？根据规定，预计所附认股权全部行权后募集的资金总量不超过拟发行公司债券金额。在本题中，每张分离交易可转债的面值为100元，假设该上市公司就发行1张，即本次发行公司债券的募集金额为100元；如果向每张公司债券的最终认购人派发40份认股权证，全部行权后募集的资金为136元（3.40×40），超过了拟发行公司债券金额100元。

表7-3 普通的可转债与分离交易的可转债的比较

		普通的可转债	分离交易的可转债
发行条件	最近3个会计年度加权平均净资产收益率	平均不低于6%	最近3个会计年度经营活动产生的现金流量净额平均不少于公司债券1年的利息，但最近3个会计年度加权平均净资产收益率平均不低于6%除外
	净资产	×	最近一期期末经审计的净资产不低于人民币15亿元
	最近3个会计年度实现的年均可分配利润不少于公司债券1年的利息	√	√
期限		最短为1年，最长为6年	最短为1年
转股期限/行权期间		自发行结束之日起6个月后方可转换为公司股票	自发行结束至少已满6个月起方可行权
转股价格/行权价格		转股价格应不低于募集说明书公告日前20个交易日该公司股票交易均价和前一交易日的均价	行权价格应不低于公告募集说明书日前20个交易日公司股票均价和前一个交易日的均价

【考点6】上市公司非公开发行股票（★★）（P249）

【解释】2020年2月14日，中国证监会发布了修订后的《上市公司非公开发行股票实施细则》，对“上市公司非公开发行股票”的内容进行了多处重大调整。由于时间关系，2020年教材未能及时更新。经慎重考虑，本书是按照中国证监会的最新规定编写的。对于一些过时的规定，出题老师会合理回避，考生不必杞人忧天。

1. 发行对象（新规定）

（1）发行对象不超过35名，即认购并获得本次非公开发行股票的法人、自然人或者其他合法投资组织不超过35名。

（2）证券投资基金管理公司、证券公司、合格境外机构投资者、人民币合格境外机构投资者以其管理的两只以上产品认购的，视为一个发行对象。

（3）信托公司作为发行对象，只能以自有资金认购。

（4）发行对象为境外战略投资者的，应当经国务院相关部门事先批准。

2. 发行底价（新规定）

（1）发行价格不低于定价基准日前20个交易日公司股票均价的80%。

（2）定价基准日是指计算发行底价的基准日。定价基准日一般为本次非公开发行股票的发行期首日。

3. 锁定期（新规定）

（1）18个月

上市公司董事会决议提前确定全部发行对象，且属于下列情形之一的，定价基准日可以为关于本次非公开发行股票的董事会决议公告日、股东大会决议公告日或者发行期首日，认购的股份自发行结束之日起18个月内不得转让：

①上市公司的控股股东、实际控制人或其控制的关联人；

②通过认购本次发行的股份取得上市公司实际控制权的投资者；

③董事会拟引入的境内外战略投资者。

（2）6个月

除上述情形之外的发行对象，上市公司应当在取得发行核准批文后，按照规定以竞价方式确定发行价格和发行对象。发行对象认购的股份自发行结束之日起6个月内不得转让。

4. 不得非公开发行股票的情形（新旧规定一致）

（1）本次发行申请文件有虚假记载、误导性陈述或者重大遗漏；

（2）上市公司的权益被控股股东或者实际控制人严重损害且尚未消除；

（3）上市公司及其附属公司违规对外提供担保且尚未解除；

（4）现任董事、高级管理人员（不包括监事）最近36个月内受到过中国证监会的行政处罚，或者最近12个月内受到过证券交易所公开谴责；

（5）上市公司或其现任董事、高级管理人员（不包括监事）因涉嫌犯罪正被司法机关立案侦查或者涉嫌违法违规正被中国证监会立案调查；

（6）最近一年及一期财务报表被注册会计师出具保留意见、否定意见或者无法表示意见的审计报告。保留意见、否定意见或者无法表示意见所涉及事项的重大影响已经消除或者本次发行涉及重大重组的除外；

（7）严重损害投资者合法权益和社会公共利益的其他情形。

5. 股东大会决议（新旧规定一致）

（1）上市公司非公开发行股票，应当经出席股东大会的股东所持表决权的2/3以上通过。

（2）本次发行涉及关联股东的，应当回避表决。关联股东是指董事会决议已确定为本次发行对象的股东及其关联人。（2019年案例分析题）

【相关链接】 经上市公司股东大会非关联股东批准，投资者取得上市公司向其发行的新股，导致其在该公司拥有权益的股份超过该公司已发行股份的30%，投资者承诺3年内不转让本次向其发行的新股，且公司股东大会同意投资者免于发出要约的，投资者可以免于发出要约。

【考点7】优先股（★★★）（P254）

1. 优先股的发行主体

（1）只有上市公司和非上市公众公司可以发行优先股。

（2）上市公司可以公开发行优先股，也可以非公开发行优先股；而非上市公众公司只能非公开发行优先股。

2. 优先股的发行条件（2014 年案例分析题）

公司已发行的优先股不得超过公司普通股股份总数的50%，且筹资金额不得超过发行前净资产的 50%，已回购、转换的优先股不纳入计算。

【配股】拟配售股份数量不超过本次配售股份前股本总额的 30%。

3. 上市公司公开发行优先股时的特殊要求（2014 年案例分析题）

公开发行优先股的公司，必须在公司章程中规定以下事项：

（1）采取固定股息率；

（2）在有可分配税后利润的情况下必须向优先股股东分配股息；

（3）未向优先股股东足额派发股息的差额部分必须累积到下一会计年度；

（4）优先股股东按照约定的股息率分配股息后，不再同普通股股东一起参加剩余利润分配。

4. 表决权的恢复

公司累计 3 个会计年度或者连续 2 个会计年度未按约定支付优先股股息的，优先股股东有权出席股东大会，每股优先股股份享有公司章程规定的表决权。

5. 优先股股东权利的限制

除以下情况外，优先股股东不出席股东大会会议，所持股份没有表决权：

（1）修改公司章程中与优先股相关的内容；

（2）一次或者累计减少公司注册资本超过 10%；

（3）公司合并、分立、解散或者变更公司形式；

（4）发行优先股；

（5）公司章程规定的其他情形。

【解释】股东大会对上述事项进行表决时，应采取“分类表决”的方式，除须经出席会议的“普通股股东”（含表决权恢复的优先股股东）所持表决权的 2/3 以上通过之外，还须经出席会议的“优先股股东”（不含表决权恢复的优先股股东）所持表决权的 2/3 以上通过。

6.《公司法》和《证券法》相关条款的适用

计算股东的持股比例时，仅计算“普通股和表决权恢复的优先股”，其中包括但不限于：

（1）临时股东大会的召开条件（单独或者合计持有公司 10% 以上股份的股东请求时）。

（2）股东大会的临时提案权（单独或者合计持有公司 3%以上股份的股东，可以在股东大会召开 10 日前提出临时提案并书面提交董事会）。

第三单元 公司债券

扫码听名师课

【考点 1】公开发行公司债券（★★★）（P257）

1. 发行对象

公司债券的公开发行是指既可以向公众投资者公开发行，也可以仅面向合格投资者公开发行。

2. 合格投资者（2015 年案例分析题）

合格投资者，应当具备相应的风险识别和承担能力，知悉并自行承担公司债券的投资风险，并符合下列资质条件：

（1）净资产不低于人民币 1000 万元的企事业单位法人、合伙企业；

（2）名下金融资产不低于人民币 300 万元的个人投资者；

（3）经有关金融监管部门批准设立的金融机构，包括证券公司、基金管理公司及其子公司、期货公司、商业银行、保险公司和信托公司等，以及经中国证券投资基金业协会登记的私募基金管理人；

（4）上述金融机构面向投资者发行的理财产品，包括但不限于证券公司资产管理产品、基金及基金子公司产品、期货公司资产管理产品、银行理财产品、保险产品、信托产品以及经基金业协会备案的私募基金；

（5）合格境外机构投资者（QFII）、人民币合格境外机构投资者（RQFII）；

（6）社会保障基金、企业年金等养老基金，慈善基金等社会公益基金；

（7）经中国证监会认可的其他合格投资者。

3. 公司债券的期限为1年以上，公司债券每张面值100元。公司债券的发行价格由发行人与保荐人通过市场询价确定。（2015年案例分析题）

4. 公开发行公司债券的条件（2020年重大调整）（2014年案例分析题）

（1）具备健全且运行良好的组织机构；

（2）最近3年平均可分配利润足以支付公司债券1年的利息；

（3）国务院规定的其他条件。

5. 向公众投资者公开发行公司债券的特殊条件

资信状况符合以下标准的公司债券可以向公众投资者公开发行，也可以自主选择仅面向合格投资者公开发行：

（1）发行人最近3年无债务违约或者迟延支付本息的事实；

（2）发行人最近3个会计年度实现的年均可分配利润不少于债券1年利息的1.5倍；

（3）债券信用评级达到AAA级；

（4）中国证监会根据投资者保护的需要规定的其他条件。

6. 不得公开发行公司债券的情形

有下列情形之一的，不得再次公开发行公司债券：

（1）对已公开发行的公司债券或者其他债务有违约或者迟延支付本息的事实，仍处于继续状态；

（2）违反规定，改变公开发行公司债券所募资金的用途。

7. 募集资金的用途

（1）公开发行公司债券筹集的资金，必须按照公司债券募集办法所列资金用途使用；改变资金用途，必须经债券持有人会议作出决议。

（2）公开发行公司债券筹集的资金，不得用于弥补亏损和非生产性支出。

【相关链接】 资本公积金不得用于弥补亏损。

8. 股份有限公司发行普通的公司债券，属于股东大会的一般决议，应当经出席股东大会的股东所持表决权的过半数通过。（2015年案例分析题）

9. 公开发行的公司债券，应当在依法设立的证券交易所上市交易，或者在全国中小企业股份转让系统或者国务院批准的其他证券交易场所转让。

【考点2】 公司债券持有人的权益保护（★★★）（P259）

1. 信用评级

（1）公开发行公司债券，应当委托具有从事证券服务业务资格的资信评级机构进行信用评级。

（2）在债券有效存续期间，资信评级机构每年至少公告1次跟踪评级报告。

2. 公司债券的受托管理

（1）发行人应当为债券持有人聘请债券受托管理人，并订立债券受托管理协议。

（2）债券受托管理人由本次发行的承销机构或者其他经中国证监会认可的机构担任。

（3）为本次发行提供担保的机构不得担任本次债券发行的受托管理人。

（4）债券发行人未能按期兑付债券本息的，债券受托管理人可以接受全部或者部分债券持有人的委托，以自己的名义代表债券持有人提起、参加民事诉讼或者清算程序。

3. 债券持有人会议

存在下列情形的，债券受托管理人应当召集债券持有人会议：

（1）拟变更债券募集说明书的约定；

（2）拟修改债券持有人会议规则；

（3）拟变更债券受托管理人或者受托管理协议的主要内容；

（4）发行人不能按期支付本息；

（5）发行人减资、合并、分立、解散或者申请破产；

（6）保证人、担保物或者其他偿债保障措施发生重大变化；

（7）发行人、单独或者合计持有本期债券总额10%以上的债券持有人书面提议召开；

（8）发行人管理层不能正常履行职责，导致发行人债务清偿能力面临严重不确定性，需要依法采取行动的；

（9）发行人提出债务重组方案的；

（10）发生其他对债券持有人权益有重大影响的事项。

【解释】在债券受托管理人应当召集而未召集债券持有人会议时，单独或者合计持有本期债券总额10%以上的债券持有人有权自行召集债券持有人会议。

4. 公司债券的担保

发行人可采取内外部增信机制、偿债保障措施，提高偿债能力，控制公司债券风险。内外部增信机制、偿债保障措施包括但不限于下列方式：

（1）第三方担保；

（2）商业保险；

（3）资产抵押、质押担保；

（4）限制发行人债务及对外担保规模；

（5）限制发行人对外投资规模；

（6）限制发行人向第三方出售或者抵押主要资产；

（7）设置债券回售条款。

经典题解

【真题1·多选题】 根据证券法律制度的规定，下列各项中，属于债券受托管理人应当召集债券持有人会议的情形有（　　）。（2017年）

A. 发行人不能按期支付本息

B. 拟变更债券募集说明书的约定

C. 发行人拟增加注册资本

D. 担保物发生重大变化

【答案】 ABD

【真题2·多选题】 根据证券法律制度的规定，下列证券交易所中，可以交易公开发行的公司债券的有（　　）。（2018年）

A. 证券公司柜台市场

B. 中国金融期货交易所

C. 全国中小企业股份转让系统

D. 证券交易所

【答案】 CD

【考点3】 非公开发行公司债券（★★★）（P258）（2015年案例分析题）

1. 非公开发行的公司债券应当向合格投资者发行，并不得采用广告、公开劝诱和变相公开发行方式，每次发行对象不得超过200人。

2. 非公开发行的公司债券仅限于在合格投资者范围内转让，转让后持有同次发行债券的合格投资者合计不得超过200人。

3. 发行人的董事、监事、高级管理人员及持股比例超过5%的股东，可以参与本公司非公开发行公司债券的认购与转让，不受合格投资者资质条件的限制。

4. 非公开发行的公司债券，可以申请在证券交易所、全国中小企业股份转让系统、机构间私募产品报价与服务系统、证券公司柜台转让。

【相关链接】 公开发行的公司债券，应当在依法设立的证券交易所上市交易，或者在全国中小企业股份转让系统或者国务院批准的其他证券交易场所转让。

5. 信用评级

非公开发行公司债券是否进行信用评级由发行人确定，并在债券募集说明书中披露。

【相关链接】 公开发行公司债券，应当委托具有从事证券服务业务资格的资信评级机构进行信用评级。

6. 非公开发行公司债券，承销机构或者

依法自行销售的发行人应当在每次发行完成后5个工作日内向中国证券业协会（而非中国证监会）备案。

经典题解

【真题·单选题】 甲股份有限公司非公开发行公司债券，乙证券公司担任承销商。下列关于此次非公开发行的表述中，符合证券法律制度规定的是（　　）。（2017年）

A. 本次非公开发行的债券在发行后可申请在证券交易所转让

B. 债券发行后进行转让的，持有本次发行债券的合格投资者合计不得超过300人

C. 净资产不低于500万元的企业法人可以作为本次非公开发行债券的合格投资者

D. 乙证券公司应在本次发行完成后5个工作日内向中国证监会备案

【答案】 A

第四单元　上市公司收购

扫码听名师课

【考点1】 收购人（★★★）（P277）

1. 实际控制权

收购的目的在于获得对上市公司的实际控制权。投资者可以采取要约收购、协议收购及其他合法方式收购上市公司。投资者可以通过取得股份的方式成为一个上市公司的控股股东，可以通过投资关系、协议、其他安排的途径成为一个上市公司的实际控制人，也可以同时采取上述方式和途径取得上市公司的实际控制权。有下列情形之一的，表明已获得或者拥有上市公司实际控制权：

（1）投资者为上市公司持股50%以上的控股股东；

（2）投资者可实际支配上市公司股份表决权超过30%；

（3）投资者通过实际支配上市公司股份表决权能够决定公司董事会半数以上成员选任；

（4）投资者依其可实际支配的上市公司股份表决权足以对公司股东大会的决议产生重大影响；

（5）中国证监会认定的其他情形。

经典题解

【真题·多选题】 根据证券法律制度的规定，下列情形中，构成对上市公司实际控制的有（　　）。（2015年）

A. 投资者为上市公司持股56%的股东

B. 投资者可以实际支配上市公司股份表决权的40%

C. 投资者通过实际支配上市公司股份表决权能够决定公司董事会1/3成员选任

D. 投资者依其可实际支配的上市公司股份表决权足以对公司股东大会的决议产生重大影响

【答案】 ABD

2. 对收购人的限制

有下列情形之一的，不得收购上市公司：

（1）收购人负有数额较大债务，到期未清偿，且处于持续状态；

（2）收购人最近3年有重大违法行为或者涉嫌有重大违法行为；

（3）收购人最近3年有严重的证券市场失信行为；

（4）收购人为自然人的，存在《公司法》规定的“不得担任公司董事、监事、高级管理人员的五种情形”。

3. 一致行动人的界定（2016年案例分析题）

在上市公司的收购及相关股份权益变动活动中有一致行动情形的投资者，互为一致行动人。如果没有相反证据，投资者有下列情形之一的，为一致行动人：

（1）投资者之间有股权控制关系；

（2）投资者受同一主体控制；

（3）投资者的董事、监事或者高级管理

人员中的主要成员，同时在另一个投资者担任董事、监事或者高级管理人员；

（4）投资者参股另一投资者，可以对参股公司的重大决策产生重大影响；

（5）银行以外的其他法人、其他组织和自然人为投资者取得相关股份提供融资安排；

（6）投资者之间存在合伙、合作、联营等其他经济利益关系；

（7）持有投资者30%以上股份的自然人，与投资者持有同一上市公司股份；

（8）在投资者任职的董事、监事及高级管理人员，与投资者持有同一上市公司股份；

（9）持有投资者30%以上股份的自然人和在投资者任职的董事、监事及高级管理人员，其父母、配偶、子女及其配偶、配偶的父母、兄弟姐妹及其配偶、配偶的兄弟姐妹及其配偶等亲属，与投资者持有同一上市公司股份；

（10）在上市公司任职的董事、监事、高级管理人员及其前项所述亲属，同时持有本公司股份的，或者与其自己或者其前项所述亲属直接或者间接控制的企业同时持有本公司股份；

（11）上市公司董事、监事、高级管理人员和员工与其所控制或者委托的法人或者其他组织持有本公司股份；

（12）投资者之间具有其他关联关系。

【解释】投资者及其一致行动人在一个上市公司中拥有的权益应当合并计算。

【案例】 甲、乙分别持有A上市公司4%、2%的股份，如何界定甲、乙是否属于一致行动人？

（1）甲、乙均为法人

①甲受乙的股权控制、乙受甲的股权控制（第1条）、甲乙分别受丙的股权控制（第2条）

②甲的重大决策受其股东乙的重大影响（第4条）、甲在取得A上市公司股份时乙公司（非银行）提供了借款（第5条）、甲乙存在合作、联营等经济利益关系（第6条）

③甲公司的董事、监事或高级管理人员在乙公司担任董事、监事或高级管理人员（第3条）

（2）甲是法人、乙是个人

①乙是甲公司持股30%以上的大股东（第7条）

②乙是甲公司的董事、监事或高级管理人员（第8条）

③乙是甲公司“大股东（30%以上）、董事、监事或者高级管理人员”的亲属（第9条）

④乙是上市公司的董事、监事、高级管理人员或其亲属，甲公司是乙个人直接或者间接控制的企业（第10条）

⑤乙是上市公司的董事、监事、高级管理人员或员工，甲公司是该上市公司控制或者委托的法人（第11条）

经典题解

【真题·多选题】 甲公司拟收购乙上市公司。根据证券法律制度的规定，下列投资者中，如无相反证据，属于甲公司一致行动人的有（　　）。（2007年）

A. 由甲公司的监事担任董事的丙公司

B. 持有乙公司1%股份且为甲公司董事之弟的张某

C. 持有甲公司20%股份且持有乙公司3%股份的王某

D. 在甲公司中担任董事会秘书且持有乙公司2%股份的李某

【解析】 选项C：持有甲公司30%以上股份的自然人，与甲公司持有同一上市公司股份的，才属于一致行动人。

【答案】 ABD

【考点2】权益变动披露（★★★）（P279）（2020年调整）（2016年案例分析题）

1. 通过证券交易所的证券交易，投资者持有或者通过协议、其他安排与他人共同持有一个上市公司已发行的有表决权股份达到 5%时，应当在该事实发生之日起3 日内，向国务院证券监督管理机构、证券交易所作出书面报告，通知该上市公司，并予公告，在上述期限内不得再行买卖该上市公司的股票，但国务院证券监督管理机构规定的情形除外。

2. 投资者持有或者通过协议、其他安排与他人共同持有一个上市公司已发行的有表决权股份达到5%后，其所持该上市公司已发行的有表决权股份比例每增加或者减少 5%，应当依照上述规定进行报告和公告，在该事实发生之日起至公告后3 日内，不得再行买卖该上市公司的股票，但国务院证券监督管理机构规定的情形除外。

【解释 1】违反上述规定买入上市公司有表决权的股份的，在买入后的36 个月内，对该超过规定比例部分的股份不得行使表决权。

【解释 2】在计算持股比例时，仅计算“普通股和表决权恢复的优先股”。

3. 投资者持有或者通过协议、其他安排与他人共同持有一个上市公司已发行的有表决权股份达到5%后，其所持该上市公司已发行的有表决权股份比例每增加或者减少1%，应当在该事实发生的次日通知该上市公司，并予公告。

【解释】(1) 每增加或者减少 5%时，在法定期限内必须暂停买卖，履行报告、通知和公告义务；(2) 每增加或者减少 1%时，无须暂停买卖，但次日必须履行通知和公告义务。

4. 协议转让

在协议转让股权的情况下，如果协议中拟转让的股权达到或者超过 5%，投资者应当在协议达成之日起 3 日内履行权益报告义务。

【解释】如果投资者通过行政划转或者变更、执行法院裁定、继承、赠与等方式拥有权益的股份变动达到上述规定比例的，也应当履行权益披露义务。

【案例】甲持有乙上市公司 8%的股权。2020 年 4 月 1 日，甲与投资者丙达成股权转让协议，丙拟协议受让甲持有的乙上市公司 8%的股权。在本案中：(1) 由于协议转让的股权一下子超过了 5%，丙应当在协议达成之日起 3 日内履行权益报告义务；(2) 如果丙通过证券交易所的集中竞价交易（这回可以控制了）继续增持乙上市公司的股份，当其持股比例达到 10%、15%、20%和 25%时，也应当履行权益披露义务。

经典题解

【真题 1 · 单选题】 甲以协议转让方式取得乙上市公司 7%的股份，之后又通过证券交易所集中竞价交易陆续增持乙公司 5%的股份。根据证券法律制度的规定，甲需要进行权益披露的时点分别是（　　）。(2014 年)

A. 其持有乙公司股份 5%和 10%时

B. 其持有乙公司股份 5%和 7%时

C. 其持有乙公司股份 7%和 12%时

D. 其持有乙公司股份 7%和 10%时

【答案】 D

【真题 2 · 单选题】 甲持有某上市公司已发行股份的 8%。2016 年 7 月 4 日，投资者乙与甲签署股份转让协议，约定以 6000 万元的价格受让甲持有的该上市公司全部股份。7 月 6 日，乙将股份转让事项通知该上市公司。7 月 11 日，双方办理了股份过户。7 月 18 日，乙通知该上市公司股份过户已办理完毕。根据证券法律制度的规定，乙应当向中国证监会和证券交易所作出书面报告的日期是（　　）。(2016 年)

A. 2016 年 7 月 6 日

B. 2016 年 7 月 8 日

C. 2016 年 7 月 13 日

D. 2016 年 7 月 20 日

【解析】 在协议转让股权的情况下，如果协议中拟转让的股权达到或者超过 5%，投资者应当在协议达成之日（7 月 4 日）起 3 日内履行权益报告义务。

【答案】 A

【考点3】全面要约还是部分要约？（★★）（P283）

1. 通过证券交易所的证券交易

通过证券交易所的证券交易，收购人持有一个上市公司的股份达到该公司已发行股份的30%时，继续增持股份的，应当采取要约方式进行，发出全面要约或者部分要约。

【解释】收购人通过证券交易所的证券交易，持有一个上市公司已发行的有表决权股份正好等于30%之后，老老实实不再增持了，并不触发要约收购义务。如果收购人继续增持股份（这下超过30%了），才触发要约收购义务。由于收购人当时在30%的点位上准确地踩住了刹车，收购人可以采取部分要约的方式，也可以采取全面要约的方式：（1）部分要约，即增持上市公司的部分股份，但必须向上市公司的所有股东发出收购要约。部分要约应遵循“有计划、按比例”的原则。首先，以要约方式收购一个上市公司股份的，其预定收购的股份比例不得低于该上市公司已发行股份的5%；其次，收购期限届满，预受要约股份的数量超过预定收购数量时，收购人应当按照同等比例收购预受要约的股份。例如，甲上市公司总股本为1亿股，收购人乙计划通过部分要约再增持8%的股份（800万股）。收购要约发出后，如果预受要约的股份（同意出售的股份）为1600万股，乙按照50%的比例收购即可，没有义务全部买下。部分要约的好处在于，收购人可以按照自己的计划增持上市公司的股份，不会引发上市公司退市的风险；（2）全面要约，即收购人向上市公司的所有股东发出收购要约，收购期限届满，收购人必须按照收购要约约定的条件购买被收购公司股东预受的全部股份。例如，收购人乙向甲上市公司的所有股东发出了全面要约，如果预受要约的股份为7000万股（所有剩余股东都同意将其股份卖给乙），乙必须照单全收、全部买入。收购完成后，乙将持有甲上市公司100%的股份。此时，由于甲上市公司的股权分布已经不具备上市条件，必须退市。全面要约有可能引发上市公司的退市风险，这是大多数收购人不愿意看到的结局（本来还梦想着通过上市公司圈钱、圈钱、再圈钱呢）。如果这是乙从孩提时代就树立的远大理想（终止这家破公司的上市地位），值得手动点赞！

【案例】2013年6月19日，上市公司金马集团（000602）发布公告称，控股股东神华国能集团有限公司（以下简称“神华国能”）已于2013年6月14日获得中国证监会核准，将正式启动对公司的全面要约收购，以终止金马集团的上市地位。神华国能自2013年6月19日起向金马集团除收购人以外的全体股东发出全面要约，收购其所持有的金马集团股份。收购期限届满，预受要约的股份合计为1.54亿股。2013年7月23日，预受要约股份完成过户，神华国能持有金马集团9.51亿股股份，占金马集团股份总数的94.23%，金马集团的股权分布不再满足股票的上市条件。金马集团董事会向深交所提出终止上市的申请，该公司股票自2013年8月14日起终止上市。

2. 协议收购

（1）等于30%时踩住刹车了

收购人拥有权益的股份达到该公司已发行股份的30%时，继续进行收购的，应当依法向该上市公司的股东发出全面要约或者部分要约。如果符合中国证监会规定的“免于发出要约”的情形，收购人可以免于发出要约。

【案例】法国SEB公司收购苏泊尔时，SEB首先通过“协议转让和定向增发”的方式正好获得了苏泊尔30%的股份，然后再向苏泊尔的所有剩余股东发出一个“部分要约”，拟收购苏泊尔22.74%的股份。收购完成后，SEB公司将持有苏泊尔52.74%的股份，不会引发苏泊尔的退市风险。

（2）未踩刹车直接超过30%

收购人拟通过协议方式收购一个上市公司的股份超过30%的，超过30%的部分，应当改以要约方式进行；如果符合中国证监会规定的“免于发出要约”的情形，收购人可以免于发出要约，直接履行其收购协议。如果不符合“免于发出要约”的情形，收购人及其一致行动人应当在30日内将其或者其控制的股东所持有的被收购公司股份减持到30%或者30%以下；否则，应当发出“全面要约”，即触发了强制性的“全面要约”收购义务。

【案例】根据中国证监会的规定，收购人与出让人能够证明本次股份转让是在同一实际控制人控制的不同主体之间进行，未导致上市公司的实际控制人发生变化的，收购人可以免于以要约方式增持股份。例如，甲上市公司的控股股东乙公司将其持有的甲公司40%的股份全部协议转让给丙公司，虽然丙公司持有甲上市公司的股份一下子超过了30%，但只要收购人丙公司与出让人乙公司能够证明，乙公司和丙公司均为丁公司的控股子公司，本次转让未导致上市公司的实际控制人发生变化（甲上市公司的实际控制人还是丁公司），就可以免于以要约方式增持股份（丙公司可以直接履行收购协议，不用向甲上市公司的所有剩余股东发出全面要约了）。如果不符合“免于发出要约”的情形，丙公司应当在30日内将其持有的甲上市公司股份减持到30%或者30%以下。如果做不到这一点，丙公司还想完成收购，就必须向甲上市公司的所有剩余股东发出“全面要约”。

3. 间接收购（2018年案例分析题）

收购人虽不是上市公司的股东，但通过投资关系、协议、其他安排导致其拥有权益的股份超过该公司已发行股份的30%的，应当向该公司所有股东发出全面要约；收购人预计无法在该事实发生之日起30日内发出全面要约的，应当在该事实发生之日起30日内促使其控制的股东将所持有的上市公司股份减持至30%或者30%以下，并自减持之日起2个工作日内予以公告。

【案例】甲公司持有乙上市公司40%的股份，该股份对甲公司的资产和利润均构成重大影响。2020年4月1日，丙公司取得了甲公司100%的股权。在本案中：（1）丙公司并非直接收购乙上市公司的股权，而是通过购买乙上市公司母公司（甲公司）的控制权，间接获得了对乙上市公司的实际控制权，丙公司的行为构成间接收购；（2）由于收购人丙公司拥有权益的股份已经超过了乙上市公司已发行股份的30%，丙公司应当向乙上市公司的所有股东发出全面要约。

【考点4】免于发出要约（★★★）（P284）

【解释】2020年3月20日，中国证监会公布了修订后的《上市公司收购管理办法》，对“免于发出要约”的内容进行了重大调整。由于时间关系，2020年教材未能及时更新。本书是根据中国证监会的最新规定编写的。

1. 免于以要约方式增持股份

有下列情形之一的，收购人可以免于以要约方式增持股份：

（1）收购人与出让人能够证明本次股份转让是在同一实际控制人控制的不同主体之间进行，未导致上市公司的实际控制人发生变化。

（2）上市公司面临严重财务困难，收购人提出的挽救公司的重组方案取得该公司股东大会批准，且收购人承诺3年内不转让其在该公司中所拥有的权益。

【相关链接】上市公司股东大会就重大资产重组事项作出决议，必须经出席会议的股东所持表决权的2/3以上通过。上市公司重大资产重组事宜与本公司股东或者其关联人存在关联关系的，股东大会就重大资产重组事项进行表决时，关联股东应当回避表决。

【案例】甲上市公司面临严重财务困难（最近2个会计年度经审计的净利润连续为负值，已经被上海证券交易所实施了退市风险警示），甲上市公司的控股股东乙公司坐卧不安，后与丙公司达成股权转让协议，乙公司将其持有的甲上市公司40%的股份全部协议转让给丙公司，由丙公司对甲上市公司进行重大资产重组。如果收购人丙公司提出的挽救上市公司的重组方案取得甲上市公司股东大会批准，而且收购人丙公司承诺3年内不转让其持有的甲上市公司的股份，就可以向中国证监会申请豁免，取得豁免的，收购人丙公司就可以完成本次增持行为（丙公司不用向甲上市公司的所有剩余股东发出全面要约了）。

2. 免于发出要约

有下列情形之一的，投资者可以免于发出要约：

（1）经政府或者国有资产管理部门批准进行国有资产无偿划转、变更、合并，导致投资者在一个上市公司中拥有权益的股份占该公司已发行股份的比例超过30%。

（2）因上市公司按照股东大会批准的确定价格向特定股东回购股份而减少股本，导致投资者在该公司中拥有权益的股份超过该公司已发行股份的30%。

【案例】 甲上市公司的总股本为1亿股，乙公司持有甲上市公司30%的股份（本来安然无恙），丙公司持有甲上市公司2%的股份（200万股）。2020年4月1日，甲上市公司按照股东大会批准的确定价格向特定股东丙公司回购了200万股股份，导致甲上市公司的总股本下降至9800万股，乙公司的持股比例一下子超过了30%（躺着也中枪，此之谓也）。在本案中，乙公司可以免于发出要约。

（3）经上市公司股东大会非关联股东批准，投资者取得上市公司向其发行的新股，导致其在该公司拥有权益的股份超过该公司已发行股份的30%，投资者承诺3年内不转让本次向其发行的新股，且公司股东大会同意投资者免于发出要约。（2019年案例分析题）

【相关链接】 上市公司非公开发行股票，应当经出席股东大会的股东所持表决权的2/3以上通过。本次发行涉及关联股东的，应当回避表决。关联股东是指董事会决议已确定为本次发行对象的股东及其关联人。

【案例】 甲上市公司的总股本为10000万股，乙公司持有甲上市公司25%的股份。2020年4月1日，经甲上市公司股东大会非关联股东批准，甲上市公司向乙公司非公开发行股票2000万股，本次发行后，乙公司持有的股份（2500+2000=4500万股）将超过甲上市公司已发行股份（10000+2000=12000万股）的30%。在本案中，只要乙公司承诺3年内不转让本次向其发行的新股（2000万股），且甲上市公司股东大会同意乙公司免于发出要约，乙公司就可以免于发出要约。

（4）在一个上市公司中拥有权益的股份达到或者超过该公司已发行股份的30%的，自上述事实发生之日起1年后，每12个月内增持不超过该公司已发行的2%的股份。增持的不超过2%的股份锁定期为增持行为完成之日起6个月。

【案例】 2018年4月1日，乙公司持有甲上市公司的股份达到30%。自2018年4月1日～2019年3月31日期间，乙公司一直未增持甲上市公司的股份。自2019年4月1日～2020年3月31日期间，乙公司只在2020年3月20日从丙公司协议受让了2%的股份。在本案中：（1）虽然乙公司持有甲上市公司的股份一下子超过了30%，但乙公司可以免于发出要约；（2）2020年3月20日增持的2%的股份，在6个月内不得转让。

（5）在一个上市公司中拥有权益的股份达到或者超过该公司已发行股份的50%的，继续增加其在该公司拥有的权益不影响该公司的上市地位。（2015年案例分析题）

【解释】投资者采用集中竞价方式增持股份的，每累计增持股份比例达到上市公司已发行股份的2%的，在事实发生当日和上市公司发布相关股东增持公司股份进展公告的当日不得再行增持股份。

（6）证券公司、银行等金融机构在其经营范围内依法从事承销、贷款等业务导致其持有一个上市公司已发行股份超过30%，没有实际控制该公司的行为或者意图，并且提出在合理期限内向非关联方转让相关股份的解决方案。

（7）因继承导致在一个上市公司中拥有权益的股份超过该公司已发行股份的30%。

（8）因履行“约定购回式证券交易协议”购回上市公司股份导致投资者在一个上市公司中拥有权益的股份超过该公司已发行股份的30%，并且能够证明标的股份的表决权在协议期间未发生转移。

【案例】 2014年9月4日，江阴中南重工股份有限公司（上市公司）的控股股东中南重工集团将其持有的1000万股股票质押给国联证券，用于办理“股票质押式回购交易业务”。初始交易日为2014年9月4日，回购交易日为2015年3月3日。双方约定，该股份的表决权在协议期间不发生转移（表决权仍属于中南重工集团）。2015年3月3日，中南重工集团因履行“约定购回式证券交易协议”购回该股份，导致其在该上市公司中拥有权益的股份一下子超过了30%。在本案中，中南重工集团只要能够证明标的股份的表决权在协议期间未发生转移，就可以免于发出要约。

（9）因所持优先股表决权依法恢复导致投资者在一个上市公司中拥有权益的股份超过该公司已发行股份的30%。

【案例】 甲上市公司的总股本为10000万股（普通股），乙公司持有甲公司30%的股份。2016年4月1日，甲公司向乙公司非公开发行5000万股优先股（发行对象仅为乙公司）。在计算乙公司的持股比例时，优先股不计入，乙公司并未触发要约收购义务。但是，如果甲上市公司累计3个会计年度或者连续2个会计年度未按约定向乙公司支付优先股股息，则乙公司持有的5000万股优先股将全部恢复表决权。此时，在计算乙公司的持股比例时，“表决权恢复的优先股”将计入（分子分母），乙公司的持股比例＝（3000＋5000）÷（10000＋5000）＝53.33%，一下子就超过了30%。但是，乙公司可以免于发出要约。

【考点5】要约收购（★★★）（P281）（2020年重大调整）

1. 采取要约方式收购一个上市公司股份的，其预定收购的股份比例不得低于该上市公司已发行股份的5%。（2011年案例分析题）

2. 提示性公告

以要约方式收购上市公司股份的，收购人应当编制要约收购报告书，聘请财务顾问，通知被收购公司，同时对要约报告书摘要作出提示性公告。

3. 收购要约约定的收购期限不得少于30日，并不得超过60日；但是出现竞争要约的除外。

4. 在收购要约确定的承诺期限内，收购人不得撤销其收购要约。

5. 收购人需要变更收购要约的，应当及时公告，载明具体变更事项，且不得存在下列情形：

（1）降低收购价格；

（2）减少预定收购股份数额；

（3）缩短收购期限；

（4）国务院证券监督管理机构规定的其他情形。

6. 收购要约期限届满前15日内，收购人不得变更收购要约；但是出现竞争要约的除外。

【解释】 出现竞争要约时，发出初始要约的收购人变更收购要约距初始要约收购期限届满不足15日的，应当延长收购期限，延长后的要约期应当不少于15日，不得超过最后一个竞争要约的期满日。

【相关链接】 在要约收购期限届满前3个交易日内，预受股东不得撤回其对要约的接受。（2018年案例分析题）

7. 要约价格（2018年案例分析题）

（1）对同一种类股票的要约价格，不得低于要约收购提示性公告日前6个月内收购人取得该种股票所支付的最高价格。

（2）要约价格低于提示性公告日前30个交易日该种股票的每日加权平均价格的算术平均值的，收购人聘请的财务顾问应当就该种股票前6个月的交易情况进行分析，说明是否存在股价被操纵、收购人是否有未披露的一致行动人、收购人前6个月取得公司股份是否存在其他支付安排、要约价格的合理性等。

8. 支付方式

收购人可以采用现金、依法可以转让的证券、现金与证券相结合等合法方式支付收购上市公司的价款。

9. 收购要约提出的各项收购条件，适用于被收购公司的所有股东。上市公司发行不同种类股份的，收购人可以针对不同种类股份提出不同的收购条件。

10. 采取要约收购方式的，收购人在收购期限内，不得卖出被收购公司的股票，也不得采取要约规定以外的形式和超出要约的条件买入被收购公司的股票。

11. 被收购公司董事会的义务

（1）被收购公司董事会应当对收购人的主体资格、资信情况及收购意图进行调查，对要约条件进行分析，对股东是否接受要约提出建议，并聘请独立财务顾问提出专业意见。在收购人公告要约收购报告书后20日内，被收购公司董事会应当公告被收购公司董事会报告书与独立财务顾问的专业意见。（2018年案例分析题）

（2）收购人作出提示性公告后至要约收购完成前，被收购公司除继续从事正常的经营活动或者执行股东大会已经作出的决议外，未经股东大会批准，被收购公司董事会不得通过处置公司资产、对外投资、调整公司主要业务、担保、贷款等方式，对公司的资产、负债、权益或者经营成果造成重大影响。

12. 在要约收购期间，被收购公司董事不得辞职。（2018年案例分析题）

13. 收购行为完成后，收购人应当在15日内将收购情况报告中国证监会和证券交易所，并予公告。

14. 收购人持有的被收购的上市公司的股票，在收购行为完成后的18个月内不得转让。

【考点6】协议收购（★）（P286）

1. 过渡期安排

以协议方式进行上市公司收购的，自签订收购协议起至相关股份完成过户的期间为上市公司收购过渡期。在过渡期内：

（1）收购人不得通过控股股东提议改选上市公司董事会，确有充分理由改选董事会的，来自收购人的董事不得超过董事会成员的1/3。

（2）被收购公司不得为收购人及其关联方提供担保。

（3）被收购公司不得公开发行股份募集资金，不得进行重大购买、出售资产及重大投资行为或者与收购人及其关联方进行其他关联交易，但收购人为挽救陷入危机或者面临严重财务困难的上市公司的情形除外。

2. 上市公司控股股东的义务

（1）上市公司控股股东向收购人协议转让其所持有的上市公司股份的，应当对收购人的主体资格、诚信情况及收购意图进行调查，并在其权益变动报告书中披露有关调查情况。

（2）控股股东及其关联方未清偿其对公司的负债，未解除公司为其负债提供的担保，或者存在损害公司利益的其他情形的，被收购公司董事会应当对前述情形及时予以披露，并采取有效措施维护公司利益。

第五单元　上市公司重大资产重组

扫码听名师课

【解释】2019年10月18日，中国证监会公布了修订后的《上市公司重大资产重组管理办法》（以下简称《重组办法》）。2020年教材据此进行了重大调整。

【考点1】重大资产重组行为的界定（★★★）（P289）

1. 重大资产重组的概念

重大资产重组，是指上市公司及其控股或者控制的公司在日常经营活动之外购买、出售资产或者通过其他方式进行资产交易达到规定的比例，导致上市公司的主营业务、资产、收入发生重大变化的资产交易行为。所谓"通过其他方式进行资产交易"，包括：

（1）与他人新设企业、对已设立的企业增资或者减资；

（2）受托经营、租赁其他企业资产或者将经营性资产委托他人经营、租赁；

（3）接受附义务的资产赠与或者对外捐赠资产；

（4）中国证监会根据审慎监管原则认定的其他情形。

【解释】上市公司按照经中国证监会核准的发行证券文件披露的募集资金用途，使用募集资金购买资产、对外投资的行为，不适用《重组办法》。

2. 重大资产重组行为的界定标准（2018年案例分析题）

上市公司及其控股或者控制的公司购买、出售资产，达到下列标准之一的，构成重大资产重组：

（1）购买、出售的资产总额占上市公司最近一个会计年度经审计的合并财务会计报告期末资产总额的比例达到50%以上。

（2）购买、出售的资产在最近一个会计年度所产生的营业收入占上市公司同期经审计的合并财务会计报告营业收入的比例达到50%以上。

（3）购买、出售的资产净额占上市公司最近一个会计年度经审计的合并财务会计报告期末净资产额的比例达到50%以上，且超过5000万元人民币。

3. 指标计算

（1）购买的资产为股权的，其资产总额以被投资企业的资产总额与该项投资所占股权比例的乘积和成交金额二者中的较高者为准，营业收入以被投资企业的营业收入与该项投资所占股权比例的乘积为准，资产净额以被投资企业的净资产额与该项投资所占股权比例的乘积和成交金额二者中的较高者为准。但是，购买股权导致上市公司取得被投资企业控股权的，其资产总额以被投资企业的资产总额和成交金额二者中的较高者为准，营业收入以被投资企业的营业收入为准，资产净额以被投资企业的净资产额和成交金额二者中的较高者为准。

【案例1】 甲上市公司购买乙公司20%的股权，成交金额为18亿元。乙公司的资产总额、净资产额和营业收入分别为100亿元、40亿元和20亿元。在判断该交易行为是否构成重大资产重组时：（1）购买的资产总额为20亿元（100×20%＝20亿元和成交金额18亿元的较高者）；（2）购买的资产净额为18亿元（40×20%＝8亿元和成交金额18亿元的较高者）；（3）购买的资产在最近一个会计年度所产生的营业收入为4亿元（20×20%＝4亿元）。如果甲上市公司最近一个会计年度经审计的合并财务会计报告期末资产总额为30亿元，则购买的资产总额（20亿元）占上市公司最近一个会计年度经审计的合并财务会计报告期末资产总额的比例为66.67%（20÷30＝66.67%），该行为构成重大资产重组。

【案例2】 甲上市公司购买乙公司80%的股权（取得了控制权），成交金额为78亿元。乙公司的资产总额、净资产额和营业收入分别为100亿元、40亿元和20亿元。在判断该交易行为是否构成重大资产重组时：

（1）购买的**资产总额**为100亿元（乙公司的资产总额100亿元和成交金额78亿元的较高者）；（2）购买的**资产净额**为78亿元（乙公司的资产净额40亿元和成交金额78亿元的较高者）；（3）购买的资产在最近一个会计年度所产生的**营业收入**为20亿元。

（2）出售的资产为股权的，其资产总额、营业收入以及资产净额分别以被投资企业的资产总额、营业收入以及净资产额与该项投资所占股权比例的乘积为准。但是，**出售股权导致上市公司丧失被投资企业控股权的**，其资产总额、营业收入以及资产净额分别以被投资企业的资产总额、营业收入以及净资产额为准。

【解释】出售的资产为股权时，与“成交金额”无关。

（3）上市公司同时购买、出售资产的，应当分别计算购买、出售资产的相关比例，并以二者中比例**较高者**为准。

（4）上市公司在12个月内连续对同一或者相关资产进行购买、出售的，以其累计数分别计算相应数额。

4. 重大资产重组的一般要求

（1）符合国家产业政策和有关环境保护、土地管理、反垄断等法律和行政法规的规定。

（2）不会导致上市公司不符合股票上市条件。

（3）重大资产重组所涉及的资产定价公允，不存在损害上市公司和股东合法权益的情形。

（4）重大资产重组所涉及的资产权属清晰，资产过户或者转移不存在法律障碍，相关债权债务处理合法。

（5）有利于上市公司增强持续经营能力，不存在可能导致上市公司重组后**主要资产为现金**或者无具体经营业务的情形。

（6）有利于上市公司在业务、资产、财务、人员、机构等方面与实际控制人及其关联人保持独立，符合中国证监会关于上市公司独立性的相关规定。

（7）有利于上市公司形成或者保持健全有效的法人治理结构。

【考点2】发行股份购买资产（★★★）（P291）

1. 上市公司为促进行业的整合、转型升级，**在其控制权不发生变更的情况下**，可以向控股股东、实际控制人或者其控制的关联人之外的特定对象发行股份购买资产。所购买资产与现有主营业务没有显著协同效应的，应当充分说明并披露本次交易后的经营发展战略和业务管理模式，以及业务转型升级可能面临的风险和应对措施。

2. 特定对象以现金或者资产认购上市公司发行的股份后，上市公司用同一次发行所募集的资金向该特定对象购买资产的，视同上市公司发行股份购买资产。

3. 发行股份购买资产的基本要求

（1）充分说明并披露本次交易有利于提高上市公司资产质量、改善财务状况和增强持续盈利能力，有利于上市公司减少关联交易、避免同业竞争、增强独立性。

（2）上市公司最近一年及最近一期财务会计报告被注册会计师出具无保留意见的审计报告；被出具**保留意见、否定意见或者无法表示意见的审计报告的**，须经注册会计师专项核查确认，该保留意见、否定意见或者无法表示意见所涉及事项的重大影响已经消除或者将通过本次交易予以消除。

（3）上市公司及其现任**董事、高级管理人员**（不包括监事）不存在因涉嫌犯罪正被司法机关立案侦查或者涉嫌违法违规正被中国证监会立案调查的情形；但是，涉嫌犯罪或者违法违规的行为已经终止满3年，交易方案有助于消除该行为可能造成的不良后果，且不影响对相关行为人追究责任的除外。

（4）充分说明并披露上市公司发行股份所购买的资产为权属清晰的经营性资产，并能在约定期限内办理完毕权属转移手续。

4. 发行价格（2016年案例分析题）

（1）上市公司发行股份的价格不得低于市场参考价的90%。

（2）市场参考价为本次发行股份购买资产的董事会决议公告日前**20个交易日、60个**

交易日或者120个交易日的公司股票交易均价之一。

【相关链接1】 上市公司向不特定对象公开募集股份，发行价格应不低于公告招股意向书前20个交易日公司股票均价或者前一个交易日的均价。

【相关链接2】 上市公司发行可转换公司债券的，转股价格应不低于募集说明书公告日前20个交易日该公司股票交易均价和前一交易日的均价。

经典题解

【真题1·多选题】 某上市公司董事会作出决议，通过发行股份购买资产。根据证券法律制度的规定，股份发行价格不得低于市场参考价的90%，下列各项中，可以用于确定市场参考价的有(　　)。(2016年)

A. 本次董事会决议公告日前20个交易日的公司股票交易均价

B. 本次董事会决议公告日前60个交易日的公司股票交易均价

C. 本次董事会决议公告日前90个交易日的公司股票交易均价

D. 本次董事会决议公告日前120个交易日的公司股票交易均价

【答案】 ABD

【真题2·多选题】 上市公司发行股份购买资产时，发行股份的价格不得低于市场参考价的90%。市场参考价为本次发行股份购买资产的董事会决议公告日前特定时间段的公司股票交易均价之一。根据证券法律制度的规定，下列各项中，属于该特定时间段的有(　　)。(2017年)

A. 20个交易日

B. 120个交易日

C. 60个交易日

D. 90个交易日

【答案】 ABC

5. 股份转让的限制（2016年案例分析题）

（1）特定对象以资产认购而取得的上市公司股份，自股份发行结束之日起12个月内不得转让。

（2）属于下列情形之一的，36个月内不得转让：

①特定对象为上市公司控股股东、实际控制人或者其控制的关联人。

②特定对象通过认购本次发行的股份取得上市公司的实际控制权。

③特定对象取得本次发行的股份时，对其用于认购股份的资产持续拥有权益的时间不足12个月。

【考点3】重组上市（★★★）（P290）（2020年重大调整）（2015年案例分析题）

1. 重组上市的界定标准

上市公司自控制权发生变更之日起36个月内，向收购人及其关联人购买资产，导致上市公司发生以下根本变化情形之一的，构成重大资产重组，应当经中国证监会核准：

（1）购买的资产总额占上市公司控制权发生变更的前一个会计年度经审计的合并财务会计报告期末资产总额的比例达到100%以上；

（2）购买的资产在最近一个会计年度所产生的营业收入占上市公司控制权发生变更的前一个会计年度经审计的合并财务会计报告营业收入的比例达到100%以上；

（3）购买的资产净额占上市公司控制权发生变更的前一个会计年度经审计的合并财务会计报告期末净资产额的比例达到100%以上；

（4）为购买资产发行的股份占上市公司首次向收购人及其关联人购买资产的董事会决议前一个交易日的股份的比例达到100%以上；

（5）上市公司向收购人及其关联人购买资产虽未达到上述第（1）至第（4）项标准，但可能导致上市公司主营业务发生根本变化。

【解释1】本次修订的《重组办法》将累计期限由60个月减至36个月，删除了“净利润”指标。

【解释2】重组上市的最关键问题，是上市公司的控制权发生了变更。上市公司发行股份购买资产，不一定导致上市公司的控制权发生变更。如果因发行股份购买资产导致上市公司的控制权发生了变更，**则应同时满足发行股份购买资产和重组上市的相关规定**。此处所称的“控制权”，按照《上市公司收购管理办法》的规定进行认定：(1) 投资者为上市公司持股50%以上的控股股东；(2) 投资者可实际支配上市公司股份表决权超过30%；(3) 投资者通过实际支配上市公司股份表决权能够决定公司董事会半数以上成员选任；(4) 投资者依其可实际支配的上市公司股份表决权足以对公司股东大会的决议产生重大影响；(5) 中国证监会认定的其他情形。

【解释3】上市公司股权分散，**董事、高级管理人员**可以支配公司重大的财务和经营决策的，视为具有上市公司控制权。

2. 重组上市的要求

重组上市除应满足重大资产重组的一般要求和发行股份购买资产的规定之外，还应符合下列规定：

(1) 上市公司购买的资产对应的经营实体应当是**股份有限公司或者有限责任公司**，且符合《首次公开发行股票并上市管理办法》规定的其他发行条件。

【解释】在主板和中小板首发上市的条件包括但不限于：(1) 股份有限公司自成立后，持续经营时间在3年以上；(2) 最近3个会计年度净利润均为正数且累计超过人民币3000万元。

(2) **上市公司及其最近3年内的控股股东、实际控制人**不存在因涉嫌犯罪正被司法机关立案侦查或者涉嫌违法违规正被中国证监会立案调查的情形。但是，涉嫌犯罪或者违法违规的行为已经终止满3年，交易方案能够消除该行为可能造成的不良后果，且不影响对相关行为人追究责任的除外。

(3) **上市公司及其控股股东、实际控制人最近12个月内**未受到证券交易所公开谴责，不存在其他重大失信行为。

(4) 本次重大资产重组不存在中国证监会认定的可能损害投资者合法权益，或者违背公开、公平、公正原则的其他情形。

【考点4】公司决议（★★★）(P293)

1. 公司决议（2015年案例分析题）

(1) 上市公司股东大会就重大资产重组事项作出决议，必须经出席会议的股东所持表决权的2/3以上通过。

(2) 上市公司重大资产重组事宜与本公司股东或者其关联人存在关联关系的，股东大会就重大资产重组事项进行表决时，**关联股东应当回避表决**。

(3) 交易对方已经与上市公司控股股东就受让上市公司股权或者向上市公司推荐董事达成协议或者默契，可能导致上市公司的实际控制权发生变化的，上市公司控股股东及其关联人应当回避表决。

(4) **除上市公司的董事、监事、高级管理人员、单独或者合计持有上市公司5%以上股份的股东外**，其他股东的投票情况应当单独统计并予以披露。

(5) 上市公司就重大资产重组事宜召开股东大会，**应当以现场会议形式召开**，并应当提供网络投票和其他合法方式为股东参加股东大会提供便利。

(6) 上市公司应当在股东大会作出重大资产重组决议后的次一工作日公告该决议。

经典题解

【真题·单选题】 根据证券法律制度的规定，上市公司进行重大资产重组须由股东大会作出决议。下列关于该股东大会会议召开和表决规则的表述中，正确的是（　　）。(2016年)

A. 股东大会会议应当以现场会议或者通讯方式举行

B. 决议经出席会议股东所持表决权过半数同意即可通过

C. 与重组事项有关联关系的股东应当回避表决

D. 持有上市公司股份不足5%的股东的投票情况无须单独统计或者披露

【答案】 C

2. 中国证监会的核准

中国证监会在发行审核委员会中设立上市公司并购重组审核委员会，以投票方式对提交其审议的**重组上市（借壳上市）申请或者发行股份购买资产申请**进行表决，提出审核意见。（2015年案例分析题）

【解释】重大资产重组有各种各样的类型，有的可能仅涉及“发行股份购买资产”，有的可能仅涉及“重组上市”，有的可能同时涉及“发行股份购买资产和重组上市”，有的可能均不涉及。并非所有的重大资产重组均须中国证监会的核准，须经中国证监会核准的仅限于“重组上市和发行股份购买资产”。

【案例】 顺丰重组上市

2016年5月30日，上市公司鼎泰新材（002352）发布公告，顺丰控股拟重组上市。

1. 重组方案的具体内容

（1）重大资产置换

鼎泰新材以全部资产及负债（作价8亿元）与顺丰控股全体股东持有的100%股权（作价433亿元）的等值部分进行置换，二者的差额部分（425亿元）由鼎泰新材向顺丰控股全体股东非公开发行股份进行购买。

【解释】上市公司鼎泰新材要购买顺丰控股100%的股权，需要向顺丰控股的全体股东支付433亿元，而上市公司鼎泰新材的全部资产及负债只有8亿元，对于不足的425亿元，由上市公司鼎泰新材向顺丰控股的全体股东非公开发行股份作为对价。

（2）发行股份购买资产

本次发行股份购买资产的定价基准日为鼎泰新材第三届董事会第十三次会议决议公告日，股票发行价格为10.76元/股，不低于定价基准日前60个交易日股票均价的90%。

【解释1】上市公司发行股份购买资产，发行股份的价格不得低于市场参考价的90%。市场参考价为本次发行股份购买资产的董事会决议公告日前20个交易日、60个交易日或者120个交易日的公司股票交易均价之一。

【解释2】按照本次股票发行价格10.76元/股计算，本次拟发行股份数量约为39.50亿股（10.76元/股×39.50亿股=425亿元）。明德控股为顺丰控股的控股股东，持有顺丰控股68.40%的股权，而顺丰创始人王卫则持有明德控股99.90%的股权。明德控股将获得本次非公开发行股票的68.40%，即39.50×68.40%=27.02（亿股）。

（3）锁定期

由于本次交易完成后，明德控股将持有上市公司总股本的64.58%，取得上市公司的实际控制权。因此，明德控股在本次重组中取得的鼎泰新材股票，自该股票登记在明德控股名下之日起36个月内不得转让。

顺丰控股的其他小股东，在本次重组中取得的鼎泰新材股票：①若其持有顺丰控股股份未满12个月，自相关股份登记至其名下之日起36个月内不得转让；②若其持有顺丰控股股份已满12个月，自相关股份登记至其名下之日起12个月内不得转让。

【解释】特定对象以资产认购而取得的上市公司股份，自股份发行结束之日起12个月内不得转让。属于下列情形之一的，36个月内不得转让：（1）特定对象为上市公司控股股东、实际控制人或者其控制的关联人；（2）特定对象通过认购本次发行的股份取得上市公司的实际控制权；（3）特定对象取得本次发行的股份时，对其用于认购股份的资产持续拥有权益的时间不足12个月。

2. 本次重组交易的性质

（1）本次交易构成重大资产重组

本次交易拟购买的资产总额、资产净额以及购买的资产在最近一个会计年度所产生的营业收入占上市公司鼎泰新材最近一个会计年度经审计的合并财务会计报告相关指标的比例如下：

单位：亿元

	鼎泰新材	顺丰控股	交易金额	计算依据	指标占比
资产总额	8.85	347.17	433	433	433÷8.85=4893%
资产净额	7.08	136.96	433	433	433÷7.08=6116%
营业收入	6.68	481.01	—	481.01	481.01÷6.68=7201%

根据本次交易方案，上市公司鼎泰新材将购买顺丰控股100%的股权。按照《重组办法》的规定，购买股权导致上市公司（鼎泰新材）取得被投资企业（顺丰控股）控股权的，其资产总额以被投资企业的资产总额（347.17亿元）和成交金额（433亿元）两者中的较高者为准，营业收入以被投资企业的营业收入（481.01亿元）为准，资产净额以被投资企业的净资产额（136.96亿元）和成交金额（433亿元）两者中的较高者为准。以"资产总额"指标为例，上市公司购买的资产总额（433亿元）占上市公司最近一个会计年度经审计的合并财务会计报告期末资产总额（8.85亿元）的比例达到4893%，远远超过了50%，本次交易构成重大资产重组。

（2）本次交易构成重组上市

本次交易完成后，明德控股的持股比例为64.58%，将成为上市公司的控股股东，王卫将成为上市公司的实际控制人。在本次交易中，上市公司鼎泰新材拟向收购人购买的资产总额为433亿元，占上市公司控制权发生变更的前一个会计年度经审计的合并财务会计报告期末资产总额（8.85亿元）的比例达到4893%，远远超过了100%，本次交易构成重组上市，需提交中国证监会上市公司并购重组审核委员会审核并经中国证监会核准后方可实施。

3. 顺丰完成重组上市

2017年2月15日，鼎泰新材召开2017年第二次临时股东大会，审议通过了《关于变更公司名称及证券简称的议案》。之后，经深圳证券交易所核准，自2017年2月24日起，公司证券简称由"鼎泰新材"变更为"顺丰控股"。

第六单元 信息披露制度

扫码听名师课

【考点1】定期报告（★）（P227）

1. 披露时间

上市公司、公司债券上市交易的公司、股票在国务院批准的其他全国性证券交易场所交易的公司，应当按照国务院证券监督管理机构和证券交易场所规定的内容和格式编制定期报告，并按照以下规定报送和公告：

（1）年度报告

在每一会计年度结束之日起**4个月内**，报送并公告年度报告，其中的年度财务会计报告应当经会计师事务所审计。

（2）中期报告

在每一会计年度的上半年结束之日起**2个月内**，报送并公告中期报告。

【解释】上市公司还应当在每个会计年度第3个月、第9个月结束后的1个月内编制并披露季度报告。

2. 董事、监事和高级管理人员的责任

（1）发行人的**董事、高级管理人员**应当对证券发行文件和定期报告签署书面**确认意见**。

（2）发行人的**监事会**应当对董事会编制的证券发行文件和定期报告进行审核并提出书面**审核意见**，**监事**应当签署书面**确认意见**。

（3）董事、监事和高级管理人员无法保证证券发行文件和定期报告内容的真实性、准确性、完整性或者有异议的，应当在书面确认意见中发表意见并陈述理由，发行人应当披露。发行人不予披露的，董事、监事和高级管理人员可以直接申请披露。

【考点2】重大事件（★★★）（P228）（2020年重大调整）

1. 股票

根据《证券法》第80条的规定，发生可能对上市公司、股票在国务院批准的其他全国性证券交易场所交易的公司的股票交易价格产生较大影响的重大事件，投资者尚未得知时，公司应当立即将有关该重大事件的情况向国务院证券监督管理机构和证券交易场所报送临时报告，并予公告，说明事件的起因、目前的状态和可能产生的法律后果。其中的重大事件包括：

（1）公司的经营方针和经营范围的重大变化；

（2）公司的重大投资行为，公司在1年内购买、出售重大资产超过公司资产总额30%，或者公司营业用主要资产的抵押、质押、出售或者报废一次超过该资产的30%；

（3）公司订立重要合同、提供重大担保或者从事关联交易，可能对公司的资产、负债、权益和经营成果产生重要影响；

（4）公司发生重大债务和未能清偿到期重大债务的违约情况；

（5）公司发生重大亏损或者重大损失；

（6）公司生产经营的外部条件发生的重大变化；

（7）公司的董事、1/3以上监事或者经理发生变动，董事长或者经理无法履行职责；

【解释】（1）任何一个董事发生变动均属于重大事件，不受1/3的数量限制；（2）总经理（不包括副经理、财务负责人）发生变动，才属于重大事件。

（8）持有公司5%以上股份的股东或者实际控制人持有股份或者控制公司的情况发生较大变化，公司的实际控制人及其控制的其他企业从事与公司相同或者相似业务的情况发生较大变化；

（9）公司分配股利、增资的计划，公司股权结构的重要变化，公司减资、合并、分立、解散及申请破产的决定，或者依法进入破产程序、被责令关闭；

（10）涉及公司的重大诉讼、仲裁，股东大会、董事会决议被依法撤销或者宣告无效；

（11）公司涉嫌犯罪被依法立案调查，公司的控股股东、实际控制人、董事、监事、高级管理人员涉嫌犯罪被依法采取强制措施；

（12）国务院证券监督管理机构规定的其他事项。

【解释1】公司的控股股东或者实际控制人对重大事件的发生、进展产生较大影响的，应当及时将其知悉的有关情况书面告知公司，并配合公司履行信息披露义务。

【解释2】上市公司控股子公司发生重大事件，可能对上市公司证券及其衍生品种交易价格产生较大影响的，上市公司应当履行信息披露义务。（2017年案例分析题）

2. 公司债券

根据《证券法》第81条的规定，发生可能对上市交易公司债券的交易价格产生较大影响的重大事件，投资者尚未得知时，公司应当立即将有关该重大事件的情况向国务院证券监督管理机构和证券交易场所报送临时报告，并予公告，说明事件的起因、目前的状态和可能产生的法律后果。其中的重大事件包括：

（1）公司股权结构或者生产经营状况发生重大变化；

（2）公司债券信用评级发生变化；

（3）公司重大资产抵押、质押、出售、转让、报废；

（4）公司发生未能清偿到期债务的情况；

（5）公司新增借款或者对外提供担保超过上年末净资产的20%；

（6）公司放弃债权或者财产超过上年末净资产的10%；

（7）公司发生超过上年末净资产10%的重大损失；

（8）公司分配股利，作出减资、合并、分立、解散及申请破产的决定，或者依法进入破产程序、被责令关闭；

（9）涉及公司的重大诉讼、仲裁；

（10）公司涉嫌犯罪被依法立案调查，公司的控股股东、实际控制人、董事、监事、高级管理人员涉嫌犯罪被依法采取强制措施；

（11）国务院证券监督管理机构规定的其他事项。

表7-4　重大事件

	股票	公司债券
公司股权结构的重要变化	√	√
涉及公司的重大诉讼、仲裁	√	√
公司涉嫌犯罪被依法立案调查	√	√
公司的控股股东、实际控制人、董事、监事、高级管理人员涉嫌犯罪被依法采取强制措施	√	√
公司减资、合并、分立、解散及申请破产的决定，或者依法进入破产程序、被责令关闭	√	√
公司分配股利	√	√
公司增资的计划	√	×
股东大会、董事会决议被依法撤销或者宣告无效	√	×
公司的董事、1/3以上监事或者经理发生变动，董事长或者经理无法履行职责	√	×
持有公司5%以上股份的股东或者实际控制人持有股份或者控制公司的情况发生较大变化，公司的实际控制人及其控制的其他企业从事与公司相同或者相似业务的情况发生较大变化	√	×
公司订立重要合同或者从事关联交易，可能对公司的资产、负债、权益和经营成果产生重要影响	√	×
公司的经营方针和经营范围的重大变化	√	×
公司的重大投资行为，公司在1年内购买、出售重大资产超过公司资产总额30%	√	×
公司债券信用评级发生变化	×	√
公司放弃债权或者财产超过上年末净资产的10%	×	√
对外担保	提供重大担保	公司新增借款或者对外提供担保超过上年末净资产的20%
重大损失	公司发生重大亏损或者重大损失	公司发生超过上年末净资产10%的重大损失

续表

	股票	公司债券
主要/重大资产的抵押、质押、出售或者报废	公司营业用主要资产的抵押、质押、出售或者报废一次超过该资产的30%	公司重大资产抵押、质押、出售、转让、报废
未能清偿到期债务	公司发生重大债务和未能清偿到期重大债务的违约情况	公司发生未能清偿到期债务的情况
生产经营	公司生产经营的外部条件发生的重大变化	生产经营状况发生重大变化

3. 重大事件的披露（2016年案例分析题、2017年案例分析题、2019年案例分析题）

上市公司应当在最先发生的以下任一时点，及时履行重大事件的信息披露义务：

（1）董事会或者监事会就该重大事件形成决议时；

（2）有关各方就该重大事件签署意向书或者协议时；

（3）董事、监事或者高级管理人员知悉该重大事件发生并报告时。

【解释】“及时”是指自起算日起或者触及披露时点的2个交易日内。但是，在上述规定的时点之前出现下列情形之一的，上市公司应当及时披露相关事项的现状、可能影响事件进展的风险因素：（1）该重大事件难以保密；（2）该重大事件已经泄露或者市场出现传闻；（3）公司证券及其衍生品种出现异常交易情况。

经典题解

【真题1·多选题】 甲上市公司正在与乙公司商谈合并事项。根据证券法律制度的规定，下列关于甲公司信息披露的表述中，正确的有（　　）。(2010年)

A. 一旦甲公司与乙公司开始谈判，甲公司就应当公告披露合并事项

B. 当市场出现甲公司与乙公司合并的传闻，并导致甲公司股价出现异常波动时，甲公司应当公告披露合并事项

C. 当甲公司与乙公司签订合并协议时，甲公司应当公告披露合并事项

D. 当甲公司派人对乙公司进行尽职调查以确定合并价格时，甲公司应当公告披露合并事项

【答案】 BC

【真题2·单选题】 甲上市公司上一期经审计的净资产额为50亿元人民币。甲公司拟为乙公司提供保证担保，担保金额为6亿元，并经董事会会议决议通过。甲公司章程规定，单笔对外担保额超过公司最近一期经审计净资产10%的担保须经公司股东大会批准。根据证券法律制度的规定，甲公司披露该笔担保的最早时点应当是（　　）。(2017年)

A. 甲公司股东大会就该笔担保形成决议时

B. 甲公司董事会就该笔担保形成决议时

C. 甲公司与乙公司的债权人签订保证合同时

D. 证券交易所核准同意甲公司进行担保时

【解析】（1）上市公司对外提供重大担保，属于重大事件；（2）董事会就该重大事件形成决议时，上市公司应当及时履行重大事件的信息披露义务。

【答案】 B

【考点3】信息披露的要求（★）（P230）

1. 信息披露义务人披露的信息，应当真实、准确、完整，简明清晰，通俗易懂，不

得有虚假记载、误导性陈述或者重大遗漏。

2. 证券同时在境内境外公开发行、交易的，其信息披露义务人在境外披露的信息，应当在境内同时披露。

3. 信息披露义务人披露的信息应当同时向所有投资者披露，不得提前向任何单位和个人泄露。但是，法律、行政法规另有规定的除外。

4. 任何单位和个人不得非法要求信息披露义务人提供依法需要披露但尚未披露的信息。任何单位和个人提前获知的前述信息，在依法披露前应当保密。

5. 除依法需要披露的信息之外，信息披露义务人可以自愿披露与投资者作出价值判断和投资决策有关的信息，但不得与依法披露的信息相冲突，不得误导投资者。

6. 发行人及其控股股东、实际控制人、董事、监事、高级管理人员等作出公开承诺的，应当披露。不履行承诺给投资者造成损失的，应当依法承担赔偿责任。

7. 信息披露义务人在公司网站及其他媒体发布信息的时间不得先于指定媒体，不得以新闻发布或者答记者问等任何形式代替应当履行的报告、公告义务，不得以定期报告形式代替应当履行的临时报告义务。

8. 上市公司董事、监事、高级管理人员、持股5%以上的股东及其一致行动人、实际控制人应当及时向上市公司董事会报送上市公司关联人名单及关联关系的说明。上市公司应当履行关联交易的审议程序，并严格执行关联交易回避表决制度。交易各方不得通过隐瞒关联关系或者采取其他手段，规避上市公司的关联交易审议程序和信息披露义务。

第七单元 内幕交易

扫码听名师课

【考点1】内幕信息（★★★）（P298）（2018年案例分析题、2019年案例分析题）

1. 内幕信息的范围（2020年重大调整）

（1）证券交易内幕信息的知情人和非法获取内幕信息的人，在内幕信息公开前，不得买卖该公司的证券，或者泄露该信息，或者建议他人买卖该证券。

（2）证券交易活动中，涉及发行人的经营、财务或者对该发行人证券的市场价格有重大影响的尚未公开的信息，为内幕信息。

【解释】《证券法》第80条、第81条所列重大事件均属于内幕信息。

2. 内幕信息的敏感期

（1）内幕交易行为的认定首先需要确认存在内幕信息，内幕信息的一个重要特征是"尚未公开"。内幕交易只能发生在内幕信息形成至公开之间的这段时间内，这段时间被称为"内幕信息的敏感期"。

（2）内幕信息的形成

影响内幕信息形成的动议、筹划、决策或者执行人员，其动议、筹划、决策或者执行初始时间，应当认定为内幕信息的形成之时。

（3）内幕信息的公开

内幕信息的公开，是指内幕信息在国务院证券、期货监督管理机构指定的报刊、网站等媒体披露。

【考点2】内幕交易行为（★★★）（P299）（2014年案例分析题、2015年案例分析题、2016年案例分析题、2018年案例分析题、2019年案例分析题）

1. 证券交易内幕信息的知情人（2020年重大调整）

（1）发行人及其董事、监事、高级管理人员；

（2）持有公司5%以上股份的股东及其董事、监事、高级管理人员，公司的实际控制人及其董事、监事、高级管理人员；

（3）发行人控股或者实际控制的公司及其董事、监事、高级管理人员；

（4）由于所任公司职务或者因**与公司业务往来**可以获取公司有关内幕信息的人员；

（5）**上市公司收购人或者重大资产交易方**及其控股股东、实际控制人、董事、监事和高级管理人员；

（6）因职务、工作可以获取内幕信息的证券交易场所、证券公司、证券登记结算机构、证券服务机构的有关人员；

（7）因职责、工作可以获取内幕信息的证券监督管理机构工作人员；

（8）因法定职责对证券的发行、交易或者对上市公司及其收购、重大资产交易进行管理可以获取内幕信息的有关主管部门、监管机构的工作人员；

（9）国务院证券监督管理机构规定的可以获取内幕信息的其他人员。

2. 非法获取证券内幕信息的人员

（1）利用窃取、骗取、套取、窃听、利诱、刺探或者私下交易等手段获取内幕信息的。

（2）内幕信息知情人员的近亲属或者其他与内幕信息知情人员关系密切的人员，**在内幕信息敏感期内**，从事或者明示、暗示他人从事，或者泄露内幕信息导致他人从事与该内幕信息有关的证券、期货交易，相关交易行为**明显异常**，且无正当理由或者正当信息来源的。

（3）**在内幕信息敏感期内**，与内幕信息知情人员联络、接触，从事或者明示、暗示他人从事，或者泄露内幕信息导致他人从事与该内幕信息有关的证券、期货交易，相关交易行为**明显异常**，且无正当理由或者正当信息来源的。

3. 责任推定

只要监管机构提供的证据能够证明以下情形之一，就可以确认内幕交易行为成立：

（1）证券交易内幕信息知情人员，进行了与该内幕信息有关的证券交易活动；

（2）内幕信息知情人员的配偶、父母、子女以及其他有密切关系的人，其证券交易活动与该内幕信息基本吻合；

（3）因履行工作职责知悉上述内幕信息并进行了与该信息有关的证券交易活动；

（4）非法获取内幕信息，并进行了与该内幕信息有关的证券交易活动；

（5）内幕信息公开前与内幕信息知情人员或者知晓该内幕信息的人员联络、接触，其证券交易活动与内幕信息高度吻合。

【解释】当事人如果想否认内幕交易行为的存在，就必须负有举证责任：对其在内幕信息敏感期内从事的相关证券买卖行为作出合理说明或者提供证据排除其存在利用内幕信息从事相关证券交易活动的可能。

4. 不属于内幕交易的情形

根据《最高人民法院、最高人民检察院关于办理内幕交易、泄露内幕信息刑事案件具体应用法律若干问题的解释》的规定，具有下列情形之一的，不属于刑法上的内幕交易行为：

（1）持有或者通过协议、其他安排与他人共同持有上市公司5%以上股份的自然人、法人或者其他组织收购该上市公司股份的；

（2）按照事先订立的书面合同、指令、计划从事相关证券、期货交易的；

（3）依据已被他人披露的信息而交易的；

（4）交易具有其他正当理由或者正当信息来源的。

5. 利用未公开信息进行的交易

禁止证券交易场所、证券公司、证券登记结算机构、证券服务机构和其他金融机构的从业人员、有关监管部门或者行业协会的工作人员，利用因职务便利获取的**内幕信息以外的其他未公开的信息**，违反规定，从事与该信息相关的证券交易活动，或者明示、暗示他人从事相关交易活动。利用未公开信息进行交易给投资者造成损失的，应当依法承担赔偿责任。

【解释】上述行为俗称“老鼠仓”行为。“老鼠仓”行为与内幕交易行为的主要区别：（1）主体范围不同。“老鼠仓”行为的主体特定，主要是证券交易场所、证券公司、证券登记结算机构、证券服务机构和其他金融机构的从业人员、有关监管部门或者行业协会的工作人员（利用职务之便可以获得这些特殊信息的大老鼠）；而内幕交易的主体不仅包括证券交易内幕信息的知情人员，还包括非法获取内幕信息的人员（如一无所有的小偷）；（2）所利用的信息不同。“老鼠仓”行为利用的是内幕信息以外的其他未公开的信息；而内幕交易利用的是内幕信息。

【考点3】短线交易（★★★）（P301）（2018年案例分析题）

1. 上市公司、股票在国务院批准的其他全国性证券交易场所交易的公司持有**5%以上股份的股东、董事、监事、高级管理人员**，将其持有的该公司的股票或者其他具有股权性质的证券在买入后6个月内卖出，或者在卖出后6个月内又买入，由此所得收益归**该公司**所有，公司**董事会**应当收回其所得收益。但是，证券公司因购入包销售后剩余股票而持有5%以上股份，以及有国务院证券监督管理机构规定的其他情形的除外。

2. 公司董事会不按规定执行的，股东有权要求董事会在**30日**内执行。公司董事会未在上述期限内执行的，股东有权为了公司的利益以**自己的名义**直接向人民法院提起诉讼。公司董事会不按规定执行的，负有责任的董事依法承担**连带责任**。

【解释1】上述所称董事、监事、高级管理人员、自然人股东持有的股票或者其他具有股权性质的证券，包括其配偶、父母、子女持有的及利用他人账户持有的股票或者其他具有股权性质的证券。新修订的《证券法》扩大了短线交易的主体范围，将上市公司董事、监事、高级管理人员以及自然人股东的直系亲属（配偶、父母、子女）一并纳入短线交易的禁止范围。利用他人账户进行短线交易？当然不行。

【解释2】上述“买入后6个月内卖出”是指从最后一笔买入时点起算6个月内卖出的，“卖出后6个月内又买入”是指从最后一笔卖出时点起算6个月内又买入的。例如，董事王某在2月1日、2月10日分别买入本公司股票5万股和10万股，在8月4日全部卖出，则2月10日买入、8月4日卖出的10万股，未超过6个月，构成短线交易；2月1日买入、8月4日卖出的5万股，已经超过了6个月，不构成短线交易。

经典题解

【真题1·单选题】 甲为乙上市公司的董事，并持有乙公司股票20万股，2013年3月1日和3月8日，甲以每股25元的价格先后卖出其持有的乙公司股票2万股和3万股。2013年9月3日，甲以每股15元的价格买入乙公司股票5万股。根据证券法律制度的规定，甲通过上述交易所获收益中，应当收归公司所有的金额是（　　）。（2014年）

A. 20万元　　B. 30万元

C. 50万元　　D. 75万元

【解析】（1）3月1日卖出、9月3日买入的2万股，已经超过了6个月，不构成短线交易；（2）3月8日卖出、9月3日买入的3万股，未超过6个月，构成短线交易，应当归上市公司所有的金额＝3万股×（25元－15元）＝30（万元）。

【答案】 B

【真题2·单选题】 甲为某上市公司董事。2018年1月8日和22日，甲通过其配偶的证券账户，以20元/股和21元/股的价格，先后买入本公司股票2万股和4万股。同年7月9日，甲以22元/股的价格将6万股全部卖出。根据证券法律制度的规定，甲通过上述交易所得收益中，应当归入该上市公司的金额是（　　）。（2018年）

A. 2万元

B. 4万元

C. 6万元

D. 0

【解析】（1）2018年1月8日买入、7月9日卖出的2万股，已经超过了6个月，不构成短线交易；（2）1月22日买入、7月9日卖出的4万股，未超过6个月，构成短线交易，其收益＝4万股×（22元－21元）＝4（万元），应当归上市公司所有。

【答案】 B

第八单元　虚假陈述

扫码听名师课

【考点 1】虚假陈述行为的界定（★）（P294）

1. 虚假陈述包括虚假记载、误导性陈述、重大遗漏以及不正当披露。

2. 信息披露义务人未按照法律、行政法规、规章和规范性文件，以及证券交易所业务规则规定的信息披露期限、方式等要求及时、公平披露信息，应当认定构成“未按照规定披露信息”的信息披露违法行为。

3. 信息披露义务人在信息披露文件中对所披露内容进行不真实记载，包括发生业务不入账、虚构业务入账、不按照相关规定进行会计核算和编制财务会计报告，以及其他在信息披露中记载的事实与真实情况不符的，应当认定构成“所披露的信息有虚假记载”的信息披露违法行为。

4. 信息披露义务人在信息披露文件中或者通过其他信息发布渠道、载体，作出不完整、不准确陈述，致使或者可能致使投资者对其投资行为发生错误判断的，应当认定构成“所披露的信息有误导性陈述”的信息披露违法行为。

5. 信息披露义务人在信息披露文件中未按照法律、行政法规、规章和规范性文件以及证券交易所业务规则关于重大事件或者重要事项信息披露要求披露信息，遗漏重大事项的，应当认定构成“所披露的信息有重大遗漏”的信息披露违法行为。

【考点 2】虚假陈述行为的行政责任（★★★）（P294）（2020 年重大调整）

1. 证券服务机构（2017 年案例分析题）

证券服务机构违反《证券法》的规定，未勤勉尽责，所制作、出具的文件有虚假记载、误导性陈述或者重大遗漏的，责令改正，没收业务收入，并处以业务收入1 倍以上 10 倍以下的罚款，没有业务收入或者业务收入不足 50 万元的，处以 50 万元以上 500 万元以下的罚款；情节严重的，并处暂停或者禁止从事证券服务业务。对直接负责的主管人员和其他直接责任人员给予警告，并处以20 万元以上 200 万元以下的罚款。

2. 信息披露义务人

信息披露义务人报送的报告或者披露的信息有虚假记载、误导性陈述或者重大遗漏的，责令改正，给予警告，并处以100 万元以上 1000 万元以下的罚款；对直接负责的主管人员和其他直接责任人员给予警告，并处以50 万元以上 500 万元以下的罚款。发行人的控股股东、实际控制人组织、指使从事上述违法行为，或者隐瞒相关事项导致发生上述情形的，处以 100 万元以上 1000 万元以下的罚款；对直接负责的主管人员和其他直接责任人员，处以 50 万元以上 500 万元以下的罚款。

3.《信息披露违法行为行政责任认定规则》的规定（2013 年案例分析题、2016 年案例分析题、2017 年案例分析题）

（1）上市公司发生信息披露违法行为的，对负有保证信息披露真实、准确、完整、及时和公平义务的董事、监事、高级管理人员，应当视情形认定其为直接负责的主管人员或者其他直接责任人员承担行政责任，但其能够证明已尽忠实、勤勉义务，没有过错的除外。

（2）如有证据证明因信息披露义务人受控股股东、实际控制人指使，未按照规定披露信息，或者所披露的信息有虚假记载、误导性陈述或者重大遗漏的，在认定信息披露义务人责任的同时，应当认定信息披露义务人控股股东、实际控制人的信息披露违法责任。信息披露义务人的控股股东、实际控制人是法人的，其负责人应当认定为直接负责的主管人员。

【解释】控股股东、实际控制人直接授意、指挥从事信息披露违法行为，或者隐瞒应当披露信息、不告知应当披露信息的，应当认定控股股东、实际控制人指使从事信息披露违法行为。

（3）可以考虑“不予行政处罚”的情形

①当事人对认定的信息披露违法事项提出具体异议记载于董事会、监事会、公司办公会会议记录等，并在上述会议中投反对票的；

②当事人在信息披露违法事实所涉及期间，由于不可抗力、失去人身自由等无法正常履行职责的；

③对公司信息披露违法行为不负有主要责任的人员在公司信息披露违法行为发生后及时向公司和证券交易所、证券监管机构报告的。

（4）任何下列情形，不得单独作为不予处罚情形认定：

①不直接从事经营管理；

②能力不足、无相关职业背景；

③任职时间短、不了解情况；

④相信专业机构或者专业人员出具的意见和报告；

⑤受到股东、实际控制人控制或者其他外部干预。

【考点3】虚假陈述行为的民事赔偿责任（★★★）（P296）

1. 因果推定（2013年案例分析题、2016年案例分析题、2017年案例分析题）

投资者在虚假陈述实施日及以后，至揭露日或者更正日之前买入该证券，在虚假陈述揭露日或者更正日及以后，因卖出该证券发生亏损，或者因持续持有该证券而产生亏损，即推定投资者的损失与虚假陈述行为之间存在因果关系。

【解释1】虚假陈述实施日：（1）对于虚假记载、误导性陈述等积极虚假陈述行为，在指定信息披露媒体发布虚假陈述文件的日期，即可确定为虚假陈述实施日；（2）对于隐瞒和不履行信息披露义务的，则以法定期限的最后一个期日为虚假陈述实施日。

【解释2】虚假陈述揭露日：（1）监管机关有关立案稽查的消息，可以作为揭露日的标志；（2）媒体的揭露行为是否可以作为虚假陈述揭露日，可与相关股票是否停牌挂钩，如果媒体的揭露行为引起该股票价格急剧波动导致其停牌的，则可以认定其揭露行为的时日为虚假陈述揭露日。

【解释3】最高人民法院2019年11月印发的《全国法院民商事审判工作会议纪要》认为，原则上，只要交易市场对监管部门立案调查、权威媒体刊载的揭露文章等信息存在着明显的反应，对一方主张市场已经知悉虚假陈述的抗辩，人民法院依法予以支持。（2020年新增）

【案例】 甲上市公司的虚假陈述实施日为4月1日，虚假陈述揭露日为7月1日。在本案中：（1）投资者A于3月1日买入甲上市公司的股票，3月20日全部卖出，损失10万元，则甲公司的虚假陈述行为与投资人的损害结果之间不存在因果关系；（2）投资者B于3月10日买入甲上市公司的股票，5月20日全部卖出，损失10万元，则甲公司的虚假陈述行为与投资人的损害结果之间不存在因果关系；（3）投资者C于4月10日买入甲上市公司的股票，6月20日全部卖出，损失10万元，则甲公司的虚假陈述行为与投资人的损害结果之间不存在因果关系；（4）投资者D于4月20日买入甲上市公司的股票，7月20日全部卖出，损失10万元，则甲公司的虚假陈述行为与投资人的损害结果之间存在因果关系；（5）投资者E于7月10日买入甲上市公司的股票，7月20日全部卖出，损失10万元，则甲公司的虚假陈述行为与投资人的损害结果之间不存在因果关系。

2. 民事赔偿责任（2020年重大调整）

（1）无过错责任

信息披露义务人未按照规定披露信息，或者公告的证券发行文件、定期报告、临时报告及其他信息披露资料存在虚假记载、误导性陈述或者重大遗漏，致使投资者在证券交易中遭受损失的，信息披露义务人应当承担赔偿责任。

（2）过错推定责任

①发行人的控股股东、实际控制人、董

事、监事、高级管理人员和其他直接责任人员以及保荐人、承销的证券公司及其直接责任人员，应当与发行人承担连带赔偿责任，但是能够证明自己没有过错的除外。

②证券服务机构为证券的发行、上市、交易等证券业务活动制作、出具审计报告及其他鉴证报告、资产评估报告、财务顾问报告、资信评级报告或者法律意见书等文件，应当勤勉尽责，对所依据的文件资料内容的真实性、准确性、完整性进行核查和验证。其制作、出具的文件有虚假记载、误导性陈述或者重大遗漏，给他人造成损失的，应当与委托人承担连带赔偿责任，但是能够证明自己没有过错的除外。

表7-5　虚假陈述的民事赔偿责任

责任类型	责任主体	具体内容
无过错责任	信息披露义务人	信息披露义务人只要存在虚假陈述行为，无论是否有过错，均应承担损害赔偿责任
过错推定责任	发行人的控股股东、实际控制人	首先推定其有过错，原告无须承担举证责任；如果被告不能证明自己没有过错，则应当承担连带赔偿责任
	发行人的董事、监事、高级管理人员和其他直接责任人员	
	保荐人、承销的证券公司及其直接责任人员	
	证券服务机构	

经典题解

【真题1·单选题】根据证券法律制度的规定，下列主体中，对招股说明书中的虚假记载承担无过错责任的是(　　)。(2014年)

A. 发行人　　B. 承销人

C. 实际控制人　　D. 保荐人

【答案】A

【真题2·单选题】中国证监会经调查发现，一年前在上海证券交易所挂牌上市的甲公司在首次公开发行股票的过程中存在虚假陈述行为，并给投资者造成重大损失。乙是甲公司的董事长。根据证券法律制度的规定，下列关于乙责任承担的表述中，正确的是(　　)。(2016年)

A. 无论乙有无过错,均应承担连带赔偿责任

B. 无论乙有无过错，均不承担赔偿责任

C. 乙应承担连带赔偿责任，除非乙能证明自己没有过错

D. 只有当投资者证明乙有过错时，乙才承担连带赔偿责任

【答案】C

【考点4】重大违法公司强制退市制度(★★★)(P271)

1. 上市公司存在欺诈发行、重大信息披露违法或者其他严重损害证券市场秩序的重大违法行为，且严重影响上市地位，其股票应当被终止上市。上市公司存在以下情形之一的，其股票应当被终止上市：

(1) 上市公司首次公开发行股票申请或者披露文件存在虚假记载、误导性陈述或者重大遗漏，被中国证监会依法作出行政处罚决定，或者被人民法院依法作出有罪生效判决。

(2) 上市公司发行股份购买资产并构成重组上市，申请或者披露文件存在虚假记载、误导性陈述或者重大遗漏，被中国证监会依法作出行政处罚决定，或者被人民法院依法作出有罪生效判决。

(3) 上市公司披露的年度报告存在虚假记载、误导性陈述或者重大遗漏，根据中国证监会行政处罚决定认定的事实，导致连续会计年度财务指标实际已触及《股票上市规则》规定的终止上市标准。

【解释1】上市公司因存在上述第（1）、第（2）项情形，其股票被终止上市的，不得在交易所重新上市。

【解释2】上市公司因存在上述第（3）项情形，其股票被终止上市的，自其股票进入全国中小企业股份转让系统挂牌转让之日起的5个完整会计年度内，交易所不受理其重新上市申请。

【相关链接】股票的发行人在招股说明书等证券发行文件中隐瞒重要事实或者编造重大虚假内容，已经发行并上市的，国务院证券监督管理机构可以责令发行人回购证券，或者责令负有责任的控股股东、实际控制人买回证券。

2. 上市公司存在涉及国家安全、公共安全、生态安全、生产安全和公众健康安全等领域的违法行为，情节恶劣，严重损害国家利益、社会公共利益，或者严重影响上市地位，其股票应当被终止上市。上市公司存在以下情形之一的，其股票应当被终止上市：

（1）上市公司或其主要子公司被依法吊销营业执照、责令关闭或者被撤销。

（2）上市公司或其主要子公司被依法吊销主营业务生产经营许可证，或者存在丧失继续生产经营法律资格的其他情形。

（3）交易所根据上市公司重大违法行为损害国家利益、社会公共利益的严重程度，结合公司承担法律责任类型、对公司生产经营和上市地位的影响程度等情形，认为公司股票应当终止上市的。

【解释】上市公司因上述三种情形，其股票被终止上市的，自其股票进入全国中小企业股份转让系统挂牌转让之日起的5个完整会计年度内，交易所不受理其重新上市申请。

经典题解

【真题·单选题】根据证券法律制度的规定，上市公司存在涉及生态安全领域的违法行为，情节恶劣，严重损害国家利益、社会公共利益，其股票被终止上市的，在5个完整会计年度内，证券交易所不受理其重新上市申请。该5个完整会计年度的起算日是（　　）。（2019年）

A. 股票被标记为“ST”之日

B. 股票进入全国中小企业股份转让系统挂牌转让之日

C. 股票被证券交易所终止上市之日

D. 中国证监会的相关行政处罚公告之日

【答案】B

第九单元　非上市公众公司

扫码听名师课

【考点1】非上市公众公司的界定（★★★）（P233）

1. 非上市公众公司的概念

非上市公众公司是指具有下列情形之一且其股票未在证券交易所上市交易的股份有限公司：

（1）股票向特定对象发行或者转让导致股东累计超过200人；

（2）股票公开转让。

【解释】上市公司的股票在上海、深圳证券交易所上市交易，非上市公众公司的股票未在上海、深圳证券交易所上市交易。

2. 向特定对象转让

（1）股份有限公司的股票向特定对象转让后股东未超过200人（≤200）的，不属于非上市公众公司，无须向中国证监会申请核准。

（2）股份有限公司的股票向特定对象转让导致股东累计超过200人（>200）的，应当自该行为发生之日起3个月内，向中国证监会申请核准，成为非上市公众公司。如果股份有限公司在3个月内将股东人数降至200人以内的，可以不向中国证监会提出核准申请。

3. 股票公开转让

（1）只要股份有限公司申请其股票在全国中小企业股份转让系统公开转让，不论其股东人数是否超过200人，该公司均成为非上市公众公司。

（2）申请公开转让之前，股东人数已经超过200人的，应当向中国证监会申请核准。

（3）申请公开转让之前，股东人数未超过200人的，豁免向中国证监会申请核准，由全国中小企业股份转让系统进行审查。

【案例】 2015年11月6日，恒大淘宝（股票代码：834338）登陆全国中小企业股份转让系统正式挂牌交易。恒大地产集团有限公司和阿里巴巴（中国）网络技术有限公司分别持股60%和40%。在申请公开转让之前只有两个股东，中国证监会豁免核准，由全国中小企业股份转让系统进行审查。

4. 向特定对象发行

（1）股东人数未超过200人的股份有限公司因向特定对象发行股票导致股东人数累计超过200人的，必须经过中国证监会的核准，成为非上市公众公司。

（2）已经成为非上市公众公司的，向特定对象发行股票时，必须经过中国证监会的核准。但是，在全国中小企业股份转让系统挂牌公开转让股票的非上市公众公司，向特定对象发行股票后股东累计不超过200人的，豁免向中国证监会申请核准，由全国中小企业股份转让系统自律管理。

【案例】 因恒大淘宝在全国中小企业股份转让系统挂牌公开转让股票，成为非上市公众公司。之后，如果恒大淘宝向特定对象发行股票：（1）如果特定对象为20人，由于向特定对象发行股票后，股东累计为22人，仍未超过200人，豁免向中国证监会申请核准，由全国中小企业股份转让系统自律管理；（2）如果特定对象为199人，由于向特定对象发行股票后，股东累计为201人，必须经过中国证监会的核准。

表7-6　非上市公众公司

<table>
<tr><th colspan="2">具体情形</th><th>股东人数</th><th>是否为非上市公众公司？</th><th>是否须向中国证监会申请核准？</th></tr>
<tr><td rowspan="3">向特定对象转让股票</td><td rowspan="3">转让后</td><td>≤200人</td><td>×</td><td>×</td></tr>
<tr><td rowspan="2">>200人</td><td rowspan="2">√</td><td>√</td></tr>
<tr><td>在3个月内将股东人数降至200人以内的，可以不提出申请</td></tr>
<tr><td rowspan="2">申请公开转让股票</td><td rowspan="2">转让前</td><td>≤200人</td><td>√</td><td>×</td></tr>
<tr><td>>200人</td><td>√</td><td>√</td></tr>
<tr><td rowspan="4">向特定对象发行股票</td><td rowspan="2">股东人数未超过200人的普通股份有限公司</td><td>发行后股东累计≤200人</td><td>×</td><td>×</td></tr>
<tr><td>发行后股东累计>200人</td><td>√</td><td>√</td></tr>
<tr><td rowspan="2">已经成为非上市公众公司的</td><td rowspan="2"></td><td rowspan="2">√</td><td>√</td></tr>
<tr><td>在全国中小企业股份转让系统挂牌公开转让股票的非上市公众公司，向特定对象“发行股票后”股东累计不超过200人的，豁免向中国证监会申请核准</td></tr>
<tr><td colspan="3">股票在全国中小企业股份转让系统进行公开转让的公众公司向不特定合格投资者公开发行股票</td><td>√</td><td>√</td></tr>
</table>

【考点2】非上市公众公司向特定对象发行股票（★★）（P234）

1. 特定对象的范围

非上市公众公司向特定对象发行股票的，发行对象只能是中国证监会规定的特定对象：

（1）公司股东；

（2）公司的董事、监事、高级管理人员、核心员工；

（3）符合投资者适当性管理规定的自然人投资者、法人投资者及其他经济组织。

【解释】股票未公开转让的公司确定发行对象时，符合第（3）项规定的投资者合计不得超过35名。（2020年调整）

2. 公司决议

（1）发行人董事会应当依法就本次股票发行的具体方案作出决议，并提请股东大会批准，股东大会决议必须经出席会议的股东所持表决权的2/3以上通过。

（2）董事会、股东大会决议确定具体发行对象的，董事、股东参与认购或者与认购对象存在关联关系的，应当回避表决。出席董事会的无关联关系董事人数不足3人的，应将该事项提交公司股东大会审议。（2020年新增）

3. 中国证监会核准

（1）公司申请定向发行股票，可以申请一次核准，分期发行。

（2）自中国证监会予以核准之日起，公司应当在3个月内完成首期发行，剩余数量应当在12个月内发行完毕。首期发行数量应当不少于总发行数量的50%，剩余各期发行的数量由公司自行确定。

（3）超过核准文件限定的有效期未发行的，必须重新经中国证监会核准后方可发行。

【考点3】非上市公众公司向不特定合格投资者公开发行股票（★★★）（P235）（2020年新增）

1. 发行条件

股票在全国中小企业股份转让系统进行公开转让的公众公司可以向不特定合格投资者公开发行股票。不特定合格投资者应当符合投资者适当性管理规定。公众公司申请公开发行，应当符合以下条件：

（1）具备健全且运行良好的组织机构；

（2）具有持续盈利能力，财务状况良好，最近3年财务会计文件无虚假记载；

（3）依法规范经营，最近3年内公司及其控股股东、实际控制人不存在贪污、贿赂、侵占财产、挪用财产或者破坏社会主义市场经济秩序的刑事犯罪，不存在欺诈发行、重大信息披露违法或者其他涉及国家安全、公共安全、生态安全、生产安全、公众健康安全等领域的重大违法行为，最近12个月内未受到中国证监会行政处罚。

【相关链接】 在科创板上市的公司首次公开发行股票的，最近3年内发行人及其控股股东、实际控制人不存在贪污、贿赂、侵占财产、挪用财产或者破坏社会主义市场经济秩序的刑事犯罪，不存在欺诈发行、重大信息披露违法或者其他涉及国家安全、公共安全、生态安全、生产安全、公众健康安全等领域的重大违法行为。

2. 股东大会决议

（1）股东大会就公开发行股票事项作出决议，必须经出席会议的股东所持表决权的2/3以上通过。

（2）公司股东人数超过200人的，应当对出席会议的持股比例在10%以下的股东表决情况单独计票并予以披露。

（3）公司就公开发行股票事项召开股东大会，应当提供网络投票的方式，公司还可以通过其他方式为股东参加股东大会提供便利。

【相关链接1】 上市公司股东大会就重大资产重组事项作出决议，除上市公司的董事、监事、高级管理人员、单独或者合计持有上市公司5%以上股份的股东外，其他股东的投票情况应当单独统计并予以披露。

【相关链接2】 上市公司就重大资产重组事宜召开股东大会，应当以现场会议形式召开，并应当提供网络投票和其他合法方式为股东参加股东大会提供便利。

3. 中国证监会核准

公司应当持申请文件向中国证监会申请核准，申请文件应当包括但不限于：

（1）公开发行说明书；

（2）律师事务所出具的法律意见书；

（3）符合《证券法》规定的会计师事务所出具的审计报告；

（4）保荐人出具的股票发行保荐书；

（5）全国中小企业股份转让系统的自律监管意见。

4. 承销

公众公司公开发行股票，应当聘请具有证券承销业务资格的证券公司承销。

5. 保荐人

公众公司公开发行股票，应当聘请具有保荐资格的机构担任保荐人。保荐人持续督导期间为公开发行完成后当年剩余时间及其后2个完整会计年度。

6. 发行价格和发行对象

（1）公众公司公开发行股票，可以与主承销商自主协商直接定价，也可以通过合格投资者网上竞价，或者网下询价等方式确定股票发行价格和发行对象。

（2）通过网下询价方式确定股票发行价格和发行对象的，询价对象应当是经中国证券业协会注册的网下投资者。

【考点4】对非上市公众公司的监管（★）（P236）（2020年新增）

1. 挂牌公司

根据中国证监会2019年12月20日公布的《非上市公众公司信息披露管理办法》，股票在全国中小企业股份转让系统挂牌公开转让的非上市公众公司（以下简称“挂牌公司”）：

（1）精选层挂牌公司应当披露年度报告、中期报告和季度报告。

（2）创新层、基础层挂牌公司应当披露年度报告和中期报告。

（3）凡是对投资者作出投资决策有重大影响的信息，均应当在定期报告中披露。

（4）年度报告中的财务会计报告应当经符合《证券法》规定的会计师事务所审计。

（5）挂牌公司董事、高级管理人员应当对定期报告签署书面确认意见。监事会应当对董事会编制的定期报告进行审核并提出书面审核意见。

2. 不挂牌公司

未在全国中小企业股份转让系统挂牌的非上市公众公司（以下简称“不挂牌公司”），不得采用公开方式向社会公众转让股份，也不得在未经国务院批准的证券交易场所转让股份，未经批准不得擅自发行股票。

经典题解

【真题1·单选题】甲公司为发起设立的股份有限公司，现有股东199人，尚未公开发行或者转让过任何股票。根据证券法律制度的规定，下列情形中，需要向中国证监会申请核准的是（　　）。（2014年）

A. 股东乙向一位朋友转让部分股票

B. 股东丙将其持有的部分股票分别转让给丁和戊，约定2个月后全部买回

C. 甲公司向全国中小企业股份转让系统申请其股票公开转让

D. 甲公司向两家投资公司定向发行股票各500万股

【解析】（1）选项A：向特定对象转让后股东人数未超过200人，无须经中国证监会核准；（2）选项B：股票向特定对象转让导致股东累计超过200人，如果股份有限公司在3个月内将股东人数降至200人以内的，可以不提出核准申请；（3）选项C：申请公开转让之前，股东人数未超过200人的，中国证监会豁免核准；（4）选项D：向特定对象发行股票导致股东累计超过200人的，需经中国证监会核准，成为非上市公众公司。

【答案】D

【真题2·多选题】根据证券法律制度的规定，下列情形中，须经中国证监会核准的有（　　）。（2014年）

A. 甲上市公司向某战略投资者定向增发股票

B. 乙上市公司向所有现有股东配股

C. 有 30 名股东的丙股份有限公司拟将其股票公开转让

D. 有 199 名股东的丁股份有限公司拟通过增资引入 3 名风险投资人

【解析】（1）选项 AB：上市公司无论是公开发行股票（包括配股和增发）还是非公开发行股票，均须经中国证监会核准；（2）选项 C：申请公开转让之前，股东人数未超过 200 人的，中国证监会豁免核准；（3）选项 D：股份有限公司因向特定对象发行股票导致股东人数累计超过 200 人的，必须经过中国证监会核准，成为非上市公众公司。

【答案】 ABD

【真题 3 · 多选题】 根据证券法律制度的规定，股份有限公司的下列股份发行或者转让活动中，可以豁免向中国证监会申请核准的有（　　）。（2015 年）

A. 在全国中小企业股份转让系统挂牌的公司拟向特定对象定向发行股份，发行后股东预计达到 195 人

B. 因向公司核心员工转让股份导致股东累计达到 220 人，但在 1 个月内降至 195 人

C. 股东累计已达 195 人的公司拟公开转让股票

D. 公司获得定向发行核准后第 13 个月，拟使用未完成的核准额度继续发行

【解析】（1）选项 A：已经在全国中小企业股份转让系统挂牌公开转让股票的非上市公众公司，向特定对象发行股票后股东累计不超过 200 人的，豁免向中国证监会申请核准；（2）选项 B：股票向特定对象转让导致股东累计超过 200 人，如果股份有限公司在 3 个月内将股东人数降至 200 人以内的，可以不提出核准申请；（3）选项 C：申请公开转让之前，股东人数未超过 200 人的，中国证监会豁免核准；（4）选项 D：公司申请定向发行股票，可以申请一次核准，分期发行；超过核准文件限定的有效期（12 个月）未发行的，必须重新经中国证监会核准后方可发行。

【答案】 ABC

【真题 4 · 单选题】 根据证券法律制度的规定，下列关于非上市公众公司的表述中，正确的是（　　）。（2017 年）

A. 非上市公众公司不包括虽然在全国中小企业股份转让系统进行公开转让，但股东人数未超过 200 人的股份有限公司

B. 非上市公众公司向特定对象发行股票，无须中国证监会核准

C. 非上市公众公司包括股票向特定对象转让导致股东累计超过 200 人，但其股票未在证券交易所上市交易的股份有限公司

D. 非上市公众公司经中国证监会核准，可以在全国中小企业股份转让系统向社会公众公开发行股票

【解析】（1）选项 A：只要股份有限公司申请其股票在全国中小企业股份转让系统公开转让，不论其股东人数是否超过 200 人，该公司均成为非上市公众公司；（2）选项 B：非上市公众公司向特定对象发行股票，必须经过中国证监会核准（在全国中小企业股份转让系统挂牌公开转让股票的非上市公众公司，向特定对象发行股票后股东累计不超过 200 人的，豁免向中国证监会申请核准）；（3）选项 D：非上市公众公司经中国证监会核准，可以向特定对象发行股票，也可以向不特定合格投资者公开发行股票，但不能向社会公众公开发行股票。

【答案】 C

【真题 5 · 单选题】 甲股份有限公司为非上市公众公司，拟向 5 名战略投资者发行股票。根据证券法律制度的规定，甲公司应当向中国证监会履行的手续是（　　）。（2018 年）

A. 申请备案

B. 申请核准

C. 事后知会

D. 申请注册

【解析】 非上市公众公司向特定对象发行股票，应当经中国证监会核准。

【答案】 B

【真题 6 · 多选题】 根据证券法律制度的规定，下列情形中，应当经中国证监会核

准的有（　　）。（2019 年）

A. 甲股份有限公司向特定对象发行股票，发行后股东人数为 200 人

B. 乙上市公司发行新股

C. 股东人数为 201 人的丙股份有限公司申请股票以公开方式向社会公众公开转让

D. 丁股份有限公司首次在科创板公开发行股票并上市

【解析】（1）选项 A：股份有限公司向特定对象发行股票，发行后股东人数超过 200 人时，才需经中国证监会核准；（2）选项 B：上市公司无论是公开发行新股还是非公开发行新股，均应经中国证监会核准；（3）选项 C：申请公开转让之前，股东人数已经超过 200 人的，应当经中国证监会核准；（4）在科创板公开发行股票，实行注册制，无须中国证监会核准。

【答案】 BC

第十单元　其他规定

扫码听名师课

【考点 1】《证券法》的适用范围（★）（P221）

1. 在中华人民共和国境内，股票、公司债券、存托凭证和国务院依法认定的其他证券的发行和交易，适用《证券法》。

2. 政府债券、证券投资基金份额的上市交易，适用《证券法》；其他法律、行政法规另有规定的，适用其规定。

3. 资产支持证券、资产管理产品发行、交易的管理办法，由国务院依照《证券法》的原则规定。

4. 在中华人民共和国境外的证券发行和交易活动，扰乱中华人民共和国境内市场秩序，损害境内投资者合法权益的，依照《证券法》的有关规定处理并追究法律责任。

【考点 2】 股份转让的限制（综述）（★★★）（P249、301）

1. 发起人

发起人持有的本公司股份，自公司成立之日起 1 年内不得转让。

2. 非公开发行的股份

公司公开发行股份前已发行的股份，自公司股票在证券交易所上市交易之日起 1 年内不得转让。

3. 董事、监事、高级管理人员

（1）董事、监事、高级管理人员所持本公司股份，自公司股票上市交易之日起 1 年内不得转让。

（2）董事、监事、高级管理人员在任职期间每年转让的股份不得超过其所持有本公司股份总数的 25%；上市公司董事、监事和高级管理人员所持股份不超过 1000 股的，可以一次性全部转让，不受 25%的比例限制。

（3）董事、监事、高级管理人员离职后 6 个月内，不得转让其所持有的本公司股份。

【解释】因司法强制执行、继承、遗赠、依法分割财产等导致股份变动的，不受上述期限的限制。

（4）上市公司董事、监事和高级管理人员在下列期间不得买卖本公司股票：

①上市公司定期报告公告前 30 日内；

②上市公司业绩预告、业绩快报公告前 10 日内；

③自可能对本公司股票交易价格产生重大影响的重大事项发生之日或在决策过程中，至依法披露后 2 个交易日内。

4. 短线交易

上市公司、股票在国务院批准的其他全国性证券交易场所交易的公司持有 5%以上股份的股东、董事、监事、高级管理人员，将其持有的该公司的股票或者其他具有股权性质的证券在买入后 6 个月内卖出，或者在卖出后 6 个月内又买入，由此所得收益归该公司所有，公司董事会应当收回其所得收益。但是，证券公司因购入包销售后剩余股票而持有 5%以上股份，以及有国务院证券监督管

理机构规定的其他情形的除外。

5. 上市公司非公开发行股票

（1）18个月

上市公司董事会决议提前确定全部发行对象，且属于下列情形之一的，定价基准日可以为关于本次非公开发行股票的董事会决议公告日、股东大会决议公告日或者发行期首日，认购的股份自发行结束之日起18个月内不得转让：

①上市公司的控股股东、实际控制人或其控制的关联人；

②通过认购本次发行的股份取得上市公司实际控制权的投资者；

③董事会拟引入的境内外战略投资者。

（2）6个月

除此之外的发行对象，认购的股份自发行结束之日起6个月内不得转让。

6. 上市公司发行股份购买资产

（1）特定对象以资产认购而取得的上市公司股份，自股份发行结束之日起12个月内不得转让。

（2）属于下列情形之一的，36个月内不得转让：

①特定对象为上市公司控股股东、实际控制人或者其控制的关联人。

②特定对象通过认购本次发行的股份取得上市公司的实际控制权。

③特定对象取得本次发行的股份时，对其用于认购股份的资产持续拥有权益的时间不足12个月。

7. 5%+5%

（1）通过证券交易所的证券交易，投资者持有或者通过协议、其他安排与他人共同持有一个上市公司已发行的有表决权股份达到5%时，应当在该事实发生之日起3日内，向国务院证券监督管理机构、证券交易所作出书面报告，通知该上市公司，并予公告，在上述期限内不得再行买卖该上市公司的股票，但国务院证券监督管理机构规定的情形除外。

（2）投资者持有或者通过协议、其他安排与他人共同持有一个上市公司已发行的有表决权股份达到5%后，其所持该上市公司已发行的有表决权股份比例每增加或者减少5%，应当依照上述规定进行报告和公告，在该事实发生之日起至公告后3日内，不得再行买卖该上市公司的股票，但国务院证券监督管理机构规定的情形除外。

8. 上市公司的收购人

在上市公司收购中，收购人持有的被收购的上市公司的股票，在收购行为完成后的18个月内不得转让。

【考点3】操纵证券市场行为（★★）（P302）（2020年重大调整）

1. 禁止任何人以下列手段操纵证券市场，影响或者意图影响证券交易价格或者证券交易量：

（1）单独或者通过合谋，集中资金优势、持股优势或者利用信息优势联合或者连续买卖；

（2）与他人串通，以事先约定的时间、价格和方式相互进行证券交易；

（3）在自己实际控制的账户之间进行证券交易；

（4）不以成交为目的，频繁或者大量申报并撤销申报；

（5）利用虚假或者不确定的重大信息，诱导投资者进行证券交易；

（6）对证券、发行人公开作出评价、预测或者投资建议，并进行反向证券交易；

（7）利用在其他相关市场的活动操纵证券市场；

（8）操纵证券市场的其他手段。

2. 操纵证券市场行为给投资者造成损失的，应当依法承担赔偿责任。

【考点4】编造、传播虚假信息的行为（★）（P303）

1. 禁止任何单位和个人编造、传播虚假信息或者误导性信息，扰乱证券市场。

2. 禁止证券交易场所、证券公司、证券登记结算机构、证券服务机构及其从业人员，证券业协会、证券监督管理机构及其工作人员，在证券交易活动中作出虚假陈述或者信息误导。

3. 各种传播媒介传播证券市场信息必须真实、客观，禁止误导。传播媒介及其从事证券市场信息报道的工作人员不得从事与其工作职责发生利益冲突的证券买卖。

【考点5】大宗交易制度（★★）（P265）

1. 上海和深圳两个交易所均建立了大宗交易制度，大宗交易的交易时间为交易日的15点至15点30分。

2. 大宗交易的成交价格，由买卖双方在当日最高和最低成交价格之间协商确定。该证券当日无成交的，以前收盘价为成交价。

3. 大宗交易的成交申报须经交易所确认。确认后，买方和卖方不得撤销或者变更成交申报。

经典题解

【真题1·单选题】 根据证券法律制度的规定，下列关于证券交易所大宗交易时间的表述中，正确的是（　　）。（2015年）

A. 交易日9点15分至25分

B. 交易日9点25分至30分

C. 交易日14点30分至15点

D. 交易日15点至15点30分

【答案】 D

【真题2·多选题】 根据证券法律制度的规定，下列关于证券大宗交易系统的表述中，正确的有（　　）。（2017年）

A. 大宗交易的交易时间为交易日的15：00~15：30

B. 目前只有上海证券交易所建立了大宗交易系统

C. 买方和卖方就大宗交易达成一致后，自行交易，无须交易所确认

D. 买方和卖方可以就大宗交易的价格和数量等要素进行议价协商

【答案】 AD

【考点6】退市整理期（★）（P274）

1. 对于股票已经被证券交易所决定终止上市交易的强制退市公司，证券交易所应当设置“退市整理期”，在其退市前给予30个交易日的股票交易时间。

2. 在股票被证券交易所决定终止上市交易前，经董事会决议通过并已公告筹划重大资产重组事项的强制退市公司应当召开股东大会，对公司股票是否进入“退市整理期”交易进行表决，证券交易所应当按照股东大会决议对公司股票是否进入“退市整理期”交易作出安排。

3. “退市整理期”公司的并购重组行政许可申请将不再受理；已经受理的，应当终止审核。

4. 强制退市公司股票应当统一在全国中小企业股份转让系统设立的专门层次挂牌转让。

经典题解

【真题·单选题】 根据证券法律制度的规定，退市整理期是指（　　）。（2015年）

A. 股票被实行退市风险警示之日起到退市的期间

B. 股票被实行退市风险警示之日起的30个交易日

C. 上市公司向证券交易所提交退市申请之日起的15个交易日

D. 证券交易所对股票作出终止上市决定之日起的30个交易日

【答案】 D

案例分析题专项演练

【案例1】（2011年）

【解释】本题根据2020年教材进行了删减。

某机构投资者在对A上市公司（以下简称“A公司”）进行调研时，发现A公司如下信息：

（1）甲为A公司的实际控制人，通过B公司持有A公司34%的股份。甲担任A

公司的董事长、法定代表人。2009年8月7日，经董事会决议（甲回避表决），A公司为B公司向C银行借款4000万元提供连带责任保证，并发布公告予以披露。2010年3月1日，C银行通知A公司，B公司的借款到期未还，要求A公司承担保证责任。A公司为此向C银行支付了4000万元借款本息。

（2）乙在2009年12月至2010年2月末期间连续买入A公司股票，持有A公司股份总额达到3%。A公司为B公司承担保证责任后，乙于2010年3月5日直接向人民法院提起股东代表诉讼，要求甲赔偿A公司因承担保证责任造成的损失。甲则辩称：乙在起诉前未向公司监事会提出书面请求，故请求人民法院驳回乙的起诉。

（3）2010年3月10日，A公司公告拟于4月1日召开年度股东大会。董事会推荐了3名独立董事候选人，其中，候选人丙为B公司财务主管，候选人丁持有A公司1%的股份。

（4）2010年3月24日，乙向A公司董事会书面提出年度股东大会临时提案，要求罢免甲的董事职务。A公司董事会当即拒绝将该临时提案列为年度股东大会审议事项。3月25日，乙联合持有A公司8%股份的股东张某，共同公告拟于4月1日在同一地点召开A公司临时股东大会。4月1日，A公司的两个“股东大会”在同一酒店同时召开。出席“年度股东大会”的股东持有A公司股份总额的35%；出席“临时股东大会”的股东持有A公司股份总额的40%。后者通过了对甲的董事罢免案，并选举乙为A公司董事。

（5）2010年4月21日，B公司与乙达成股权转让协议。4月23日，A公司、B公司和乙联合公布了该协议内容：B公司将所持A公司27%的股份转让给乙，转让后B公司仍持有A公司7%的股份；同时，乙向A公司全体股东发出要约，拟另行收购A公司已发行股份的4%。随后，甲辞职，乙被股东大会选举为董事。

（6）2010年6月3日，A公司董事会通过决议，决定购买乙控制的C公司100%的股权，该交易金额达到A公司资产总额的25%。2010年12月6日，A公司董事会又通过决议，决定购买乙所持D公司的全部股权，该交易金额达到A公司资产总额的20%。

要求：

根据上述内容，分别回答下列问题：

（1）A公司董事会为B公司提供担保的决议是否有效？并说明理由。

（2）乙是否具备对甲提起股东代表诉讼的资格？甲请求人民法院驳回乙起诉的理由是否成立？并分别说明理由。

（3）丙、丁是否符合A公司独立董事的任职资格？并分别说明理由。

（4）2010年3月24日，乙提出的临时提案是否应被列为A公司年度股东大会审议事项？并说明理由。

（5）2010年4月1日，乙与股东张某共同召集A公司临时股东大会的程序是否合法？并说明理由。

（6）乙在受让B公司转让的A公司27%的股份时，向A公司全体股东发出要约收购4%的股份是否符合法律规定？并说明理由。

（7）2010年12月6日，A公司董事会通过的购买乙所持D公司股权的决议是否有效？并说明理由。

【案例1答案】

（1）A公司董事会为B公司提供担保的决议无效。根据规定，公司为公司股东或者实际控制人提供担保的，必须经股东大会决议。

（2）①乙不具备对甲提起股东代表诉讼的资格。根据规定，股份有限公司连续180日以上单独或者合计持有公司1%以上股份的股东可以依法提起股东代表诉讼。在本题中，乙持有A公司股份的时间不足 180 日；②甲请求人民法院驳回乙起诉的理由成立。根据规定，公司董事、高级管理人员执行公司职务时违反法律、行政法规或者公司章程的规定，给公司造成损失的，股份有限公司连续 180 日以上单独或者合计持有公司 1%以上股份的股东可以书面请求监事会向人民法院提起诉讼；监事会收到股东的书面请求后拒绝提起诉讼或者自收到请求之日起 30 日内未提起诉讼，或者情况紧急、不立即提起诉讼将会使公司利益受到难以弥补的损害的，该股东才可以以自己的名义直接向人民法院提起诉讼。在本题中，乙在起诉前未向 A 公司监事会提出书面请求，不符合规定。

(3) ①丙不符合独立董事任职资格。根据规定，在直接或者间接持有上市公司已发行股份 5%以上的股东单位任职的人员不得担任该上市公司的独立董事；②丁不符合独立董事任职资格。根据规定，直接或者间接持有上市公司已发行股份 1%以上的自然人股东不得担任该上市公司的独立董事。

(4) 乙提出的临时提案不应列为年度股东大会的审议事项。根据规定，单独或者合计持有公司 3%以上股份的股东，可以在股东大会召开 10 日前提出临时提案并书面提交董事会。在本题中，乙提出临时提案的时间距年度股东大会召开时间不足 10 日。

(5) 乙与股东张某共同召集 A 公司临时股东大会的程序不合法。根据规定，股东大会由董事会召集，董事会不能或者不履行召集股东大会会议职责的，监事会应当及时召集和主持；监事会不召集和主持的，连续 90 日以上单独或合计持有公司 10%以上股份的股东可以自行召集和主持。

(6) 乙发出要约收购 4%的股份不符合规定。根据规定，以要约方式收购一个上市公司股份的，其预定收购的股份比例不得低于该上市公司已发行股份的 5%。

(7) A 公司董事会通过的购买乙所持 D 公司股权的决议无效。根据规定，上市公司在 1 年内购买、出售重大资产累计超过公司资产总额 30%的，应当由股东大会作出决议，并经出席会议的股东所持表决权的 2/3 以上通过。

【案例 2】(2013 年)

赵某担任甲上市公司（以下简称“甲公司”）的总经理，并持有该公司股票 10 万股，钱某为甲公司的董事长兼法定代表人。

2011 年 7 月 1 日，钱某召集甲公司的董事会，9 名董事中有 4 人出席，另有 1 名董事孙某因故未能出席，书面委托钱某代为出席投票。经钱某提议，出席董事会的全体董事通过决议，从即日起免除赵某总经理的职务。12 月 20 日，赵某卖出所持的 2 万股甲公司股票。

2011 年 12 月 23 日，赵某向中国证监会书面举报称：(1) 甲公司的子公司乙公司曾向甲公司全体董事提供低息借款，用于个人购房；(2) 2011 年 4 月 1 日，甲公司召开的董事会通过决议为母公司丙公司向银行借款提供担保，但甲公司并未公开披露该担保事项。

2012 年 1 月 16 日，中国证监会宣布对甲公司涉嫌虚假陈述的行为立案调查。2012 年 3 月 1 日，中国证监会宣布：经调查，甲公司存在虚假陈述行为，决定对甲公司给予警告，并处罚款 50 万元；认定钱某为直接责任人员，并处罚款 10 万元；认定董事李某等人为其他直接责任人员，并处罚款 10 万元。钱某辩称，甲公司未披露担保事项是公司实际控制人的要求，自己只是遵照指令行事，不应受处罚；李某则辩称，自己是独立董事，并不参与甲公司的经营管理活动，因此不应对甲公司的虚假陈述行为承担任何责任。

要求：

根据上述内容，分别回答下列问题：

（1）2011年7月1日甲公司董事会的出席人数是否符合规定？并说明理由。

（2）甲公司董事会能否在无正当理由的情况下解除赵某的总经理职务？并说明理由。

（3）2011年12月20日赵某卖出所持甲公司2万股股票的行为是否合法？并说明理由。

（4）乙公司向甲公司的所有董事提供低息借款的行为是否合法？并说明理由。

（5）2011年4月1日甲公司董事会通过的为丙公司提供担保的决议是否合法？并说明理由。

（6）钱某和李某的抗辩理由是否成立？并分别说明理由。

【案例2答案】

（1）甲公司董事会的出席人数符合规定。根据规定，股份有限公司董事会会议应有过半数的董事出席方可举行。在本题中，9名董事中有4人出席，另有董事孙某书面委托钱某代为出席投票，出席会议的董事共计5人，超过了全体董事的半数。

（2）甲公司董事会可以在无正当理由的情况下解除赵某的总经理职务。首先，决定聘任或者解聘公司总经理及其报酬事项属于董事会的职权；其次，法律并未规定董事会解聘公司总经理必须要有一定原因，甲公司的公司章程对此也没有明确的规定，因此，甲公司董事会可以在无正当理由的情况下解除赵某的总经理职务。

（3）赵某的行为不合法。根据规定，董事、监事、高级管理人员离职后6个月内，不得转让其所持有的本公司股份。

（4）乙公司向甲公司的所有董事提供低息借款的行为不合法。根据规定，股份有限公司不得直接或者通过子公司向董事、监事、高级管理人员提供借款。

（5）董事会的决议不合法。根据规定，公司为股东或者实际控制人提供担保的，必须经股东大会决议。

（6）①钱某的抗辩不能成立。根据规定，受到股东、实际控制人控制或者其他外部干预，不得单独作为不予处罚的情形认定；②李某的抗辩不能成立。根据规定，不直接从事经营管理，不得单独作为不予处罚的情形认定。

【案例3】（2014年）

【解释】本题根据2020年教材进行了修改。

大华股份有限公司（以下简称“大华公司”）于2006年在上海证券交易所上市，普通股总数为5亿股，甲、乙分别持有大华公司31%和23%的股份。截至2013年年底，大华公司净资产额为10亿元，最近3年可分配利润分别为3000万元、2000万元和1000万元。2014年2月，大华公司董事会决定，拟公开发行公司债券筹资5亿元，期限为5年，年利率为6%。财务顾问四维公司认为，大华公司最近3年的可分配利润不符合公开发行公司债券的条件，建议考虑其他融资途径。

2014年3月，大华公司董事会作出决议，拟公开发行优先股，并制定方案如下：（1）发行优先股3亿股，拟募资5亿元；（2）第一年股息率为6%，此后每年根据市场利率调整一次；（3）优先股股东按照约定股息率分配股息后，还可以与普通股股东一起参加剩余利润分配。2014年4月，在大华公司召开的年度股东大会上，优先股融资方案未获通过。

由于融资无望，大华公司股价持续走低。2014年5月8日，丙公司通知大华公司和上海证券交易所，同时发布公告，称其已于4月27日与大华公司的股东丁达成股权转让协议，拟收购丁持有的大华公司7%的股权。与此同时，甲宣布将在未来12个月内增持大华公司不超过2%的股份。

某媒体经调查后披露，丙与乙共同设有一个普通合伙企业，因此，丙与乙构成一致行动人，丙在收购丁持有的大华公司 7%的股份时必须采取要约收购方式。该媒体还披露，2014 年 4 月 28 日，股民 A 和 B 均在亏本卖出其证券账户中的全部股票后，分别买入大华公司股票 10 万股和 15 万股，此前两人均未买卖过大华公司股票，A 是股东丁之妻，B 与丙公司董事长 C 系好友。

中国证监会调查发现，B 与 C 曾于 4 月 27 日晚间通话，两人对此次交易均未提供合理解释；有关媒体披露的情况属实。

要求：

根据上述内容，分别回答下列问题：

(1) 四维公司关于大华公司最近 3 年的可分配利润不符合公开发行公司债券条件的判断是否正确？并说明理由。

(2) 大华公司董事会提出的优先股融资方案中有哪些内容不符合相关规定？并分别说明理由。

(3) 有关媒体关于丙与乙构成一致行动人的说法是否符合法律规定？并说明理由。

(4) 有关媒体关于丙在收购丁所持大华公司 7%的股份时必须采取要约收购方式的说法是否符合法律规定？并说明理由。

(5) 甲增持大华公司 2%的股份是否必须采取要约收购方式？并说明理由。

(6) A 和 B 买卖大华公司股票的行为是否构成内幕交易？并说明理由。

【案例 3 答案】

(1) 四维公司的判断正确。根据规定，公开发行公司债券，最近 3 年实现的年均可分配利润应足以支付公司债券 1 年的利息。在本题中，大华公司最近 3 年的年均可分配利润为 2000 万元，不足以支付公司债券 1 年应支付的利息 3000 万元（5 亿元×6%＝3000 万元）。

(2) ①拟发行优先股的数量不符合规定。根据规定，公司已发行的优先股不得超过公司普通股股份总数的 50%；②采取浮动股息率的做法不符合规定。根据规定，上市公司公开发行优先股时，必须采取固定股息率；③优先股股东按照约定的股息率分配股息后，还可以同普通股股东一起参加剩余利润分配不符合规定。根据规定，优先股股东按照约定的股息率分配股息后，不再同普通股股东一起参加剩余利润分配。

(3) 有关媒体的说法符合规定。根据规定，投资者之间存在合伙、合作、联营等其他经济利益关系，如果没有相反证据，投资者为一致行动人。在本题中，丙与乙共同设有一个普通合伙企业，应界定为一致行动人。

(4) 有关媒体的说法不符合规定。根据规定，丙与乙属于一致行动人，其所持股份应合并计算，二者所持的股份合计为 30%，并未触发要约收购义务。

(5) 甲增持大华公司 2%的股份无须采取要约收购方式。根据规定，在一个上市公司中拥有权益的股份达到或者超过该公司已发行股份的 30%的，自上述事实发生之日起 1 年后，每 12 个月内增持不超过该公司已发行的 2%的股份，可以免于发出要约。在本题中，甲在大华公司 2006 年上市时已经持有 31%的股份，本次增持距大华公司上市时间早已超过 1 年，其在未来 12 个月内计划增持的股份未超过 2%，可以免于发出要约。

(6) ①A 的行为构成内幕交易。根据规定，内幕信息知情人员的近亲属，在内幕信息敏感期内，从事与该内幕信息有关的证券交易，相关交易行为明显异常，且无正当理由或者正当信息来源的，构成内幕交易；②B 的行为构成内幕交易。根据规定，在内幕信息敏感期内，与内幕信息知情人员联络、接触，从事与该内幕信息有关的证券交易，相关交易行为明显异常，且无正当理由或者正当信息来源的，构成内幕交易。

【案例 4】（2015 年）

【解释】本题根据 2020 年教材进行了修改。

大华公司是在上海证券交易所挂牌的上市公司，总股本为 10 亿股。公司董事长赵某通过自己控股的华星公司持有大华公司 51%的股份。

网商公司是一家有限责任公司，钱某持有 90%的股权、孙某持有 10%的股权。网商公司最近 3 年的净利润分别为 2 亿元、-1 亿元、3000 万元。

网商公司资产总额为大华公司资产总额的 1.5 倍，大华公司计划通过购买网商公司全部股权的方式将其收购。为此，大华公司拟订了两种收购方案：

方案一：大华公司向网商公司股东钱某、孙某分别发行新股 9 亿股、1 亿股，用于购买二人所持网商公司的全部股权。

方案二：大华公司先向华星公司发行 5 亿股新股，华星公司向大华公司支付 15 亿元现金。大华公司再向网商公司的股东钱某发行 4.5 亿股、向孙某发行 5000 万股新股，并分别向钱某支付 13.5 亿现金、向孙某支付 1.5 亿现金，用以收购二人所持网商公司的全部股权。

李某是大华公司的股东，持有大华公司 500 万股股份，持股期限超过 180 日。在大华公司重大资产重组的股东大会上，李某认为该次重组将会对公司造成重大不利影响，对此提出异议。但在之后的表决时，李某投了赞成票。最终，股东大会决议实施方案二。

方案二实施后，大华公司股价大幅下跌，李某要求公司回购其所持公司股份，被公司拒绝。李某书面请求大华公司监事会对董事长赵某提起诉讼，起诉赵某在担任公司董事长期间未尽到相应义务，其行为给公司造成重大损失，监事会对李某的请求未予理睬。随后，李某向人民法院提起股东代表诉讼；同时对赵某的妻子提出控诉，认为她买卖大华公司股票的行为构成内幕交易。

据查，5 月 10 日，赵某妻子将其所持现有股票全部卖出，亏损 50 万元，并全部买入大华公司股票。5 月 12 日，大华公司对外公布重大资产重组的消息。赵某妻子听闻李某向人民法院提起诉讼后，又将其所持大华公司股份全部出售，亏损 200 万元。

要求：

根据上述资料，分别回答下列问题：

（1）方案一能否造成大华公司控股情况发生改变？并说明理由。

（2）方案一是否符合证券法律制度的规定？并说明理由。

（3）李某对赵某提起的诉讼，人民法院是否应当受理？并说明理由。

（4）大华公司拒绝回购李某所持股份的做法是否符合公司法律制度的规定？并说明理由。

（5）根据方案二，华星公司是否应当向大华公司所有剩余股东发出收购要约？并说明理由。

（6）赵某妻子的行为是否构成内幕交易？并说明理由。

【案例 4 答案】

（1）方案一实行后将导致大华公司控股情况发生改变。根据方案一，新股发行后，大华公司总股本将增至 20 亿元。赵某通过华星公司仍持有 5.1 亿股（10 亿×51%），持股比例降至 25.5%（5.1÷20）；钱某持有 9 亿股，持股比例为 45%；孙某持有 1 亿股，持股比例为 5%；其他股东共持有 4.9 亿股，持股比例合计为 24.5%。钱某将成为大华公司第一大股东，获得大华公司的实际控制权，而原实际控制人赵某将丧失对大华公司的实际控制权。

（2）方案一不符合规定。根据规定，上市公司自控制权发生变更之日起 36 个月内，向收购人及其关联人购买的资产总额占上市公司控制权发生变更的前一个会计年度经审计的合并财务会计报告期末资产总额的比例达到 100%以上的，构成重组上市，上市公司购买的资产对应的经营实体应当是股份有限公司或者有限责任公司，且符合《首次公开发行股票并上市管理办法》规定的其他发行条件，其中包括最近3个会计年度净利润均为正数且累计超过人民币3000万元。在本题中，网商公司最近3个会计年度的净利润中存在负数，不符合规定。

(3) 人民法院不应受理。根据规定，股份有限公司连续180日以上单独或者合计持有公司1%以上股份的股东，可以提起股东代表诉讼。在本题中，李某的持股比例未达到1%，不具有提起股东代表诉讼的资格。

(4) 大华公司的做法符合规定。根据规定，股份有限公司异议股东的股份回购请求权只限于对股东大会作出的公司合并、分立决议持有异议的情形。在本题中，李某投了赞成票，并非异议股东，而且该决议并非公司合并、分立决议。

(5) 华星公司可以免于发出要约。根据规定，在一个上市公司中拥有权益的股份达到或者超过该公司已发行股份的50%的，继续增加其在该公司拥有的权益不影响该公司的上市地位的，可以免于发出要约。在本题中，华星公司已经持股51%，继续增持5亿股并不影响大华公司的上市地位，可以免于发出要约。

(6) 赵某妻子的行为构成内幕交易。根据规定，内幕信息知情人的配偶、父母、子女以及其他有密切关系的人，其证券交易活动与该内幕信息基本吻合的，可以确认内幕交易行为成立。

【案例5】(2015年)

恒利发展是在上海证券交易所挂牌的上市公司，股本总额为10亿元，主营业务为医疗器械的研发与生产。维义高科是从事互联网医疗业务的有限责任公司，甲公司和乙公司分别持有维义高科90%和10%的股权。为谋求业务转型，2015年6月3日，恒利发展与维义高科、甲公司、乙公司签署了四方重组协议，协议的主要内容包括：(1) 恒利发展以主业资产及负债（资产净额经评估为9亿元），置换甲公司持有的维义高科的全部股权；(2) 恒利发展以1亿元现金购买乙公司持有的维义高科的全部股权。恒利发展最近一个会计年度经审计的合并财务会计报告显示期末净资产额为17亿元。

恒利发展拟通过非公开发行公司债券的方式筹集1亿元收购资金，并初拟了发行方案，部分内容如下：(1) 非公开发行公司债券1亿元，期限5年，面值10元；(2) 发行对象为不超过300名的合格投资者，其中：企事业单位、合伙企业的净资产不得低于500万元，个人投资者名下金融资产不得低于100万元。董事会讨论后，对上述方案中不符合证券法律制度规定的内容进行了修改。

恒利发展召开的临时股东大会对资产重组和公司债券发行事项分别进行了表决，出席该次股东大会的股东共持有4.5亿股有表决权的股票，关于资产重组的议案获得3.1亿股赞成票，关于发行公司债券的议案获得2.3亿股赞成票，该次股东大会宣布两项议案均获得通过。在上述两项方案的表决中，持股比例为0.1%的股东孙某均投了反对票。根据前述表决结果，孙某认为，两项议案的赞成票数均未达到法定比例，不能形成有效的股东大会决议。孙某还对恒利发展通过置换方式出让主业资产持反对意见，遂要求公司回购其持有的恒利发展全部股份，被公司拒绝。随后，孙某书面请求监事会对公司全体董事提起诉讼，称公司全体董事在资产重组交易中低估了公司主业资产的价值，未尽到勤勉义务，给公司造成巨大损失，应承担赔偿责任，亦被拒绝，孙某遂直接向人民法院提起股东代表诉讼，人民法院裁定不予受理。

要求：

根据上述内容，分别回答下列问题：

(1) 该资产重组交易是否应向中国证监

会申请核准？并说明理由。

（2）公司初拟的非公开发行公司债券方案中，有哪些内容不符合证券法律制度的规定？并分别说明理由。

（3）临时股东大会作出的资产重组决议，是否符合法定表决权比例？并说明理由。

（4）临时股东大会作出的公司债券发行决议，是否符合法定表决权比例？并说明理由。

（5）恒利发展是否有义务回购股东孙某所持股份？并说明理由。

（6）人民法院对孙某的起诉裁定不予受理，是否符合法律规定？并说明理由。

【案例 5 答案】

（1）无须向中国证监会申请核准。根据规定，并非所有的重大资产重组均须中国证监会的核准，须经中国证监会核准的仅限于“重组上市和发行股份购买资产”。在本题中，恒利发展的资产重组交易不属于“重组上市或者发行股份购买资产”，无须向中国证监会申请核准。

（2）①公司债券面值不符合规定。根据规定，公司债券每张面值为 100 元；②合格投资者的数量不符合规定。根据规定，非公开发行的公司债券应当向合格投资者发行，每次发行对象不得超过 200 人；③对合格投资者的资质要求不符合规定。根据规定，企事业单位法人、合伙企业的净资产应不低于人民币 1000 万元，个人投资者名下金融资产应不低于人民币 300 万元。

（3）符合法定比例。根据规定，上市公司股东大会就重大资产重组事项作出决议，必须经出席会议的股东所持表决权的 2/3 以上通过。在本题中，出席本次股东大会的股东共持有表决权 4.5 亿股，资产重组的议案获得赞成票 3.1 亿股，占 69%（>2/3）。

（4）符合法定比例。根据规定，非公开发行公司债券属于股东大会的一般决议，由出席股东大会的股东所持表决权的过半数通过。在本题中，出席本次股东大会的股东共持有表决权 4.5 亿股，非公开发行公司债券获得赞成票 2.3 亿股，占 51%（>1/2）。

（5）恒利发展没有义务回购孙某的股份。根据规定，股份有限公司异议股东的股份回购请求权仅限于对股东大会作出的公司合并、分立决议持有异议的情形。

（6）符合法律规定。根据规定，股份有限公司连续 180 日以上单独或者合计持有公司 1%以上股份的股东，可以提起股东代表诉讼。在本题中，孙某的持股比例仅为 0.1%，不具备提起股东代表诉讼的资格，人民法院应当裁定不予受理。

【案例 6】（2016 年）

【解释】本题根据 2020 年教材进行了修改。

甲股份有限公司（以下简称“甲公司”）为 A 股上市公司。2015 年 8 月 3 日，乙有限责任公司（以下简称“乙公司”）向中国证监会、证券交易所提交书面报告，称其自 2015 年 7 月 20 日开始持有甲公司股份，截至 8 月 1 日，已经通过证券交易所的证券交易持有甲公司已发行的有表决权股份的 5%。乙公司同时将该情况通知了甲公司并予以公告。8 月 16 日和 9 月 3 日，乙公司连续两次公告其所持甲公司有表决权股份分别增加 5%，乙公司分别按照规定向中国证监会、证券交易所提交了书面报告并通知了甲公司。截至 9 月 3 日，乙公司已经成为甲公司的第一大股东，持股 15%。甲公司原第一大股东丙有限责任公司（以下简称“丙公司”）持股 13%，退居次位。

2015 年 9 月 15 日，甲公司公告称因筹划重大资产重组事项，公司股票停牌 3 个月。2015 年 11 月 1 日，甲公司召开董事会会议审议丁有限责任公司（以下简称“丁公司”）与甲公司的资产重组方案，方案主要内容是：（1）甲公司拟向丁公司发行新股，购买丁公司价值60亿元的软件业务资产；（2）股份发行价格拟定为本次董事会决议公告前20个交易日交易均价的85%；（3）丁公司因本次重组取得的甲公司股份自发行结束之日起6个月后方可自由转让。该项交易完成后，丁公司将持有甲公司12%的股份，但尚未取得甲公司的实际控制权；乙公司和丙公司的持股比例分别降至10%和8%。

甲公司董事会共有董事11人，7人到会。在讨论上述重组方案时，2名非执行董事认为，该重组方案对购入资产定价过高，同时严重稀释老股东权益，在与其他董事激烈争论之后，这2名非执行董事愤然离席，未参加表决，其余5名董事均对重组方案投了赞成票，并决定于2015年12月25日召开临时股东大会审议该重组方案。

2015年11月5日，乙公司书面请求甲公司监事会起诉投票通过上述重组方案的5名董事违反忠实和勤勉义务，遭到拒绝。乙公司遂以自己的名义直接向人民法院起诉该5名董事。

2015年11月20日，甲公司向中国证监会举报乙公司在收购上市公司过程中存在违反信息披露义务的行为。中国证监会经调查发现：2015年8月1日至3日，戊公司和辛公司通过证券交易所的证券交易分别购入甲公司2%和3%的股份；戊、辛两公司事先均向乙公司出具书面承诺，同意无条件按照乙公司指令行使各自所持甲公司股份的表决权。戊、辛、乙三公司均未对上述情况予以披露。

要求：

根据上述内容，分别回答下列问题：

（1）乙、戊、辛公司在收购甲公司股份时，是否构成一致行动人？并说明理由。

（2）乙公司在收购甲公司股份时，存在哪些不符合证券法律制度规定的行为？并说明理由。

（3）甲公司与丁公司拟订的资产重组方案中，哪些内容不符合证券法律制度的规定？并说明理由。

（4）2015年11月1日董事会会议的到会人数是否符合公司法律制度的规定？并说明理由。

（5）2015年11月1日董事会作出的决议是否获得通过？并说明理由。

（6）人民法院应否受理乙公司的起诉？并说明理由。

【案例6答案】

（1）乙、戊、辛公司构成一致行动人。根据规定，在上市公司的收购及相关股份权益变动活动中有一致行动情形的投资者，互为一致行动人。在本题中，戊、辛两公司书面承诺无条件按照乙公司指令行使各自所持甲公司股份的表决权，三者构成一致行动人。

（2）2015年8月1日至3日，戊、辛公司继续收购甲公司股份不符合规定。根据规定，通过证券交易所的证券交易，投资者持有或者通过协议、其他安排与他人共同持有一个上市公司已发行的有表决权股份达到5%时，应当在该事实发生之日起3日内，向中国证监会、证券交易所作出书面报告，通知该上市公司，并予公告，在上述期限内不得再行买卖该上市公司的股票，但中国证监会规定的情形除外。

（3）①股份发行价格不符合规定。根据规定，上市公司发行股份的价格不得低于市场参考价的90%，市场参考价为本次发行股份购买资产的董事会决议公告日前20个交易日、60个交易日或者120个交易日的公司股票交易均价之一；②丁公司获得的甲公司股份自发行结束之日起6个月后可自由转让不符合规定。根据规定，丁公司获得的甲公司股份自发行结束之日起12个月内不得转让。

（4）到会人数符合规定。根据规定，股份有限公司董事会会议应有过半数的董事出席方可举行。

（5）该项决议不能获得通过。根据规

定，股份有限公司董事会作出决议必须经全体董事的过半数通过。在本题中，全体董事11人，对该项决议投赞成票的董事仅为5人，未超过全体董事的半数，该项决议不能获得通过。

(6) 人民法院不应受理乙公司的起诉。根据规定，股份有限公司连续180日以上单独或者合计持有公司1%以上股份的股东，可以提起股东代表诉讼。在本题中，乙公司的持股期限不足180日，不具有提起股东代表诉讼的资格。

【案例7】(2016年)

风顺科技是一家在深圳证券交易所上市的网络技术服务公司。2015年7月初，风顺科技拟与A公司签订一项技术服务合同，合同金额约3.5亿元。经过谈判，双方于7月15日就合同主要条款达成一致并签署合作意向书。

7月8日，市场出现关于风顺科技即将签署重大交易合同的传闻。7月9日，风顺科技股票开盘即涨停，之后又一个交易日涨停。7月10日，证券交易所就股价异动向风顺科技提出问询，要求其发布澄清公告。7月10日晚间，风顺科技发布公告称，公司无应披露之信息。7月16日，风顺科技发布临时公告，披露公司已与A公司签订重大技术服务合同合作意向书。

2015年10月底，监管机构根据举报，对风顺科技股票交易异常情况立案调查，并查明如下事实：

(1) 孙某系风顺科技董事长王某的表弟，2015年7月8日市场开始出现传闻后，孙某于当日向王某之妻了解情况，王妻向孙某确认风顺科技正与A公司商谈合作事宜，且签约可能性较大，孙某遂于7月9日买入风顺科技股票，并于7月15日卖出，获利30万元。

(2) 投资者张某于2014年2月高价买入风顺科技股票，并一直持有，市场出现传闻后，张某担心有人以虚假信息操纵股价，遂于2015年7月10日卖出所持有的全部风顺科技股票，亏损10万元。张某主张，其亏损系风顺科技虚假陈述所致。

在监管机构调查过程中，负责公司信息披露事务的董事会秘书郑某辩称，公司未正确披露重大技术服务合同的相关信息，是公司实际控制人授意而为，自己仅是遵照指令行事，不应受到处罚。

投资者刘某持有风顺科技11%的股份。刘某认为风顺科技董事长王某对这场股市风波负有直接责任，提议召开董事会会议罢免王某的董事长职务。

投资者钱某自2014年3月起一直持有风顺科技股票，持股比例为0.1%。钱某认为，董事长王某对公司信息披露不及时负主要责任，同时造成信息泄露，违反忠实和勤勉义务，损害了公司利益。2015年10月7日，钱某书面请求公司监事会起诉王某，遭到拒绝。次日，钱某以个人名义直接向人民法院提起诉讼，要求王某赔偿公司损失。

要求：

根据上述内容，分别回答下列问题：

(1) 风顺科技于7月10日发布公告称无应披露之信息，是否符合证券法律制度的规定？并说明理由。

(2) 孙某买卖风顺科技股票的行为是否构成内幕交易？并说明理由。

(3) 投资者张某关于其亏损系风顺科技虚假陈述所致的主张是否成立？并说明理由。

(4) 董事会秘书郑某主张其本人不应受处罚的抗辩是否成立？并说明理由。

(5) 刘某是否具有提议召开董事会临时会议的资格？并说明理由。

(6) 人民法院应否受理钱某提起的诉讼？并说明理由。

【案例7答案】

(1) 风顺科技的做法不符合规定。根据规定，出现下列情形之一的，上市公司应当及时披露相关事项的现状、可能影响事件进展的风险因素：①该重大事件难以保密；②该重大事件已经泄露或者市场出现传闻；③公司证券及其衍生品种出现异常交易情况。

(2) 孙某的行为构成内幕交易。根据规定，内幕信息知情人员的近亲属或者其他与内幕信息知情人员关系密切的人员，在内幕信息敏感期内，从事或者明示、暗示他人从事，或者泄露内幕信息导致他人从事与该内幕信息有关的证券、期货交易，相关交易行为明显异常，且无正当理由或者正当信息来源的，构成内幕交易。

(3) 张某的主张不成立。根据规定，张某在虚假陈述实施日之前买入风顺科技股票，在虚假陈述揭露日之前卖出，其损失与风顺科技的虚假陈述行为不存在因果关系。

(4) 郑某的抗辩不成立。根据规定，“受到股东、实际控制人控制或者其他外部干预”的，不得单独作为不予处罚的情形认定。

(5) 刘某具有提议召开董事会临时会议的资格。根据规定，股份有限公司代表10%以上表决权的股东、1/3以上董事或者监事会，可以提议召开董事会临时会议。在本题中，刘某持有风顺科技11%的股份，有权提议召开临时董事会会议。

(6) 人民法院不应受理钱某提起的诉讼。根据规定，股份有限公司连续180日以上单独或者合计持有公司1%以上股份的股东，可以提起股东代表诉讼。在本题中，钱某仅持有风顺科技0.1%的股份，不具有提起股东代表诉讼的资格。

【案例8】(2017年)

【解释】本题根据2020年教材进行了删减。

甲股份有限公司（以下简称“甲公司”）于2017年3月1日在深圳证券交易所（以下简称“深交所”）首次公开发行股票并上市（以下简称“IPO”）。2018年1月，中国证监会（以下简称“证监会”）接到举报称，甲公司的招股说明书中有财务数据造假行为。证监会调查发现，在甲公司IPO过程中，为减少应收账款余额，总会计师赵某经请示董事长钱某同意后，指令公司财务人员通过外部借款、使用自有资金或者伪造银行单据等手段，制造收回应收账款的假象。截至2016年12月31日，甲公司通过上述方法虚减应收账款3.5亿元。

证监会调查还发现：2017年12月，甲公司持股90%的子公司乙有限责任公司（以下简称“乙公司”）的总经理孙某，向公安机关投案自首，交代了其本人擅自挪用乙公司贷款5600万元用于个人期货交易和偿还个人债务，导致5000万元无法归还的违法事实。孙某的违法行为造成乙公司巨额损失。公安机关立案后，将案情通报甲公司董事长钱某，由于乙公司是甲公司的主要利润来源之一，故甲公司利润也因此遭受巨大减损。董事长钱某要求甲公司和乙公司的知情人员对孙某挪用公司资金案的情况严格保密。2018年1月，在未对孙某造成的巨额损失做账务处理的情况下（如果对该损失做账务处理，乙公司2017年末累计未分配利润应为负数），乙公司股东会会议通过了2017年度利润分配决议，向甲公司和另一股东丙公司分别派发股利4500万元和500万元。2018年3月，甲公司收到乙公司支付的2017年度股利4500万元。

2018年8月1日，证监会认定：甲公司制造应收账款回收假象，在IPO申请文件中提供虚假财务数据，构成欺诈发行；甲公司未及时披露乙公司总经理孙某挪用公款一案的相关信息，构成上市后在信息披露文件中遗漏重大事项。为此，证监会决定对甲公司以及包括董事长钱某在内的7名董事、3名监事、总经理李某、总会计师赵某、甲公司保荐人等作出行政处罚。甲公司独立董事王某对证监会的处罚不服，提出行政复议申请，理由是：本人并不了解会计知识，无法发现财务造假。

2018 年 9 月 20 日，由于乙公司不能清偿其对丁银行的到期债务，丁银行向人民法院提起诉讼，请求人民法院认定甲公司通过违规分红抽逃出资，判令甲公司在 4500 万元本息范围内对乙公司债务不能清偿的部分承担补充赔偿责任。

2018 年 10 月 12 日，已连续 7 个月持有甲公司 1.01% 股份的股东周某，直接以自己的名义，对包括董事长钱某在内的 7 名董事提起诉讼，请求法院判令 7 名被告赔偿甲公司因缴纳证监会罚款而产生的 500 万元损失。

要求：

根据上述内容，分别回答下列问题：

（1）甲公司应否对乙公司总经理孙某挪用公款事件履行信息披露义务？并说明理由。

（2）独立董事王某的行政复议申请理由是否成立？并说明理由。

（3）丁银行请求人民法院认定甲公司抽逃出资，判令甲公司在 4500 万元本息范围内承担补充赔偿责任，人民法院是否应予支持？并说明理由。

（4）对于周某直接以自己名义提起的诉讼，人民法院应否受理？并说明理由。

【案例 8 答案】

（1）甲公司应履行信息披露义务。根据规定，上市公司控股子公司发生重大事件，可能对上市公司证券及其衍生品种交易价格产生较大影响的，上市公司应当履行信息披露义务。

（2）王某的行政复议申请理由不成立。根据规定，能力不足、无相关职业背景不得单独作为不予处罚的情形认定。

（3）人民法院应予支持。根据规定，公司债权人请求抽逃出资的股东在抽逃出资本息范围内对公司债务不能清偿的部分承担补充赔偿责任、协助抽逃出资的其他股东、董事、高级管理人员或者实际控制人对此承担连带责任的，人民法院应予支持。

（4）人民法院不应受理。根据规定，公司董事、高级管理人员侵犯公司利益，股份有限公司连续 180 日以上单独或者合计持有公司 1% 以上股份的股东可以书面请求监事会向人民法院提起诉讼。如果监事会收到股东的书面请求后拒绝提起诉讼，或者自收到请求之日起 30 日内未提起诉讼，或者情况紧急、不立即提起诉讼将会使公司利益受到难以弥补的损害的，股东有权为了公司的利益以自己的名义直接向人民法院提起诉讼。在本题中，周某应首先书面请求监事会对钱某等 7 名董事提起诉讼，不能直接提起诉讼。

【案例 9】（2017 年）

【解释】本题根据 2020 年教材进行了修改。

2014 年 11 月，甲股份有限公司（以下简称“甲公司”）拟向中国证监会（以下简称“证监会”）提交首次公开发行股票并上市（以下简称“IPO”）的申请。为解决公司应收账款余额过大的问题，顺利实现上市目标，甲公司董事长赵某决定通过外部借款、伪造银行单据等方式冲减应收账款。2014 年 12 月至 2016 年 6 月间，甲公司通过上述方式虚构回收应收账款 1.5 亿元。

2017 年 1 月，甲公司取得证监会《关于核准甲公司首次公开发行股票并上市的批复》。2017 年 3 月，甲公司发布招股说明书，其中包含上述 2014 年至 2016 年间应收账款回收情况的虚假财务数据。乙会计师事务所为甲公司 IPO 提供审计服务并开具了无保留意见的审计报告书。丙律师事务所为甲公司的招股说明书出具法律意见书，其中载明“根据上市申请人提供的相关文件、乙会计师事务所出具的审计报告及本所律师核查，……上市申请人在最近三年财务会计报告中无虚假记载……”。

2017 年 4 月 1 日，甲公司股票在深圳证券交易所（以下简称“深交所”）上市交易。

2017年12月22日，投资者钱某以每股16.5元的价格买入甲公司股票1万股。2018年3月10日，钱某以每股14.3元的价格卖出其中7000股，其余部分继续持有。

2018年7月，证监会启动对甲公司违法行为的调查。经查，乙会计师事务所在对甲公司2015年财务报表中的应收账款进行审计时，向甲公司46家客户发出询证函，有30家客户未回函，会计师仅对其中4家进行了替代测试；丙律师事务所则未对甲公司为减少应收账款而伪造的重大借款合同进行核查、验证。

证监会还查明，赵某存在假借其他员工名义从公司借款供个人使用的情形。截至2016年12月31日，累计借款金额达6000万元；招股说明书中未披露该事项。

另外，在接受证监会调查过程中，甲公司董事孙某称："公司都由董事长赵某说了算，我平时对公司事务不怎么关注，对公司会议只是例行参加，只负责签字。"

2018年8月8日，证监会对甲公司出具行政处罚决定书，认定甲公司在IPO申请文件中提供虚假财务数据，构成欺诈发行。

投资者李某于2018年8月14日以每股3.5元的价格买入甲公司股票2万股，之后甲公司股价持续下跌。李某于2018年8月22日以每股2.5元的价格将持有的2万股股票全部卖出。

投资者钱某于2018年8月25日以每股2.3元的价格卖出其剩余的3000股甲公司股票。

要求：

根据上述内容，分别回答下列问题：

(1) 赵某应否对招股说明书中的虚假财务数据承担行政责任？并说明理由。

(2) 乙会计师事务所应否对招股说明书中的虚假财务数据承担行政责任？并说明理由。

(3) 丙律师事务所应否对招股说明书中的虚假财务数据承担行政责任？并说明理由。

(4) 赵某从公司借款的行为是否符合公司法律制度的规定？并说明理由。

(5) 孙某"平时对公司事务不怎么关注，对公司会议只是例行参加，只负责签字"的行为是否符合公司法律制度的规定？并说明理由。

(6) 投资者李某能否要求甲公司赔偿其投资损失？并说明理由。

(7) 投资者钱某能否要求甲公司赔偿其于2018年3月10日和2018年8月25日两次卖出甲公司股票的投资损失？并分别说明理由。

【案例9答案】

(1) 赵某应当承担行政责任。根据规定，上市公司发生信息披露违法行为的，对负有保证信息披露真实、准确、完整、及时和公平义务的董事、监事、高级管理人员，应当视情形认定其为直接负责的主管人员或者其他直接责任人员承担行政责任，但其能够证明已尽忠实、勤勉义务，没有过错的除外。在本题中，赵某为甲公司董事长，赵某直接决定通过外部借款、伪造银行单据等方式冲减应收账款，应当认定其为直接负责的主管人员，赵某应当承担行政责任。

(2) 乙会计师事务所应当承担行政责任。根据规定，证券服务机构未勤勉尽责，所制作、出具的文件有虚假记载、误导性陈述或者重大遗漏的，应当承担行政责任。

(3) 丙律师事务所应当承担行政责任。根据规定，证券服务机构未勤勉尽责，所制作、出具的文件有虚假记载、误导性陈述或者重大遗漏的，应当承担行政责任。

(4) 赵某的行为不符合规定。根据规定，股份有限公司不得直接或者通过子公司向董事、监事、高级管理人员提供借款。

(5) 孙某的行为不符合规定。根据规定，公司董事、监事和高级管理人员对公司负有勤勉义务和忠实义务。在本题中，孙某作为公司董事，却不关注公司事务，明显违反了勤勉义务。

(6) 李某无权要求甲公司赔偿其投资损失。根据规定，李某在甲公司的虚假陈述行为揭露日之后才买入甲公司股票，其投资损失与甲公司的虚假陈述行为不构成因果关系，李某无权要求甲公司赔偿其投资损失。

(7) ①2018年3月10日卖出股票所受的投资损失不能要求甲公司赔偿。根据规定，钱某在甲公司的虚假陈述行为揭露日之前卖出的7000股，其投资损失与甲公司的虚假陈述行为不构成因果关系，钱某无权要求甲公司赔偿；②2018年8月25日卖出股票所受的投资损失可以要求甲公司赔偿。根据规定，钱某在甲公司的虚假陈述行为实施日之后、揭露日之前买入，揭露日之后卖出的3000股，其投资损失与甲公司的虚假陈述行为构成因果关系，钱某有权要求甲公司赔偿。

【案例10】（2018年）

【解释】本题根据2020年教材进行了修改。

2020年4月，甲上市公司（以下简称“甲公司”）与乙有限责任公司（以下简称“乙公司”）达成合并意向。甲公司董事会初步拟定的合并及配套融资方案（以下简称“方案初稿”）包括以下要点：

(1) 甲公司吸收合并乙公司，合并完成后，甲公司存续、承接乙公司全部资产和负债，乙公司注销，乙公司原股东获得现金补偿。

(2) 根据合并双方的审计报告，截至2019年年末，乙公司资产总额占甲公司同期经审计资产总额的比例超过50%，但该年度乙公司营业收入占甲公司同期经审计营业收入的比例低于50%，故本次合并不构成甲公司重大资产重组。

(3) 出席股东大会并对合并方案投反对票的股东，享有异议股东的股份回购请求权，有权要求甲公司以合理价格回购其股票。

(4) 为筹集实施合并所需资金，甲公司拟向本公司控股股东A公司非公开发行股票。

甲公司董事会根据中介机构的意见修订方案初稿后，予以公告。

2020年6月1日，甲公司临时股东大会通过合并决议和非公开发行股票融资决议。同日，乙公司临时股东会也通过了合并决议。6月15日，中国证监会批准了甲公司的合并与配套融资方案。

B银行对甲公司享有一笔2020年10月20日到期的借款债权，接到甲公司合并通知后，B银行于6月20日向甲公司提出偿债请求，甲公司以债务未到期为由，予以拒绝。

2020年6月22日，乙公司股东贾某以“股东会召集程序违反公司章程”为由提起诉讼，请求人民法院撤销乙公司股东会6月1日通过的合并决议。经查，乙公司章程规定，召开股东会应当以电子邮件方式通知股东，但乙公司并未向贾某发送电子邮件，而是以手机短信方式通知。贾某及其他股东均出席了6月1日的股东会会议并表决。人民法院认为，乙公司股东会召集程序确有不符合公司章程之处，但仍然驳回了贾某的诉讼请求。

甲公司股东周某反对甲、乙公司合并，于2020年5月底向甲公司董事会邮寄了书面反对意见，但周某并未出席甲公司6月1日召开的临时股东大会，也未委托他人表决。6月6日，周某向甲公司提出行使异议股东的股份回购请求权，遭甲公司拒绝，拒绝理由是：只有出席股东大会并对合并事项投反对票的股东，才享有异议股东的股份回购请求权。

2020年10月7日，中国证监会接到举报称，甲公司董事雷某涉嫌内幕交易。经查，雷某于2020年2月1日、2月10日及3月2日先后购入甲公司股票10万股、20万股、40万股，并于2020年8月25日全部卖出，获利100万元。根据以上事实，中国证监会认定雷某的行为违反证券法律制度，构成短线交易。

要求：

根据上述内容，分别回答下列问题：

（1）基于方案初稿所述情况，本次合并是否构成甲公司重大资产重组？并说明理由。

（2）甲公司拒绝B银行偿债请求的理由是否成立？并说明理由。

（3）人民法院认为乙公司股东会召集程序确有不符合公司章程之处，但仍然驳回贾某的诉讼请求，是否符合公司法律制度的规定？并说明理由。

（4）甲公司拒绝周某股份回购请求的理由是否成立？并说明理由。

（5）计算雷某因短线交易所获利润时，应当以多少股份为基数？并说明理由。

（6）雷某短线交易所获利润应当归谁所有？并说明理由。

【案例10答案】

（1）本次合并构成甲公司重大资产重组。根据规定，上市公司及其控股或者控制的公司购买、出售资产，达到下列标准之一的，构成重大资产重组：①购买、出售的资产总额占上市公司最近一个会计年度经审计的合并财务会计报告期末资产总额的比例达到50%以上；②购买、出售的资产在最近一个会计年度所产生的营业收入占上市公司同期经审计的合并财务会计报告营业收入的比例达到50%以上；③购买、出售的资产净额占上市公司最近一个会计年度经审计的合并财务会计报告期末净资产额的比例达到50%以上，且超过5000万元人民币。在本题中，乙公司资产总额占甲公司同期经审计资产总额的比例超过50%，构成重大资产重组。

（2）甲公司的理由不成立。根据规定，公司合并的，债权人（不论债权是否到期）自接到通知书之日起30日内，未接到通知书的自公告之日起45日内，可以要求公司清偿债务或者提供相应的担保。

（3）人民法院驳回贾某的诉讼请求符合规定。根据规定，股东会的会议召集程序或者表决方式仅有轻微瑕疵，且对决议未产生实质影响，股东请求撤销的，人民法院不予支持。在本题中，乙公司未按照公司章程的规定发送电子邮件通知股东，但并未影响贾某及其他股东出席会议，对决议未产生实质影响。

（4）甲公司的理由成立。根据规定，异议股东股份回购请求权中的异议应当通过出席会议并参与决议提出，周某表达异议的途径不符合要求，甲公司有权拒绝其回购请求。

（5）应当以40万股为基数。在本题中，雷某于2020年3月2日购入甲公司股票40万股，于2020年8月25日卖出时，持有时间不足6个月，构成短线交易。雷某于2020年2月1日、2月10日先后购入的甲公司股票10万股、20万股，于2020年8月25日卖出时，持有时间均已超过6个月，不构成短线交易。

（6）雷某短线交易所获利润应当归甲公司所有。根据规定，上市公司、股票在国务院批准的其他全国性证券交易场所交易的公司持有5%以上股份的股东、董事、监事、高级管理人员，将其持有的该公司的股票或者其他具有股权性质的证券在买入后6个月内卖出，或者在卖出后6个月内又买入，由此所得收益归该公司所有，公司董事会应当收回其所得收益。

【案例11】（2018年）

林森木业是在深圳证券交易所挂牌的上市公司。林木集团系林森木业控股股东，持股比例为45%。

2016年10月27日，人民法院裁定受理林木集团的破产重整申请。2017年5

月，林木集团第一股东赵某与新民投资开始实质性磋商，由新民投资以向林木集团注资的方式参与重整。2017 年 9 月 18 日，新民投资与赵某等林木集团股东签署重组框架协议。2017 年 9 月 20 日，林森木业对该重组框架协议签订事宜予以公告。

2017 年 12 月 26 日，人民法院裁定批准林木集团的破产重整计划草案。根据该破产重整计划，新民投资向林木集团注资后，将持有重整后的林木集团 85% 的股权。

2018 年 2 月 12 日，新民投资公布要约收购报告书，向林森木业除林木集团以外的所有股东发出收购其所持全部无限售流通股的要约。新民投资发布的要约收购报告书摘要的提示性公告显示：此次要约收购有效期为 2018 年 2 月 14 日至 2018 年 4 月 10 日；预定收购股份数量为 6 亿股；收购价格为每股 9.77 元；提示性公告日前 6 个月内，新民投资未买入林森木业任何股票。2 月 12 日前 30 个交易日内，林森木业每日加权平均价格的算术平均值为每股 9.76 元。

2018 年 3 月，林森木业独立董事钱某因个人健康原因向董事会提出辞职。

2018 年 4 月 9 日，林森木业董事会发布《致全体股东报告书》，对股东是否接受新民投资的要约提出建议。

持有林森木业股票的孙某于 2018 年 3 月 30 日委托其开户的证券公司办理接受前述收购要约的预受手续。4 月 9 日，孙某反悔前述预受承诺，并委托证券公司撤回预受。

2018 年 5 月，中国证监会因新民投资副董事长李某涉嫌内幕交易对其立案调查。经查，李某于 2017 年 9 月 15 日以每股 7.8 元的价格买入林森木业 10 万股，并于要约收购有效期内接受了要约。李某辩称：其买入林森木业股票时，不仅重组框架协议尚未签署，林木集团重整计划草案能否获得通过也不确定，故新民投资向林木集团注资一事尚未形成内幕信息。李某对其买入行为未给出其他理由。

要求：

根据上述内容，分别回答下列问题：

(1) 新民投资按照重整计划向林木集团注资，是否构成对林森木业的收购？并说明理由。

(2) 新民投资按照重整计划向林木集团注资，是否必须向林森木业所有其他股东发出收购要约？并说明理由。

(3) 新民投资对林森木业的要约收购价格是否符合证券法律制度的规定？并说明理由。

(4) 钱某能否辞去独立董事职务？并说明理由。

(5) 林森木业发布《致全体股东报告书》的时间是否符合证券法律制度的规定？并说明理由。

(6) 孙某能否撤回预受？并说明理由。

(7) 李某关于其购买股票时内幕信息尚未形成的主张是否成立？李某的行为是否构成内幕交易？并分别说明理由。

【案例 11 答案】

(1) 构成对林森木业的收购。根据规定，收购人通过协议、其他安排的方式获得上市公司控制权的，构成间接收购；投资者如实际支配上市公司股份表决权超过 30% 的，即可认为获得上市公司的控制权。在本题中，林木集团持有林森木业 45% 的股份，新民投资注资后，将持有林木集团 85% 的股权，可实际支配林森木业股份表决权比例超过 30%，可间接实现对林森木业的控制。

(2) 新民投资必须向林森木业所有其他股东发出收购要约。根据规定，收购人虽不是上市公司的股东，但通过投资关系、协议、其他安排导致其拥有权益的股份超过该公司已发行股份的 30% 的，应当向该公司所有股东发出全面要约。

(3) 要约收购价格符合规定。在本题中，新民投资在要约收购提示性公告日前 6 个月内并未取得过被收购人的股票，且要约收购价格(9.77 元/股)高于提示性公告日前 30 个交易日该种股票的每日加权平均价格的算术平均值(9.76 元/股)，故其要约收购价格符合规定。

(4) 钱某不能辞去独立董事职务。根据规定，在要约收购期间，被收购公司董事不得辞职。

(5) 发布时间不符合规定。根据规定，在收购人公告要约收购报告书后 20 日内，被收购公司董事会应当将被收购公司董事会报告书与独立财务顾问的专业意见报送中国证监会，同时抄送证券交易所，并予公告。

(6) 孙某不能撤回预受。根据规定，在要约收购期限届满前 3 个交易日，预受股东不得撤回其对要约的接受。在本题中，要约收购期限 4 月 10 日届满，孙某 4 月 9 日不能撤回预受。

(7) ①李某的主张不成立。根据规定，影响内幕信息形成的动议、筹划、决策或者执行人员，其动议、筹划、决策或者执行初始时间，应当认定为内幕信息的形成之时。在本题中，赵某与新民投资于 2017 年 5 月已经开始实质性磋商，应当认定内幕信息此时已经形成。

②李某的行为构成内幕交易。根据规定，证券交易内幕信息的知情人员和非法获取内幕信息的人员，在内幕信息公开前，不得买卖该公司的证券，或者泄露该信息，或者建议他人买卖该证券。在本题中，李某为内幕信息知情人员，李某在内幕信息敏感期内（2017 年 5 月至 2017 年 9 月 21 日公告日）买卖与内幕信息相吻合的证券，又无法给出合理理由的，构成内幕交易。

【案例 12】(2019 年)

福明公司为 A 股上市公司。2018 年 1 月 25 日，福明公司实际控制人、董事长李某根据公司 2017 年度业绩情况，向董事会秘书赵某提出在当期实施股票“高送转”的利润分配动议。赵某起草了《高送转预期利润分配预案》等文件提交董事会审议，但由于董事会对具体实施方案存在较大分歧，未能形成有效决议，该方案未予披露。

孙某为赵某好友。2018 年 1 月底，孙某在一次商业宴会上向赵某打听福明公司 2017 年度业绩和利润分配情况。赵某告知孙某“业绩不错，可能会做‘高送转’，但董事会还没通过，具体还不好说”。得此答复后，孙某于 2018 年 2 月 2 日买入福明公司股票。

2018 年 2 月 5 日，赵某根据董事会意见修改了利润分配方案。2018 年 2 月 26 日(星期一)，福明公司召开董事会通过了修改后的利润分配方案。根据该方案，以盈余公积金向全体股东每 10 股转增 10 股，并派发 2 元红利。3 月 1 日，福明公司公告董事会决议。

赵某将“高送转”信息告知妻子程某。随后，程某又将该信息转告福明公司股东王某。王某遂通过其控制的越野投资有限公司（以下简称“越野投资”）于 2018 年 2 月中旬多次买入福明公司股票。此前，王某已持有福明公司 2%的股份，越野投资不持有福明公司股份。

2019 年 3 月，中国证监会对福明公司内幕交易案立案调查。孙某在内幕交易调查中抗辩：福明公司的“高送转”方案在 2018 年 1 月底时董事会尚未通过，赵某于 2 月 5 日才修改“高送转”方案，孙某在 2 月 2 日买入股票时内幕信息尚未形成，故其买入行为不构成内幕交易。

调查期间，中国证监会认定王某与越野投资在 2018 年 2 月购入福明公司股票时，构成一致行动人，购入后二者合计持股比例为 5.9%，未按规定履行重大持股信息披露义务。王某在内幕交易调查中未对自己的买入行为给出正当理由，但辩称：其于 2018 年 2 月的股票买入行为，属于相关司法解释中规定的“持有或者通过协议、其他安排与他人共同持有上市公司5%以上股份的自然人、法人或者其他组织收购该上市公司股份”的情形，不构成内幕交易。

要求：

根据上述内容，分别回答下列问题：

（1）本案“高送转”的利润分配方案是否构成内幕信息？并说明理由。

（2）赵某告知孙某“可能会做‘高送转’”的行为是否构成内幕交易？并说明理由。

（3）福明公司以盈余公积金转增股本的做法是否符合公司法律制度的规定？并说明理由。

（4）福明公司于2018年3月1日公告董事会决议，是否符合证券法律制度的规定？并说明理由。

（5）孙某关于其“在2月2日买入股票时内幕信息尚未形成”的抗辩是否成立？并说明理由。

（6）程某告知王某“福明公司将做‘高送转’”的行为是否构成内幕交易？并说明理由。

（7）王某所称“其于2018年2月的股票买入行为属于收购，不构成内幕交易”的抗辩理由是否成立？并说明理由。

【案例12答案】

（1）构成内幕信息。根据规定，公司分配股利、增资的计划属于内幕信息。

（2）构成内幕交易。根据规定，李某于1月25日向赵某提出“高送转”利润分配动议，赵某属于内幕信息知情人员，在内幕信息敏感期内，泄露内幕信息导致他人从事与该内幕信息有关的证券、期货交易，相关交易行为明显异常，且无正当理由或者正当信息来源的，构成内幕交易。

（3）福明公司的做法符合规定。根据规定，公司的公积金可用于弥补公司的亏损、扩大公司生产经营或者转为增加公司资本。

（4）不符合规定。根据规定，公司分配股利、增资的计划属于重大事件，上市公司应当在董事会形成决议的2个交易日内履行信息披露义务。在本题中，董事会于2月26日（星期一）形成决议，至3月1日（星期四）已经超过2个交易日。

（5）孙某的抗辩不成立。根据规定，影响内幕信息形成的动议、筹划、决策或者执行人员，其动议、筹划、决策或者执行初始时间（2018年1月25日），应当认定为内幕信息的形成之时。

（6）程某的行为构成内幕交易。根据规定，内幕信息知情人员的近亲属，在内幕信息敏感期内，泄露内幕信息导致他人从事与该内幕信息有关的证券、期货交易，相关交易行为明显异常，且无正当理由或者正当信息来源的，构成内幕交易。

（7）王某的抗辩理由不成立。根据相关司法解释，持有或者通过协议、其他安排与他人共同持有上市公司5%以上股份的自然人、法人或者其他组织收购该上市公司股份的，不属于内幕交易行为。但是，王某及其一致行动人越野投资并未按照上市公司收购程序履行持股权益披露义务，当其持有福明公司已发行的有表决权股份达到5%时，并未在该事实发生之日起3日内向国务院证券监督管理机构、证券交易所作出书面报告，并未通知福明公司，也没有履行公告义务。王某的行为构成内幕交易，其抗辩理由不成立。

【案例13】（2019年）

【解释】本题根据2020年教材进行了修改。

新银公司为A股上市公司，股本总额为2亿股。2015年5月22日，新银公司召开临时股东大会，审议通过了《非公开发行股票议案》。该议案确定本次非公开发行对象为公司股东物灵公司、宝华公司与元基公司；股票发行数量不超过5000万股；物灵公司认购4000万股，宝华公司和元基公司共认购 1000 万股；发行价格为 7.5 元/股。5 月 26 日，新银公司与三股东正式签订非公开发行股票认购协议。协议签订前，物灵公司持有新银公司的股份比例为 28%；宝华公司和元基公司签有一致行动人协议，合计持股比例为 10%；新银公司董事、监事及高级管理人员及其一致行动人合计持股比例为 12%。宝华公司和元基公司承诺在此次非公开发行实施完毕前，不以任何形式增持新银公司股份。

自 2015 年 6 月起，宝华公司旗下管理的基金账户通过场内交易增持新银公司股份。截至 2015 年 12 月 8 日，宝华公司和元基公司合计持股比例达到 29%。物灵公司认为，宝华公司和元基公司不属于“社会公众股东”，在宝华公司通过场内交易增持后，新银公司如仍按《非公开发行股票议案》增资扩股，将导致新银公司的股权分布违反证券法律制度的规定。董事会决定调整非公开发行方案。2015 年 12 月 16 日，新银公司发布公告称，中国证监会已同意公司暂停非公开发行股票的申请。

新银公司董事会经与物灵公司协商，形成如下意见：鉴于宝华公司和元基公司的失信行为，不再将其作为本次非公开发行的认购对象，调整后的股票发行数量为 3000 万股，由物灵公司全额认购。物灵公司认购后，所持新银公司的股份比例将超过 30%，会触发强制要约收购义务。物灵公司认为，因其已承诺 3 年内不转让本次非公开发行的股票，所以只要新银公司股东大会的非关联股东豁免要约收购即可，可以免于发出要约。根据以上意见，2016 年 2 月 1 日，新银公司董事会审议通过《关于调整非公开发行股票发行对象、发行数量及募集资金数额的议案》（以下简称“议案 1”）。次日，新银公司发布公告：公司将于 2 月 19 日召开临时股东大会审议该议案，物灵公司、宝华公司和元基公司应当对该议案表决予以回避。

2016 年 2 月 5 日，宝华公司和元基公司向新银公司董事会提交《关于调整非公开发行股票方案的议案》（以下简称“议案 2”），提议宝华公司和元基公司全额认购拟非公开发行的 3000 万股。同时，对上述关于回避表决的要求提出异议。

2016 年 2 月 19 日，宝华公司和元基公司参加临时股东大会并进行表决，对议案 1 投了反对票，对议案 2 投了赞成票。议案 2 获得出席股东大会的股东所持表决权过半数通过，议案 1 未获通过。物灵公司未参与此次股东大会表决，但在会后向董事会提出质疑：宝华公司和元基公司无权提出临时提案，更无权参加此次股东大会并对议案 1 和议案 2 进行表决。

物灵公司认为，关联股东未回避表决属于股东大会决议撤销之诉的事由，故而于 2016 年 4 月 29 日向法院提起诉讼，请求撤销 2 月 19 日新银公司临时股东大会对议案 2 的决议。

要求：

根据上述内容，分别回答下列问题：

（1）物灵公司认为宝华公司和元基公司不属于“社会公众股东”，是否正确？并说明理由。

（2）物灵公司关于“在宝华公司通过场内交易增持后，新银公司如仍按《非公开发行股票议案》增资扩股，将导致新银公司的股权分布违反证券法律制度的规定”的观点是否正确？并说明理由。

（3）物灵公司关于“因其已承诺 3 年内不转让本次非公开发行的股票，所以只要新银公司股东大会非关联股东豁免要约收购即可，可以免于发出要约”的观点，是否符合证券法律制度的规定？并说明理由。

（4）宝华公司和元基公司参加新银公司临时股东大会并对议案 1 进行表决，是否符合证券法律制度的规定？并说明理由。

(5) 宝华公司和元基公司参加新银公司临时股东大会并对议案 2 进行表决，是否符合证券法律制度的规定？并说明理由。

(6) 物灵公司关于“宝华公司和元基公司无权提出临时提案”的观点，是否符合公司法律制度的规定？并说明理由。

(7) 物灵公司提起股东大会决议撤销之诉的日期是否符合公司法律制度的规定？并说明理由。

【案例 13 答案】

(1) 物灵公司的观点正确。根据规定，社会公众股东是指不包括下列股东的上市公司其他股东：①持有上市公司 10% 以上股份的股东及其一致行动人；②上市公司的董事、监事、高级管理人员及其关联人。在本案中，宝华公司和元基公司签有一致行动人协议，合计持股比例为 10%，不属于社会公众股东。

(2) 物灵公司的观点正确。根据规定，上市公司股本总额不超过人民币 4 亿元的，公开发行的股份应达到公司股份总数的 25% 以上。在本案中：①宝华公司增持后，各方的持股比例为：物灵公司 28%、宝华公司和元基公司 29%、新银公司董事、监事及高级管理人员及其一致行动人 12%，合计 69%；②如果继续按原方案增资扩股，新银公司股本将增至 2.5 亿元，“非社会公众股东”将合计持股 = 20000 × 69% + 5000 = 18800 万股，占公司股份总数的 75.2%，导致公开发行的股份低于 25%。

(3) 物灵公司的观点符合规定。根据规定，经上市公司股东大会非关联股东批准，投资者取得上市公司向其发行的新股，导致其在该公司拥有权益的股份超过该公司已发行股份的 30%，投资者承诺 3 年内不转让本次向其发行的新股，且公司股东大会同意投资者免于发出要约的，可以免于发出要约。

(4) 宝华公司和元基公司参加议案 1 的表决符合规定。根据规定，上市公司非公开发行股票，应当经出席股东大会的股东所持表决权的 2/3 以上通过。本次发行涉及关联股东的，应当回避表决。关联股东是指董事会决议已确定为本次发行对象的股东及其关联人。在本案中，议案 1 确定的发行对象为物灵公司，宝华公司和元基公司不属于该议案的关联方，可以参加表决。

(5) 宝华公司和元基公司参加议案 2 的表决不符合规定。根据规定，上市公司非公开发行股票，应当经出席股东大会的股东所持表决权的 2/3 以上通过。本次发行涉及关联股东的，应当回避表决。关联股东是指董事会决议已确定为本次发行对象的股东及其关联人。在本案中，议案 2 的发行对象即为宝华公司和元基公司，故应当回避表决。

(6) 物灵公司的观点不符合规定。根据规定，单独或者合计持有公司 3% 以上股份的股东，可以在股东大会召开 10 日前提出临时提案。在本案中，宝华公司和元基公司合计持股已达 29%，2 月 5 日提出临时提案距 2 月 19 日召开的临时股东大会超过了 10 日。

(7) 物灵公司的起诉日期不符合规定。根据规定，股东可以自决议作出之日起 60 日内，请求人民法院予以撤销。在本案中，决议于 2 月 19 日作出，起诉日期为 4 月 29 日，已经超过了 60 日。

扫一扫　“码”上做题

本书中各部分试题均配备二维码，下载安装东奥“会计云课堂”APP，扫一扫左侧二维码，即可在线做题，并获得详尽的答案解析、解题思路等超值服务，解决您做题时的一切疑惑。

【“会计云课堂”APP 安装二维码详见封底】

同步强化练习题

一、单项选择题

1. 下列关于招股说明书中引用的财务报表的有效期的表述中，符合证券法律制度规定的是(　　)。

A. 招股说明书中引用的财务报表在其最近一期截止日后 3 个月内有效；特别情况下发行人可申请适当延长，但至多不超过 1 个月

B. 招股说明书中引用的财务报表在其最近一期截止日后 6 个月内有效；特别情况下发行人可申请适当延长，但至多不超过 1 个月

C. 招股说明书中引用的财务报表在其最近一期截止日后 6 个月内有效；特别情况下发行人可申请适当延长，但至多不超过 3 个月

D. 招股说明书中引用的财务报表在其最近一期截止日后 12 个月内有效；特别情况下发行人可申请适当延长，但至多不超过 1 个月

2. 某股份有限公司拟在创业板首次公开发行股票并上市，该公司的下列情形中，符合证券法律制度规定的是(　　)。

A. 发行股票前股本总额为人民币 3000 万元

B. 最近一期期末净资产为 1500 万元，且不存在未弥补亏损

C. 公司的董事、监事和高级管理人员最近 3 年内受到中国证监会行政处罚

D. 公司的董事、监事和高级管理人员最近 1 年内受到证券交易所公开谴责

3. 根据证券法律制度的规定，下列关于在科创板首次公开发行股票发行条件的表述中，不正确的是(　　)。

A. 发行人的董事、监事和高级管理人员不存在最近 3 年内受到中国证监会行政处罚的情形

B. 最近 3 年内发行人及其控股股东、实际控制人不存在贪污、贿赂、侵占财产、挪用财产或者破坏社会主义市场经济秩序的刑事犯罪

C. 最近 3 年内实际控制人没有发生变更，不存在导致控制权可能变更的重大权属纠纷

D. 发行人最近 2 年内主营业务和董事、高级管理人员及核心技术人员均没有发生重大不利变化

4. 根据证券法律制度的规定，下列关于在科创板首次公开发行股票发行程序的表述中，不正确的是(　　)。

A. 证券交易所应当自受理注册申请文件之日起 3 个月内形成审核意见

B. 中国证监会在 20 个工作日内对发行人的注册申请作出同意注册或者不予注册的决定

C. 中国证监会同意注册的决定自作出之日起 6 个月内有效

D. 中国证监会作出不予注册决定的，自决定作出之日起 6 个月后，发行人可以再次提出公开发行股票并上市申请

5. 根据证券法律制度的规定，国务院证券监督管理机构或者国务院授权的部门对已作出的证券发行注册的决定，发现不符合法

定条件或者法定程序，已经发行尚未上市的，撤销发行注册决定。下列表述中，不正确的是(　　)。

A. 发行人应当按照发行价并加算银行同期存款利息返还证券持有人

B. 发行人应当按照发行价并加算银行同期贷款利息返还证券持有人

C. 发行人的控股股东、实际控制人，应当与发行人承担连带责任，但是能够证明自己没有过错的除外

D. 发行人的保荐人，应当与发行人承担连带责任，但是能够证明自己没有过错的除外

6. 根据证券法律制度的规定，下列关于证券承销的表述中，不正确的是(　　)。

A. 向不特定对象发行证券聘请承销团承销的，承销团应当由主承销和参与承销的证券公司组成

B. 证券的代销、包销期限最长不得超过90日

C. 证券公司在代销、包销期内，对所代销、包销的证券应当保证先行出售给认购人

D. 股票发行采用代销方式，代销期限届满，向投资者出售的股票数量未达到拟公开发行股票数量80%的，为发行失败

7. 根据证券法律制度的规定，下列关于上市公司配股条件的表述中，不正确的是(　　)。

A. 拟配售股份数量不超过本次配售股份前股本总额的30%

B. 控股股东应当在股东大会召开前公开承诺认配股份的数量

C. 采用代销方式发行

D. 采用包销方式发行

8. 根据证券法律制度的规定，下列关于上市公司公开发行可转换公司债券的表述中，不正确的是(　　)。

A. 可转换公司债券的期限最短为1年，最长为6年

B. 可转换公司债券每张面值100元

C. 可转换公司债券自发行结束之日起3个月之后方可转换为公司股票

D. 公开发行可转换公司债券，应当委托具有资格的资信评级机构进行信用评级和跟踪评级

9. 甲上市公司拟发行分离交易的可转换公司债券。根据证券法律制度的规定，下列表述中，正确的是(　　)。

A. 甲公司最近一期期末经审计的净资产应不低于人民币10亿元

B. 分离交易的可转换公司债券的期限最短为3年

C. 认股权证的行权价格应不低于公告募集说明书日前20个交易日公司股票均价或者前一个交易日的均价

D. 认股权证自发行结束至少已满6个月起方可行权

10. 根据证券法律制度的规定，下列关于公开发行公司债券的表述中，不正确的是(　　)。

A. 公司债券的期限为3年以上

B. 公司债券每张面值100元

C. 公开发行公司债券筹集的资金，不得用于弥补亏损和非生产性支出

D. 公开发行的公司债券，应当在依法设立的证券交易所上市交易，或者在全国中小企业股份转让系统或国务院批准的其他证券交易场所转让

11. 根据证券法律制度的规定，下列关于公开发行的公司债券持有人权益保护的表述中，不正确的是(　　)。

A. 发行人应当委托具有从事证券服务业务资格的资信评级机构进行信用评级

B. 在公司债券有效存续期间，资信评级机构每年至少公告2次跟踪评级报告

C. 发行人应当为债券持有人聘请债券受托管理人，并订立债券受托管理协议

D. 为本次发行提供担保的机构不得担任本次债券发行的受托管理人

12. 根据证券法律制度的规定，下列关于非公开发行公司债券的表述中，正确的是(　　)。

A. 每次发行对象不得超过300人

B. 非公开发行公司债券转让后，持有同次发行债券的合格投资者合计不得超过200人

C. 合格投资者可以将持有的债券转让给公众投资者

D. 非公开发行公司债券可以选择向公众投资者或者合格投资者发行

13. 根据证券法律制度的规定，投资者持有或者通过协议、其他安排与他人共同持有一个上市公司已发行的有表决权股份达到5%后，其所持该上市公司已发行的有表决权股份比例每增加或者减少1%时，下列表述中，正确的是(　　)。

A. 投资者应当在该事实发生之日起3日内，向国务院证券监督管理机构作出书面报告

B. 投资者应当在该事实发生之日起3日内，向证券交易所作出书面报告

C. 投资者应当在该事实发生的次日通知该上市公司，并予公告

D. 投资者应当在该事实发生之日起3日内通知该上市公司，并予公告

14. 根据证券法律制度的规定，下列关于要约收购的表述中，不正确的是(　　)。

A. 收购人在要约收购期内，不得卖出被收购上市公司的股票

B. 在收购要约约定的承诺期限内，收购人不得撤销其收购要约

C. 收购要约期限届满前15日内，收购人不得变更收购要约；但是出现竞争要约的除外

D. 在要约收购期限届满前5个交易日内，预受股东不得撤回其对要约的接受

15. 根据证券法律制度的规定，在收购人公告要约收购报告书后一定期限内，被收购公司董事会应当公告被收购公司董事会报告书与独立财务顾问的专业意见。该期限是(　　)。

A. 10日　　B. 15日

C. 20日　　D. 30日

16. 根据证券法律制度的规定，下列关于要约收购的表述中，不正确的是(　　)。

A. 在要约收购期间，被收购公司董事长不得辞职

B. 在要约收购期间，被收购公司副董事长不得辞职

C. 在要约收购期间，被收购公司监事不得辞职

D. 在要约收购期间，被收购公司董事不得辞职

17. 根据证券法律制度的规定，上市公司进行重大资产重组须由股东大会作出决议。下列表述中，正确的是(　　)。

A. 股东大会会议可以采取现场会议或者网络投票的形式

B. 股东大会就重大资产重组事项进行表决时，关联股东应当回避表决

C. 上市公司股东大会就重大资产重组事项作出决议，必须经出席会议的股东所持表决权的过半数通过

D. 上市公司应当在股东大会作出重大资产重组决议后2个交易日内公告该决议

18. 上市公司董事、监事和高级管理人员在信息披露工作中应当履行相应的职责。下列表述中，不符合证券法律制度规定的是(　　)。

A. 上市公司董事应对公司年度报告签署书面确认意见

B. 上市公司高级管理人员应对公司年度报告签署书面确认意见

C. 上市公司监事应对公司年度报告进行审核并提出书面审核意见

D. 上市公司监事会应对公司年度报告进行审核并提出书面审核意见

19. 根据证券法律制度的规定，某上市公司发生的下列事项中，不属于重大事件的是(　　)。

A. 董事长赵某无法履行职责

B. 经理王某无法履行职责

C. 财务负责人郑某无法履行职责

D. 董事李某辞职

20. 根据证券法律制度的规定，某上市公司

发生的下列事项中，不属于内幕信息的是(　　)。

A. 董事长辞职

B. 持有公司10%股份的股东，其持有股份的情况发生较大变化

C. 董事涉嫌犯罪被依法采取强制措施

D. 董事会秘书王某被撤职

21. 根据证券法律制度的规定，发生可能对上市交易公司债券的交易价格产生较大影响的重大事件，投资者尚未得知时，公司应当立即将有关该重大事件的情况向中国证监会和证券交易场所报送临时报告，并予公告。下列各项中，不属于重大事件的是(　　)。

A. 公司新增借款超过上年末净资产的20%

B. 公司对外提供担保超过上年末净资产的20%

C. 公司发生超过上年末净资产10%的重大损失

D. 公司增资的计划

22. 根据证券法律制度的规定，下列各项中，不属于证券交易内幕信息知情人员的是(　　)。

A. 上市公司的董事、监事、高级管理人员

B. 持有上市公司3%股份的股东的董事、监事、高级管理人员

C. 上市公司实际控制人的董事、监事、高级管理人员

D. 上市公司实际控制的公司的董事、监事、高级管理人员

23. 吴某为甲上市公司的董事。吴某将其持有的甲公司股票在买入后的第5个月卖出，获利100万元。根据证券法律制度的规定，下列表述中，不正确的是(　　)。

A. 该收益应当全部归甲公司所有

B. 该收益应由甲公司董事会负责收回

C. 如果董事会不收回该收益的，股东有权要求董事会限期收回

D. 如果董事会未在规定期限内执行股东关于收回吴某收益的要求的，股东有权以甲公司的名义直接向人民法院提起收回该收益的诉讼

24. 证券监管部门调查发现，3年前在深圳证券交易所挂牌上市的甲公司在首次公开发行股票的过程中存在虚假陈述行为，并给投资者造成经济损失。乙证券公司系保荐人。根据证券法律制度的规定，下列关于乙证券公司就甲公司虚假陈述行为所致投资者损失承担赔偿责任的表述中，正确的是(　　)。

A. 无论乙证券公司有无过错，均须承担赔偿责任

B. 无论乙证券公司有无过错，均不承担赔偿责任

C. 只有当投资者能够证明乙证券公司有过错时，才承担赔偿责任

D. 乙证券公司应当承担连带赔偿责任，除非能够证明自己没有过错

25. 根据证券法律制度的规定，下列关于非上市公众公司的表述中，不正确的是(　　)。

A. 股票在全国中小企业股份转让系统进行公开转让的公众公司，可以向符合条件的特定对象发行股票

B. 股票在全国中小企业股份转让系统进行公开转让的公众公司，可以向不特定合格投资者公开发行股票

C. 股票在全国中小企业股份转让系统进行公开转让的公众公司，可以向社会公众公开发行股票

D. 未在全国中小企业股份转让系统挂牌的非上市公众公司，不得采用公开方式向社会公众转让股份

26. 根据证券法律制度的规定，下列情形中，无须经中国证监会核准的是(　　)。

A. 非上市公众公司向不特定合格投资者公开发行股票

B. 在全国中小企业股份转让系统挂牌公开转让股票的非上市公众公司，向特定对象发行股票后股东累计不超过200人

C. 股东人数未超过200人的股份有限公

司因向特定对象发行股票导致股东人数累计超过 200 人

D. 股份有限公司申请其股票在全国中小企业股份转让系统公开转让，申请公开转让之前，股东人数已经超过 200 人

27. 根据证券法律制度的规定，非上市公众公司向特定对象发行股票的，可以申请一次核准，分期发行。下列表述中，正确的是(　　)。

A. 自中国证监会予以核准之日起，公司应当在 6 个月内完成首期发行

B. 首期发行数量应当不少于总发行数量的 40%

C. 剩余数量应当在 24 个月内发行完毕

D. 超过核准文件限定的有效期未发行的，必须重新经中国证监会核准后方可发行

28. 根据证券法律制度的规定，股票在全国中小企业股份转让系统进行公开转让的公众公司可以向不特定合格投资者公开发行股票。下列表述中，不正确的是(　　)。

A. 股东大会就公开发行股票事项作出决议，必须经出席会议的股东所持表决权的 2/3 以上通过

B. 公司股东人数超过 200 人的，应当对出席会议的持股比例在 5%以下的股东表决情况单独计票并予以披露

C. 公司就公开发行股票事项召开股东大会，应当提供网络投票的方式

D. 应当聘请具有证券承销业务资格的证券公司承销

二、多项选择题

1. 下列情形中，适用《证券法》的有(　　)。

A. 公司债券的发行和交易

B. 存托凭证的发行和交易

C. 政府债券的上市交易

D. 证券投资基金份额的上市交易

2. 根据《证券法》的规定，下列各项中，公司首次公开发行新股应满足的条件有(　　)。

A. 具备健全且运行良好的组织机构

B. 最近 3 年财务会计报告被出具无保留意见的审计报告

C. 具有持续盈利能力，财务状况良好

D. 发行人及其控股股东、实际控制人最近 3 年不存在贪污、贿赂、侵占财产、挪用财产或者破坏社会主义市场经济秩序的刑事犯罪

3. 某股份有限公司拟在主板首次公开发行股票并上市，该公司的下列情形中，符合证券法律制度规定的有(　　)。

A. 发行股票前股本总额为人民币 6000 万元

B. 上一年度因严重违反环境保护管理法规受到罚款的行政处罚

C. 最近 3 个会计年度净利润均为正数且累计为人民币 4000 万元

D. 最近 1 个会计年度的净利润主要来自合并财务报表范围以外的投资收益

4. 根据证券法律制度的规定，国务院证券监督管理机构或者国务院授权的部门对已作出的证券发行注册的决定，发现不符合法定条件或者法定程序的，下列表述中，正确的有(　　)。

A. 尚未发行证券的，应当予以撤销，停止发行

B. 已经发行尚未上市的，撤销发行注册决定，发行人应当按照发行价并加算银行同期存款利息返还证券持有人

C. 股票的发行人在招股说明书等证券发行文件中隐瞒重要事实或者编造重大虚假内容，已经发行并上市的，国务院证券监督管理机构可以责令发行人回购证券

D. 股票的发行人在招股说明书等证券发行文件中隐瞒重要事实或者编造重大虚假内容，已经发行并上市的，国务院证券监督管理机构责令负有责任的控股股东、实际控制人买回证券

5. 甲公司委托乙证券公司以代销方式公开发行股票 8000 万股，代销期限届满，投资

者认购甲公司股票的数量为 5000 万股。根据证券法律制度的规定，下列表述中，不正确的有(　　)。

A. 甲公司应当以自有资金购入剩余的 3000 万股

B. 乙证券公司应当以自有资金购入剩余的 3000 万股

C. 甲公司应当按照发行价并加算银行同期存款利息返还股票认购人

D. 甲公司应当按照发行价并加算银行同期贷款利息返还股票认购人

6. 根据证券法律制度的规定，下列关于上市公司公开发行可转换公司债券的表述中，正确的有(　　)。

A. 最近一期期末经审计的净资产不低于人民币 15 亿元的，可以不提供担保

B. 证券公司不得作为上市公司公开发行可转换公司债券的担保人

C. 上市商业银行可以作为上市公司公开发行可转换公司债券的担保人

D. 以保证方式提供担保的，应当为连带责任担保

7. 根据证券法律制度的规定，上市公司公开发行可转换公司债券的，下列情形中，应当召开债券持有人会议的有(　　)。

A. 发行人不能按期支付本息

B. 保证人或者担保物发生重大变化

C. 发行人增资

D. 发行人合并、分立、解散

8. 根据证券法律制度的规定，上市公司可以发行分离交易的可转换公司债券。下列关于认股权证的表述中，正确的有(　　)。

A. 认股权证的行权价格应不低于公告募集说明书日前 20 个交易日公司股票均价或者前一个交易日的均价

B. 认股权证的存续期间不得超过公司债券的期限

C. 认股权证的存续期间自发行结束之日起不少于 6 个月

D. 认股权证自发行结束至少已满 6 个月起方可行权，行权期间只能是存续期限内的特定交易日

9. 根据证券法律制度的规定，下列情形中，上市公司不得非公开发行股票的有(　　)。

A. 上市公司的权益被控股股东或者实际控制人严重损害且尚未消除

B. 上市公司及其附属公司违规对外提供担保且尚未解除

C. 现任副经理最近 36 个月内受到过中国证监会的行政处罚

D. 现任监事会主席最近 12 个月内受到过证券交易所公开谴责

10. 根据证券法律制度的规定，公开发行优先股的公司必须在公司章程中规定的事项有(　　)。

A. 在有可分配税后利润的情况下必须向优先股股东分配股息

B. 未向优先股股东足额派发股息的差额部分应当累积到下一个会计年度

C. 采取固定股息率

D. 优先股股东按照约定的股息率分配股息后，不再同普通股股东一起参加剩余利润分配

11. 根据公司法律制度的规定，下列情形中，上市公司的优先股股东有权出席股东大会会议并对相关事项行使表决权的有(　　)。

A. 修改公司章程中与优先股相关的内容

B. 一次减少公司注册资本达到 5%

C. 变更公司形式

D. 公司合并、分立、解散

12. 根据证券法律制度的规定，合格投资者应当具备相应的风险识别和承担能力，能够自行承担公司债券的投资风险，并符合一定资质条件。下列投资者中，符合该资质条件的有(　　)。

A. 净资产达到 1100 万元的合伙企业

B. 名下金融资产达到 280 万元的自然人

C. 社会保障基金

D. 企业年金

13. 根据证券法律制度的规定，公开发行公司债券的，下列情形中，债券受托管理人应当召集债券持有人会议的有(　　)。

A. 保证人发生重大变化
B. 发行人增资
C. 发行人提出债务重组方案的
D. 拟变更债券受托管理人

14. 根据证券法律制度的规定，下列各项中，属于非公开发行的公司债券可以申请转让的渠道有(　　)。
A. 通过证券交易所转让
B. 通过全国中小企业股份转让系统转让
C. 通过机构间私募产品报价与服务系统转让
D. 通过证券公司柜台转让

15. 根据证券法律制度的规定，下列情形中，表明投资者获得或者拥有上市公司控制权的有(　　)。
A. 投资者为上市公司持股50%以上的控股股东
B. 投资者可实际支配上市公司股份表决权超过30%
C. 投资者通过实际支配上市公司股份表决权能够决定公司董事会1/3成员选任
D. 投资者依其可实际支配的上市公司股份表决权足以对公司股东大会的决议产生重大影响

16. 甲公司拟收购乙上市公司。根据证券法律制度的规定，下列投资者中，如无相反证据，与甲公司互为一致行动人的有(　　)。
A. 甲公司董事张某妻子的弟弟
B. 甲公司经理赵某弟弟的妻子
C. 甲公司监事杨某的岳父
D. 甲公司副经理王某的儿媳妇

17. 根据证券法律制度的规定，下列各项中，属于收购人变更收购要约时不得存在的情形有(　　)。
A. 降低收购价格
B. 减少预定收购股份数额
C. 延长收购期限
D. 缩短收购期限

18. 根据证券法律制度的规定，下列关于要约收购的表述中，正确的有(　　)。
A. 收购要约约定的收购期限不得少于30日，并不得超过60日；但是出现竞争要约的除外
B. 收购要约期限届满前15日内，收购人不得变更收购要约；但是出现竞争要约的除外
C. 在要约收购期限届满前3个交易日内，预受股东不得撤回其对要约的接受
D. 在收购人公告要约收购报告书后15日内，被收购公司董事会应当公告被收购公司董事会报告书与独立财务顾问的专业意见

19. 某上市公司董事会作出决议，通过发行股份购买资产。根据证券法律制度的规定，股份发行价格不得低于市场参考价的90%。下列各项中，可以用于确定市场参考价的有(　　)。
A. 本次董事会决议公告日前20个交易日的公司股票交易均价
B. 本次董事会决议公告日前30个交易日的公司股票交易均价
C. 本次董事会决议公告日前60个交易日的公司股票交易均价
D. 本次董事会决议公告日前90个交易日的公司股票交易均价

20. 根据证券法律制度的规定，某上市公司的下列事项中，属于重大事件的有(　　)。
A. 公司增资的计划
B. 公司减资、合并、分立、解散及申请破产的决定
C. 公司在1年内购买、出售重大资产超过公司资产总额30%
D. 公司营业用主要资产的抵押、质押、出售或者报废一次超过该资产的30%

21. 根据证券法律制度的规定，某上市公司发生的下列事项中，属于重大事件的有(　　)。
A. 上市公司30%的董事发生变动
B. 上市公司30%的监事发生变动
C. 上市公司副董事长发生变动
D. 上市公司董事长无法履行职责

22. 根据证券法律制度的规定，某上市公司

发生的下列事项中，属于重大事件的有（　　）。

A. 公司的控股股东涉嫌犯罪被依法采取强制措施

B. 公司的实际控制人涉嫌犯罪被依法采取强制措施

C. 公司的董事、监事、高级管理人员涉嫌犯罪被依法采取强制措施

D. 公司涉嫌犯罪被依法立案调查

23. 根据证券法律制度的规定，发生可能对上市交易公司债券的交易价格产生较大影响的重大事件，投资者尚未得知时，公司应当立即将有关该重大事件的情况向中国证监会和证券交易场所报送临时报告，并予公告。下列各项中，属于重大事件的有（　　）。

A. 公司债券信用评级发生变化

B. 公司股权结构发生重大变化

C. 公司放弃债权或者财产超过上年末净资产的10%

D. 涉及公司的重大诉讼、仲裁

24. 根据证券法律制度的规定，某上市公司发生的下列事项中，属于内幕信息的有（　　）。

A. 股东大会、董事会决议被依法撤销或者宣告无效

B. 公司发生重大亏损

C. 董事长周某病重无法履行职责

D. 总经理李某辞职

25. 根据证券法律制度的规定，上市公司的下列人员中，应当及时向上市公司董事会报送上市公司关联人名单及关联关系说明的有（　　）。

A. 公司的实际控制人

B. 持股5%以上的股东及其一致行动人

C. 公司董事、高级管理人员

D. 公司监事

26. 根据证券法律制度的规定，下列各项中，属于证券交易内幕信息知情人员的有（　　）。

A. 负责发行人重大资产重组方案文印工作的秘书甲

B. 中国证监会负责审核发行人重大资产重组方案的官员乙

C. 为发行人重大资产重组进行审计的注册会计师丙

D. 重大资产重组交易方的董事丁

27. 根据证券法律制度的规定，发行人在公告的证券发行文件中存在虚假记载、误导性陈述或者重大遗漏，致使投资者在证券交易中遭受损失的，下列当事人中，如果不能证明自己没有过错，应当与发行人承担连带赔偿责任的有（　　）。

A. 发行人的控股股东、实际控制人

B. 发行人的董事、监事、高级管理人员

C. 保荐人

D. 承销的证券公司

28. 根据证券法律制度的规定，下列关于证券发行中虚假陈述行为民事责任承担的表述中，正确的有（　　）。

A. 发行人在发行文件中作出虚假陈述而导致投资者受到损害的，应承担赔偿责任，发行人是否有过错在所不问

B. 发行人在发行文件中作出虚假陈述而导致投资者受到损害的，发行人的控股股东应当与发行人承担连带赔偿责任，发行人的控股股东是否有过错在所不问

C. 发行人在发行文件中作出虚假陈述而导致投资者受到损害，承销的证券公司应当与发行人承担连带赔偿责任，承销的证券公司是否有过错在所不问

D. 发行人在发行文件中作出虚假陈述而导致投资者受到损害，证券服务机构应当与发行人承担连带赔偿责任，但是能够证明自己没有过错的除外

29. 根据证券法律制度的规定，下列情形中，应当经中国证监会核准的有（　　）。

A. 甲上市公司非公开发行公司债券

B. 乙上市公司非公开发行股票

C. 丙上市公司公开发行优先股

D. 丁上市公司发行可转换公司债券

30. 根据证券法律制度的规定，下列情形中，应当经中国证监会核准的有（　　）。

A. 甲上市公司拟向某境外战略投资者定向增发股票

B. 乙上市公司拟发行分离交易的可转换公司债券

C. 现有 200 名股东的丙股份有限公司拟将其股票通过全国中小企业股份转让系统公开转让

D. 在全国中小企业股份转让系统挂牌公开转让股票的丁非上市公众公司（现有股东 197 名），拟向 3 名风险投资人定向增发股票

31. 根据证券法律制度的规定，股票在全国中小企业股份转让系统进行公开转让的公众公司可以向不特定合格投资者公开发行股票。下列表述中，不正确的有（　　）。

A. 该公众公司可以与主承销商自主协商直接定价

B. 该公众公司可以通过合格投资者网上竞价的方式确定股票发行价格

C. 该公众公司可以通过网下询价的方式确定股票发行价格

D. 公众公司公开发行股票，应当聘请具有保荐资格的机构担任保荐人。保荐人持续督导期间为公开发行完成后当年剩余时间及其后 3 个完整会计年度

同步强化练习题参考答案及解析

一、单项选择题

1. 【答案】 B
2. 【答案】 A
3. 【答案】 C

解析：选项 C：最近 2 年实际控制人没有发生变更，不存在导致控制权可能变更的重大权属纠纷。

4. 【答案】 C

解析：选项 C：中国证监会同意注册的决定自作出之日起 1 年内有效，发行人应当在注册决定有效期内发行股票，发行时点由发行人自主选择。

5. 【答案】 B
6. 【答案】 D
7. 【答案】 D

解析：选项 CD：配股只能采用代销方式发行。

8. 【答案】 C

解析：可转换公司债券自发行结束之日起 6 个月之后方可转换为公司股票，转股期限由上市公司根据可转换公司债券的存续期限及公司财务状况确定。

9. 【答案】 D

解析：（1）选项 A：公司最近一期期末经审计的净资产不低于人民币 15 亿元；（2）选项 B：分离交易的可转换公司债券的期限最短为 1 年；（3）选项 C：认股权证的行权价格应不低于公告募集说明书日前 20 个交易日公司股票均价和前一个交易日的均价。

10. 【答案】 A
11. 【答案】 B
12. 【答案】 B
13. 【答案】 C
14. 【答案】 D

解析：选项 D：在要约收购期限届满前 3 个交易日内，预受股东不得撤回其对要约的接受。

15. 【答案】 C

16. 【答案】 C
17. 【答案】 B

解析：(1) 选项 A：上市公司就重大资产重组事宜召开股东大会，应当以现场会议形式召开，并应当提供网络投票和其他合法方式为股东参加股东大会提供便利；(2) 选项 C：上市公司股东大会就重大资产重组事项作出决议，必须经出席会议的股东所持表决权的 2/3 以上通过；(3) 选项 D：上市公司应当在股东大会作出重大资产重组决议后的次一工作日公告该决议。

18. 【答案】 C

解析：(1) 发行人的董事、高级管理人员应当对证券发行文件和定期报告签署书面确认意见；(2) 发行人的监事会应当对董事会编制的证券发行文件和定期报告进行审核并提出书面审核意见，监事应当签署书面确认意见。

19. 【答案】 C

解析：公司的董事、1/3 以上监事或者经理发生变动，董事长或者经理无法履行职责，属于重大事件。

20. 【答案】 D

解析：选项 D：董事会秘书发生变动，不属于重大事件（内幕信息）。

21. 【答案】 D
22. 【答案】 B

解析：选项 B：持有上市公司 5%以上股份的股东的董事、监事、高级管理人员，才属于内幕信息的知情人员。

23. 【答案】 D

解析：选项 D：股东应当以“自己的名义”向人民法院提起诉讼。

24. 【答案】 D

解析：保荐人与承销的证券公司承担“过错推定责任”：首先推定其有过错，如果其能够证明自己没有过错，应予免责。否则，应当承担连带赔偿责任。

25. 【答案】 C
26. 【答案】 B

解析：选项 B：在全国中小企业股份转让系统挂牌公开转让股票的非上市公众公司向特定对象发行股票后股东累计不超过 200 人的，豁免向中国证监会申请核准，由全国中小企业股份转让系统自律管理。

27. 【答案】 D

解析：选项 ABC：自中国证监会予以核准之日起，公司应当在 3 个月内完成首期发行，剩余数量应当在 12 个月内发行完毕。首期发行数量应当不少于总发行数量的 50%，剩余各期发行的数量由公司自行确定。

28. 【答案】 B

解析：选项 B：公司股东人数超过 200 人的，应当对出席会议的持股比例在 10%以下的股东表决情况单独计票并予以披露。

二、多项选择题

1. 【答案】 ABCD
2. 【答案】 ABD

解析：选项 C：发行人应具有持续经营能力（而非持续盈利能力）。

3. 【答案】 AC
4. 【答案】 ABCD
5. 【答案】 ABD

解析：代销期限届满，向投资者出售的股票数量未达到拟公开发行股票数量 70%的，为发行失败。发行人应当按照发行价并加算银行同期存款利息返还股票认购人。

6. 【答案】 ABCD
7. 【答案】 ABD
8. 【答案】 BC

解析：(1) 选项 A：认股权证的行权价格应不低于公告募集说明书日前 20 个交易日公司股票均价和前一个交易日的均价；(2) 选项 D：行权期间为存续期限届满前的一段期间，或者是存续期限内的特定交易日。

9. 【答案】 ABC

解析：选项 CD：上市公司现任董事、高级管理人员（不包括监事）最近36个月内受到过中国证监会的行政处罚，或者最近12个月内受到过证券交易所公开谴责的，不得非公开发行股票。

10. 【答案】 ABCD

11. 【答案】 ACD

12. 【答案】 ACD

解析：（1）选项A：净资产不低于人民币1000万元的企事业单位法人、合伙企业，属于合格投资者；（2）选项B：名下金融资产不低于人民币300万元的个人投资者，属于合格投资者。

13. 【答案】 ACD

14. 【答案】 ABCD

15. 【答案】 ABD

16. 【答案】 ABCD

解析：在投资者任职的董事、监事及高级管理人员，其父母、配偶、子女及其配偶、配偶的父母、兄弟姐妹及其配偶、配偶的兄弟姐妹及其配偶等亲属，与投资者持有同一上市公司股份，与投资者属于一致行动人。

17. 【答案】 ABD

18. 【答案】 ABC

19. 【答案】 AC

20. 【答案】 ABCD

21. 【答案】 ACD

22. 【答案】 ABCD

23. 【答案】 ABCD

24. 【答案】 ABCD

解析：选项CD：公司的董事、1/3以上监事或者经理发生变动，董事长或者经理无法履行职责，属于重大事件（内幕信息）。

25. 【答案】 ABCD

26. 【答案】 ABCD

解析：（1）选项A：由于所任公司职务或者因与公司业务往来可以获取公司有关内幕信息的人员，属于内幕信息知情人员；（2）选项B：因法定职责对证券的发行、交易或者对上市公司及其收购、重大资产交易进行管理可以获取内幕信息的有关主管部门、监管机构的工作人员；（3）选项C：因职务、工作可以获取内幕信息的证券交易场所、证券公司、证券登记结算机构、证券服务机构的有关人员，属于内幕信息知情人员；（4）选项D：上市公司收购人或者重大资产交易方及其控股股东、实际控制人、董事、监事和高级管理人员，属于内幕信息知情人员。

27. 【答案】 ABCD

28. 【答案】 AD

解析：选项BC：发行人的控股股东、实际控制人、董事、监事、高级管理人员和其他直接责任人员以及保荐人、承销的证券公司及其直接责任人员，应当与发行人承担连带赔偿责任，但是能够证明自己没有过错的除外。

29. 【答案】 BCD

30. 【答案】 AB

解析：（1）选项C：对于股东人数未超过200人（≤200人）的公司申请其股票公开转让，中国证监会豁免核准，由全国中小企业股份转让系统进行审查；（2）选项D：在全国中小企业股份转让系统挂牌公开转让股票的非上市公众公司向特定对象发行股票后股东累计不超过200人（≤200人）的，豁免向中国证监会申请核准，由全国中小企业股份转让系统自律管理。

31. 【答案】 ABC

解析：选项D：保荐人持续督导期间为公开发行完成后当年剩余时间及其后2个完整会计年度。

第八章　企业破产法律制度

本章考情分析

在最近3年的考试中，本章的平均分值为11分，2019年两份试卷的分值均为11分。在四个案例分析题中，肯定有一个10分的题目来自企业破产法律制度。

本章分为十五个单元，共计49个考点。大多数考点需要准确理解（部分考点需要结合物权法律制度、合同法律制度和公司法律制度的相关规定），需要死记硬背的考点并不多，复习难度较大。复习本章需要15个小时左右。

2020年教材的主要变化：（1）新增了《企业破产法司法解释（三）》的部分内容；（2）新增了《民商事审判工作会议纪要》的部分内容。

最近3年题型、题量分析表

题型	2017年	2018年试卷一	2018年试卷二	2019年试卷一	2019年试卷二
单选题	1题1分	1题1分	1题1分	1题1分	1题1分
案例分析题	10分	10分	10分	10分	10分
合计	11分	11分	11分	11分	11分

历年试题涉及本章的主要考点

考点	年份/题型
破产原因	2012年案例分析题、2013年案例分析题、2014年案例分析题、2015年案例分析题、2017年案例分析题、2018年案例分析题、2019年案例分析题
破产申请	2016年案例分析题、2017年案例分析题、2019年案例分析题
破产申请受理的效力	2007年案例分析题、2013年案例分析题、2017年案例分析题
执行案件的移送破产审查	2018年案例分析题
管理人制度	2012年多选题、2013年单选题、2014年多选题、2015年案例分析题、2018年案例分析题、2019年单选题
债务人财产	2007年案例分析题、2009年单选题、2011年案例分析题、2014年案例分析题、2015年案例分析题、2016年案例分析题、2018年案例分析题
撤销权	2013年单选题、2013年案例分析题、2015年案例分析题、2018年案例分析题

续表

考点	年份/题型
取回权	2009年单选题、2011年案例分析题、2012年案例分析题、2013年案例分析题、2014年案例分析题、2015年案例分析题、2016年案例分析题、2019年案例分析题
抵销权	2007年案例分析题、2012年案例分析题、2013年案例分析题、2015年案例分析题
破产费用和共益债务	2009年多选题、2016年单选题
破产债权的申报	2013年多选题、2016年案例分析题、2017年单选题、2017年案例分析题、2018年单选题、2018年案例分析题
保证人	2012年案例分析题、2016年案例分析题、2017年案例分析题
债权人会议	2007年多选题、2008年单选题、2009年多选题、2012年单选题、2016年案例分析题
重整制度	2019年单选题、2019年案例分析题
和解制度	2011年案例分析题
别除权	2007年案例分析题、2008年多选题、2011年案例分析题、2013年案例分析题、2015年案例分析题
破产财产的清偿顺序	2007年案例分析题、2010年单选题、2012年单选题、2014年单选题

本章思维导图

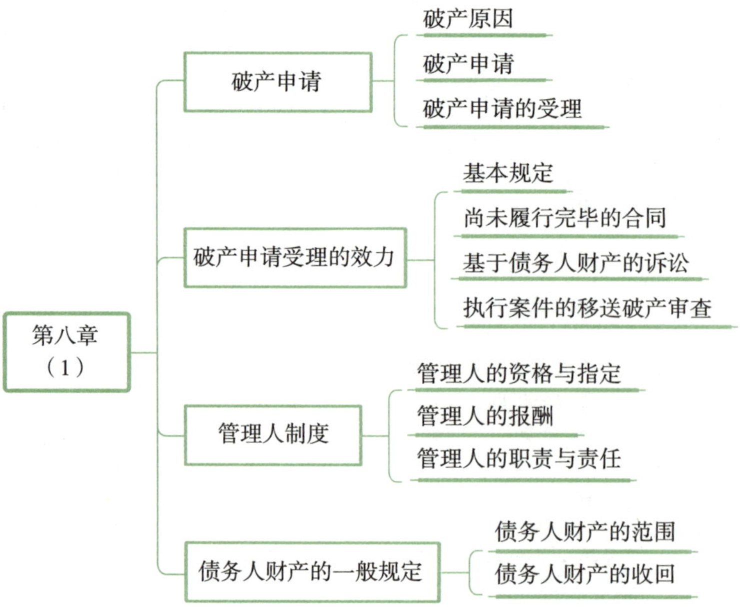

- 第八章（2）
  - 撤销权
    - 管理人的撤销权
    - 个别清偿
    - 债权人的撤销权
    - 对外债权的诉讼时效
    - 无效行为
  - 取回权
    - 取回权的一般规定
    - 他人财产被违法转让的
    - 代偿取回权
    - 在途标的物的取回权
    - 所有权保留买卖合同中的取回权
  - 破产抵销权
    - 破产抵销权的一般规定
    - 禁止抵销的情形
    - 破产抵销权的特殊规定
  - 破产费用和共益债务
    - 破产费用和共益债务的界定
    - 破产费用和共益债务的清偿
  - 破产债权
    - 债权申报期限
    - 债权申报的要求
    - 破产债权的核查与确认
  - 保证
    - 债务人破产
    - 保证人破产
    - 债务人、保证人均破产
  - 有财产担保的债权
    - 别除权
    - 有财产担保的债权（综述）
  - 债权人会议与债权人委员会
    - 债权人会议
    - 债权人委员会
  - 重整程序与和解制度
    - 重整申请
    - 重整期间
    - 重整计划的制定与执行
    - 重整计划草案的表决与批准
    - 重整计划的变更
    - 重整计划的效力
    - 上市公司的破产重整
    - 和解制度

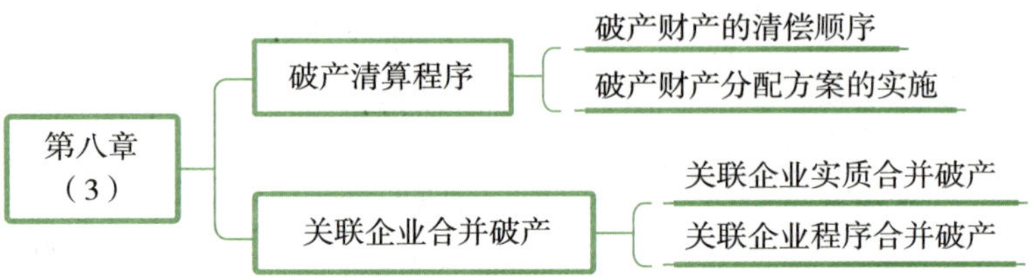

本章核心考点解读

第一单元　破产申请

扫码听名师课

【考点1】破产原因（★★★）（P308）[1]

1. 破产原因（破产界限）是指企业法人不能清偿到期债务，并且资产不足以清偿全部债务或者明显缺乏清偿能力。

【解释】破产原因包括两种情况：（1）不能清偿+资不抵债；（2）不能清偿+明显缺乏。

2. “不能清偿到期债务”的认定

下列情形同时存在的，人民法院应当认定债务人不能清偿到期债务：

（1）债权债务关系依法成立；

（2）债务履行期限已经届满；

（3）债务人未完全清偿债务。

3. “资不抵债”的认定

债务人的资产负债表，或者审计报告、资产评估报告等显示其全部资产不足以偿付全部负债的，人民法院应当认定债务人资产不足以清偿全部债务，但有相反证据足以证明债务人资产能够偿付全部负债的除外。

4. “明显缺乏清偿能力”的认定（2012年案例分析题、2013年案例分析题、2014年案例分析题、2015年案例分析题、2019年案例分析题）

债务人账面资产虽大于负债，但存在下列情形之一的，人民法院应当认定其明显缺乏清偿能力：

（1）因资金严重不足或者财产不能变现等原因，无法清偿债务；

（2）法定代表人下落不明且无其他人员负责管理财产，无法清偿债务；

（3）经人民法院强制执行，无法清偿债务；

（4）长期亏损且经营扭亏困难，无法清偿债务；

（5）导致债务人丧失清偿能力的其他情形。

【解释】“经人民法院强制执行，无法清偿债务”，是指只要债务人的任何一个债权人经人民法院强制执行未得到清偿，其每个债权人均有权提出破产申请，并不要求申请人自己已经采取了强制执行措施。

5. 异议不成立的情形

（1）相关当事人以对债务人的债务负有连带责任的人未丧失清偿能力为由，主张债务人不具备破产原因的，人民法院应不予支持。（2014年案例分析题、2018年案例分析题）

【解释】只要债务人本人不能清偿到期债务即发生破产原因，其他人对其负债的连带责任、担保责任，是对债权人的责任，不能视为债务人的清偿能力或其延伸。

【案例】 甲公司欠乙银行1000万元，丙公司为连带保证人。因甲公司不能清偿到期债

---

[1] 为方便您在学习中可以快速了解知识点的重要程度，本书中将知识点进行分类。★★★代表重要知识点，★★代表次重要知识点，★代表非重要知识点。

务，债权人乙银行向人民法院申请债务人甲公司破产。甲公司提出抗辩，认为自己虽然不能清偿到期债务，但其连带保证人丙公司具有清偿能力，乙银行应当先向丙公司要求清偿，只有在丙公司也不能清偿债务的情况下，人民法院才能受理破产申请。在本案中，甲公司的抗辩理由不能获得人民法院的支持。根据规定，相关当事人以对债务人的债务负有连带责任的人未丧失清偿能力为由，主张债务人不具备破产原因的，人民法院应不予支持。

（2）当债权人申请债务人破产时，债务人以其具有清偿能力或者资产超过负债为由提出异议，但又不能立即清偿债务或者与债权人达成和解的，其异议不能成立。（2017年案例分析题）

（3）当债权人申请债务人破产时，债务人对债权人享有债权的数额提出异议时，如果存在双方无争议的部分债权数额，且债务人对该数额的债务已经丧失清偿能力，则此项异议不影响人民法院对破产申请的受理。

（4）当债权人申请债务人破产时，债务人对债权人的债权是否存在担保等提出异议，因其不影响破产原因的成立，该异议不影响人民法院对破产申请的受理。

（5）人民法院受理破产申请后至破产宣告前，由于债务人财产的市场价值发生变化导致其在案件受理后资产超过负债乃至破产原因消失的，不影响破产案件的受理和继续审理，人民法院不得裁定驳回申请。债务人如不愿意进行破产清算，可以通过和解、重整等方式清偿债务、结束破产清算程序。（2018年案例分析题）

【相关链接】 人民法院裁定受理破产申请前，提出破产申请的债权人的债权因清偿或者其他原因消灭的，因申请人不再具备申请资格，人民法院应当裁定不予受理。但该裁定不影响其他符合条件的主体再次提出破产申请。（2020年新增）

（6）破产案件的诉讼费用，应计入破产费用，由债务人财产随时清偿，无须预交。相关当事人以申请人未预先交纳诉讼费用为由，对破产申请提出异议的，人民法院不予支持。（2019年案例分析题）

经典题解

【真题·单选题】 根据企业破产法律制度的规定，下列关于破产案件诉讼费用承担的表述中，正确的是（ ）。（2016年）

A. 由破产申请人预先支付

B. 由全体债权人按比例分担

C. 从债务人财产中随时拨付

D. 由债权人和债务人分担

【答案】 C

【考点2】 破产申请（★★）（P311）

1. 破产案件的管辖

破产案件由债务人住所地（主要办事机构所在地）人民法院管辖。

2. 申请人

（1）债务人

债务人发生破产原因，可以向人民法院提出重整、和解或者破产清算的申请。

（2）债权人

债务人不能清偿到期债务，债权人可以向人民法院提出对债务人进行重整或者破产清算的申请，但不能提出和解申请。

【解释1】债务人有“重整、和解或者破产清算”三个选择，债权人有“重整或者破产清算”两个选择。

【解释2】没有物权担保的普通债权人享有破产申请权，对债务人的特定财产享有担保权的债权人同样享有破产申请权。

（3）税务机关和社会保险机构只享有对债务人的破产清算申请权，但不享有重整申请权。因为它们依法定职责均不能在重整程序中主动作出债权减免的让步，不能为重整作出实质贡献，赋予其重整申请权没有意义。（2016年案例分析题）

（4）破产企业的职工作为债权人可以申请债务人企业破产或者重整，但职工提出破产申请应经职工代表大会或者全体职工会议多数决议通过。（2017年案例分析题）

表8-1　破产申请

	破产清算	破产重整	破产和解
债务人	√	√	√
一般债权人	√	√	×
税务机关和社会保险机构	√	×	×
破产企业的职工	√	√	×

3. 破产申请的撤回

（1）破产申请受理前

人民法院受理破产申请前，申请人可以请求撤回申请。

（2）破产申请受理后

人民法院裁定受理破产申请系对债务人具有破产原因的初步认可，破产申请受理后，申请人请求撤回破产申请的，人民法院不予准许。除非经审查发现债务人不符合破产条件，人民法院不得裁定驳回破产申请。（2020年新增）

4. 破产申请书（2019年案例分析题）

破产申请书应当载明下列事项：

（1）申请人、被申请人的基本情况；

（2）申请目的；

（3）申请的事实和理由；

（4）人民法院认为应当载明的其他事项。

【考点3】破产申请的受理（★）（P313）

1. 债务人申请破产

（1）人民法院裁定受理破产申请的，应当将裁定自作出之日起5日内送达债务人。

（2）人民法院裁定受理破产申请的，应当同时指定管理人，并在裁定受理破产申请之日起25日内通知已知债权人，并予以公告。

2. 债权人申请债务人破产

（1）债务人对债权人提出的破产申请有异议的，应当自收到人民法院的通知之日起7日内向人民法院提出，人民法院应当自异议期满之日起10日内裁定是否受理。

（2）人民法院裁定受理破产申请的，应当自裁定作出之日起5日内送达债务人。债务人应当自裁定送达之日起15日内，向人民法院提交“财产状况说明、债务清册、债权清册、有关财务会计报告以及职工工资的支付和社会保险费用的缴纳情况”等有关材料。债务人拒不提交的，不影响人民法院对破产申请的受理和审理，人民法院可以对债务人的直接责任人员采取罚款等强制措施。（2016年案例分析题）

（3）人民法院裁定受理破产申请的，应当同时指定管理人，并在裁定受理破产申请之日起25日内通知已知债权人，并予以公告。

3. 上诉

（1）不予受理

申请人对人民法院不予受理的裁定不服的，可以自裁定送达之日起10日内向上一级人民法院提起上诉。

（2）驳回申请

申请人对人民法院驳回申请的裁定不服的，可以自裁定送达之日起10日内向上一级人民法院提起上诉。

【解释】在整个破产程序中，当事人可以提起上诉的仅限于“不予受理”和“驳回申请”两个裁定。当事人对人民法院的其他裁定（如宣告破产的裁定、对破产财产分配方案的裁定等）不服的，不能提起上诉。

第二单元　破产申请受理的效力

扫码听名师课

【考点1】基本规定（★★★）（P318）

1. 人民法院受理破产申请后，债务人对个别债权人的债务清偿无效。但是，债务人以其财产向债权人提供物权担保的，其在担保物市场价值内向债权人所作的债务清偿，不受上述规定限制。（2014年案例分析题、2017年案例分析题）

【解释1】人民法院受理破产申请的时间，是指人民法院裁定受理破产申请之日，而不是受理裁定送达债务人之日。

【解释2】人民法院受理破产申请后，即破产程序开始后，债务人财产要公平地清偿全体债权人，因此，对无财产担保的债权人进行的个别清偿肯定无效，但其在担保物市场价值内向有财产担保的债权人进行的个别清偿，并不违反公平清偿原则。

2. 人民法院受理破产申请后，债务人的债务人或者财产持有人应当向管理人（而非债务人）清偿债务或者交付财产。

【解释1】（1）破产企业租用他人的设备，出租人通过“管理人”取回；（2）他人租用破产企业的设备，承租人应当向“管理人”交回。

【解释2】如果当事人故意违反法律规定向债务人清偿债务或者交付财产，使债权人受到损失的，不免除其清偿债务或者交付财产的义务。所谓“不免除其清偿债务或者交付财产的义务”，是以债权人因此受到损失的范围为限。如果债务人的债务人或者财产持有人虽向债务人清偿了债务或者交付财产，但债务人将收到的清偿款项或者财产及时全部上交给管理人，债权人并未受到损失，则不必再承担民事责任。（2017年案例分析题）

3. 人民法院受理破产申请后，有关债务人财产的保全措施应当解除，执行程序应当中止。（2017年案例分析题）

【解释】人民法院审理企业破产案件时，有关债务人财产被其他具有强制执行权力的国家行政机关，包括税务机关、公安机关、海关等采取保全措施或者执行程序的，人民法院应当积极与上述机关进行协调和沟通，取得有关机关的配合。

【案例】 A、B公司于2020年4月1日签订一份买卖合同，B公司依约发货后，债务人A公司拒绝支付100万元的货款。为此，B公司作为原告于2020年5月7日对A公司提起诉讼，甲人民法院依法审理后于6月10日作出一审判决：A公司向B公司支付货款及违约金共计110万元（因A公司未在法定期限内提出上诉，该判决已生效）。根据B公司的申请，甲人民法院将A公司的办公楼予以查封，拟用于清偿对B公司的上述债务。2020年7月1日，乙人民法院受理了A公司的破产申请。在本案中：（1）甲人民法院在知悉乙人民法院已裁定受理A公司的破产申请后，应当及时解除对该办公楼的保全措施，该办公楼应计入债务人财产，用于对全体债权人的公平清偿；（2）执行程序为什么应当“中止”，而非“终止”？因为，如果乙人民法院最终裁定宣告A公司破产，甲人民法院肯定不用再执行了；如果乙人民法院在破产宣告前裁定“驳回A公司的破产申请”，或者依法裁定“终结破产程序”的，应当及时通知甲人民法院恢复相关保全措施和执行程序。

4. 尚未审结的民事案件

人民法院受理破产申请后，已经开始而尚未终结的有关债务人的民事诉讼或者仲裁应当中止；在管理人接管债务人财产、掌握诉讼情况后能够继续进行时，该诉讼或者仲裁继续进行。

【解释】根据《民商事审判会议纪要》的规定，人民法院受理破产申请后，已经开始而尚未终结的有关债务人的民事诉讼，在管理人接管债务人财产和诉讼事务后继续进行。债权人已经对债务人提起的给付之诉，破产申请受理后，人民法院应当继续审理，但是在判定相关当事人实体权利义务时，应当注意与《企业破产法》及其司法解释的规定相协调。上述裁判作出并生效前，债权人可以同时向管理人申报债权，但其作为债权尚未确定的债权人，原则上不得行使表决权，除非人民法院临时确定其债权额。上述裁判生效后，债权人应当根据裁判认定的债权数额在破产程序中依法统一受偿，其对债务人享有的债权利息应当自破产申请受理时起停止计息。人民法院受理破产申请后，债权人新提起的要求债务人清偿的民事诉讼，人民法院不予受理，同时告知债权人应当向管理人申报债权。债权人申报债权后，对管理人编制的债权表记载有异议的，可以依法提起债权确认之诉。(2020年新增)

【考点2】尚未履行完毕的合同（★★★）（P318）

1. 一般规定（2007年案例分析题）

人民法院受理破产申请后，管理人对破产申请受理前成立而债务人和对方当事人均未履行完毕的合同有权决定解除或者继续履行，并通知对方当事人。

（1）继续履行

因管理人请求对方当事人履行双方均未履行完毕的合同所产生的债务，属于共益债务。

（2）解除合同

①管理人决定继续履行合同的，对方当事人应当履行；但是，对方当事人有权要求管理人提供担保。管理人不提供担保的，视为解除合同。

②管理人自破产申请受理之日起2个月内未通知对方当事人，或者自收到对方当事人催告之日起30日内未答复的，视为解除合同。

③管理人依照《企业破产法》规定解除合同的，对方当事人以因合同解除产生的损害赔偿请求权申报债权。对方当事人申报的破产债权以实际损失为限，违约金不得作为破产债权申报。

【解释】管理人对合同的选择履行权只能行使一次，不得反向再次行使或者多次行使，尤其是不得在决定履行合同后又决定解除合同。

【案例】甲公司和乙公司签订了100万元的买卖合同，约定违约金30万元。甲公司的破产程序开始时，双方均未履行完毕。在本案中：（1）如果管理人决定继续履行合同，乙公司发货后，100万元的货款属于共益债务；（2）如果管理人决定解除合同，乙公司因合同解除实际损失3万元，则乙公司可以实际损失申报普通破产债权（最后一步清偿）；30万元的违约金一笔勾销，既不属于破产费用，也不属于共益债务，更不能申报破产债权。

2. 特殊规定

（1）对于破产企业为他人提供担保的合同，管理人无权选择解除合同。

（2）对于破产企业对外出租不动产的合同，除存在严重影响破产财产的整体变价与价值、且无法分别处分等特殊情况外，管理人不得违背合同约定任意解除合同。在变价破产财产时，房屋可以带租约出售，承租人在同等条件下享有优先购买权。（2013年案例分析题）

【相关链接】出租人出卖租赁房屋的，应当在出卖之前的合理期限内通知承租人，承租人享有以同等条件优先购买的权利。

【考点3】基于债务人财产的诉讼（★★★）（P320）（2014年案例分析题）

1. 破产申请受理前基于债务人财产的诉讼

破产申请受理前，债权人就债务人财产提起下列诉讼，破产申请受理时案件尚未审结的，人民法院应当中止审理：

（1）主张次债务人代替债务人直接向其偿还债务的；

（2）主张债务人的出资人、发起人和负有监督股东履行出资义务的董事、高级管理人员，或者协助抽逃出资的其他股东、董事、高级管理人员、实际控制人等直接向其承担出资不实或者抽逃出资责任的；

（3）以债务人的股东与债务人法人人格严重混同为由，主张债务人的股东直接向其偿还债务人对其所负债务的；

（4）其他就债务人财产提起的个别清偿诉讼。

2. 破产申请受理后基于债务人财产的诉讼

破产申请受理后，债权人就债务人财产向人民法院提起上述诉讼的，人民法院不予受理。

【相关链接】 债务人怠于行使其对第三人（次债务人）享有的到期债权，危及债权人债权实现时，债权人为保障自己的债权，可以自己的名义代位行使债务人对次债务人的债权。

【案例】 甲公司向乙银行贷款100万元，到期不能还本付息，同时甲公司又怠于行使其对丙公司的到期债权100万元。2020年4月1日，债权人乙银行作为原告，以次债务人丙公司作为被告，向A法院提起代位权诉讼，要求丙公司直接向其清偿100万元。2020年7月1日，B法院裁定受理债务人甲公司提出的破产申请。考生应区分三种情况：

（1）如果在B法院裁定受理甲公司的破产申请之后，乙银行才对丙公司提起代位权诉讼，A法院应不予受理。为什么？因为破产程序开始之后，丙公司欠甲公司的100万元本来属于债务人财产，用于对全体债权人的公平清偿，乙银行想吃“独食”肯定不行。人民法院不予受理后，债权人乙银行可以通过“债权人会议或者债权人委员会”要求管理人依法向丙公司进行追收，计入债务人财产，用于对全体债权人的公平清偿。

（2）在B法院裁定受理甲公司的破产申请之前，如果A法院已经作出生效民事判决但尚未执行完毕，应中止执行。为什么？因为人民法院受理破产申请后，有关债务人财产的保全措施应当解除，执行程序应当中止。此时，由债权人乙银行向管理人申报普通破产债权（最后一步清偿）即可。

（3）在B法院裁定受理甲公司的破产申请之前，如果A法院对该案件尚未审结，应当中止审理。以后怎么办？考生应区分两种情况：①如果甲公司被B法院裁定宣告破产（甲公司死定了），A法院应当依法驳回乙银行的诉讼请求，除非乙银行在一审中将其诉讼请求变更为“将追收的100万元归入甲公司的破产财产”；②如果B法院依法裁定“驳回甲公司的破产申请或者终结破产程序”，既然甲公司不破产了，A法院应恢复审理乙银行对丙公司提起的代位权诉讼。

【考点4】执行案件的移送破产审查（★★★）（P321）

【解释】2017年最高人民法院出台了《最高人民法院关于执行案件移送破产审查若干问题的指导意见》。执行案件移送破产审查，是实现执行程序与破产程序衔接的重要措施。

1. 执行案件移送破产审查的条件

执行案件移送破产审查，应同时符合下列条件：

（1）被执行人为企业法人；

（2）被执行人或者有关被执行人的任何一个执行案件的申请执行人书面同意将执行案件移送破产审查；

（3）被执行人不能清偿到期债务，并且资产不足以清偿全部债务或者明显缺乏清偿能力。

2. 地域管辖与级别管辖（2018年案例分析题）

（1）执行案件移送破产审查，由被执行人住所地人民法院管辖。

（2）在级别管辖上，实行以中级人民法院管辖为原则、基层人民法院管辖为例外的管辖制度。中级人民法院经高级人民法院批准，也可以将案件交由具备审理条件的基层人民法院审理。

（3）为减少异地法院之间移送的随意性，基层人民法院拟将执行案件移送异地中级人民法院进行破产审查的，在作出移送决定前，应先报请其所在地中级人民法院执行部门审核同意。（2018年案例分析题）

3. 受移送法院破产审查与受理

（1）受移送法院的破产审判部门应当自收到移送的材料之日起30日内作出是否受理的裁定。受移送法院作出裁定后，应当在5

日内送达申请执行人、被执行人，并送交执行法院。

（2）执行法院收到受移送法院受理裁定后，应当于7日内将已经扣划到账的银行存款、实际扣押的动产、有价证券等被执行人财产移交给受理破产案件的法院或者管理人。

（3）受移送法院作出受理裁定时，已通过拍卖程序处置且成交裁定已送达买受人的拍卖财产，通过以物抵债偿还债务且抵债裁定已送达债权人的抵债财产，已完成转账、汇款、现金交付的执行款，因财产所有权已经发生变动，不属于被执行人的财产，不再移交。

第三单元 管理人制度

扫码听名师课

【考点1】管理人的资格与指定（★★★）（P324）

1. 管理人与人民法院、债权人会议的关系

（1）管理人由人民法院指定，债权人会议可以申请人民法院予以更换。管理人没有正当理由不得辞去职务，管理人辞去职务应当经人民法院许可。

（2）管理人的报酬由人民法院确定，债权人会议对管理人的报酬有异议并且无法与管理人协商一致的，有权向人民法院提出。

（3）管理人向人民法院报告工作，并接受债权人会议和债权人委员会的监督。

（4）管理人应列席债权人会议，向债权人会议报告职务执行情况，并回答询问。

2. 管理人的资格

（1）管理人可以由有关部门、机构的人员组成的清算组或者依法设立的律师事务所、会计师事务所、破产清算事务所等社会中介机构担任。

（2）对于事实清楚、债权债务关系简单、债务人财产相对集中的企业破产案件，人民法院可以指定管理人名册中的个人为管理人。个人担任管理人的，可以聘任必要的工作人员。

经典题解

【真题·多选题】 根据企业破产法律制度的规定，下列选项中，属于人民法院可以指定管理人名册中的个人作为管理人的企业破产案件应同时具备的条件有（ ）。（2009年）

A. 事实清楚

B. 标的额较小

C. 债权债务关系简单

D. 债务人财产相对集中

【答案】 ACD

3. 不得担任管理人的情形

（1）因故意犯罪受过刑事处罚；

（2）曾被吊销相关专业执业证书；

（3）与本案有利害关系；

（4）人民法院认为不宜担任管理人的其他情形。

4. 对“利害关系”的司法解释（2018年案例分析题）

（1）判断会计师事务所是否存在利害关系（4条）

①与债务人、债权人有未了结的债权债务关系；

②在人民法院受理破产申请前3年内，曾为债务人提供相对固定的中介服务；

③现在是或者在人民法院受理破产申请前3年内曾经是债务人、债权人的控股股东或者实际控制人；

④现在担任或者在人民法院受理破产申请前3年内曾经担任债务人、债权人的财务顾问、法律顾问。

（2）判断会计师事务所派出的注册会计师是否存在利害关系（4+2条）

①现在担任或者在人民法院受理破产申请前3年内曾经担任债务人、债权人的董事、监事、高级管理人员；

②与债权人或者债务人的控股股东、董事、监事、高级管理人员存在夫妻、直系血亲、三代以内旁系血亲或者近姻亲关系。

表8-2　利害关系的判断

	WHEN	WHO	WHAT
会计师事务所（4条）		债务人、债权人	有未了结的债权债务关系
	在受理破产申请前3年内	债务人	提供相对固定的中介服务
	现在是或者在受理破产申请前3年内	债务人、债权人	控股股东或者实际控制人
	现在是或者在受理破产申请前3年内	债务人、债权人	财务顾问、法律顾问
注册会计师（4+2条）	现在是或者在受理破产申请前3年内	债务人、债权人	董事、监事、高级管理人员
		债权人、债务人	与控股股东、董事、监事、高级管理人员存在夫妻、直系血亲、三代以内旁系血亲或者近姻亲关系

经典题解

【真题1·单选题】 2013年6月1日，人民法院受理了对甲公司提起的破产申请。根据企业破产法律制度的规定，下列人员中，有资格担任管理人的是（　　）。（2013年）

A. 曾于2008年1月1日至2009年12月31日担任甲公司法律顾问的丙律师事务所

B. 甲公司董事丁

C. 3年前被吊销执业证书，但现已重获执业资格的注册会计师乙

D. 甲公司监事会主席的妻子戊

【解析】（1）选项A：现在担任或者在人民法院受理破产申请前3年内曾经担任债务人、债权人的财务顾问、法律顾问，不得担任管理人，丙律师事务所已经超过了3年；（2）选项B：现在担任或者在人民法院受理破产申请前3年内曾经担任债务人、债权人的董事、监事和高级管理人员，不得担任管理人；（3）选项C：曾被吊销相关专业执业证书的，终身不得担任管理人（与现在是否重新取得无关）；（4）选项D：与债权人或者债务人的控股股东、董事、监事、高级管理人员存在夫妻、直系血亲、三代以内旁系血亲或者近姻亲关系，不得担任管理人。

【答案】 A

【真题2·单选题】 根据企业破产法律制度的规定，下列主体中，可以担任管理人的是（　　）。（2019年）

A. 因盗窃行为受过刑事处罚的张某

B. 破产申请受理前根据有关规定成立的行政清算组

C. 因违法行为被吊销执业证书的王某

D. 正在担任债务人财务顾问的李某

【答案】 B

【考点2】管理人的报酬（★★★）（P327）

1. 管理人的报酬由人民法院确定。债权人会议对管理人的报酬有异议并且无法与管理人协商一致的，有权向人民法院提出具体

的请求和理由，由人民法院决定是否调整，债权人会议无权直接调整管理人的报酬。

2. 管理人经人民法院许可，可以聘用必要的工作人员。管理人执行职务的费用、报酬和聘用工作人员的费用均计入破产费用。管理人获得的报酬是纯报酬，不包括其执行职务的费用和聘用工作人员的费用。

3. 对清算组中参与工作的有关政府部门派出的工作人员，不支付报酬。

4. 为防止重复计酬，律师事务所、会计师事务所通过聘用本专业的其他社会中介机构或者人员协助履行管理人职责的，所需费用从其报酬中支付；破产清算事务所通过聘用其他社会中介机构或者人员协助履行管理人职责的，所需费用从其报酬中支付。

【解释】管理人确有必要聘请其他社会中介机构或者人员处理重大诉讼、仲裁、执行或者审计等专业性较强的工作，如所需费用需要列入破产费用的，应当经债权人会议同意。

【案例】 甲会计师事务所被人民法院指定为管理人，报酬为1000万元。在本案中：(1) 甲会计师事务所聘用本专业的乙会计师事务所协助履行管理人职责，所需费用100万元应从其报酬中支付；(2) 甲会计师事务所聘请其他社会中介机构（丙律师事务所）处理重大诉讼等专业性较强工作，如果所需费用需要列入破产费用的，应当经债权人会议同意。

5. 人民法院应根据债务人“最终清偿的财产价值总额”，分段确定管理人报酬。

【解释】担保权人优先受偿的担保物价值，不计入“债务人最终清偿的财产价值总额”。但是，管理人对担保物的维护、变现、交付等管理工作付出合理劳动的，有权向担保权人收取适当的报酬。（2015年案例分析题、2018年案例分析题）

【案例】 甲会计师事务所被人民法院指定为乙公司破产案件的管理人。乙公司的全部财产为4000万元，其中包括一台价值100万元的机器设备（乙公司以该设备设定抵押向丙银行贷款120万元）。在本案中：(1) 担保物属于债务人财产，因此债务人财产为4000万元；(2) 担保权人优先受偿的担保物价值100万元，不计入“债务人最终清偿的财产价值总额”，因此，人民法院应根据“债务人最终清偿的财产价值总额”（计酬基数为3900万元），分段确定管理人报酬；(3) 甲会计师事务所对该设备的维护、变现、交付等管理工作付出合理劳动的，有权向担保权人丙银行收取适当的报酬。

经典题解

【真题1·多选题】 根据企业破产法律制度的规定，下列关于破产管理人报酬的表述中，正确的有（　　）。（2012年）

A. 人民法院采取公开竞争方式指定管理人的，其报酬方案由市场决定，不受有关司法解释关于管理人报酬比例范围的限制

B. 在指定清算组担任管理人时，有关政府部门派出的工作人员参与工作的，不收取报酬

C. 担保权人优先受偿的担保物价值原则上不计入管理人报酬的计酬基数

D. 担任管理人的会计师事务所聘用本专业的其他社会中介机构协助变现担保物的，所需费用可由担保权人承担

【解析】 (1) 选项A：人民法院采取公开竞争方式指定管理人的，可以根据社会中介机构提出的报价确定管理人报酬方案，但报酬比例不得超出司法解释的限制范围；(2) 选项D：会计师事务所通过聘用本专业的其他社会中介机构或者人员协助履行管理人职责的，所需费用从其报酬中支付（而非由担保权人承担）；但管理人（会计师事务所）对担保物的维护、变现、交付等管理工作付出合理劳动的，有权向担保权人收取适当的报酬。

【答案】 BC

【真题2·多选题】 甲破产清算事务所被人民法院指定为乙企业破产案件中的管理人，甲向债权人会议报告的有关报酬方案的下列内容中，符合企业破产法律制度规定的有（　　）。（2014年）

A. 对受当地政府有关部门指派参与破产企业清算工作的政府官员不发放报酬

B. 甲聘用外部专家协助履行管理人职责所需费用从其报酬中支付

C. 将乙企业为他人设定抵押权的财产价值计入计酬基数

D. 甲就自己为将乙的抵押财产变现而付出的合理劳动向担保权人收取适当报酬

【解析】 选项 C：担保权人优先受偿的担保物价值原则上不计入管理人报酬的计酬基数。

【答案】 ABD

【考点 3】管理人的职责与责任（★★）(P329)

1. 管理人的职责

（1）接管债务人的财产、印章和账簿、文书等资料；

（2）调查债务人财产状况，制作财产状况报告；

（3）决定债务人的内部管理事务；

（4）决定债务人的日常开支和其他必要开支；

（5）在第一次债权人会议召开之前，决定继续或者停止债务人的营业；

（6）管理和处分债务人的财产；

（7）代表债务人参加诉讼、仲裁或者其他法律程序；

（8）提议召开债权人会议；

（9）人民法院认为管理人应当履行的其他职责。

【相关链接】（1）人民法院受理破产申请后，债务人的债务人或者财产持有人应当向管理人清偿债务或者交付财产；（2）人民法院受理破产申请后，管理人对破产申请受理前成立而债务人和对方当事人均未履行完毕的合同有权决定解除或者继续履行。

2. 管理人职责的限制

管理人实施下列行为，应当及时报告债权人委员会；未设立债权人委员会的，管理人应当及时报告人民法院：

（1）涉及土地、房屋等不动产权益的转让；

（2）探矿权、采矿权、知识产权等财产权的转让；

（3）全部库存或者营业的转让；

（4）借款；

（5）设定财产担保；

（6）债权和有价证券的转让；

（7）履行债务人和对方当事人均未履行完毕的合同；

（8）放弃权利；

（9）担保物的取回；

（10）对债权人的利益有重大影响的其他财产处分行为。

【解释 1】管理人应当事先制作财产管理或者变价方案并提交债权人会议进行表决，债权人会议表决未通过的，管理人不得处分。(2020 年新增)

【解释 2】管理人实施处分前，应当提前 10 日书面报告债权人委员会或者人民法院。债权人委员会可以要求管理人对处分行为作出相应说明或者提供有关文件依据。债权人委员会认为管理人实施的处分行为不符合债权人会议通过的财产管理或者变价方案的，有权要求管理人纠正。管理人拒绝纠正的，债权人委员会可以请求人民法院作出决定。(2020 年新增)

【解释 3】人民法院认为管理人实施的处分行为不符合债权人会议通过的财产管理或者变价方案的，应当责令管理人停止处分行为。管理人应当予以纠正，或者提交债权人会议重新表决通过后实施。(2020 年新增)

第四单元　债务人财产的一般规定

扫码听名师课

第八章

【考点1】债务人财产的范围（★★★）（P330）

1. 债务人财产的概念

（1）债务人财产包括破产申请受理时属于债务人的全部财产，以及破产申请受理后至破产程序终结前债务人取得的财产。

（2）除债务人所有的货币、实物外，债务人依法享有的可以用货币估价并可以依法转让的债权、股权、知识产权、用益物权等财产和财产权益，人民法院均应认定为债务人财产。

（3）债务人已依法设定担保物权的特定财产，人民法院应当认定为债务人财产。

【解释1】债务人财产在破产宣告后称为破产财产，破产宣告之前称之为债务人财产。确定债务人财产范围的界定时点是破产申请受理之时，而非破产宣告之时。

【解释2】债务人财产不仅包括破产申请受理时属于债务人的全部财产，而且包括在破产程序终结前债务人新取得的财产（如破产申请受理后至破产程序终结前债务人取得的银行存款利息）。

2. 非债务人财产（2014年案例分析题、2015年案例分析题、2016年案例分析题）

（1）债务人基于仓储、保管、承揽、代销、借用、寄存、租赁等合同或者其他法律关系占有、使用的他人财产；

（2）债务人在所有权保留买卖中尚未取得所有权的财产；

（3）所有权专属于国家且不得转让的财产；

（4）其他依照法律、行政法规不属于债务人的财产。

3. 共有财产

（1）债务人对按份享有所有权的共有财产的相关份额，或者共同享有所有权的共有财产的相应财产权利，以及依法分割共有财产所得部分，人民法院均应认定为债务人财产。

（2）人民法院宣告债务人破产清算，属于共有财产分割的法定事由。

（3）因分割共有财产导致其他共有人损害产生的债务，其他共有人请求作为共益债务清偿的，人民法院应予支持。

【考点2】债务人财产的收回（★★★）（P331）

1. 出资人（2014年案例分析题、2016年案例分析题）

（1）人民法院受理破产申请后，债务人的出资人尚未完全履行出资义务的，管理人应当要求该出资人缴纳所认缴的出资，而不受出资期限的限制。

（2）管理人代表债务人提起诉讼，主张出资人向债务人依法缴付未履行的出资或者返还抽逃的出资本息，出资人以认缴出资尚未届至公司章程规定的缴纳期限或者违反出资义务已经超过诉讼时效为由抗辩的，人民法院不予支持。

（3）管理人依据《公司法》的相关规定代表债务人提起诉讼，主张公司的发起人和负有监督股东履行出资义务的董事、高级管理人员，或者协助抽逃出资的其他股东、董事、高级管理人员、实际控制人等，对股东违反出资义务或者抽逃出资承担相应责任，并将财产归入债务人财产的，人民法院应予支持。

【相关链接1】股东在公司设立时未履行或者未全面履行出资义务，发起人与被告股东承担连带责任。

【相关链接2】股东在公司增资时未履行或者未全面履行出资义务，原告请求未尽忠实义务和勤勉义务而使出资未缴足的董事、高级管理人员承担相应责任的，人民法院应予支持。

【相关链接3】股东抽逃出资，公司债权人请求抽逃出资的股东在抽逃出资本息范围内对公司债务不能清偿的部分承担补充赔偿责任、协助抽逃出资的其他股东、董事、高级管理人员或者实际控制人对此承担连带责任的，人民法院应予支持。

2. 董事、监事和高级管理人员（2014 年案例分析题、2018 年案例分析题）

（1）债务人的董事、监事和高级管理人员利用职权从企业获取的非正常收入和侵占的企业财产，管理人应当追回。

（2）债务人出现破产原因，债务人的董事、监事和高级管理人员利用职权获取的以下收入，人民法院应当认定为“非正常收入”：

①绩效奖金；

②普遍拖欠职工工资情况下获取的工资性收入；

③其他非正常收入。

【解释】（1）债务人的董事、监事和高级管理人员因返还“绩效奖金”和“其他非正常收入”形成的债权，可以作为普通破产债权清偿；（2）因返还“普遍拖欠职工工资情况下获取的工资性收入”形成的债权，按照该企业职工平均工资计算的部分作为拖欠职工工资清偿；高出该企业职工平均工资计算的部分，可以作为普通破产债权清偿。

【案例】 2019 年甲公司在已经出现破产原因的情况下，向董事王某支付了 50 万元的绩效奖金。在普遍拖欠职工工资的情况下，向董事张某支付了 30 万元的工资。已知，甲公司 2019 年职工平均工资为 10 万元。在本案中：（1）王某应将其 50 万元的绩效奖金返还，计入债务人财产，王某的债权按照“普通破产债权”清偿；（2）张某应将其 30 万元的工资返还，计入债务人财产，对于张某的债权，10 万元作为“拖欠职工工资”清偿；高出的 20 万元作为“普通破产债权”清偿。

3. 取回质物、留置物

（1）在人民法院受理破产申请后，管理人可以通过清偿债务或者提供为债权人接受的担保，取回质物、留置物或者解除债务人财产上存在的担保物权。

（2）管理人拟通过清偿债务或者提供担保取回质物、留置物的，应当及时报告债权人委员会。未设立债权人委员会的，管理人应当及时报告人民法院。

【解释】在清偿债务时，如果担保物的价值低于被担保的债权额，以担保物当时的市场价值为限。

【案例】 甲公司以其机器设备设定质押向乙银行贷款 100 万元，甲公司破产。在本案中：（1）管理人可以通过清偿债务取回质物；（2）如果该机器设备当时的市场价值为 60 万元，管理人只能向乙银行清偿 60 万元，不足的 40 万元乙银行可以申报普通破产债权；如果为了取回 60 万元的质物而向乙银行直接清偿 100 万元，乙银行就占便宜了。

第五单元　撤销权

扫码听名师课 291927

【考点 1】管理人的撤销权（★★★）（P333）（2007 年案例分析题）

1. 人民法院受理破产申请前 1 年内，涉及债务人财产的下列行为，管理人有权请求人民法院予以撤销：

（1）放弃债权的；

（2）无偿转让财产的；

（3）以明显不合理的价格进行交易的；

（4）对没有财产担保的债务提供财产担保的；

（5）对未到期的债务提前清偿的。

【解释】债务人的上述五种行为，将导致债务人财产的不当减损，由管理人向人民法院申请撤销，追回的财产计入“债务人财产”。

2. 对没有财产担保的债务提供财产担保的行为

对没有财产担保的债务提供财产担保的，是指对原来已经成立的无财产担保的债务事后补充设置担保，只要补充设置担保的行为发生在人民法院受理破产申请前 1 年内，就

可以撤销；但不包括债务人在可撤销期间内设定债务的同时提供的财产担保。（2018 年案例分析题）

【案例 1】 甲公司欠乙公司货款 100 万元（无财产担保），2018 年 12 月 1 日到期。2019 年 11 月 11 日，双方签订补充担保协议，甲公司以其设备设定抵押。2020 年 7 月 1 日，人民法院受理了甲公司的破产申请。在本案中：（1）该担保属于对原来已经成立的无财产担保的债务事后补充设置担保；（2）由于设置担保的行为发生在人民法院受理破产申请前 1 年内，可以撤销。

【案例 2】 2019 年 11 月 11 日，甲公司和乙公司签订一份 100 万元的买卖合同。根据买卖合同的约定，乙公司于合同签订的当日向甲公司交付货物，甲公司 10 日内支付货款。同时，双方又签订一份抵押合同，甲公司以其设备设定抵押，用于担保债务的履行。2020 年 7 月 1 日，人民法院受理了甲公司的破产申请。该案属于设定债务的同时提供的财产担保，并未造成债务人财产的不当减少，不能撤销。

3. 以明显不合理的价格进行交易的行为

人民法院根据管理人的请求撤销涉及债务人财产的以明显不合理价格进行的交易的，买卖双方应当依法返还从对方获取的财产或者价款。因撤销该交易，对于债务人应返还受让人已支付价款所产生的债务，受让人请求作为共益债务清偿的，人民法院应予支持。

【解释】转让价格达不到交易时交易地的指导价或市场交易价 70% 的，可视为“明显不合理”的低价；转让价格高于交易时交易地的指导价或市场交易价 30% 的，可视为“明显不合理”的高价。

【案例】 2020 年 4 月 1 日，甲公司将一台市场价值 100 万元的机器设备作价 40 万元卖给了善意的乙公司。2020 年 7 月 1 日，人民法院受理了甲公司的破产申请。在本案中：（1）对于甲公司以明显不合理的价格进行交易的行为，无论乙公司恶意还是善意，只要该行为发生在人民法院受理破产申请前 1 年内，管理人均可以请求人民法院予以撤销；（2）人民法院根据管理人的请求撤销该交易行为后，乙公司应当返还该设备；（3）因撤销该交易，对于乙公司已经支付的 40 万元货款，乙公司请求作为“共益债务”清偿的，人民法院应予支持。

【考点 2】个别清偿（★★★）（P331）

1. 破产程序开始后的个别清偿

人民法院受理破产申请后，债务人对个别债权人的债务清偿无效。但是，债务人以其财产向债权人提供物权担保的，其在担保物市场价值内向债权人所作的债务清偿，不受上述规定的限制。

【解释】破产程序开始之后：（1）债务人对无财产担保的债权人进行的个别清偿无效；（2）债务人对有财产担保的债权人在担保物市场价值内进行的个别清偿有效。

2. 危机期间的个别清偿（2013 年案例分析题、2015 年案例分析题）

（1）人民法院受理破产申请前6 个月内，债务人不能清偿到期债务，并且资产不足以清偿全部债务或者明显缺乏清偿能力，仍对个别债权人进行清偿的，管理人有权请求人民法院予以撤销。但是，个别清偿使债务人财产受益的除外。

【解释】债务人在危机期间（人民法院受理破产申请前 6 个月内）的个别清偿行为，无论是对“到期债务”的个别清偿，还是对“未到期债务”的个别清偿（不论该债务在破产申请受理时是否已经到期），均可以撤销（另有规定的除外）。

（2）债务人对以自有财产设定担保物权的债权进行的个别清偿，管理人请求撤销的，人民法院不予支持。但是，债务清偿时担保财产的价值低于债权额的除外。

【解释】即使债务人在危机期间对有财产担保的债权人进行了个别清偿，也不会对其他债权人的利益造成损害，该行为不能撤销。但是，如果担保物的价值仅为 80 万元，而债务人在危机期间向有财产担保的债权人清偿了 100 万元，就损害了其他债权人的利益。

（3）债务人经诉讼、仲裁、执行程序对债权人进行的个别清偿，管理人请求撤销的，人民法院不予支持。但是，债务人与债权人恶意串通损害其他债权人利益的除外。

（4）债务人对债权人进行的以下个别清偿，管理人请求撤销的，人民法院不予支持：

①债务人为维系基本生产需要而支付水费、电费等的；

②债务人支付劳动报酬、人身损害赔偿金的；

③使债务人财产受益的其他个别清偿。

经典题解

【真题·单选题】 根据企业破产法律制度的规定，人民法院受理破产申请前6个月内，涉及债务人财产的下列行为中，管理人有权请求人民法院予以撤销的是（　　）。（2013年）

A. 支付职工劳动报酬

B. 支付人身损害赔偿金

C. 向他人无偿转让企业财产

D. 在设定债务的同时，为该债务提供财产担保

【解析】 选项D：债务人在人民法院受理破产申请前1年内设定债务的同时提供的财产担保，属于对价行为，不能撤销。

【答案】 C

3. 对未到期的债务提前清偿的行为（2015年案例分析题）

破产申请受理前1年内债务人提前清偿的未到期债务，在破产申请受理前已经到期，管理人请求撤销该清偿行为的，人民法院不予支持。

【解释】破产申请受理前1年内债务人提前清偿的未到期债务：（1）清偿时尚未到期、破产申请受理前已经到期的，不能撤销；（2）清偿时尚未到期、破产申请受理时也未到期的，可以撤销。

【案例1】 甲公司欠乙公司100万元的贷款于2020年10月1日到期。2019年9月1日，甲公司向乙公司提前清偿了该笔债务。2020年7月1日，人民法院受理了甲公司的破产申请。在本案中：（1）甲公司对未到期的债务进行了提前清偿，而且该行为发生在“人民法院受理破产申请前1年内”。（2）由于该债务“在破产申请受理时尚未到期”，因此，管理人请求撤销该清偿行为的，人民法院应予支持。（3）如果不提前清偿，破产程序开始之后，乙公司未到期的债权视为已到期，但只能申报普通破产债权，假设清偿率为10%，乙公司只能得到10万元；由于甲公司向乙公司提前清偿了100万元，乙公司就占便宜了，但对其他债权人就不公平了，因此该行为应予以撤销。

【案例2】 甲公司欠乙公司100万元的贷款于2020年4月1日到期。2019年9月1日，甲公司向乙公司提前清偿了该笔债务。2020年7月1日，人民法院受理了甲公司的破产申请。在本案中：（1）甲公司对未到期的债务进行了提前清偿，而且该行为发生在“人民法院受理破产申请前1年内”；（2）由于该债务“在破产申请受理前已经到期”，因此，管理人请求撤销该清偿行为的，人民法院不予支持；（3）由于乙公司的债权“在破产申请受理前已经到期”，乙公司本来就应当得到100万元，就算甲公司向乙公司提前清偿了100万元，但乙公司并没有占便宜，对其他债权人谈不上不公平，因此该行为不能撤销。

【案例3】 甲公司欠关联方乙公司100万元的贷款于2020年4月1日到期。2020年2月1日，甲公司明明知道自己不能清偿到期债务，并且资产不足以清偿全部债务的情况下，向乙公司提前清偿了该笔债务。2020年7月1日，人民法院受理了甲公司的破产申请。在本案中：（1）提前清偿的行为发生在破产申请受理前6个月内且债务人有《企业破产法》第2条第1款规定的情形；（2）即使该笔债务“在破产申请受理前已经到期”，管理人请求撤销该清偿行为的，人民法院应予支持。

【考点3】债权人的撤销权（★）（P332）

1. 破产申请受理后，管理人未依据《企业破产法》的规定请求撤销债务人“无偿转让财产、以明显不合理价格交易、放弃债权”行为的，债权人依据《合同法》第74条的规定提起诉讼，请求撤销债务人上述行为并将因此追回的财产归入债务人财产的，人民法院应予受理。

2. 相对人以债权人行使撤销权的范围超出债权人的债权抗辩的，人民法院不予支持。

【《合同法》第74条】因债务人放弃其到期债权或者无偿转让财产，对债权人造成损害的，债权人可以请求人民法院撤销债务人的行为。债务人以明显不合理的低价转让财产，对债权人造成损害，并且受让人知道该情形的，债权人也可以请求人民法院撤销债务人的行为。撤销权的行使范围以债权人的债权为限。

【解释】(1) 只有当管理人未依法起诉的情况下，债权人才能提起撤销权诉讼；(2) 债权人只能依据《合同法》的规定针对三种行为（债务人无偿转让财产、以明显不合理价格交易、放弃债权）提起撤销权诉讼；(3) 债权人必须在起诉中说明“因此追回的财产归入债务人财产”，如果债权人主张追回的财产用于清偿其“个别债权”的，人民法院应不予受理。

【案例】甲公司欠乙公司100万元，甲公司放弃其对丙公司300万元的债权。在本案中：(1) 如果甲公司不破产，债权人乙公司行使撤销权时，以其债权100万元为限；(2) 如果甲公司破产，管理人未依法行使破产撤销权时，债权人乙公司依据《合同法》的规定提起诉讼，请求撤销甲公司放弃债权的行为并将因此追回的财产（300万元）归入“债务人财产”的，人民法院应予受理；相对人丙公司以债权人行使撤销权的范围（300万元）超出债权人的债权（100万元）为由进行抗辩的，人民法院不予支持。

【考点4】对外债权的诉讼时效（★）（P334）

1. 债务人对外享有债权的诉讼时效，自人民法院受理破产申请之日起中断。

2. 债务人无正当理由未对其到期债权及时行使权利，导致其对外债权在破产申请受理前1年内超过诉讼时效期间的，人民法院受理破产申请之日起重新计算上述债权的诉讼时效期间。

【案例】甲公司和乙公司签订一份100万元的买卖合同，甲公司依约发货后，乙公司一直未按照合同约定支付货款，甲公司无正当理由也未对其到期债权行使任何权利，导致其对乙公司的诉讼时效期间于2020年4月1日届满。2020年7月1日，人民法院受理了甲公司的破产申请。在本案中，甲公司无正当理由未对其到期债权及时行使权利，导致其对外债权在破产申请受理前1年内超过诉讼时效期间的，人民法院受理破产申请之日（2020年7月1日）起重新计算上述债权的诉讼时效期间。

【考点5】无效行为（★）（P333）

1. 涉及债务人财产的下列行为无效：

(1) 为逃避债务而隐匿、转移财产的；

(2) 虚构债务或者承认不真实的债务的。

2. 在破产清算程序终结之日起2年内，债权人可以行使破产撤销权或者针对债务人的无效行为而追回财产。在此期间追回的财产，应当按照破产财产分配方案，对全体债权人进行追加分配。破产清算程序终结之日起2年后，追回的财产不再用于对全体债权人清偿，而是用于对追回财产的债权人个别清偿。

经典题解

【真题·单选题】根据企业破产法律制度的规定，在人民法院受理破产申请1年前，债务人所为的下列行为中，无效或者可以撤销的是（　　）。(2009年)

A. 债务人对没有财产担保的债务提供财产担保

B. 债务人对未到期的债务提前清偿

C. 债务人承认不真实的债务

D. 债务人对个别债权人进行清偿

【解析】（1）选项 AB：只有在人民法院受理破产申请前 1 年内才可以撤销，1 年前的行为不能撤销；（2）选项 C：属于无效行为，与时间无关；（3）选项 D：只有在人民法院受理破产申请前 6 个月内的个别清偿才可以撤销，1 年前的个别清偿不能撤销。

【答案】C

第六单元　取回权

扫码听名师课

【考点 1】取回权的一般规定（★）（P335）

1. 人民法院受理破产申请后，债务人占有的不属于债务人的财产，该财产的权利人可以通过管理人取回。

【相关链接】人民法院受理破产申请后，债务人的债务人或者财产持有人应当向管理人清偿债务或者交付财产。

2. 取回权的行使时间

权利人行使取回权，应当在破产财产变价方案或者和解协议、重整计划草案提交债权人会议表决前向管理人提出。权利人在上述期限后主张取回相关财产的，仍可行使取回权，但是应当承担延迟行使取回权增加的相关费用。

3. 取回权行使的对价给付（2016 年案例分析题）

权利人行使取回权时未依法向管理人支付相关的加工费、保管费、托运费、委托费、代销费等费用，管理人拒绝其取回相关财产的，人民法院应予支持。

4. 取回权的异议与诉讼

（1）权利人依法向管理人主张取回相关财产，管理人不予认可，权利人有权以债务人（而非管理人）为被告向人民法院提起诉讼请求行使取回权。

（2）权利人依据人民法院或者仲裁机关的相关生效法律文书向管理人主张取回所涉争议财产，管理人以生效法律文书错误（胡搅蛮缠）为由拒绝其行使取回权的，人民法院不予支持。

【考点 2】他人财产被违法转让的（★★）（P336）（2011 年案例分析题、2013 年案例分析题）

1. 违法转让+第三人善意取得

债务人占有的他人财产被违法转让给第三人，依据《物权法》第 106 条的规定第三人已善意取得财产所有权，原权利人无法取回该财产的，人民法院应当按照以下规定处理：

（1）转让行为发生在破产申请受理前的，原权利人因财产损失形成的债权，作为普通破产债权清偿。

（2）转让行为发生在破产申请受理后的，因管理人或者相关人员执行职务导致原权利人损害产生的债务，作为共益债务清偿。

2. 违法转让+第三人未善意取得

债务人占有的他人财产被违法转让给第三人，第三人已向债务人支付了转让价款，但依据《物权法》第 106 条的规定未取得财产所有权，原权利人依法追回转让财产的，对因第三人已支付对价而产生的债务，人民法院应当按照以下规定处理：

（1）转让行为发生在破产申请受理前的，作为普通破产债权清偿。

（2）转让行为发生在破产申请受理后的，作为共益债务清偿。

表 8-3　他人财产被违法转让的处理

具体情形		处理方法
受理前被债务人转让	第三人善意取得所有权	普通破产债权
	第三人不能善意取得所有权	普通破产债权
受理后被管理人转让	第三人善意取得所有权	共益债务
	第三人不能善意取得所有权	共益债务

【案例】 2020 年 4 月 1 日，甲公司和乙公司签订一份租赁合同，甲公司将其设备租赁给乙公司，租期为 1 年。2020 年 6 月 1 日，承租人乙公司以自己的名义将该设备作价 100 万元卖给了丙公司。2020 年 7 月 1 日，人民法院受理了乙公司的破产申请。在本案中：(1) 承租人乙公司以自己的名义将该设备卖给丙公司的行为构成无权处分，该买卖合同原则上属于有效合同，如果丙公司以出卖人乙公司在缔约时对标的物没有所有权或者处分权为由主张合同无效的，人民法院不予支持；(2) 如果丙公司符合善意取得的要件（善意、合理对价、交付），则丙公司（无论是否已经付款）基于善意取得制度依法取得该设备的所有权，原权利人甲公司则丧失了对该设备的所有权，甲公司无法行使取回权，由于转让行为发生在破产申请受理之前，甲公司因财产损失形成的债权，作为“普通破产债权”清偿；(3) 如果丙公司不符合善意取得的要件（尚未交付），则丙公司不能取得该设备的所有权，权利人甲公司将该设备取回即可。但是，如果丙公司已经支付了 100 万元的货款，该如何处理？由于转让行为发生在破产申请受理前，丙公司 100 万元的债权作为“普通破产债权”清偿。

【考点 3】 代偿取回权（★★★）（P336）

1. 可以行使代偿取回权的情形

债务人占有的他人财产毁损、灭失，因此获得的保险金、赔偿金、代偿物尚未交付给债务人，或者代偿物虽已交付给债务人但能与债务人财产予以区分的，权利人主张取回就此获得的保险金、赔偿金、代偿物的，人民法院应予支持。

2. 不能行使代偿取回权的情形

债务人占有的他人财产毁损、灭失，因此获得的保险金、赔偿金已经交付给债务人且与债务人财产混同，或者代偿物已经交付给债务人且不能与债务人财产予以区分的，人民法院应当按照以下规定处理：

(1) 财产毁损、灭失发生在破产申请受理前的，权利人因财产损失形成的债权，作为普通破产债权清偿。

(2) 财产毁损、灭失发生在破产申请受理后的，因管理人或者相关人员执行职务导致权利人损害产生的债务，作为共益债务清偿。

表 8-4　他人财产毁损、灭失后的处理

具体情形			处理方法
保险金、赔偿金	尚未交付		代偿取回权
	已经交付	受理前	普通破产债权
		受理后	共益债务

续表

具体情形				处理方法
代偿物	尚未交付			代偿取回权
	已经交付	能够区分		代偿取回权
		不能区分	受理前	普通破产债权
			受理后	共益债务

【案例1】 甲公司将100万元的设备出租给乙公司，承租人乙公司破产，该设备在破产申请受理前灭失，保险公司应赔偿60万元。在本案中：（1）如果60万元的保险金尚未交付给乙公司，则权利人甲公司主张取回保险金的（代偿取回权），人民法院应予支持；（2）如果60万元的保险金已经交付给乙公司，由于财产毁损、灭失发生在破产申请受理之前，权利人甲公司因财产损失形成的债权，作为“普通破产债权”清偿。

【案例2】 甲公司将100万元的设备出租给乙公司，承租人乙公司破产，该设备在破产申请受理前被丙公司的吊车砸坏，丙公司以一辆五轮小汽车作为赔偿。在本案中：（1）如果五轮小汽车（代偿物）尚未交付给乙公司，或者五轮小汽车虽已交付给乙公司但能与乙公司的其他财产予以区分，权利人甲公司主张取回该车的，人民法院应予支持；（2）如果五轮小汽车（代偿物）已经交付给乙公司且不能与乙公司的其他财产予以区分，由于财产毁损、灭失发生在破产申请受理之前，权利人甲公司因财产损失形成的债权，作为“普通破产债权”清偿。

【考点4】 在途标的物的取回权（★★★）（P337）（2012年案例分析题、2014年案例分析题、2019年案例分析题）

1. 人民法院受理破产申请时，出卖人已将买卖标的物向作为买受人的债务人发运，债务人尚未收到且未付清全部价款的，出卖人可以取回在运途中的标的物。但是，管理人可以支付全部价款，请求出卖人交付标的物。

2. 出卖人通过通知承运人或者实际占有人中止运输、返还货物、变更到达地，或者将货物交给其他收货人等方式，对在运途中标的物主张了取回权但未能实现，或者在货物未达管理人前已向管理人主张取回在运途中标的物，在买卖标的物到达管理人后，出卖人向管理人主张取回的，管理人应予准许。出卖人对在运途中标的物未及时行使取回权，在买卖标的物到达管理人后向管理人行使在运途中标的物取回权的，管理人不应准许。

经典题解

【真题·单选题】 人民法院受理债务人甲公司破产申请时，乙公司依照其与甲公司之间的买卖合同已向买受人甲公司发运了该合同项下的货物，但甲公司尚未支付价款。乙公司得知甲公司破产申请被受理后，立即通过传真向甲公司的管理人要求取回在运途中的货物。管理人收到乙公司传真后不久，即收到了乙公司发运的货物。根据企业破产法律制度的规定，下列表述中，正确的是（　　）。（2009年）

A. 乙公司有权取回该批货物

B. 乙公司无权取回该批货物，但可以就买卖合同价款向管理人申报债权

C. 管理人已取得该批货物的所有权，但乙公司有权要求管理人立即支付全部价款

D. 管理人已取得该批货物的所有权，但乙公司有权要求管理人就价款支付提供担保

【答案】 A

【考点 5】 所有权保留买卖合同中的取回权（★★★）（P337）

买卖合同双方当事人在合同中约定标的物所有权保留，在标的物所有权未依法转移给买受人前，一方当事人破产的，该买卖合同属于双方均未履行完毕的合同，管理人有权依法决定解除或者继续履行合同。

1. 出卖人破产+继续履行合同

（1）出卖人破产，其管理人决定继续履行所有权保留买卖合同的，买受人应当按照原合同的约定支付价款或者履行其他义务。

（2）买受人未依约支付价款或者履行完毕其他义务，或者将标的物出卖、出质或者作出其他不当处分，给出卖人造成损害，出卖人管理人依法主张取回标的物的，人民法院应予支持。但是，买受人已经支付标的物总价款75%以上或者第三人善意取得标的物所有权或者其他物权的除外。

（3）因上述原因出卖人未能取回标的物，出卖人管理人依法主张买受人继续支付价款、履行完毕其他义务，以及承担相应赔偿责任的，人民法院应予支持。

【解释】出卖人破产，其管理人决定继续履行合同的，买受人应继续付款；否则，管理人有权将标的物取回（除非不能取回）。

【案例】 2020 年 4 月 1 日，甲公司和乙公司订立一份 100 万元的买卖合同。根据约定，甲公司将一台机器设备卖给乙公司，交货日期为 4 月 1 日，乙公司分期付款，最后一笔款项的付款日期为 9 月 11 日；在乙公司付清全部价款之前，该设备的所有权归甲公司所有（所有权保留条款）。2020 年 7 月 1 日，人民法院受理了出卖人甲公司的破产申请，此时，乙公司已经支付货款 60 万元，管理人决定继续履行该合同。在本案中：（1）如果乙公司老老实实支付了 40 万元的货款，大家相安无事；（2）如果乙公司拒绝支付 40 万元的货款，管理人主张取回该设备的，因乙公司已经支付的价款未达到标的物总价款的 75%，人民法院应予支持；（3）如果乙公司于 2020 年 6 月 5 日以自己的名义将该设备作价 120 万元卖给了不知情的丙公司（已完成交付），尽管乙公司的行为构成无权处分，但丙公司基于善意取得制度依法取得了该设备的所有权，就算乙公司拒绝支付 40 万元的货款，管理人也无法取回该设备，但管理人有权依法主张乙公司继续支付价款并承担相应的赔偿责任。

2. 出卖人破产+解除合同

（1）出卖人破产，其管理人决定解除所有权保留买卖合同，并要求买受人向其交付买卖标的物的，人民法院应予支持。买受人以其不存在未依约支付价款或者履行完毕其他义务，或者将标的物出卖、出质或者作出其他不当处分情形抗辩的，人民法院不予支持。

（2）买受人依法履行合同义务并将买卖标的物交付出卖人管理人后，买受人已支付价款损失形成的债权作为共益债务清偿。但是，买受人违反合同约定，出卖人管理人主张上述债权作为普通破产债权清偿的，人民法院应予支持。

【解释】出卖人破产，其管理人决定解除合同的，买受人应退还标的物；至于买受人已经支付的价款如何处理，要看他过去的表现。

【案例】 2020 年 4 月 1 日，甲公司和乙公司订立一份 100 万元的买卖合同。根据约定，甲公司将一台机器设备卖给乙公司，交货日期为 4 月 1 日，乙公司分期付款，最后一笔款项的付款日期为 9 月 11 日；在乙公司付清全部价款之前，该设备的所有权归甲公司所有（所有权保留条款）。2020 年 7 月 1 日，人民法院受理了出卖人甲公司的破产申请，此时，乙公司已经支付货款 60 万元，管理人决定解除该合同。在本案中：（1）管理人有权要求乙公司退还该设备，乙公司以其不存在“未依约支付价款等情形”进行抗辩的，人民法院不予支持。（2）对于乙公司已经支付的 60 万元货款，应区分两种情况：①如果乙公司当时在履行买卖合同时没有违约情形，这 60 万元属于“共益债务”（一般情况下可以得到全额清偿）；②如果乙公司当时在履行买卖合同时存在违约情形，这60万元属于“普通破产债权”（最后一步清偿，至于清偿率，看人品吧）。

3. 买受人破产+继续履行合同（2015年案例分析题、2019年案例分析题）

（1）买受人破产，其管理人决定继续履行所有权保留买卖合同的，原买卖合同中约定的买受人支付价款或者履行其他义务的期限在破产申请受理时视为到期，买受人管理人应当及时向出卖人支付价款或者履行其他义务。

（2）买受人管理人无正当理由未及时支付价款或者履行完毕其他义务，或者将标的物出卖、出质或者作出其他不当处分，给出卖人造成损害，出卖人主张取回标的物的，人民法院应予支持。但是，买受人已支付标的物总价款75%以上或者第三人善意取得标的物所有权或者其他物权的除外。

（3）因上述原因未能取回标的物，出卖人依法主张买受人继续支付价款、履行完毕其他义务，以及承担相应赔偿责任的，人民法院应予支持。对因买受人未支付价款或者未履行完毕其他义务，以及买受人管理人将标的物出卖、出质或者作出其他不当处分导致出卖人损害产生的债务，出卖人主张作为共益债务清偿的，人民法院应予支持。

【解释】买受人破产，其管理人决定继续履行合同的，管理人应及时付款（未到期的视为已到期）；否则，出卖人有权将标的物取回（除非不能取回）。

【案例】2020年4月1日，甲公司和乙公司订立一份100万元的买卖合同。根据约定，甲公司将一台机器设备卖给乙公司，交货日期为4月1日，乙公司分期付款，最后一笔款项的付款日期为9月11日；在乙公司付清全部价款之前，该设备的所有权归甲公司所有（所有权保留条款）。2020年7月1日，人民法院受理了买受人乙公司的破产申请，此时，乙公司已经支付货款60万元，管理人决定继续履行该合同。在本案中：（1）管理人应当及时向甲公司支付剩余的40万元货款（未到期的视为已到期），否则，甲公司有权依法主张取回该设备（因为乙公司已经支付的价款未达到75%）；（2）如果乙公司于2020年6月5日以自己的名义将该设备作价120万元卖给了不知情的丙公司（已完成交付），乙公司的行为构成无权处分，但丙公司基于善意取得制度依法取得了该设备的所有权，即使管理人拒绝向甲公司支付剩余的40万元货款，甲公司也无法取回该设备，但甲公司主张这40万元作为“共益债务”清偿的，人民法院应予支持。

4. 买受人破产+解除合同

（1）买受人破产，其管理人决定解除所有权保留买卖合同，出卖人主张取回买卖标的物的，人民法院应予支持。

（2）出卖人取回买卖标的物，买受人管理人主张出卖人返还已支付价款的，人民法院应予支持。取回的标的物价值明显减少给出卖人造成损失的，出卖人可从买受人已支付价款中优先予以抵扣后，将剩余部分返还给买受人；对买受人已支付价款不足以弥补出卖人标的物价值减损损失形成的债权，出卖人主张作为共益债务清偿的，人民法院应予支持。

【解释】买受人破产，其管理人决定解除合同的，直接退货、退钱。货如有毁损，扣钱即可。

【案例】2020年4月1日，甲公司和乙公司订立一份100万元的买卖合同。根据约定，甲公司将一台机器设备卖给乙公司，交货日期为4月1日，乙公司分期付款，最后一笔款项的付款日期为9月11日；在乙公司付清全部价款之前，该设备的所有权归甲公司所有（所有权保留条款）。2020年7月1日，人民法院受理了买受人乙公司的破产申请，此时，乙公司已经支付货款60万元，管理人决定解除该合同。在本案中：（1）出卖人甲公司有权主张取回该设备、管理人有权要求甲公司返还60万元的货款。（2）如果该设备因乙公司使用不当造成毁损，价值减损了10万元，退50万元即可；如果价值减损了70万元，60万元不用退了，还差10万元如何处理？作为“共益债务”清偿。

第七单元 破产抵销权

扫码听名师课

【考点1】破产抵销权的一般规定（★）（P338）

1. 破产抵销权的行使

债权人在破产申请受理前对债务人负有债务的，可以向管理人主张抵销。

【解释】除非抵销能使债务人财产受益，否则管理人不得（傻乎乎地）主动主张抵销。

2. 破产抵销的生效

（1）管理人收到债权人提出的主张债务抵销的通知后，经审查无异议的，抵销自管理人收到通知之日起生效。

（2）管理人对抵销主张有异议的，应当在约定的异议期限内或者自收到主张债务抵销的通知之日起3个月内向人民法院提起诉讼。人民法院判决驳回管理人提起的抵销无效诉讼请求的，该抵销自管理人收到主张债务抵销的通知之日起生效。

3. 异议无效

管理人以下列理由提出异议的，人民法院不予支持：

（1）破产申请受理时，债务人对债权人负有的债务尚未到期；

（2）破产申请受理时，债权人对债务人负有的债务尚未到期；

（3）双方互负债务标的物种类、品质不同。

【解释】破产抵销权，无论是否到期、无论标的物是否相同，均可抵销。

【考点2】禁止抵销的情形（★★★）（P339）

1. 《企业破产法》第40条的规定

（1）债务人的债务人在破产申请受理后取得他人对债务人的债权的。（2007年案例分析题、2012年案例分析题、2013年案例分析题、2015年案例分析题）

【案例】乙公司欠甲公司100万元的债务，甲公司欠丙公司120万元的债务，人民法院受理甲公司的破产申请后，乙公司以10万元的价格取得了丙公司对甲公司120万元的债权（这样甲公司就欠乙公司120万元了）。在本案中：（1）如果乙公司不去购买丙公司的债权，乙公司作为债务人的债务人只能老老实实地向甲公司的管理人清偿100万元的真金白银；（2）如果允许乙公司抵销，乙公司就可以首先向甲公司的管理人主张抵销100万元，然后再去申报20万元的普通破产债权（如果清偿率为10%，可以分回2万元），扣除10万元的成本，乙公司的净支出只有8万元，这对乙公司肯定是有利的，但损害了其他债权人的利益。因此，债务人的债务人在破产申请受理后取得他人对债务人的债权的，禁止抵销。法律应保护“小人物”的利益，但不能保护“小人”的利益，乙公司的阴谋不可能得逞。

（2）债权人已知债务人有不能清偿到期债务或者破产申请的事实，对债务人负担债务的；但是，债权人因为法律规定或者有破产申请1年前所发生的原因而负担债务的除外。

【案例】甲公司欠丙公司120万元的债务，债权人丙公司知道债务人甲公司即将提出破产申请，将“不久于人世”，赶紧从甲公司购买了120万元的机器设备，但未付款，即丙公司又欠甲公司120万元的债务。当甲公司破产时，丙公司不得主张抵销。

（3）债务人的债务人已知债务人有不能清偿到期债务或者破产申请的事实，对债务人取得债权的；但是，债务人的债务人因为法律规定或者有破产申请1年前所发生的原因而取得债权的除外。

【案例】乙公司欠甲公司100万元的借款，乙公司知道甲公司即将提出破产申请，将“不久于人世”，赶紧向甲公司销售了100万元的破设备，即乙公司又取得了对甲公司

100 万元的债权。当甲公司破产时，乙公司不得主张抵销。

2. 股东的特定债务禁止抵销

债务人的股东主张以下列债务与债务人对其负有的债务抵销，债务人的管理人提出异议的，人民法院应予支持：

（1）债务人股东因欠缴债务人的出资或者抽逃出资对债务人所负的债务；

（2）债务人股东滥用股东权利或者关联关系损害公司利益对债务人所负的债务。

【考点 3】破产抵销权的特殊规定（★）（P338）

1. 担保权人的抵销

《企业破产法》第 40 条所列不得抵销情形的债权人，主张以其对债务人特定财产享有优先受偿权的债权，与债务人对其不享有优先受偿权的债权抵销，债务人的管理人以其抵销存在《企业破产法》第 40 条规定的情形提出异议的，人民法院不予支持。但是，用以抵销的债权大于债权人享有优先受偿权财产价值的除外。

【案例】 2019 年 4 月 1 日，甲公司以其机器设备设定抵押向乙公司借款 100 万元。2020 年 6 月 1 日，乙公司得知甲公司不能清偿到期债务的事实，迅即向甲公司借款 100 万元。2020 年 7 月 1 日，人民法院裁定受理甲公司的破产申请。在本案中：（1）如果用于抵押的机器设备价值 180 万元，当债权人乙公司向管理人主张抵销 100 万元，管理人以该抵销存在《企业破产法》第 40 条规定的情形（债权人已知债务人有不能清偿到期债务或者破产申请的事实，对债务人负担债务的）提出异议时，人民法院不予支持。因为，用于抵押的机器设备价值 180 万元，乙公司 100 万元的债权完全可以得到足额清偿，乙公司主张抵销时，自己并未占任何便宜，也未损害其他债权人的利益。（2）如果用于抵押的机器设备价值 80 万元，乙公司主张抵销 100 万元（此时乙公司占便宜了），管理人提出异议时，人民法院应予支持。

2. 危机期间的抵销

破产申请受理前 6 个月内，债务人有《企业破产法》第 2 条第 1 款规定的情形（企业法人不能清偿到期债务，并且资产不足以清偿全部债务或者明显缺乏清偿能力的），债务人与个别债权人以抵销方式对个别债权人清偿，其抵销的债权债务属于《企业破产法》第 40 条第（2）、（3）项规定的情形之一，管理人在破产申请受理之日起 3 个月内向人民法院提起诉讼，主张该抵销无效的，人民法院应予支持。

【案例】 2019 年 9 月 1 日，甲公司欠关联方乙公司货款 100 万元。2020 年 4 月 1 日，乙公司得知甲公司不能清偿到期债务并且资产不足以清偿全部债务的事实，迅即向甲公司借款 120 万元。2020 年 4 月 5 日，乙公司主张抵销 100 万元，甲公司同意。2020 年 7 月 1 日，人民法院裁定受理甲公司的破产申请。2020 年 8 月 20 日（自破产申请受理之日起 3 个月内），管理人向人民法院提起诉讼，主张该抵销无效，人民法院应予支持。在本案中：（1）如果甲公司在危机期间明目张胆地直接向关联方乙公司进行个别清偿，管理人可以主张撤销该行为；（2）对于甲乙公司合演的"抵销大戏"，即债务人在危机期间与个别债权人以抵销方式对个别债权人进行清偿，管理人可以主张无效（而非撤销）。因为乙公司欠甲公司的 120 万元债务属于《企业破产法》第 40 条第（2）项规定的情形（债权人已知债务人有不能清偿到期债务或者破产申请的事实，对债务人负担债务的）。

第八单元　破产费用和共益债务

扫码听名师课

第八章

【考点1】破产费用和共益债务的界定（★★★）（P340）

1. 破产费用

根据《企业破产法》第41条的规定，人民法院受理破产申请后发生的下列费用，为破产费用：

（1）破产案件的诉讼费用；

（2）管理、变价和分配债务人财产的费用；

（3）管理人执行职务的费用、报酬和聘用工作人员的费用。

【解释1】破产费用是指破产程序开始后为了全体债权人的共同利益而发生的费用。

【解释2】根据《企业破产法司法解释三》的规定，人民法院裁定受理破产申请的，此前债务人尚未支付的公司强制清算费用、未终结的执行程序中产生的评估费、公告费、保管费等执行费用，可以参照《企业破产法》关于破产费用的规定，由债务人财产随时清偿。此前债务人尚未支付的案件受理费、执行申请费，可以作为破产债权清偿。公司强制清算费用、未终结的执行程序中产生的评估费、公告费、保管费等执行费用，之所以作为“破产费用”清偿，是因为在破产程序开始后，发生这些费用的行为所产生的利益为破产程序中的全体债权人所承受，这些费用虽然产生于破产申请受理之前，也应当参照破产费用清偿。但是，破产申请受理前债务人尚未支付的案件受理费、执行申请费，不具有为全体债权人共同利益支付的性质，因此只能作为“破产债权”清偿。（2020年新增）

2. 共益债务

根据《企业破产法》第42条的规定，人民法院受理破产申请后发生的下列债务，为共益债务：

（1）因管理人或者债务人请求对方当事人履行双方均未履行完毕的合同所产生的债务；

（2）债务人财产受无因管理所产生的债务；

（3）因债务人不当得利所产生的债务；

（4）为债务人继续营业而应支付的劳动报酬和社会保险费用以及由此产生的其他债务；

（5）管理人或者相关人员执行职务致人损害所产生的债务；

（6）债务人财产致人损害所产生的债务。

【解释1】无因管理是指没有法定的或者约定的义务，为避免他人利益受到损失而进行的管理或者服务。例如，甲企业的破产程序开始后，甲企业的一头公牛被大风吹走，几天后，落在张某的屋顶。张某供若神明，日夜守候，其行为构成无因管理。张某有权要求受益人甲企业支付必要的费用1万元，站在甲企业的角度，1万元的债务属于共益债务。

【解释2】甲企业的破产程序开始后，甲企业向银行取款时，银行工作人员因点钞失误多付给1万元，1万元属于甲企业的不当得利，应当向银行返还。

【解释3】（1）在破产程序开始前，破产企业所欠职工的工资和保险，属于“职工债权”；（2）破产程序开始后，为债务人继续营业而应支付的劳动报酬和社会保险费用以及由此产生的其他债务，属于“共益债务”。

3. 破产申请受理后的借款（2020年新增）

（1）根据《企业破产法司法解释三》的规定，破产申请受理后，经债权人会议决议通过，或者第一次债权人会议召开前经人民法院许可，管理人或者自行管理的债务人可以为债务人继续营业而借款。提供借款的债权人主张参照《企业破产法》的规定优先于普通破产债权清偿的，人民法院应予支持，但其主张优先于此前已就债务人特定财产享有担保的债权清偿的，人民法院不予支持。

【解释】破产申请受理后，为债务人继

续营业而发生的借款，可以被认定为“共益债务”，其清偿顺序优先于普通破产债权，但劣后于对债务人特定财产享有担保的债权。

（2）管理人或者自行管理的债务人可以为上述借款设定抵押担保，抵押物在破产申请受理前已为其他债权人设定抵押的，债权人主张按照《物权法》第199条规定的顺序清偿，人民法院应予支持。

【相关链接】根据《物权法》第199条的规定，同一财产向两个以上债权人抵押的，拍卖、变卖抵押财产所得的价款依照下列规定清偿：（1）抵押权已登记的，按照登记的先后顺序清偿；顺序相同的，按照债权比例清偿；（2）抵押权已登记的先于未登记的受偿；（3）抵押权未登记的，按照债权比例清偿。

【考点2】破产费用和共益债务的清偿（★）（P341）

1. 破产费用和共益债务由债务人财产随时清偿。

2. 债务人财产不足以清偿所有破产费用和共益债务的，先行清偿破产费用。

3. 债务人财产不足以清偿所有破产费用或者共益债务的，按照比例清偿。

4. 破产费用不足清偿时终结破产程序

在债权人或者债务人等提出破产清算申请时，人民法院即发现债务人财产可能不足以支付破产费用、无财产可供分配的，应当先受理破产案件，在对此情况审查确认后作出破产宣告，同时作出终结破产程序的裁定。

【案例】甲公司破产，破产费用共计100万元，共益债务共计500万元（其中包括因管理人请求乙公司继续履行双方均未履行完毕的合同所产生的债务200万元）：（1）如果债务人财产为150万元，因债务人财产不足以清偿所有破产费用和共益债务，先行清偿破产费用100万元，剩下的50万元用于清偿共益债务；因剩下的债务人财产（50万元）不足以清偿所有共益债务（500万元），只能按照10%的比例进行清偿，对乙公司只能清偿20万元；（2）如果债务人财产仅为66万元，尚不足以清偿破产费用，人民法院应当先受理破产案件，在对此情况审查确认后作出破产宣告，同时作出终结破产程序的裁定。

经典题解

【真题·多选题】下列关于破产费用与共益债务清偿的表述中，符合《企业破产法》规定的有（　　）。（2009年）

A. 破产费用和共益债务由债务人财产随时清偿

B. 债务人财产不足以清偿所有破产费用和共益债务的，先行清偿共益债务

C. 债务人财产不足以清偿所有共益债务的，按照比例清偿

D. 债务人财产不足以清偿所有破产费用的，在按照比例清偿后，管理人应当提请人民法院终结破产程序

【答案】ACD

第九单元　破产债权

扫码听名师课

【考点1】债权申报期限（★★）（P342）

1. 债权申报期限自人民法院发布受理破产申请公告之日起计算，最短不得少于30日，最长不得超过3个月。（2017年案例分析题）

2. 在人民法院确定的债权申报期限内，债权人未申报债权的，可以在破产财产最后分配前补充申报；但是，此前已进行的分配，不再对其补充分配。为审查和确认补充申报债权的费用，由补充申报人承担。

【解释】所谓“破产财产最后分配前”，在破产清算程序中，是指破产财产分配方案提交债权人会议表决之前；在重整、和解程

序中，是指重整计划草案、和解协议草案提交债权人会议表决之前。

【考点2】债权申报的要求（★★★）（P343）

1. 职工债权不必申报

（1）债务人所欠职工的工资和医疗、伤残补助、抚恤费用，所欠的应当划入职工个人账户的基本养老保险、基本医疗保险费用，以及法律、行政法规规定应当支付给职工的补偿金，不必申报，由管理人调查后列出清单并予以公示。

（2）职工对清单记载有异议的，可以要求管理人更正；管理人不予更正的，职工可以向人民法院提起诉讼。（2018年案例分析题）

（3）职工劳动债权计算到解除劳动合同时止。

2. 税收债权、社会保障债权以及对债务人特定财产享有担保权的债权均需依法申报。

3. 未到期的债权，在破产申请受理时视为到期。

4. 附利息的债权自破产申请受理时起停止计息。

5. 无利息的债权，无论是否到期均以本金申报债权。

6. 附条件、附期限的债权和诉讼、仲裁未决的债权，债权人可以申报。

7. 连带债权人可以由其中一人代表全体连带债权人申报债权，也可以共同申报债权。

【案例】 甲公司欠乙公司100万元的货款，之后债权人乙公司分立为丙公司和丁公司。根据《合同法》的规定，债权人发生分立的，由分立后的法人享有连带债权。如果债务人甲公司破产，则连带债权人丙公司和丁公司可以选择由其中的一人申报100万元的债权，二者也可以共同申报100万元债权，但不能由丙公司申报100万元的债权、丁公司再申报100万元的债权。

8. 连带债务人数人的破产案件均被受理的，其债权人有权就全部债权分别在各破产案件中申报债权。（2017年案例分析题）

【案例】 甲公司欠乙公司100万元的货款，之后甲公司分立为丙公司和丁公司。根据《合同法》的规定，债务人发生分立的，由分立后的法人承担连带债务。如果连带债务人丙公司和丁公司分别破产，则债权人乙公司可以在丙公司的破产案件中申报100万元的债权，在丁公司的破产案件中再申报100万元的债权。但是，如果乙公司在两个破产程序中获得的清偿额合计为120万元，则乙公司应当将超过其债权额的部分（20万元属于不当得利）返还各破产人。

9. 管理人解除双方均未履行完毕的合同，对方当事人以因合同解除所产生的损害赔偿请求权申报债权。对方当事人申报的破产债权以实际损失为限，违约金不得作为破产债权申报。

10. 委托合同

（1）债务人是委托合同的委托人，其破产案件被人民法院受理，受托人不知该事实，继续处理委托事务的，受托人以由此产生的请求权申报破产债权。

（2）如果受托人已知该事实，但为了债务人即全体债权人利益而在无法向管理人移交事务的紧急情况下继续处理委托事务的，受托人由此产生的请求权作为共益债务优先受偿。

（3）如果受托人已知委托人破产之事实，无必要的继续处理委托事务，不当增加委托费用与报酬数额的，由此而产生的债权，不得作为破产债权受偿。

11. 债务人是票据的出票人，其破产案件被人民法院受理，该票据的付款人继续付款或者承兑的，付款人以由此产生的请求权申报债权。

【案例】 甲公司于4月1日向乙公司签发一张金额100万元、出票后3个月付款的银行承兑汇票，承兑人为丙银行。7月1日，银行承兑汇票到期，人民法院于同日受理了出票人甲公司的破产申请。持票人乙公司于7月3日提示付款，付款人丙银行向乙公司付款后，找甲公司要钱时，发现甲公司已经破产，丙银行只能申报100万元的普通破产债权（最终拿不到100万元了）。

12. 滞纳金（2020年新增）

根据《企业破产法司法解释三》的规定，**破产申请受理后**，债务人欠缴款项产生的滞纳金，包括债务人未履行生效法律文书应当加倍支付的迟延利息和劳动保险金的滞纳金，债权人作为破产债权申报的，人民法院不予确认。

【相关链接1】 附利息的债权自破产申请受理时起停止计息。

【相关链接2】 破产申请受理后，欠缴税款的滞纳金应当停止计算，在破产程序中不得作为破产债权清偿。

经典题解

【真题1·多选题】 根据企业破产法律制度的规定，下列债务中，债权人应在人民法院确定的期限内进行债权申报的有(　　)。(2013年)

A. 债务人所欠银行未到清偿期的借款

B. 债务人所欠职工工资

C. 债务人所欠税款

D. 债务人所欠职工医疗费

【解析】 选项BD：属于职工债权，不必申报。

【答案】 AC

【真题2·单选题】 根据企业破产法律制度的规定，下列各项中，免于申报的破产债权是(　　)。(2017年)

A. 社会保障债权

B. 税收债权

C. 对债务人特定财产享有担保权的债权

D. 职工劳动债权

【答案】 D

【考点3】 破产债权的核查与确认(★★)(P346)

【解释】2020年教材根据《企业破产法司法解释三》对该考点的内容进行了重大调整。

1. 登记造册

管理人应当依照《企业破产法》的规定对所申报的债权进行登记造册，详尽记载申报人的姓名、单位、代理人、申报债权额、担保情况、证据、联系方式等事项，形成**债权申报登记册**。管理人不得以其认为债权超过诉讼时效或者不能成立等为由拒绝编入债权申报登记册。（2016年案例分析题、2017年案例分析题）

2. 管理人编制债权表

（1）管理人应当依照《企业破产法》的规定对债权的性质、数额、担保财产、是否超过诉讼时效期间、是否超过强制执行期间等情况**进行审查**，编制债权表并提交债权人会议核查。

（2）已经生效法律文书确定的债权，管理人应当予以确认。管理人认为债权人据以申报债权的生效法律文书确定的债权错误，或者有证据证明债权人与债务人恶意通过诉讼、仲裁或者公证机关赋予强制执行力公证文书的形式**虚构债权债务**的，应当依法通过审判监督程序向作出该判决、裁定、调解书的人民法院或者上一级人民法院申请撤销生效法律文书，或者向受理破产申请的人民法院申请撤销或者不予执行仲裁裁决、不予执行公证债权文书后，重新确定债权。

（3）债权表、债权申报登记册及债权申报材料在破产期间由管理人保管，**债权人、债务人、债务人职工及其他利害关系人**有权查阅。

3. 第一次债权人会议核查

管理人依法编制的债权表，应当提交第一次债权人会议核查。经核查后，管理人、债务人、其他债权人等对债权无异议的，列入**债权确认表**中。

4. 人民法院确认

债权确认表由人民法院裁定确认，但允许通过提起债权确认诉讼予以修正。

5. 债权确认诉讼

（1）债务人、债权人对债权表记载的债权有异议的，应当说明理由和法律依据。经管理人解释或者调整后，异议人仍然不服的，或者管理人不予解释或者调整的，异议人应当在债权人会议核查结束后**15日**内向人民法院提起债权确认诉讼。当事人之间在破产申请受理前订立有仲裁条款或者仲裁协议的，应当向选定的仲裁机构申请确认债权债务关系。

（2）债务人对债权表记载的债权有异议向人民法院提起诉讼的，应将被异议债权人列为被告。

（3）债权人对债权表记载的他人债权有异议的，应将被异议债权人列为被告。

（4）债权人对债权表记载的本人债权有异议的，应将债务人列为被告。

（5）对同一笔债权存在多个异议人，其他异议人申请参加诉讼的，应当列为共同原告。

经典题解

【真题·单选题】根据企业破产法律制度的规定，管理人依法编制的债权表，应当提交特定主体核查。该特定主体是（　　）。（2018年）

A. 债权人委员会

B. 债权人会议主席

C. 人民法院

D. 第一次债权人会议

【答案】D

第八章

第十单元　保　证

【考点1】债务人破产（★★★）（P344）

1. 连带保证

（1）人民法院受理债务人破产案件后，对于负连带责任的保证人，债权人有权直接要求保证人承担保证责任，也可以首先向进入破产程序的债务人追偿，然后再以未受清偿的余额向保证人追偿。债权人就破产程序中未受清偿部分要求保证人承担保证责任的，应在破产程序终结后6个月内提出。

（2）债务人的保证人已经代替债务人清偿债务的，以其对债务人的求偿权申报债权。债务人的保证人尚未代替债务人清偿债务的，以其对债务人的将来求偿权预先申报债权。但是，债权人已经向管理人申报全部债权的除外。（2016年案例分析题、2017年案例分析题）

【解释】债权人已向管理人申报全部债权的，保证人不能再申报债权。

（3）债权人知道或者应当知道债务人破产，既未申报债权也未通知保证人，致使保证人不能预先行使追偿权的，保证人在该债权在破产程序中可能受偿的范围内免除保证责任。

【案例】甲公司向乙银行贷款100万元（均不考虑贷款利息，下同），丙公司为连带保证人，债务人甲公司破产。在本案中：（1）如果保证人丙公司已经代替债务人甲公司清偿了100万元（由于债权人乙银行已经得到了清偿，乙银行退场），则丙公司可以向甲公司行使追偿权，甲公司破产，则丙公司可以申报100万元的普通债权，假设清偿率为20%，丙公司可以分回20万元，自己承担80万元的损失。（2）如果保证人丙公司尚未履行保证责任：①一般情况下，债权人乙银行会申报债权（此时保证人丙公司就不能再重复申报），假设清偿率为20%，乙银行在破产财产的分配中分回20万元，不足的80万元最迟在破产程序终结之日起6个月内向保证人丙公司追偿；②如果债权人乙银行未申报债权，根据《担保法》的规定，债权人有义务通知保证人，保证人可以预先行使追偿权，丙公司可以去申报100万元的普通债权，假设清偿率为20%，丙公司可以分回20万元，但这20万元并不是丙公司的钱，将来乙银行要求丙公司承担保证责任时，丙公司把这20万元乖乖地拿出来，自己再掏出80万元；③如果债权人既未申报债权也未通知保证人，致使保证人不能预先行使追偿权的，保证人在该债权在破产程序中可能受偿的范围内免除保证责任。如果乙银行自己未申报债权但通知了丙公司，丙公司通过预先行使追偿权可以分回20万元，如果乙银行未通知丙公司，则丙公司的保证责任减轻20万元，当乙银行要求丙公司承担保证责任时，丙公司向乙银行支付80万元即可（本案中保证人在四种情况下都是承担80万元）。

2. 一般保证

（1）人民法院受理债务人破产案件，中止执行程序的，一般保证人不得行使先诉抗辩权。

（2）破产案件受理时主债务未到期的，一般保证人并无提前履行保证责任的义务，仍应按照原保证合同的约定承担保证责任。

【解释】一般保证人不得行使先诉抗辩权，但期限利益并未丧失。

【案例】 甲公司向乙银行贷款100万元，2020年12月1日到期。丙公司为一般保证人。2020年7月1日人民法院受理了甲公司的破产申请。在本案中：（1）由于债务人（甲公司）破产，一般保证人（丙公司）丧失了先诉抗辩权，债权人（乙银行）可以直接向一般保证人（丙公司）追偿；（2）由于破产案件受理时主债务尚未到期，一般保证人（丙公司）并无提前履行保证责任的义务，只有当12月1日主债务到期之后，乙银行才能要求丙公司承担保证责任；（3）一般保证人丙公司并未破产（过几天就要“撒骨灰”的是甲公司，而非丙公司），因此，一般保证人的期限利益并未丧失。

【考点2】保证人破产（★★★）（P345）

1. 连带保证

（1）人民法院受理保证人破产案件后，保证人的保证责任不得因其破产而免除。

（2）主债务到期时，债权人可以按照保证合同的约定直接向保证人申报债权进行追偿；主债务未到期的，保证债权视为已到期，取消了保证人的期限利益后，债权人对连带保证人可以直接申报债权进行追偿。

【解释】为什么要取消保证人的期限利益？因为这次破产的是保证人。

【案例】 甲公司向乙银行贷款100万元，2020年12月1日到期。丙公司为连带保证人，2020年7月1日人民法院裁定受理了丙公司的破产申请。在本案中：（1）丙公司的保证责任不得因其破产而免除；（2）不论主债务是否已经到期，债权人乙银行都可以向丙公司申报100万元的破产债权，假设清偿率为20%，则乙银行可以分回20万元，不足的80万元向主债务人甲公司追偿。

2. 一般保证（2020年新增）（2012年案例分析题）

（1）保证人被裁定进入破产程序的，债权人有权申报其对保证人的保证债权。

（2）主债务未到期的，保证债权在保证人破产申请受理时视为到期。

（3）一般保证的保证人主张行使先诉抗辩权的，人民法院不予支持，但债权人在一般保证人破产程序中的分配额应予提存，待一般保证人应承担的保证责任确定后再按照破产清偿比例予以分配。

（4）保证人被确定应当承担保证责任的，保证人的管理人可以就保证人实际承担的清偿额向主债务人或者其他债务人行使求偿权。

【解释】一般保证人不得行使先诉抗辩权，期限利益丧失，但只承担补充责任。

【案例】 甲公司向乙银行贷款100万元，2020年9月1日到期。丙公司为一般保证人，2019年7月1日人民法院裁定受理了丙公司的破产申请。在本案中：（1）丙公司的保证责任不得因其破产而免除，债权人乙银行有权申报其对丙公司的保证债权；（2）主债务未到期的，保证债权在保证人破产申请受理时视为已到期；（3）一般保证人丙公司不得行使先诉抗辩权；（4）一般保证人毕竟只承担补充保证责任，这是问题的关键。但是，由于债务人甲公司尚未清偿债务，暂时无法确定丙公司保证责任的大小，因此，乙银行可以暂时就全部100万元向丙公司申报债权。假设清偿率为20%，则乙银行可以分得20万元（不能拿回家，先放一边儿提存，这20万元不一定都是他的）。之后，如果甲公司向乙银行清偿了70万元，则丙公司应承担的保证责任应确定为30万元（即乙银行对丙公司的破产债权只是30万元），假设清偿率为20%，则乙银行真正可以分回的只有6万元，剩下的14万元应分给其他债权人。对于丙公司实际承担的清偿额6万元，丙公司的管理人可以向主债务人甲公司行使求偿权。

【考点3】债务人、保证人均破产（★★★）（P346）（2020年新增）

1. 债务人、保证人均被裁定进入破产程序的，债权人有权向债务人、保证人分别申报债权。

2. 债权人向债务人、保证人均申报全部债权的，从一方破产程序中获得清偿后，其对另一方的债权额不作调整，但债权人的受偿额不得超出其债权总额。保证人履行保证责任后不再享有求偿权。

【解释】所谓“从一方破产程序中获得清偿后，其对另一方的债权额不作调整”，只限于承担连带责任的保证人。

【案例】甲公司向乙银行贷款100万元，丙公司为连带保证人，债务人甲公司和保证人丙公司均被裁定进入破产程序。在本案中：（1）债权人乙银行有权向甲公司、丙公司分别申报100万元的债权；（2）如果乙银行在丙公司的破产程序中获得10万元的清偿，其对甲公司的债权额无须进行调整（还是100万元的债权），如果甲公司的清偿率为20%，乙银行将从甲公司得到20万元的清偿；（3）丙公司履行10万元的保证责任后对债务人甲公司不再享有求偿权。

第十一单元　有财产担保的债权

【考点1】别除权（★★★）（P365）

【解释1】别除权是指对破产企业的特定财产享有担保权的权利人，对该特定财产享有优先受偿的权利。其优先受偿权的行使不受破产清算与和解程序的限制，但在重整程序中受到限制（在重整期间，对债务人的特定财产享有的担保权暂停行使）。

【解释2】别除权涉及担保物权（抵押权、质权和留置权），与保证（人保）无关。

1. 破产企业以自己的设备为自己的债务提供抵押担保

（1）如果有财产担保的债权人放弃优先受偿权利的，其债权作为普通破产债权。

（2）如果有财产担保的债权人不放弃优先受偿权利，债权人行使优先受偿权利未能完全受偿的，其未受偿的债权作为普通破产债权。

【案例】甲公司以自己的机器设备设定抵押向乙银行贷款100万元，甲公司破产。在本案中：（1）该设备（担保物）属于债务人财产；（2）乙银行的债权为有财产担保的债权，仍属于破产债权，但乙银行对机器设备的拍卖价款享有优先受偿的权利（别除权）；（3）如果该设备的拍卖价款为100万元，首先应清偿乙银行100万元；（4）如果该设备只卖了80万元，则80万元全部清偿乙银行；对于不足的20万元，乙银行接着找甲公司管理人去申报普通破产债权（破产人甲公司既是抵押人、也是主债务人，这是问题的关键）；（5）如果乙银行放弃了对该设备的优先受偿权（但并未放弃100万元的主债权），债权人乙银行找债务人甲公司管理人去申报100万元的普通破产债权即可（至于乙银行为什么要放弃优先受偿权，考生可自行查阅弗洛伊德的名著《梦的解析》P250）。

2. 破产企业以自己的设备为他人债务提供抵押担保（2007年案例分析题、2011年案例分析题、2013年案例分析题、2015年案例分析题）

（1）破产企业仅作为担保人为他人债务提供物权担保，担保债权人的债权虽然在破产程序中可以构成别除权，但因破产企业不是主债务人，在担保物价款不足以清偿担保债权额时，余债不得作为破产债权向破产企业要求清偿，只能向原主债务人求偿。

（2）别除权人如放弃优先受偿权利，其

债权也不能转为对破产企业的破产债权，因二人之间只有担保关系，无基础债务关系。

【案例】 甲公司向乙银行贷款100万元，丙公司以其设备设定抵押，丙公司破产。在本案中：(1) 丙公司只是担保人，并非主债务人，主债务人是甲公司，这是问题的关键；(2) 抵押权人乙银行对抵押人丙公司的设备的拍卖价款享有优先受偿的权利（别除权）；(3) 如果该设备的拍卖价款为100万元，首先应清偿乙银行100万元；(4) 如果该设备只卖了80万元，则80万元全部清偿乙银行，至于不足的20万元和丙公司就没有关系了（乙银行的优先权仅限于抵押物本身，丙公司已经将该设备的拍卖价款全部给了乙银行，丙公司已经做到仁至义尽了），乙银行不能再找丙公司申报普通破产债权了，只能找主债务人甲公司去追偿；(5) 如果乙银行放弃了对该设备的优先受偿权，则100万元的债务和丙公司就没有任何关系了，乙银行只能找主债务人甲公司。

3. 第三人以其机器设备为破产企业的债务提供抵押担保

【案例】 甲公司向乙银行贷款100万元，丙公司以其设备设定抵押，甲公司破产。在本案中，乙银行对该设备的拍卖价款享有优先受偿的权利，如果该设备的拍卖价款为100万元，应当全部给乙银行，这个没有任何问题。关键的问题是，该情形构成别除权吗？所谓别除权，是指对“破产企业的特定财产”享有的优先受偿的权利。在本案中，甲公司破产，而设备是丙公司的，当然不构成别除权。

经典题解

【真题·多选题】 根据企业破产法律制度的规定，对破产人的特定财产享有担保权的权利人，对该特定财产享有优先受偿的权利。下列选项中，构成该项优先受偿权的有（　　）。(2008年)

A. 破产人为他人债务提供的保证担保

B. 破产人为自己的债务提供的质押担保

C. 破产人为他人债务提供的抵押担保

D. 第三人为破产人的债务提供的抵押担保

【答案】 BC

【考点2】有财产担保的债权（综述）(★★★)(P331、333)

1. 该担保能否撤销？

人民法院受理破产申请前1年内，债务人对原来没有财产担保的债务事后提供财产担保的，管理人有权请求人民法院予以撤销；但不包括债务人在可撤销期间内设定债务的同时提供的财产担保。

2. 个别清偿

(1) 破产程序开始后的个别清偿

人民法院受理破产申请后，债务人对个别债权人的债务清偿无效。但是，债务人以其财产向债权人提供物权担保的，其在担保物市场价值内向债权人所作的债务清偿，不受上述规定限制。

(2) 危机期间的个别清偿

债务人在危机期间（人民法院受理破产申请前6个月内，债务人不能清偿到期债务，并且资产不足以清偿全部债务或者明显缺乏清偿能力）对以自有财产设定担保物权的债权进行的个别清偿，管理人请求撤销的，人民法院不予支持。但是，债务清偿时担保财产的价值低于债权额的除外。

3. 担保权人的抵销

《企业破产法》第40条所列不得抵销情形的债权人，主张以其对债务人特定财产享有优先受偿权的债权，与债务人对其不享有优先受偿权的债权抵销，债务人的管理人以其抵销存在《企业破产法》第40条规定的情形提出异议的，人民法院不予支持。但是，用以抵销的债权大于债权人享有优先受偿权财产价值的除外。

第十二单元　债权人会议与债权人委员会

扫码听名师课

第八章

【考点1】债权人会议（★★★）（P348）

1. 表决权

（1）凡是申报债权者均有权参加第一次债权人会议，有权参加对其债权的核查、确认活动，并可依法提出异议。对于在第一次会议上确认债权以后的债权人会议，只有债权得到确认者才有权行使表决权。（2016年案例分析题）

（2）债权尚未确定的债权人，除人民法院能够为其行使表决权而临时确定债权额者外，不得行使表决权。

（3）一般情况下，债务人的职工和工会代表在债权人会议上没有表决权。但是，如果职工劳动债权不能从破产财产中获得全额、及时优先受偿，或者在重整程序中债权人会议决议通过可能影响其清偿、就业利益的重整计划草案等情况时，职工债权人应享有表决权。

（4）对债务人的特定财产享有担保权的债权人，未放弃优先受偿权利的，对通过和解协议和破产财产的分配方案的事项不享有表决权。

2. 债权人会议主席由人民法院从有完全表决权的债权人中指定。（2016年案例分析题）

【相关链接】（1）管理人由人民法院"指定"；（2）国有独资公司的"董事长、副董事长和监事会主席"由国有资产监督管理机构"指定"。

3. 第一次债权人会议由人民法院召集，自债权申报期限届满之日起15日内召开。

4. 临时债权人会议的召开条件

（1）人民法院认为必要时（无须向债权人会议主席提议）；

（2）管理人向债权人会议主席提议时；

（3）债权人委员会向债权人会议主席提议时；

（4）占债权总额1/4以上的债权人向债权人会议主席提议时。

5. 债权人会议的职权

（1）核查债权（债权表由第一次债权人会议核查，由人民法院确认）；

（2）申请人民法院更换管理人，审查管理人的费用和报酬；

（3）监督管理人；

（4）选任和更换债权人委员会成员；

（5）决定继续或者停止债务人的营业；

（6）通过重整计划；

（7）通过和解协议；

（8）通过债务人财产的管理方案；

（9）通过破产财产的变价方案；

（10）通过破产财产的分配方案。

6. 人民法院的裁定

（1）债权人会议表决债务人财产的管理方案和通过破产财产的变价方案时未通过的，由人民法院裁定。债权人（没有资格限制）对人民法院作出的裁定不服的，可以自裁定宣布之日或者收到通知之日起15日内向该人民法院申请复议（不能提起上诉），复议期间不停止裁定的执行。

（2）债权人会议表决破产财产的分配方案时，经两次表决仍未通过的，由人民法院裁定。债权额占无财产担保债权总额1/2以上的债权人对人民法院作出的裁定不服的，可以自裁定宣布之日或者收到通知之日起15日内向该人民法院申请复议（不能提起上诉），复议期间不停止裁定的执行。

7. 债权人会议的决议方式（2016年案例分析题）

（1）和解协议、重整计划：1/2+2/3

①和解协议：由出席会议的有表决权的债权人过半数同意，并且其所代表的债权额占无财产担保债权总额的2/3以上。

②重整计划的分组表决：出席会议的同一表决组的债权人过半数同意，并且其所代表的债权额占该组债权总额的2/3以上。

（2）其他决议：1/2+1/2

由出席会议的有表决权的债权人过半数通过，并且其所代表的债权额占无财产担保债权总额的1/2以上。

8. 债权人会议的表决方式（2020年新增）

根据《企业破产法司法解释三》的规定，债权人会议的决议除现场表决外，可以由管理人事先将相关决议事项告知债权人，采取通信、网络投票等非现场方式进行表决。采取非现场方式进行表决的，管理人应当在债权人会议召开后的3日内，以信函、电子邮件、公告等方式将表决结果告知参与表决的债权人。

9. 债权人会议决议的撤销（2020年新增）

根据《企业破产法司法解释三》的规定，债权人会议的决议具有以下情形之一，损害债权人利益，债权人申请撤销的，人民法院应予支持：

（1）债权人会议的召开违反法定程序；

（2）债权人会议的表决违反法定程序；

（3）债权人会议的决议内容违法；

（4）债权人会议的决议超出债权人会议的职权范围。

【解释1】人民法院可以裁定撤销全部或者部分事项决议，责令债权人会议依法重新作出决议。

【解释2】债权人申请撤销债权人会议决议的，应当提出书面申请。债权人会议采取通信、网络投票等非现场方式进行表决的，债权人申请撤销的期限自债权人收到通知之日起算。

经典题解

【真题1·多选题】根据企业破产法律制度的规定，债权人会议表决的下列事项中，对债务人的特定财产享有担保权且未放弃优先受偿权利的债权人享有表决权的有（　　）。（2007年）

A. 通过重整计划

B. 通过和解协议

C. 通过破产财产的分配方案

D. 通过破产财产的变价方案

【答案】AD

【真题2·单选题】在破产程序中，债权人会议未能依法通过管理人的财产分配方案时，由人民法院裁定。根据企业破产法律制度的规定，有权对该裁定提出复议的债权人是（　　）。（2008年）

A. 占全部债权总额1/2以上的债权人

B. 占无财产担保债权总额1/2以上的债权人

C. 占全部债权人人数1/2以上的债权人

D. 占全部债权人人数2/3以上的债权人

【答案】B

【真题3·多选题】根据企业破产法律制度的规定，下列关于债权人会议的表述中，正确的有（　　）。（2009年）

A. 所有债权人都可以参加债权人会议，并享有表决权

B. 第一次债权人会议由人民法院召集

C. 所有申报债权者均有权参加第一次债权人会议

D. 债权人会议的决议，由出席会议的有表决权的债权人过半数通过即可

【答案】BC

【真题4·单选题】根据企业破产法律制度的规定，下列各项中，属于债权人会议职权的是（　　）。（2012年）

A. 调查债务人的财产状况，制作财产状况报告

B. 决定债务人的日常开支

C. 决定债务人的内部管理事务

D. 通过债务人财产的管理方案

【解析】选项ABC：属于管理人的职责。

【答案】D

【考点2】债权人委员会（★★★）（P350）

1. 债权人委员会（并非必设机构）由债权人会议选任的债权人代表和1名债务人企业的职工代表或者工会代表组成，债权人委员会成员不得超过9人。

【相关链接】国有独资公司的监事会成员不得少于5人，其中职工代表的比例不得低于1/3。

2. 出任债权人委员会的成员应当经人民法院书面认可。

3. 债权人委员会（破产监督人）的职权

（1）监督债务人财产的管理和处分；

（2）监督破产财产分配；

（3）提议召开债权人会议；

（4）债权人会议委托的其他职权。

4. 债权人会议对债权人委员会的授权（2020年新增）

（1）债权人会议可以依法委托债权人委员会行使债权人会议的部分职权（仅限于决定继续或者停止债务人的营业；监督管理人；申请人民法院更换管理人、审查管理人的费用和报酬）。

（2）债权人会议不得作出概括性授权，委托其行使债权人会议的所有职权。

5. 债权人委员会的决议方式（2020年新增）

（1）债权人委员会决定所议事项应获得全体成员过半数通过，并作成议事记录。

（2）债权人委员会成员对所议事项的决议有不同意见的，应当在记录中载明。

6. 单个债权人的知情权（2020年新增）

（1）单个债权人有权查阅债务人财产状况报告、债权人会议决议、债权人委员会决议、管理人监督报告等参与破产程序所必需的债务人财务和经营信息资料。

（2）管理人无正当理由不予提供的，债权人可以请求人民法院作出决定；人民法院应当在5日内作出决定。

第十三单元　重整程序与和解制度

扫码听名师课 291943

【考点1】重整申请（★★★）（P354）

1. 直接申请

债务人或者债权人可以依法直接向人民法院申请对债务人进行重整。

2. 由破产清算程序转为破产重整程序

债权人（这是前提）申请对债务人进行破产清算的，在人民法院受理破产申请后、宣告债务人破产前，债务人或者出资额占债务人注册资本10%以上的出资人，可以向人民法院申请重整；其他债权人也可以申请对债务人进行重整。

【解释1】债务人被宣告破产后，不得再转入重整程序或者和解程序。

【解释2】当事人提出破产清算与和解申请，以债务人已发生破产原因为前提；而重整申请则在债务人有发生破产原因的可能时即可提出，可以使债务人获得更为充分的挽救机会。

【解释3】税务机关和社会保险机构只享有对债务人的破产清算申请权，但不享有重整申请权。

【解释4】人民法院在审查重整申请时，根据债务人的资产状况、技术工艺、生产销售、行业前景等因素，能够认定债务人明显不具备重整价值以及拯救可能性的，应裁定不予受理。

表8-5　重整与和解的申请

	重整	和解
直接申请	债务人/债权人	债务人
债权人申请破产清算，人民法院宣告破产之前	（1）债务人 （2）债务人10%以上的出资人 （3）其他债权人	债务人

经典题解

【例题1·单选题】 根据企业破产法律制度的规定，关于破产案件受理后、破产宣告前的程序转换，下列表述中，正确的是（　　）。

A. 如为债务人申请破产清算的案件，债权人可以申请和解

B. 如为债权人申请债务人破产清算的案件，债务人可以申请重整

C. 如为债权人申请债务人重整的案件，债务人可以申请破产清算

D. 如为债权人申请债务人破产清算的案件，债务人的出资人可以申请和解

【解析】（1）选项AD：和解申请只能由"债务人"提出；（2）选项C：已经进入重整程序的破产案件，只有出现法定情形才能转回破产清算程序（债务人不能执行或者不执行重整计划的，人民法院经管理人或者利害关系人请求，应当裁定终止重整计划的执行，并宣告债务人破产），债务人不能申请破产清算。

【答案】 B

【例题2·多选题】 根据企业破产法律制度的规定，下列表述中，正确的有（　　）。

A. 债务人一旦被宣告破产，则不可能再进入重整或者和解程序

B. 债权人申请对债务人进行破产清算的，在人民法院受理破产申请后、宣告债务人破产前，只有债务人才能提出和解申请

C. 即使债务人未出现资不抵债情形，也可申请重整程序

D. 重整是破产案件的必经程序

【解析】（1）选项A：债权人申请对债务人进行破产清算的，在人民法院受理破产申请后、宣告债务人破产之前（开枪之前），特定当事人可以向人民法院申请重整或者和解，但债务人一旦被宣告破产（已经开枪了），则不可能再进入重整或者和解程序；（2）选项C：提出破产清算与和解申请，以债务人已发生破产原因为前提；而重整申请则在债务人有发生破产原因的可能时即可提出；（3）选项D：债务人发生破产原因时，债务人有"重整、和解或者破产清算"三个选择，债权人有"重整或者破产清算"两个选择，重整并非破产案件的必经程序，债务人或者债权人均可直接申请"破产清算"。

【答案】 ABC

【考点2】重整期间（★★★）（P355）

【解释】重整期间是指重整申请受理至重整计划草案得到债权人会议分组表决通过和人民法院审查批准的期间，不包括重整计划得到批准后的执行期间。

1. 在重整期间，债务人的财产管理和营业事务执行，可以由管理人或者债务人负责。经债务人申请，人民法院批准，债务人可以在管理人的监督下自行管理财产和营业事务。

【解释】根据《民商事审判会议纪要》的规定，重整期间，债务人同时符合下列条件的，经申请，人民法院可以批准债务人在管理人的监督下自行管理财产和营业事务：（1）债务人的内部治理机制仍正常运转；（2）债务人自行管理有利于债务人继续经营；（3）债务人不存在隐匿、转移财产的行为；（4）债务人不存在其他严重损害债权人利益的行为。管理人应当对债务人的自行管理行为进行监督。（2020年新增）

2. 在重整期间，对债务人的特定财产享有的担保权暂停行使。但是，担保物有损坏或者价值明显减少的可能，足以危害担保权人权利的，担保权人可以向人民法院请求恢复行使担保权。

【解释1】根据《民商事审判会议纪要》的规定，重整申请受理后，管理人或者自行管理的债务人应当及时确定设定有担保物权的债务人财产是否为重整所必需。如果认为担保物不是重整所必需，管理人或者自行管理的债务人应当及时对担保物进行拍卖或者变卖，拍卖或者变卖担保物所得价款在支付拍卖、变卖费用后优先清偿担保物权人的债权。（2020年新增）

【解释2】根据《民商事审判会议纪要》

第八章

的规定，在担保物权暂停行使期间，担保物权人根据《企业破产法》的规定向人民法院请求恢复行使担保物权的，人民法院应当自收到恢复行使担保物权申请之日起30日内作出裁定。经审查，担保物权人的申请不符合规定，或者虽然符合规定但管理人或者自行管理的债务人有证据证明担保物是重整所必需，并且提供与减少价值相应担保或者补偿的，人民法院应当裁定不予批准恢复行使担保物权。担保物权人不服该裁定的，可以自收到裁定书之日起10日内，向作出裁定的人民法院申请复议。人民法院裁定批准行使担保物权的，管理人或者自行管理的债务人应当自收到裁定书之日起15日内启动对担保物的拍卖或者变卖，拍卖或者变卖担保物所得价款在支付拍卖、变卖费用后优先清偿担保物权人的债权。（2020年新增）

3. 在重整期间，债务人或者管理人为继续营业而借款的，可以为该借款设定担保。

4. 债务人在重整期间为重整进行而发生的费用与债务，可以参照共益债务优先受偿。

5. 在重整期间，债务人的出资人不得请求投资收益分配。

6. 在重整期间，债务人的董事、监事、高级管理人员不得向第三人转让其持有的债务人的股权。但是，经人民法院同意的除外。

7. 债务人合法占有的他人财产，该财产的权利人在重整期间要求取回的，应当符合事先约定的条件。

【案例】 甲公司将设备出租给乙公司，租期为2年。租赁期限届满前6个月，人民法院受理了乙公司的破产清算申请，甲公司可以通过管理人取回该设备，不受租赁期限尚未届满的限制。但是，在重整程序中，甲公司只能在租赁期限届满后才能取回该设备。

【考点3】 重整计划的制定与执行（★★）（P357）

1. 债务人自行管理财产和营业事务的，由债务人制定重整计划草案；管理人负责管理财产和营业事务的，由管理人制定重整计划草案。（2019年案例分析题）

【解释】债权人、股东、战略投资人等利害关系人也可以制作或者参与制作重整计划草案，提交给债务人或者管理人。

2. 债务人或者管理人应当自人民法院裁定债务人重整之日起6个月内，同时向人民法院和债权人会议提交重整计划草案。期限届满，经债务人或者管理人请求，有正当理由的，人民法院可以裁定延期3个月。债务人或者管理人未按期提出重整计划草案的，人民法院应当裁定终止重整程序，并宣告债务人破产。

3. 重整计划经人民法院批准后由债务人执行（不论由谁制定的重整计划，均由债务人自己执行）。

4. 在重整计划规定的监督期内，由管理人监督重整计划的执行。

5. 在重整计划规定的监督期内，管理人应当代表债务人参加监督期开始前已经启动而尚未终结的诉讼、仲裁活动。

【解释】根据《民商事审判会议纪要》的规定，重整计划执行期间，因重整程序终止后新发生的事实或者事件引发的有关债务人的民事诉讼，不适用《企业破产法》第21条有关集中管辖的规定（人民法院受理破产申请后，有关债务人的民事诉讼，只能向受理破产申请的人民法院提起）。除重整计划有明确约定外，上述纠纷引发的诉讼，不再由管理人代表债务人进行。（2020年新增）

经典题解

【真题·单选题】 根据企业破产法律制度的规定，下列各项中，负责执行重整计划的是（　　）。（2019年）

A. 债务人

B. 债权人会议的普通债权组

C. 管理人

D. 人民法院

【答案】 A

表 8-6　重整计划的制定、执行和监督

	管理企业事务	制定重整计划	执行	监督
第一种情形	管理人	管理人	债务人	管理人
第二种情形	债务人	债务人		

【考点 4】 重整计划草案的表决与批准（★）（P357）

1. 分组表决

下列各类债权的债权人参加讨论重整计划草案的债权人会议，依照下列债权分类，分组对重整计划草案进行表决：

（1）对债务人的特定财产享有担保权的债权；

（2）职工债权；

（3）债务人所欠税款；

（4）普通债权。

【解释 1】重整计划不得规定减免纳入社会统筹账户的社会保险费用，该项费用的债权人不参加重整计划草案的表决。

【解释 2】人民法院在必要时可以决定在普通债权组中设小额债权组对重整计划草案进行表决。（2019 年案例分析题）

【解释 3】根据《企业破产法司法解释三》的规定，对重整计划草案进行分组表决时，权益因重整计划草案受到调整或者影响的债权人或者股东，有权参加表决；权益未受到调整或者影响的债权人或者股东，不参加重整计划草案的表决。（2020 年新增）

【解释 4】出资人组对重整计划草案中涉及出资人权益调整的事项进行表决时，经参与表决的出资人所持表决权 2/3 以上通过的（与人数无关），即为该组通过重整计划草案。（2019 年案例分析题）

2. 重整计划的批准

（1）正常批准

出席会议的同一表决组的债权人过半数同意重整计划草案，并且其所代表的债权额占该组债权总额的 2/3 以上的，即为该组通过重整计划草案。各表决组均通过重整计划草案时，重整计划即为通过。自重整计划通过之日起 10 日内，债务人或者管理人应当向人民法院提出批准重整计划的申请。企业的重整不仅是债务减免和财务调整，重整的重点是维持企业的营运价值。人民法院在审查重整计划时，除合法性审查外，还应审查其中的经营方案是否具有可行性。重整计划中关于企业重新获得盈利能力的经营方案具有可行性、表决程序合法、内容不损害各表决组中反对者的清偿利益的，人民法院应当自收到申请之日起 30 日内裁定批准，终止重整程序，并予以公告。

（2）强制批准

部分表决组未通过重整计划草案的，债务人或者管理人可以同未通过重整计划草案的表决组协商。该表决组可以在协商后再表决一次。双方协商的结果不得损害其他表决组的利益。未通过重整计划草案的表决组拒绝再次表决或者再次表决仍未通过重整计划草案，但重整计划草案符合下列条件的，债务人或者管理人可以申请人民法院批准重整计划草案：

①按照重整计划草案，“对债务人的特定财产享有担保权的债权”就该特定财产将获得全额清偿，其因延期清偿所受的损失将得到公平补偿，并且其担保权未受到实质性损害，或者该表决组已经通过重整计划草案。

②按照重整计划草案，“职工债权”和“债务人所欠税款”将获得全额清偿，或者相应表决组已经通过重整计划草案。

③按照重整计划草案，“普通债权”所获得的清偿比例，不低于其在重整计划草案被提请批准时依照破产清算程序所能获得的清偿比例，或者该表决组已经通过重整计划草案。

④重整计划草案对“出资人权益”的调整公平、公正，或者出资人组已经通过重整计划草案。

⑤重整计划草案公平对待同一表决组的成员，并且所规定的债权清偿顺序不违反《企业破产法》的规定。

⑥债务人的经营方案具有可行性。

人民法院经审查认为重整计划草案符合上述规定的，应当自收到申请之日起30日内裁定批准，终止重整程序，并予以公告。

【解释】人民法院不得滥用强制批准权，确需强制批准重整计划草案的，重整计划草案除应当符合《企业破产法》的规定外，如债权人分多组的，还应当至少有一组已经通过重整计划草案，且各表决组中反对者能够获得的清偿利益不低于依照破产清算程序所能获得的利益。

（3）未批准

重整计划草案未获得债权人会议通过且未获得人民法院的强制批准，或者债权人会议通过的重整计划未获得人民法院批准的，人民法院应当裁定终止重整程序，并宣告债务人破产。

表8-7　重整计划草案的表决与批准

债权人会议		人民法院	重整程序	结局
①全部通过	√√√√	批准	终止	执行
②全部通过	√√√√	未批准	终止	宣告破产
③部分通过	√√××	强制批准	终止	执行
④部分通过	√√××	未批准	终止	宣告破产
⑤全部未通过	××××	闭嘴	终止	宣告破产

3. 重整程序终止的情形

（1）在重整期间，有下列情形之一的，经管理人或者利害关系人请求，人民法院应当裁定终止重整程序，并宣告债务人破产：

①债务人的经营状况和财产状况继续恶化，缺乏挽救的可能性；

②债务人有欺诈、恶意减少债务人财产或者其他显著不利于债权人的行为；

③由于债务人的行为致使管理人无法执行职务。

（2）债务人或者管理人未按期提出重整计划草案的，人民法院应当裁定终止重整程序，并宣告债务人破产。

（3）人民法院裁定批准重整计划草案的，终止重整程序，并予以公告。

（4）重整计划草案未获得债权人会议的通过且未获得人民法院的强制批准，或者债权人会议通过的重整计划未获得人民法院批准的，人民法院应当裁定终止重整程序，并宣告债务人破产。

【考点5】重整计划的变更（★）（P361）

1. 债务人应严格执行重整计划，但因出现国家政策调整、法律修改变化等特殊情况，导致原重整计划无法执行的，债务人或者管理人可以申请变更重整计划一次。

2. 债权人会议决议同意变更重整计划的，应自决议通过之日起10日内提请人民法院批准。债权人会议决议不同意或者人民法院不批准变更申请的，人民法院经管理人或者利害关系人请求，应当裁定终止重整计划的执行，并宣告债务人破产。

3. 人民法院裁定同意变更重整计划的，债务人或者管理人应当在6个月内提出新的重整计划。变更后的重整计划应提交给因重整计划变更而遭受不利影响的债权人组和出资人组进行表决。

【考点6】重整计划的效力（★★★）（P362）

1. 经人民法院裁定批准的重整计划，对债务人和全体债权人（不论是否有财产担保）均有约束力。

2. 按照重整计划减免的债务，自重整计划执行完毕时起，债务人不再承担清偿责任。

3. 债权人对债务人的保证人和其他连带债务人所享有的权利，不受重整计划的影响。

4. 债权人未依照规定申报债权的，可以继续申报债权，但在重整计划执行期间不得行使权利；在重整计划执行完毕后，可以按照重整计划规定的同类债权的清偿条件行使权利。(2019 年案例分析题)

5. 债务人不能执行或者不执行重整计划的，且不符合重整计划变更条件的，人民法院经管理人或者利害关系人请求，应当裁定终止重整计划的执行，并宣告债务人破产。

【解释】根据《民商事审判会议纪要》的规定，重整期间或者重整计划执行期间，债务人因法定事由被宣告破产的，原重整程序的管理人原则上应当继续履行破产清算程序中的职责。重整期间因法定事由转入破产清算程序的，应当按照破产清算案件确定管理人报酬。重整计划执行期间因法定事由转入破产清算程序的，后续破产清算阶段的管理人报酬应当根据管理人实际工作量予以确定，不能简单根据债务人最终清偿的财产价值总额计算。(2020 年新增)

6. 人民法院裁定终止重整计划执行的，债权人在重整计划中作出的债权调整的承诺失去效力，但为重整计划的执行提供的担保继续有效。债权人因执行重整计划所受的清偿仍然有效，债权未受清偿的部分作为破产债权。在重整计划执行中已经接受清偿的债权人，只有在其他同顺位债权人同自己所受的清偿达到同一比例时，才能继续接受破产分配。

【案例】 债务人甲公司分别欠债权人 A 公司、B 公司和 C 公司贷款 100 万元（均为无财产担保的普通债权），根据重整计划，3 年后甲公司分别向三个公司清偿 40 万元。在重整计划执行期间，甲公司以其机器设备设定抵押向 D 银行借款 250 万元，甲公司向 A 公司清偿了 10 万元。此时，人民法院经管理人请求，裁定终止重整计划的执行，并宣告债务人破产。在本案中：（1）两个有效：甲公司向 A 公司清偿的 10 万元有效，甲公司向 D 银行设定的抵押担保有效，D 银行作为有财产担保的债权人对该机器设备的拍卖价款享有优先受偿权。（2）一个失效：债权人在重整计划中作出的债权调整的承诺（3 年后清偿 40 万元）失去效力，甲公司还是欠 B 公司和 C 公司各 100 万元。（3）债权申报：A 公司就未受清偿的 90 万元申报破产债权，B 公司和 C 公司各申报 100 万元的破产债权。（4）破产财产的分配：如果清偿率为 8%，B 公司和 C 公司可以分得 8 万元，A 公司不得接受分配；如果清偿率为 18%，B 公司和 C 公司可以分得 18 万元，A 公司可以分得 8 万元。

【考点 7】上市公司的破产重整（★★）（P354）

1. 控股股东、实际控制人

控股股东、实际控制人及其关联方在上市公司破产重整程序前因违规占用、担保等行为对上市公司造成损害的，制定重整计划草案时应当根据其过错对控股股东及实际控制人支配的股东的股权作相应减少的调整。

【解释】在我国的司法实践中，已经出现了全部取消股东对严重资不抵债公司的股权的案件。

2. 分组表决

出资人组对重整计划草案中涉及出资人权益调整事项的表决，经参与表决的出资人所持表决权 2/3 以上通过的，即为该组通过重整计划草案。

3. 行政许可

（1）上市公司重整计划草案涉及证券监管机构行政许可事项的，受理案件的人民法院应当通过最高人民法院，启动与中国证监会的会商机制。人民法院应当参考专家咨询意见，作出是否批准重整计划草案的裁定。

（2）人民法院裁定批准重整计划后，重整计划内容涉及证券监管机构并购重组行政许可事项的，上市公司应当按照相关规定履行行政许可核准程序。重整计划草案提交出资人组表决且经人民法院裁定批准后，上市公司无须再行召开股东大会，可以直接向证券监管机构提交出资人组表决结果及人民法院裁定书，以申请并购重组许可。

【相关链接】中国证监会在发行审核委员会中设立上市公司并购重组审核委员会，以投票方式对提交其审议的重组上市申请或者发行股份购买资产申请进行表决，提出审核意见。

【考点8】和解制度（★★★）（P363）

1. 和解申请

在发生破产原因时，债务人可以直接向人民法院申请和解；也可以在人民法院受理破产申请后、宣告债务人破产前，向人民法院申请和解。

【解释】（1）和解申请只能由债务人提出，而重整申请的主体多元化；（2）只有已经发生破产原因时，债务人才能提出和解申请，而重整程序可以提前启动。

2. 和解协议的通过

（1）债权人会议通过和解协议的决议，由出席会议的有表决权的债权人过半数同意，并且其所代表的债权额占无财产担保债权总额的2/3以上。

（2）债权人会议通过和解协议的，由人民法院裁定认可，终止和解程序，并予以公告。和解协议草案经债权人会议表决未获得通过，或者已经债权人会议通过的和解协议未获得人民法院认可的，人民法院应当裁定终止和解程序，并宣告债务人破产。

【解释1】对债务人的特定财产享有担保权的债权人，未放弃优先受偿权利的，对通过“和解协议和破产财产的分配方案”的事项不享有表决权。

【解释2】（1）和解协议谈不上分组表决的问题，重整计划则必须分组表决；（2）债权人会议通过和解协议后，由人民法院裁定认可，而重整计划则由人民法院批准；（3）在部分表决组未通过的情况下，人民法院可以“强制批准”重整计划，而和解协议谈不上“强制批准”的问题。

表8-8 和解协议的表决通过方式

债权人会议	人民法院	和解程序	结局
通过	认可	终止	执行
通过	×	终止	宣告破产
未通过	闭嘴	终止	宣告破产

3. 和解协议的效力

（1）经人民法院裁定认可的和解协议，对债务人和全体和解债权人（无财产担保的债权人）均有约束力。

（2）有财产担保的债权人不受和解协议的约束，该债权人自人民法院裁定和解之日（受理和解申请之日）起就可以行使担保物权。

（3）按照和解协议减免的债务，自和解协议执行完毕时起，债务人不再承担清偿责任。

（4）和解债权人对债务人的保证人和其他连带债务人所享有的权利，不受和解协议的影响。（2011年案例分析题）

【解释】在重整程序、和解程序中，不适用“主债务减少、从债务随之减少”的原则，即无论对主债务人（破产企业）的债务怎么打折，保证人的保证责任不能打折。

（5）和解债权人未依照规定申报债权的，可以继续申报债权，但在和解协议执行期间不得行使权利；在和解协议执行完毕后，可以按照和解协议规定的清偿条件行使权利。

（6）债务人不能执行或者不执行和解协议的，人民法院经和解债权人请求，应当裁定终止和解协议的执行，并宣告债务人破产。

【解释】和解协议没有强制执行的效力。

债务人不履行和解协议时，债权人只能向人民法院申请终止和解协议的执行，而不能提起对和解协议的强制执行程序。

（7）人民法院裁定终止和解协议的执行的，和解债权人在和解协议中作出的债权调整的承诺失去效力，但债务人为和解协议的执行提供的担保继续有效。和解债权人因执行和解协议所受的清偿仍然有效，不予退回，和解债权未受清偿的部分作为破产债权。在和解协议执行中已经接受清偿的债权人，只有在其他债权人同其原债权所受的和解清偿达到同一比例时，才能继续接受破产分配。

表 8-9　重整与和解的比较

		重整	和解
未发生破产原因时，能否提前启动		√	×
申请人	直接申请	债务人/债权人	债务人
	债权人申请破产清算，人民法院宣告破产之前	（1）债务人 （2）债务人 10%以上的出资人 （3）其他债权人	债务人
重整计划/和解草案的制定		债务人/管理人	债务人
通过方式	债权人会议	分组表决：1/2+2/3	不分组：1/2+2/3
	人民法院	批准	认可
人民法院能否强制批准		√	×
由谁负责执行		债务人	债务人
效力	债务人	√	√
	债权人	有担保/无担保	无担保
	保证人/其他连带债务人	×	×
执行成功		按照重整计划（和解协议）减免的债务，自重整计划（和解协议）执行完毕时起，债务人不再承担清偿责任	
不执行或不能执行		债权人在重整计划（和解协议）中作出的债权调整的承诺失去效力，但为重整计划（和解协议）的执行提供的担保继续有效。债权人因执行重整计划（和解协议）所受的清偿仍然有效，债权人未受清偿的部分作为破产债权。在重整计划（和解协议）执行中已经接受清偿的债权人，只有在其他同顺位债权人同自己所受的清偿达到同一比例时，才能继续接受破产分配	

第十四单元　破产清算程序

扫码听名师课

【考点 1】破产财产的清偿顺序（★★★）（P367）

1. 破产财产的清偿顺序

（1）有财产担保的债权；

（2）破产费用和共益债务；

（3）职工债权（破产人所欠职工的工资和医疗、伤残补助、抚恤费用，所欠的应当划入职工个人账户的基本养老保险、基本医疗保险费用，以及法律、行政法规规定应当支付给职工的补偿金）；

（4）纳入社会统筹账户的社会保险费用

和破产人所欠税款；

（5）无财产担保的普通债权。

【解释1】根据《破产审判会议纪要》的规定，对于法律没有明确规定清偿顺序的债权，人民法院可以按照人身损害赔偿债权优先于财产性债权、私法债权优先于公法债权、补偿性债权优先于惩罚性债权的原则合理确定清偿顺序。破产财产依照《企业破产法》规定的顺序清偿后仍有剩余的，可依次用于清偿破产受理前产生的民事惩罚性赔偿金、行政罚款、刑事罚金等惩罚性债权。

【解释2】根据《破产审判会议纪要》的规定，由第三方垫付的职工债权，原则上按照垫付的职工债权性质进行清偿。债务人欠缴的住房公积金，按照债务人拖欠的职工工资性质清偿。

2. 特殊规定

（1）债务人的董事、监事和高级管理人员因返还"绩效奖金"形成的债权，可以作为普通破产债权清偿；因返还"普遍拖欠职工工资情况下获取的工资性收入"形成的债权，按照该企业职工平均工资计算的部分作为拖欠"职工工资"清偿；高出该企业职工平均工资计算的部分，可以作为普通破产债权清偿。

（2）在破产案件受理前因欠缴税款产生的滞纳金属于普通破产债权，不享有与欠缴税款相同的优先受偿地位。破产案件受理后，欠缴税款的滞纳金应当停止计算，在破产程序中不得作为破产债权清偿。

（3）商业银行破产清算时，在支付清算费用、所欠职工工资和劳动保险费用后，应当优先支付个人储蓄存款的本金和利息。

（4）农民专业合作社破产清算时，在清偿破产费用和共益债务后，应当优先清偿破产前与农民成员已发生交易但尚未结清的款项。

经典题解

【真题1·单选题】根据企业破产法律制度的规定，下列债务中，在清偿破产费用和共益债务后，应从破产财产中按第一顺位获得清偿的是（　　）。（2012年）

A. 破产人所欠职工的伤残补助

B. 破产人所欠税款

C. 破产人所欠红十字会的捐款

D. 破产人所欠环保部门的罚款

【答案】A

【真题2·单选题】根据企业破产法律制度的规定，下列关于商业银行破产分配顺序的表述中，正确的是（　　）。（2010年）

A. 破产财产优先支付个人储蓄存款本息

B. 破产财产在支付清算费用后，优先支付个人储蓄存款本息

C. 破产财产在支付清算费用、所欠职工工资和劳动保险费用后，优先支付个人储蓄存款本息

D. 破产财产在支付清算费用、所欠职工工资和劳动保险费用、所欠税款后，优先支付个人储蓄存款本息

【答案】C

【真题3·单选题】甲商业银行破产清算时，已支付清算费用、所欠职工工资和劳动保险费用。根据企业破产法律制度的规定，其尚未清偿的下列债务中，应当优先偿还的是（　　）。（2014年）

A. 购买办公设备所欠货款

B. 企业账户中的存款本金及利息

C. 个人储蓄存款的本金及利息

D. 欠缴监管机构的罚款

【答案】C

【真题4·单选题】破产企业甲公司在破产案件受理前因欠缴税款产生滞纳金，下列关于该滞纳金在破产程序中清偿顺位的表述中，符合企业破产法律制度规定的是（　　）。（2014年）

A. 该滞纳金属于普通债权，受偿顺位劣后于欠缴税款

B. 该滞纳金劣后于普通债权受偿

C. 该滞纳金与欠缴税款处于相同受偿顺位

D. 该滞纳金不属于破产债权，在破产程序中不予清偿

【答案】A

【考点2】破产财产分配方案的实施（★）（P369）

1. 无法通知且无法直接交付或者经通知债权人未受领也无法直接交付的破产财产分配额，管理人应当提存。该债权人自最后分配公告之日起满2个月仍不领取的，视为放弃受领分配的权利，管理人或者人民法院应当将提存的分配额分配给其他债权人。

2. 破产财产分配时，对于诉讼或者仲裁未决的债权，管理人应当依争议标的额将其分配额提存，按照诉讼或者仲裁结果处理。自破产程序终结之日起满2年仍不能受领分配的，人民法院应当将提存的分配额分配给其他债权人。

【相关链接】债权尚未确定的债权人，除人民法院能够为其行使表决权而临时确定债权额者外，不得行使表决权。

第十五单元　关联企业合并破产

扫码听名师课

【考点1】关联企业实质合并破产（★★）（P373）

1. 实质合并是对关联企业资产与负债的合并，即将多个关联企业视为一个单一企业，在统一财产分配与债务清偿的基础上进行破产程序，所有企业同类债权人的清偿率按相同原则确定，各企业的法人人格在破产程序进行期间不再独立。

2. 人民法院裁定采用实质合并方式审理破产案件的，各关联企业成员之间的债权债务归于消灭，各成员的财产作为合并后统一的破产财产，由各成员的债权人在同一程序中按照法定顺序公平受偿。

3.《破产审判会议纪要》指出，对关联企业实质合并破产要审慎适用。人民法院在审理企业破产案件时，应当尊重企业法人人格的独立性，以对关联企业成员的破产原因进行单独判断并适用单个破产程序为基本原则。当关联企业成员之间存在法人人格高度混同、区分各关联企业成员财产的成本过高、严重损害债权人公平清偿利益时，可例外适用关联企业实质合并破产方式进行审理。

4. 采用实质合并方式审理关联企业破产案件的，应由关联企业中的核心控制企业住所地人民法院管辖。核心控制企业不明确的，由关联企业主要财产所在地人民法院管辖。多个人民法院之间对管辖权发生争议的，应当报请共同的上级人民法院指定管辖。

5. 人民法院收到实质合并申请后，应当及时通知相关利害关系人并组织听证，听证时间不计入审查时间。人民法院在审查实质合并申请过程中，可以综合考虑关联企业之间资产的混同程度及其持续时间、各企业之间的利益关系、债权人整体清偿利益、增加企业重整的可能性等因素，在收到申请之日起30日内作出是否实质合并审理的裁定。相关利害关系人对受理法院作出的实质合并审理裁定不服的，可以自裁定书送达之日起15日内向受理法院的上一级人民法院申请复议。

【考点2】关联企业程序合并破产（★★）（P374）

1. 程序合并破产在《破产审判会议纪要》中称为协调审理。根据纪要规定，多个关联企业成员均存在破产原因但不符合实质合并条件的，人民法院可根据相关主体的申请对多个破产程序进行协调审理，并可根据程序协调的需要，综合考虑破产案件审理的效率、破产申请的先后顺序、成员负债规模大小、核心控制企业住所地等因素，由共同的上级法院确定一家法院集中管辖。

2. 在程序合并中，各关联企业仍保持法人人格的独立，资产与债务清偿比例等分别确定。

3. 协调审理不消灭关联企业成员之间的债权债务关系，不对关联企业成员的财产进行合并，各关联企业成员的债权人仍以该企业成员财产为限依法获得清偿。但是，关联企业成员之间不当利用关联控制关系形成的债权，应当劣后于其他普通债权顺序清偿，且该劣后债权人不得就其他关联企业成员提供的特定财产优先受偿，即物权担保无效。

案例分析题专项演练

【案例 1】（2007 年）

2007 年 7 月 30 日，人民法院受理了甲公司的破产申请，并同时指定了管理人。管理人接管甲公司后，在清理其债权债务过程中，有如下事项：

（1）2006 年 4 月，甲公司向乙公司采购原材料而欠乙公司 80 万元货款未付。2007 年 3 月，甲乙双方签订一份还款协议，该协议约定：甲公司于 2007 年 9 月 10 日前偿还所欠乙公司货款及利息共计 87 万元，并以甲公司所属一间厂房作抵押。还款协议签订后，双方办理了抵押登记。乙公司在债权申报期内就上述债权进行了申报。

（2）2006 年 6 月，丙公司向 A 银行借款 120 万元，借款期限为 1 年。甲公司以所属部分设备为丙公司提供抵押担保，并办理了抵押登记。借款到期后，丙公司未能偿还 A 银行贷款本息。经甲公司、丙公司和 A 银行协商，甲公司用于抵押的设备被依法变现，所得价款全部用于偿还 A 银行，但尚有 20 万元借款本息未能得到清偿。

（3）2006 年 7 月，甲公司与丁公司签订了一份广告代理合同，该合同约定：丁公司代理发布甲公司产品广告；期限 2 年；一方违约，应当向另一方承担违约金 20 万元。至甲公司破产申请被受理时，双方均各自履行了部分合同义务。

（4）2006 年 8 月，甲公司向李某购买一项专利，尚欠李某 19 万元专利转让费未付。李某之子小李创办的戊公司曾于 2006 年 11 月向甲公司采购一批电子产品，尚欠甲公司货款 21 万元未付。人民法院受理甲公司破产申请后，李某与戊公司协商一致，戊公司在向李某支付 19 万元后，取得李某对甲公司的 19 万元债权。戊公司向管理人主张以 19 万元债权抵销其所欠甲公司相应债务。

要求：

根据上述内容，分别回答下列问题：

（1）管理人是否有权请求人民法院对甲公司将厂房抵押给乙公司的行为予以撤销？并说明理由。

（2）A 银行能否将尚未得到清偿的 20 万元欠款向管理人申报破产债权，由甲公司继续偿还？并说明理由。

（3）如果管理人决定解除甲公司与丁公司之间的广告代理合同，并由此给丁公司造成实际损失 5 万元，则丁公司可以向管理人申报的债权额应为多少？并说明理由。

（4）戊公司向管理人提出以 19 万元债权抵销其所欠甲公司相应债务的主张是否成立？并说明理由。

【案例 1 答案】

（1）管理人有权请求人民法院予以撤销。根据规定，人民法院受理破产申请前 1 年内，债务人对没有财产担保的债务提供财产担保的，管理人有权请求人民法院予以撤销。

（2）A 银行不能将尚未得到清偿的 20 万元欠款向管理人申报破产债权。根据规定，破产企业（甲公司）不是主债务人，在担保物价款不足以清偿担保债权额时，余债不得作为破产债权向破产企业要求清偿，只能向原主债务人（丙公司）求偿。

（3）丁公司可以向管理人申报的债权额为 5 万元。根据规定，管理人解除双方均未履行完毕的合同，对方当事人以因合同解除所产生的损害赔偿请求权申报债权。对方当事人申报的破产债权以实际损失为限，违约金不得作为破产债权申报。

(4) 戊公司的主张不成立。根据规定，债务人的债务人在破产申请受理后取得他人对债务人的债权的，不得抵销。

【案例2】(2011年)

2011年3月19日，人民法院受理了甲公司的破产清算申请。管理人接管甲公司后，对其债权债务进行了清理。其中，包括以下事实：

(1) 2010年1月7日，鉴于与乙公司之间的长期业务合作关系，甲公司向乙公司赠送复印机一台，价值2.5万元。

(2) 2010年1月15日，甲公司以其部分设备作抵押，为乙公司所欠丙公司80万元货款提供了担保，并办理了抵押登记。后乙公司未能在约定期限内清偿所欠丙公司货款。2010年3月30日，经甲、乙、丙三方协商，甲公司将抵押设备依法变现70万元，价款全部用于偿还丙公司后，丙公司仍有10万元货款未得到清偿。

(3) 2010年5月7日，甲公司与丁公司订立合同，从丁公司处租赁机床一台，双方约定：租期1年；租金5万元。当日，甲公司向丁公司支付5万元租金，丁公司向甲公司交付机床。2011年3月8日，甲公司故意隐瞒事实，以机床所有人的身份将该机床以20万元的市场价格卖给戊公司，当日，甲公司向戊公司交付了机床，戊公司向甲公司付清了全部价款。人民法院受理甲公司破产清算申请后，丁公司向管理人要求返还其出租给甲公司的机床时，得知该机床已被甲公司卖给戊公司的事实。

(4) 2010年12月1日，甲公司向A银行借款100万元，期限1年，庚公司为该笔借款向A银行提供了连带责任保证。

2011年4月5日，由于甲公司申请的一项国家一类新药获得批准证书，经营出现转机，遂向人民法院申请和解，同时提交了和解协议草案。人民法院审查后受理了甲公司的和解申请，并裁定和解。2011年6月23日，债权人会议通过了和解协议，主要内容如下：除对甲公司特定财产享有担保物权的债权人外，其他债权人均按30%的比例减免甲公司债务；自和解协议执行完毕之日起，甲公司不再承担清偿责任；甲公司与主要债权人建立战略性合作安排等。2011年8月31日，和解协议执行完毕。A银行就甲公司所欠其100万元借款本息申报债权后，通过和解程序获偿70%。随后，A银行致函庚公司，要求其承担保证责任，清偿其剩余30%未获偿借款本息，庚公司回函拒绝，理由是：A银行等债权人已与甲公司达成减免债务的和解协议，主债务减免后，保证债务亦应按相应比例减免。

要求：

根据上述内容，分别回答下列问题：

(1) 管理人是否有权请求人民法院撤销甲公司向乙公司赠送复印机的行为？并说明理由。

(2) 丙公司是否有权就其未获清偿的10万元货款向管理人申报债权，要求甲公司继续偿还？并说明理由。

(3) 丁公司是否有权要求戊公司返还机床？并说明理由。

(4) 丁公司的财产损失能否作为共益债务清偿？并说明理由。

(5) 庚公司拒绝对A银行未获清偿的30%借款本息承担保证责任的理由是否成立？并说明理由。

【案例2答案】

(1) 管理人无权请求人民法院撤销甲公司向乙公司赠送复印机的行为。根据规定，人民法院受理破产申请前1年内，债务人无偿转让财产的，管理人有权请求人民法院予以撤销。在本题中，甲公司向乙公司赠送复印机的行为发生在破产申请受理 1 年之前，管理人无权请求人民法院予以撤销。

（2）丙公司无权就其未获清偿的 10 万元货款向管理人申报债权。根据规定，破产企业不是主债务人，在担保物价款不足以清偿担保债权额时，余债不得作为破产债权向破产企业要求清偿，只能向原主债务人求偿。

（3）丁公司无权要求戊公司返还机床。根据规定，戊公司受让机床时主观上为善意、以合理价格有偿受让，并且机床已经交付，戊公司基于善意取得制度依法取得了该机床的所有权，丁公司已经丧失了对该机床的所有权，丁公司无权要求戊公司返还机床。

（4）丁公司的财产损失不能作为共益债务清偿。根据规定，债务人占有的他人财产被违法转让给第三人，依据《物权法》的规定第三人已善意取得财产所有权，原权利人无法取回该财产的，转让行为发生在破产申请受理前的，原权利人因财产损失形成的债权，作为普通破产债权清偿。在本题中，甲公司的转让行为发生在破产申请受理之前，丁公司因财产损失形成的债权，只能作为“普通破产债权”（而非共益债务）清偿。

（5）庚公司的理由不成立。根据规定，和解债权人对债务人的保证人和其他连带债务人所享有的权利，不受和解协议的影响。

【案例 3】（2012 年）

2011 年 10 月，A 公司法定代表人突然出走，不知去向。A 公司内部管理因此陷入混乱。2012 年 1 月，A 公司所欠 B 公司工程款 200 万元债务到期，B 公司要求还款，A 公司因无人理事而未予回应。B 公司遂于 2012 年 2 月 10 日向人民法院申请 A 公司破产。A 公司向人民法院提出异议，称该公司不能偿还 B 公司债务的主要原因是法定代表人至今下落不明，公司无人管理，而非资不抵债，并提出证据证明其账面资产尚大于负债。2 月 27 日，人民法院裁定驳回 A 公司的异议。同日，人民法院裁定受理 B 公司提出的 A 公司破产申请，指定破产管理人，并公告通知债权人申报债权。

管理人在清理 A 公司债权债务过程中，发现如下事实：

（1）2011 年 7 月 1 日，C 公司向银行借款 50 万元，期限 1 年，A 公司为该笔借款提供了一般保证担保。截至破产申请受理之日，C 公司尚欠银行借款本息 40 万元。银行已向 A 公司的管理人申报该 40 万元担保债权。

（2）2011 年 8 月 3 日，D 公司向 A 公司购买了一批塑料薄膜，尚欠 15 万元货款未付。A 公司长期租用 E 公司仓库，至破产申请受理日，已拖欠 E 公司租金 13 万元。2012 年 3 月 5 日，D 公司以 5 万元对价，受让 E 公司对 A 公司的租金债权。D 公司已向管理人主张以该租金债权抵销所欠 A 公司 15 万元货款中的 13 万元。

（3）2011 年 9 月 30 日，A 公司与 F 公司签订一份买卖合同。合同约定：A 公司向 F 公司订购一台设备，2012 年 3 月上旬交货；卖方送货上门，货到付款。2012 年 2 月 25 日，F 公司将设备发运。F 公司于 2 月 29 日获悉 A 公司破产案已被人民法院受理后，立即通知管理人，要求取回在途设备。3 月 1 日，设备到达 A 公司。

在债权人会议对债权申报进行核查时，债权人甲提出，A 公司对银行的保证债务尚未到期，故银行无权进行债权申报。债权人乙提出，A 公司作为一般保证人，对银行享有先诉抗辩权，银行尚未通过诉讼或仲裁向 C 公司求偿，故不得进行债权申报。债权人丙认为，D 公司无权以受让的租金债权抵销所欠 A 公司货款。债权人丁认为，设备已交付，其所有权已由 F 公司转移给 A 公司，构成债务人财产的一部分，故 F 公司无权取回。

要求：

根据上述内容，分别回答下列问题：

(1) 人民法院驳回A公司异议并裁定受理破产申请的法律依据何在？

(2) 债权人甲主张银行无权申报债权的理由是否成立？并说明理由。

(3) 债权人乙关于A公司对银行享有先诉抗辩权的主张是否成立？并说明理由。

(4) 债权人丙关于D公司无权进行债务抵销的主张是否成立？并说明理由。

(5) 债权人丁关于F公司无权取回设备的主张是否成立？并说明理由。

【案例3答案】

(1) 债务人账面资产虽大于负债，但法定代表人下落不明且无其他人员负责管理财产，无法清偿债务的，人民法院应当认定债务人明显缺乏清偿能力。

(2) 甲的理由不成立。根据规定，保证人被裁定进入破产程序的，债权人有权申报其对保证人的保证债权。主债务未到期的，保证债权在保证人破产申请受理时视为到期。

(3) 乙的主张不成立。根据规定，一般保证的保证人主张行使先诉抗辩权的，人民法院不予支持。

(4) 丙的主张成立。根据规定，债务人的债务人在破产申请受理后取得他人对债务人的债权的，不得抵销。

(5) 丁的主张不成立。根据规定，人民法院受理破产申请时，出卖人已将买卖标的物向作为买受人的债务人发运，债务人尚未收到且未付清全部价款的，出卖人可以取回在运途中的标的物。买受人的破产案件受理时，只要货物尚在运输途中、且价款尚未付清，出卖人向管理人表示行使取回权的，即可发生取回的法律效力。

【案例4】(2013年)

自2012年年初以来，A公司出现不能清偿到期债务，且资产不足以清偿全部债务的情况，2012年12月17日，人民法院经审查裁定受理了A公司的破产申请，并指定了管理人。在该破产案件中，存在下述情况：

(1) 2011年10月8日，B公司向C银行借款1000万元，期限1年。A公司以所属机器设备为B公司该笔借款提供了抵押担保，并办理了抵押登记，B公司到期未偿还C银行的借款。C银行将上述抵押物拍卖得款900万元，将不足清偿的150万元借款本息向管理人申报了债权。

(2) 2012年7月，A公司向D公司租用机床一台，租期1年，租金已一次性付清。2012年11月，A公司以50万元的市场价格将机床售与E公司，双方已交货、付款。E公司对A公司无处分权的事实并不知情。D公司获悉机床已被A公司卖给E公司后，要求E公司返还机床，遭E公司拒绝。

(3) 2009年1月，A公司与F公司签订房屋租赁合同，将所属500平米门面房出租给F公司用作超市经营，租期5年，每年1月底前支付当年租金，F公司一直正常缴纳租金。2013年2月，管理人通知F公司解除该房屋租赁合同，但F公司表示反对。

(4) 2011年10月，A公司欠刘某专利转让费29万元到期未付。2012年12月20日，刘某将该债权以15万元的价格转让给G公司。G公司现提出，以该债权与其所欠A公司的30万元货款在相同金额范围内抵销。

(5) 2012年8月17日，供电局向A公司发出欠缴电费催收通知书，要求A公司一周内补缴拖欠电费20万元，否则将对其生产区停止供电，A公司于8月22日向供电局补缴了全部拖欠电费。2013年2月，管理人主张撤销A公司向供电局补缴电费的行为。

要求：

根据上述内容，分别回答下列问题：

(1) C银行以抵押物拍卖款不足清偿的150万元借款本息向管理人申报债权的

第八章

行为，是否符合企业破产法律制度的规定？并说明理由。

（2）E公司是否有权拒绝D公司返还机床的请求？并说明理由。如果E公司拒绝了D公司返还机床的请求，D公司因财产损失形成的债权，能否向管理人申报普通破产债权？并说明理由。

（3）管理人是否有权解除A公司与F公司之间的房屋租赁合同？并说明理由。

（4）G公司关于债务抵销的主张是否成立？并说明理由。

（5）管理人是否有权撤销A公司向供电局补缴电费的行为？并说明理由。

【案例4答案】

（1）C银行的做法不符合规定。根据规定，破产企业（A公司）不是主债务人，在担保物价款不足以清偿担保债权额时，余债不得作为破产债权向破产企业要求清偿，只能向原主债务人（B公司）求偿。

（2）①E公司有权拒绝D公司返还机床的请求。根据规定，E公司基于善意取得制度（E公司当时善意、以合理的市场价格有偿取得并已经交付）依法取得了该机床的所有权，E公司有权拒绝D公司返还机床的请求；②D公司可以向管理人申报普通破产债权。根据规定，债务人占有的他人财产被违法转让给第三人，依据《物权法》的规定第三人已善意取得财产所有权，原权利人无法取回该财产的，如果转让行为发生在破产申请受理前，原权利人因财产损失形成的债权，作为普通破产债权清偿。

（3）管理人无权解除A公司与F公司之间的房屋租赁合同。根据规定，对于破产企业对外出租不动产的合同，除存在严重影响破产财产的整体变价与价值、且无法分别处分等特殊情况外，管理人不得违背合同约定任意解除合同；在变价破产财产时，房屋可以带租约出售，承租人在同等条件下享有优先购买权。

（4）G公司关于债务抵销的主张不成立。根据规定，债务人的债务人在破产申请受理后取得他人对债务人的债权的，禁止抵销。

（5）管理人无权撤销A公司向供电局补缴电费的行为。根据规定，债务人为维系基本生产需要而支付水费、电费等，管理人请求撤销的，人民法院不予支持。

【案例5】（2014年）

2013年10月15日，人民法院根据债权人申请受理了A公司破产清算案，并指定了管理人。在该破产案件中，存在以下情况：

（1）根据A公司章程的规定，股东分两期缴纳出资，其中，第一期出资于2011年2月1日公司设立时缴纳，第二期出资于2014年2月28日前缴纳。B公司和C公司均为A公司创始股东，其中B公司按时缴纳了第一期出资，C公司尚未缴纳任何出资。管理人要求B公司和C公司补缴其各自认缴的出资，被两公司拒绝，两公司提出，公司章程规定的第二期出资的缴纳期限尚未到期，因此目前无须缴纳，C公司还主张，虽然其未按公司章程规定的期限缴纳第一期出资，但由于其未履行出资缴纳义务的行为已经超过诉讼时效期间，故可不再缴纳。

（2）2013年1月起，A公司出现破产原因，但公司董事、监事和高级管理人员仍然领取了绩效奖金。2013年4月起，A公司普遍拖欠职工工资，但公司董事、监事和高级管理人员仍然领取工资。

（3）2013年9月，A公司向D公司订购一台设备，根据双方合同的约定，A公司向D公司支付了30%的货款，D公司将该设备向A公司发运。获悉人民法院受理A公司破产案件后，D公司立即向A公司主张取回在运途中的设备，并通知承运人中止运输、返回货物。但因承运人原因，未能取回设备。2013年10月17日，管理人收到设备。

要求：

根据上述内容，分别回答下列问题：

(1) B、C两公司关于A公司章程规定的第二期出资的缴纳期限尚未届至，目前无须缴纳的主张是否成立？并说明理由。

(2) C公司关于其未履行出资缴纳义务已经超过诉讼时效，可不再缴纳出资的主张是否成立？并说明理由。

(3) 对于A公司董事、监事和高级管理人员在公司发生破产原因后领取绩效奖金及在普遍拖欠职工工资的情况下领取工资的行为，管理人应分别如何处理？

(4) 管理人收到设备后，D公司还能否向管理人主张出卖人取回权？并说明理由。

【案例5答案】

(1) B、C两公司的主张不成立。根据规定，人民法院受理破产申请后，债务人的出资人尚未完全履行出资义务的，管理人应当要求该出资人缴纳所认缴的出资，而不受出资期限的限制。

(2) C公司的主张不成立。根据规定，管理人代表债务人提起诉讼，主张出资人向债务人依法缴付未履行的出资或者返还抽逃的出资本息，出资人以违反出资义务已经超过诉讼时效为由抗辩的，人民法院不予支持。

(3) 人民法院应当认定为非正常收入，管理人可以要求返还。具体为：

①债务人的董事、监事和高级管理人员因返还“绩效奖金”形成的债权，可以作为“普通破产债权”清偿。

②因返还“普遍拖欠职工工资情况下获取的工资性收入”形成的债权，按照该企业职工平均工资计算的部分作为“拖欠职工工资”清偿；高出该企业职工平均工资计算的部分，可以作为“普通破产债权”清偿。

(4) D公司可以向管理人主张出卖人取回权。根据规定，出卖人依据《企业破产法》的规定，通过通知承运人或者实际占有人中止运输、返还货物、变更到达地，或者将货物交给其他收货人等方式，对在运途中标的物主张了取回权但未能实现，或者在货物未达管理人前已向管理人主张取回在运途中标的物，在买卖标的物到达管理人后，出卖人向管理人主张取回的，管理人应予准许。

【案例6】(2014年)

2014年5月5日，因A公司未能偿还对B公司的到期债务，B公司向人民法院提出对A公司进行破产清算的申请。

A公司收到人民法院通知后，于5月9日提出异议，认为本公司未达破产界限，理由是：第一，B公司对A公司之债权由C公司提供连带保证，而C公司完全有能力代为清偿该笔债务；第二，尽管A公司暂时不能清偿所欠B公司债务，但其资产总额超过负债总额，不构成资不抵债。经审查相关证据，人民法院发现：虽然A公司的账面资产总额超过负债总额，但其流动资金不足，实物资产大多不能立即变现，无法立即清偿到期债务。据此，人民法院于5月16日裁定受理B公司的破产申请，并指定了管理人。

在该破产案件中，有以下情况：

(1) 2014年4月14日，人民法院受理了D公司诉A公司股东甲的债务纠纷案件。D公司主张，因甲未缴纳出资，故应就A公司所欠D公司债务承担出资不实责任。该案尚未审结。

(2) A公司于2013年4月8日向E信用社借款200万元，期限1年。A公司以其所属厂房为该笔借款提供了抵押担保。2014年5月18日，经管理人同意，A公司向E信用社偿还了其所欠200万元借款本金及其利息。经查，A公司用于抵押的厂房市场价值为500万元。有其他债权人提出，A公司向E信用社的清偿行为属于破产申请受理后对个别债权人的债务清偿，故应认定为无效。

(3) 2014年6月2日，F公司向管理人提出，根据其与A公司之间的合同约定，由其提供原材料，委托A公司加工了一批产品，现合同到期，要求提货。据查，该批产品价值 50 万元，现存于 A 公司仓库，F 公司已于 2014 年 2 月支付了全部加工费 10 万元。管理人认为该批产品属于债务人财产，故不允许 F 公司提走。

要求：

根据上述内容，分别回答下列问题：

（1）A 公司以 C 公司为其债务提供了连带保证且有能力代为清偿为由，对破产申请提出的异议是否成立？并说明理由。

（2）人民法院以 A 公司现金不足，资产大多不能立即变现清偿债务为由，裁定受理破产申请，是否符合企业破产法律制度的规定？并说明理由。

（3）对于 D 公司诉 A 公司股东甲的债务纠纷案，在程序上人民法院应如何处理？并说明理由。

（4）有关债权人关于 A 公司向 E 信用社清偿行为无效的主张是否成立？并说明理由。

（5）F 公司是否有权提走其委托 A 公司加工的产品？并说明理由。

【案例 6 答案】

（1）A 公司的异议不成立。根据规定，相关当事人以对债务人的债务负有连带责任的人未丧失清偿能力为由，主张债务人不具备破产原因的，人民法院不予支持。

（2）人民法院的做法符合规定。根据规定，债务人账面资产虽大于负债，但存在因资金严重不足或者财产不能变现等原因，无法清偿债务的，人民法院应当认定其明显缺乏清偿能力。

（3）人民法院应当中止审理。根据规定，破产申请受理前，债权人提起诉讼主张债务人的出资人等直接向其承担出资不实责任，案件在破产申请受理时尚未审结的，人民法院应当中止审理。

（4）有关债权人的主张不成立。根据规定，人民法院受理破产申请后，债务人对个别债权人的债务清偿无效。但是，债务人以其财产向债权人提供物权担保的，其在担保物市场价值内向债权人所作的债务清偿，不受上述规定的限制。

（5）F 公司有权提走其委托 A 公司加工的产品。根据规定，债务人基于仓储、保管、承揽、代销、借用、寄存、租赁等合同或者其他法律关系占有、使用的他人财产，不应认定为债务人财产。在本题中，A 公司基于承揽合同占有 F 公司的财产，且 F 公司已付加工费，管理人无权拒绝返还加工物。

【案例 7】（2015 年）

A 公司因拖欠 B 公司债务被诉至人民法院并败诉，判决生效后，经人民法院强制执行，A 公司仍无法完全清偿 B 公司债务。A 公司的债权人 C 公司知悉该情况后，于 2014 年 7 月 30 日向人民法院提出对 A 公司的破产申请，A 公司提出异议：第一，A 公司账面资产仍大于负债；第二，C 公司并未就其债权向 A 公司提出清偿要求，因此不能直接判断其债权能否获得清偿。人民法院驳回 A 公司的异议，于 8 月 12 日裁定受理破产申请。

管理人接管 A 公司后，在清理债权债务过程中发现如下事项：

（1）2013 年 6 月，D 公司向甲银行借款 80 万元，借期 1 年，A 公司以其设备为 D 公司的借款提供抵押担保，并办理了抵押登记。借款到期后，D 公司未能偿还，经 A 公司、D 公司和甲银行协商，A 公司用于抵押的设备依法变现，所得价款全部用于偿还借款本息，但尚有 14 万元未能清偿。

（2）2013 年 9 月，A 公司向乙银行借款 50 万元，借期 6 个月，E 公司为此提供保证担保。2014 年 2 月 2 日，A 公司提前偿还借款。

（3）2013 年 11 月，F 公司向 A 公司订购一批汽车零部件，合同价款 30 万元，A 公司交货后，F 公司一直未付款，获悉人民法院受理针对 A 公司的破产申请后，F 公司以 30 万元的价格受让了 G 公司对 A 公司的 58 万元债权，之后，F 公司向管理人主张以其受让 G 公司的债权抵销所欠 A 公司的债务。

要求：

根据上述内容，分别回答下列问题：

（1）A 公司就破产申请提出的两项异议是否成立？并分别说明理由。

（2）甲银行能否将尚未得到清偿的 14 万元向管理人申报破产债权？并说明理由。

（3）对 A 公司提前偿还乙银行借款的行为，管理人是否有权请求人民法院予以撤销？并说明理由。

（4）F 公司向管理人提出以其受让 G 公司的债权抵销所欠 A 公司债务的主张是否成立？并说明理由。

【案例 7 答案】

（1）A 公司的两项异议均不成立。根据规定，债务人账面资产虽大于负债，但经人民法院强制执行，无法清偿债务的，人民法院应当认定其明显缺乏清偿能力。而“经人民法院强制执行，无法清偿债务”，是指只要债务人的任何一个债权人经人民法院强制执行未能得到清偿，其每一个债权人均有权提出破产申请，并不要求申请人自己已经采取了强制执行措施。在本题中，债权人 B 公司在经人民法院强制执行后未能得到清偿，故债权人 C 公司可以提出破产申请。

（2）甲银行不能将尚未得到清偿的 14 万元向管理人申报破产债权。根据规定，破产企业不是主债务人，在担保物价款不足以清偿担保债权额时，余债不得作为破产债权向破产企业要求清偿，只能向原主债务人（D 公司）求偿。

（3）管理人无权请求人民法院予以撤销。根据规定，破产申请受理前 1 年内债务人提前清偿的未到期债务，在破产申请受理前已经到期，管理人请求撤销该行为的，人民法院不予支持。

（4）F 公司的主张不成立。根据规定，债务人的债务人在破产申请受理后取得他人对债务人的债权的，不得抵销。在本题中，债务人的债务人 F 公司是在破产申请受理后取得他人（G 公司）对债务人（A 公司）的债权，故不能抵销。

【案例 8】（2015 年）

2014 年年底，A 公司已经开始出现破产原因，2015 年 6 月 8 日人民法院依法受理了 A 公司的破产申请，并指定了某律师事务所为管理人。

（1）2015 年 2 月，B 公司委托 A 公司代为销售某产品，A 公司管理人将其归为 A 公司财产。

（2）2015 年 3 月，A 公司运输车辆将董某撞伤，A 公司向董某支付了人身损害赔偿金 15 万元。

（3）2015 年 4 月，A 公司向 C 公司购买了一批货物，双方约定分期付款，A 公司付清全部价款之后才能获得该批货物的所有权。A 公司已经支付了 90% 的货款。A 公司管理人决定继续履行该合同，但无正当理由拒绝支付剩余 10% 的货款。

（4）2014 年 5 月，A 公司以其设备设定抵押向 D 银行借款 100 万元。A 公司管理人为该抵押物的管理、变现等付出了合理劳动。在确定管理人报酬时，A 公司管理人将该抵押物的价值计入了计酬基数，同时请求 D 银行支付实现抵押权的相应报酬。

要求：

根据上述内容，分别回答下列问题：

（1）B 公司委托销售的产品是否属于 A 公司财产？并说明理由。

（2）A 公司管理人是否有权撤销支付给董某的人身损害赔偿金？并说明理由。

（3）C 公司能否取回该批货物？并说明理由。

（4）在确定管理人报酬时，该抵押物的价值能否计入计酬基数？管理人请求 D 银行支付实现抵押权的相应报酬是否符合规定？并分别说明理由。

【案例 8 答案】

（1）B 公司委托销售的产品不属于 A 公

司财产。根据规定，债务人基于仓储、保管、承揽、代销、借用、寄存、租赁等合同或者其他法律关系占有、使用的他人财产，不属于债务人财产。

(2) A公司管理人无权撤销支付给董某的人身损害赔偿金。根据规定，人民法院受理破产申请前6个月内，债务人支付的人身损害赔偿金，管理人请求撤销的，人民法院不予支持。

(3) C公司不能取回该批货物。根据规定，买受人管理人无正当理由未及时支付价款，给出卖人造成损害，出卖人依据《合同法》的规定主张取回标的物的，人民法院应予支持。但是，买受人已支付标的物总价款75%以上或者第三人善意取得标的物所有权或者其他物权的除外。在本题中，由于A公司已经支付了90%的货款，C公司不能取回该批货物。

(4) ①该抵押物的价值不能计入计酬基数。根据规定，人民法院应根据"债务人最终清偿的财产价值总额"，分段确定管理人报酬。担保权人优先受偿的担保物价值，不计入"债务人最终清偿的财产价值总额"；②管理人请求D银行支付实现抵押权的相应报酬符合规定。根据规定，管理人对担保物的维护、变现、交付等管理工作付出合理劳动的，有权向担保权人收取适当的报酬。

【案例9】(2016年)

人民法院于2015年11月5日受理了债权人提出的针对A公司的破产申请。法院向A公司送达受理裁定，并要求其在15日内提交财产状况说明、债务清册、债权清册等有关资料，A公司以企业管理不善、资料保存不全为由拒绝。

管理人在调查债务人财产状况时发现下述情况：

(1) 2015年1月，A公司向B公司出售一台机床，B公司验货后，将机床暂存于A公司库房。双方约定，在B公司付清全部价款前，A公司保留机床所有权。2015年10月，B公司付清全部价款，但尚未提货。

(2) 2015年2月，A公司向C银行借款20万元，由D公司承担连带责任保证。借款到期后A公司未能清偿，C银行已就20万元借款及利息向管理人申报了债权，同时要求D公司承担连带责任保证，D公司遂向管理人预先申报此笔债权，遭到拒绝。

在债权人会议对破产财产的变价方案进行表决时，出席会议并参与表决的债权人共计30人（全体债权人人数为45人），债权额占全部无财产担保债权总额的60%，其中赞成的为28人，代表债权额占全部无财产担保债权总额的45%。在人民法院对本案作出破产宣告前，当地社会保险机构以债权人名义提出对A公司进行重整的申请。

要求：

根据上述内容，分别回答下列问题：

(1) A公司拒不提交相关材料，人民法院可对其采取何种处罚措施？

(2) A公司销售给B公司的机床是否属于债务人财产？并说明理由。

(3) 管理人拒绝D公司预先申报债权，是否符合企业破产法律制度的规定？并说明理由。

(4) 债权人会议关于破产财产变价方案的表决结果，是否达到通过表决方案的法定最低比例要求？并说明理由。

(5) 当地社会保险机构是否有权提出重整申请？并说明理由。

【案例9答案】

(1) 人民法院可以对债务人的直接责任人员采取罚款等强制措施。

(2) A公司销售给B公司的机床不属于债务人财产。根据规定，债务人基于仓储、保管等法律关系占有、使用的他人财产，不属于债务人财产。在本题中，双方约定，在B公司付清全部价款前，A公司保留机床所有权。2015年10月，B公司付清全部价款后，B公司即取得了该机床的所有权。尽管 B 公司尚未提货，但 A 公司仅处于保管人的地位，该机床不属于债务人财产。

(3) 管理人拒绝 D 公司预先申报债权符合规定。根据规定，对于保证债权，债权人已向管理人申报全部债权的，保证人（D 公司）不能再申报债权。

(4) 未达到法定最低比例要求。根据规定，债权人会议对破产财产变价方案作出的决议，应由出席会议的有表决权的债权人过半数通过，并且其所代表的债权额占无财产担保债权总额的 1/2 以上。在本题中，赞成该决议的人数为 28 人，超过出席会议的有表决权的债权人的半数；但是其所代表的债权额仅占全部无财产担保债权总额的 45%，不足 1/2 的法定要求。

(5) 当地社会保险机构无权提出重整申请。根据规定，社会保险机构只享有对债务人的破产清算申请权，但不享有重整申请权。

【案例 10】（2016 年）

A 公司因不能清偿到期债务，且明显缺乏清偿能力，主动向人民法院申请破产。2016 年 4 月 1 日，人民法院裁定受理 A 公司的破产申请，并指定某会计师事务所为管理人。

管理人在清理 A 公司资产过程中发现，A 公司的股东甲于 2014 年 3 月认缴增资 200 万元，根据公司章程的规定，甲应于 2014 年 4 月至 2017 年 4 月底，至多分 4 次缴足出资，每次不低于 50 万元。截至 2016 年 4 月 1 日，甲已经实缴 100 万元出资。2016 年 4 月 6 日，管理人要求甲缴纳剩余出资 100 万元，甲以其出资义务尚未到期为由拒绝。

2016 年 4 月 7 日，B 公司获悉 A 公司申请破产的消息后，要求取回其委托 A 公司加工定做的一套高档古典家具，由于 B 公司尚未支付加工费，管理人以此为由拒绝其取回家具。

2016 年 4 月 11 日，C 公司申报债权。管理人认为，C 公司所主张的对 A 公司的 50 万元债权，未得到 A 公司原负责人认可，故以该债权有争议为由拒绝将其编入债权申报登记册。C 公司对此提出异议，管理人研究后提出如下处理方案：先将 C 公司主张的债权列入债权申报登记册，交由第一次债权人会议核查是否成立，但 C 公司不得参加第一次债权人会议。

债权申报工作结束后，管理人指定本所一名资深注册会计师担任债权人会议主席。

要求：

根据上述内容，分别回答下列问题：

(1) 甲拒绝缴纳剩余 100 万元出资的理由是否成立？并说明理由。

(2) 管理人拒绝 B 公司取回家具的理由是否成立？并说明理由。

(3) 管理人拒绝将 C 公司的债权编入债权申报登记册的理由是否成立？并说明理由。

(4) 管理人拒绝 C 公司参加第一次债权人会议是否符合企业破产法律制度的规定？并说明理由。

(5) 管理人指定本所注册会计师为债权人会议主席是否符合企业破产法律制度的规定？并说明理由。

【案例 10 答案】

(1) 甲的理由不成立。根据规定，人民法院受理破产申请后，债务人的出资人尚未完全履行出资义务的，管理人应当要求该出资人缴纳所认缴的出资，而不受出资期限的限制。

(2) 管理人的理由成立。根据规定，权利人行使取回权时未依法向管理人支付相关的加工费等费用，管理人拒绝其取回相关财产的，人民法院应予以支持。

(3) 管理人的理由不成立。根据规定，管理人应当对债权人申报的债权进行登记造册，不得以其认为债权超过诉讼时效或者不能成立等为由拒绝编入债权申报登记册。

（4）管理人拒绝C公司参加第一次债权人会议不符合规定。根据规定，凡是申报债权者均有权参加第一次债权人会议，有权参加对其债权的核查、确认活动，并可依法提出异议。

（5）管理人指定本所注册会计师为债权人会议主席不符合规定。根据规定，债权人会议主席由人民法院在有完全表决权的债权人中指定，管理人无权指定债权人会议主席。

【案例11】（2017年）

A公司是一家拥有200多名职工的中型企业。自2015年年底开始，A公司生产经营停滞，无力偿还银行贷款本息，并持续拖欠职工工资。2017年1月，A公司20名职工联名向人民法院提出对A公司的破产申请，人民法院认为该20名职工无破产申请权，做出不予受理的裁定。2017年2月，A公司的债权人B银行向人民法院申请A公司破产，A公司提出异议称，A公司账面资产总额超过负债总额，并未丧失清偿能力。在此情形下，人民法院召集A公司和B银行代表磋商偿还贷款事宜，但A公司坚持要求B银行再给其半年还款缓冲期，争取恢复生产，收回货款后再清偿贷款，B银行则要求A公司立即清偿债务，双方谈判破裂。人民法院认为，A公司的抗辩异议不成立，于5日后做出受理破产申请的裁定，并指定了破产管理人。在管理人接管A公司、清理财产和债权债务期间，发生如下事项：

（1）C公司欠A公司的20万元货款到期，C公司经理在得知A公司进入破产程序的情况下，因被A公司经理收买，直接将货款交付A公司财务人员。A公司财务人员收到货款后，迅速转交给A公司的股东。

（2）A公司经管理人同意，向其债权人D公司清偿10万元债务，A公司此前为担保该笔债务而以市值50万元的机器设备设定抵押，也因此解除。

管理人清理债权债务时还发现，A公司的部分财产已在破产申请受理前发生的多宗民事诉讼案件中被人民法院采取保全措施或者已进入强制执行程序。

要求：

根据上述内容，分别回答下列问题：

（1）人民法院认为A公司20名职工无破产申请权，是否符合企业破产法律制度的规定？并说明理由。

（2）人民法院驳回A公司的抗辩异议，是否符合企业破产法律制度的规定？并说明理由。

（3）C公司向A公司财务人员交付20万元货款的行为是否产生债务清偿效果？并说明理由。

（4）A公司向D公司的清偿行为是否应当认定为无效？并说明理由。

（5）A公司破产申请受理前人民法院对其部分财产所采取的保全措施以及强制执行程序，应如何处理？

【案例11答案】

（1）人民法院认为A公司20名职工无破产申请权符合规定。根据规定，职工提出破产申请应经职工代表大会或者全体职工会议多数决议通过。

（2）人民法院驳回A公司的抗辩异议符合规定。根据规定，债务人以其具有清偿能力或者资产超过负债为由提出抗辩异议，但又不能立即清偿债务或者与债权人达成和解的，其异议不能成立。

（3）C公司向A公司财务人员交付20万元货款的行为不产生债务清偿的效果。根据规定，人民法院受理破产申请后，债务人的债务人或者财产持有人应当向管理人清偿债务或者交付财产，如其故意违反法律规定向债务人清偿债务或者交付财产，使债权人受到损失的，不免除其清偿债务或者交付财产的义务。

（4）A公司向D公司的清偿行为不应当认定为无效。根据规定，人民法院受理破产申请后，债务人对个别债权人的债务清偿无效；但是，债务人以其财产向债权人提供物权担保的，其在担保物市场价值内向债权人所作的债务清偿，不受上述规定的限制。

（5）人民法院受理破产申请后，有关债务人财产的保全措施应当解除，执行程序应当中止。

【案例 12】（2017 年）

2016 年 6 月 3 日，人民法院裁定受理债务人甲公司的破产申请。同日，人民法院发布受理破产申请的公告，确定债权人申报债权的期限。在此期限内，管理人收到以下债权申报：

（1）A 公司曾为甲公司的 50 万元银行借款提供连带保证。2016 年 3 月，因甲公司无力偿还借款，A 公司承担连带保证责任，向银行支付 50 万元借款本息。A 公司因此向管理人申报 50 万元借款本息的债权。

（2）甲公司欠 B 信用社 60 万元借款未还。C 公司为该笔借款提供连带保证，但尚未承担保证责任。B 信用社向管理人申报 60 万元借款本息的债权后，C 公司也提出相同金额债权的申报。

（3）甲公司的关联企业乙公司也进入破产程序。甲公司和乙公司对 D 公司负有 70 万元的连带债务。D 公司向乙公司管理人申报 70 万元债权后，又向甲公司管理人申报该 70 万元债权。

（4）甲公司长期拖欠 E 公司货款，累计 20 万元。E 公司申报 20 万元本息的债权。

甲公司管理人收到上述申报后，审查了 A、B、C、D、E 五家债权人的相关资料，认为 E 公司主张的债权已经超过诉讼时效期间，故未将 E 公司申报的债权编入债权申报登记册。

要求：

根据上述内容，分别回答下列问题：

（1）债权人申报债权的最短期限和最长期限分别是多少？

（2）甲公司管理人对 A 公司申报的 50 万元借款本息债权应否确认？并说明理由。

（3）甲公司管理人对 C 公司申报的 60 万元借款本息债权应否确认？并说明理由。

（4）甲公司管理人对 D 公司申报的 70 万元债权应否确认？并说明理由。

（5）甲公司管理人不将 E 公司的债权编入债权申报登记册的理由是否成立？并说明理由。

【案例 12 答案】

（1）债权人申报债权的期限，最短不得少于 30 日，最长不得超过 3 个月。

（2）管理人对 A 公司申报的 50 万元借款本息债权应予确认。根据规定，债务人的保证人已经代替债务人清偿债务的，以其对债务人的求偿权申报债权。

（3）管理人对 C 公司申报的 60 万元借款本息债权不应予以确认。根据规定，债权人已向管理人申报全部债权的，保证人不能再申报债权。

（4）管理人对 D 公司申报的 70 万元债权应予确认。根据规定，连带债务人数人均被裁定适用破产程序的，其债权人有权就全部债权分别在各破产案件中申报债权。

（5）管理人的理由不成立。根据规定，管理人应当对债权人申报的债权进行登记造册，不得以其认为债权超过诉讼时效或者不能成立等为由拒绝编入债权申报登记册。

【案例 13】（2018 年）

2017 年 9 月以来，债务人 A 公司出现不能清偿到期债务且明显缺乏清偿能力的情形。同年 10 月 23 日，债权人 B 公司向人民法院提出对 A 公司进行破产清算的申请。A 公司向人民法院提出异议，认为所欠 B 公司债务有 C 公司提供的连带保证担保，且 C 公司有能力承担保证责任，因此人民法院不应受理破产申请。2017 年 11 月 2 日，人民法院裁定受理 A 公司破产案件。在选择管理人时，D 会计师事务所和 E 律师事务所参与投标，其中 D 会计师事务所曾于 2013 年 1 月至

2014 年 10 月担任 A 公司的财务顾问，E 律师事务所曾于 2014 年度担任 B 公司的法律顾问。

清理债务人财产时，管理人发现，A 公司自 2016 年下半年起存在普遍拖欠职工工资的情形。截至 2017 年年底，A 公司董事仍正常领取工资，但未领取 2016、2017 年度的绩效奖金。

确定破产债权时，管理人对 A 公司所欠职工工资和医疗、伤残补助、抚恤费用，以及应当列入职工个人账户的基本养老和医疗保险费用等列出清单，进行公示。A 公司职工对清单记载的所欠基本养老保险等费用提出异议，要求管理人予以更正。但管理人既未更正，也未作出合理的解释和说明。

破产宣告前，由于 A 公司的一土地使用权市场价值大幅上升，公司资产价值整体超过负债总数，因此 A 公司请求人民法院裁定驳回破产申请。

要求：

根据上述内容，分别回答下列问题：

（1）A 公司对破产申请提出的异议是否成立？并说明理由。

（2）D 会计师事务所和 E 律师事务所，谁不得担任本案的破产管理人？并说明理由。

（3）对于 A 公司董事领取的 2017 年 9 月以后的工资，管理人应如何处理？并说明理由。

（4）A 公司职工对管理人列出的职工债权清单提出异议并要求更正后，管理人未予更正，对此，有何法律救济途径？

（5）对于 A 公司基于公司资产价值整体超过负债总数这一情况提出的驳回破产申请的请求，人民法院应否支持？并说明理由。

【案例 13 答案】

（1）A 公司的异议不成立。根据规定，相关当事人以对债务人的债务负有连带责任的人未丧失清偿能力为由，主张债务人不具备破产原因的，人民法院不予支持。

（2）E 律师事务所不得担任破产管理人。根据规定，现在担任或者在人民法院受理破产申请前 3 年内曾经担任债务人、债权人的财务顾问、法律顾问的，不得担任债务人破产案件的管理人。在本题中，D 会计师事务所卸任 A 公司财务顾问的时间为 2014 年 10 月，距人民法院受理破产申请（2017 年 11 月 2 日）已经超过 3 年，而 E 律师事务所自 2015 年起方卸任 B 公司法律顾问，距破产受理时不足 3 年。

（3）管理人应当予以追回。根据规定，债务人发生破产原因时，债务人的董事、监事和高级管理人员在普遍拖欠职工工资情况下获取的工资性收入，应当认定为非正常收入，管理人应当追回。

（4）职工可以向人民法院提起债权确认诉讼。

（5）人民法院不予支持。根据规定，人民法院受理破产申请后至破产宣告前，由于债务人财产的市场价值发生变化导致其在案件受理后资产超过负债乃至破产原因消失的，不影响破产案件的受理和继续审理，人民法院不得裁定驳回申请。

【案例 14】（2018 年）

2017 年 4 月，申请执行人 B 公司请求甲地级市乙县人民法院执行 A 公司（住所地为丙地级市丁县）位于乙县的 X 房产。乙县人民法院在执行中发现，A 公司不能清偿到期债务且资产不足以清偿全部债务。后经 A 公司书面同意，该执行案件移送破产审查。同年 5 月，受移送人民法院确定受理 A 公司破产案件，并指定了破产管理人。

在破产案件审理中，查明下列事实：

（1）A 公司在 X 房产上为其所欠 B 公司 300 万元债务设定了抵押担保。抵押时，X 房产的市场价值约为 350 万元，现该房产市场价值约为 400 万元。除上述抵押外，该房产上没有其他权利负担。

(2) 2016 年 8 月，A 公司因正常生产经营所需与 C 公司约定：A 公司从当年 9 月开始每月从 C 公司采购原材料，货款按季度结算，A 公司以其专用存款账户质押担保。之后，A 公司依约提供了质押担保。破产案件审理中，其他债权人提出，A 公司为 C 公司提供质押担保的行为发生于破产申请受理前 1 年内，因此，管理人应请求人民法院予以撤销。

在破产案件审理期间，因国家税收政策调整及不动产市场价格上涨，A 公司资产超过负债。A 公司认为破产原因消失，希望通过变卖部分不动产清偿债务，遂向人民法院提出终止破产程序的申请。

要求：

根据上述内容，分别回答下列问题：

(1) 乙县人民法院移送的 A 公司破产案件，根据级别管辖和地域管辖的规则，应当由哪个人民法院管辖？并说明理由。

(2) 乙县人民法院在作出执行案件移送破产审查决定前，应当履行何种审核程序？

(3) X 房产应以多少财产价值计入管理人报酬的计酬基数？并说明理由。

(4) A 公司为 C 公司提供质押担保的行为应否撤销？并说明理由。

(5) 对于 A 公司提出的终止破产程序的申请，人民法院应否支持？并说明理由。

【案例 14 答案】

(1) 由被执行人住所地的中级人民法院（丙市中级人民法院）管辖。根据规定，执行案件移送破产审查，由被执行人住所地人民法院管辖。在级别管辖上，实行以中级人民法院管辖为原则、基层人民法院管辖为例外的管辖制度。

(2) 基层人民法院拟将执行案件移送异地中级人民法院进行破产审查的，在作出移送决定前，应先报其所在地中级人民法院执行部门审核同意。

(3) X 房产应以 100 万元计入管理人报酬的计酬基数。根据规定，担保权人优先受偿的担保物价值（300 万元），不计入“债务人最终清偿的财产价值总额”（管理人报酬的计酬基数）。

(4) A 公司为 C 公司提供质押担保的行为不能撤销。根据规定，对没有财产担保的债务提供财产担保的，是指对原来已经成立的无财产担保的债务事后补充设置担保，只要补充设置担保的行为发生在人民法院受理破产申请前 1 年内，就可以撤销；但不包括债务人在可撤销期间内设定债务的同时提供的财产担保。

(5) 人民法院不予支持。根据规定，人民法院受理破产申请后至破产宣告前，由于债务人财产的市场价值发生变化导致其在案件受理后资产超过负债乃至破产原因消失的，不影响破产案件的受理和继续审理，人民法院不得裁定驳回申请。

【案例 15】（2019 年）

2018 年 9 月 3 日，债务人甲公司出现不能清偿到期债务且明显缺乏清偿能力的情况；10 月 15 日，债权人乙公司向人民法院提出针对甲公司的破产申请。甲公司对破产申请提出异议，理由是：(1) 甲公司的账面资产大于负债，只是难以变现，不构成明显缺乏清偿能力；(2) 乙公司未预先缴纳诉讼费用，不应立案。

11 月 1 日，人民法院受理甲公司破产案件，并指定管理人。管理人调查甲公司财产状况时发现：当年 8 月，甲公司向丙公司购买起重机 5 台，总金额 50 万元，约定分两期付款，第二期付款日为 2018 年 12 月 31 日；在甲公司付清价款前，丙公司保留起重机的所有权。至人民法院指定管理人之时，甲公司已经收到 5 台起重机并投入使用，甲公司已经支付价款总计 40 万元。11 月 3 日，管理人决定继续履行起重机买卖合同并通知丙公司，丙公司立即要求管理人支付剩余 10 万元起重机价款，管理人以第二期付款期限尚未届至为由拒绝。丙公司遂要求收回起重机。

此外，当年8月，甲公司与丁公司签订购买原材料合同，约定交货时间为11月30日之前。10月20日，丁公司发货，甲公司的管理人于11月5日收到货物。11月8日，丁公司向甲公司催收货款时发现，甲公司破产案件已被人民法院受理，遂要求取回该批货物。

要求：

根据上述内容，分别回答下列问题：

(1) 甲公司关于"其账面资产大于负债，只是难以变现，不构成明显缺乏清偿能力"的异议是否成立？并说明理由。

(2) 甲公司关于"乙公司未预先缴纳诉讼费用，人民法院不应立案"的异议是否成立？并说明理由。

(3) 管理人是否有权以付款期限尚未届至为由拒绝支付甲公司所欠丙公司剩余10万元起重机价款？并说明理由。

(4) 在管理人以第二期付款期限尚未届至为由拒绝付款的情况下，丙公司是否有权收回起重机？并说明理由。

(5) 丁公司是否有权要求取回已交付的原材料？并说明理由。

【案例15答案】

(1) 异议不成立。根据规定，债务人账面资产虽大于负债，但因资金严重不足或者财产不能变现等原因，无法清偿债务的，人民法院应当认定其明显缺乏清偿能力。

(2) 异议不成立。根据规定，破产案件的诉讼费用，应计入破产费用，由债务人财产随时清偿，无须预交。相关当事人以申请人未预先交纳诉讼费用为由，对破产申请提出异议的，人民法院不予支持。

(3) 管理人无权以付款期限尚未届至为由拒绝支付甲公司所欠丙公司剩余10万元起重机价款。根据规定，买受人破产，其管理人决定继续履行所有权保留买卖合同的，原买卖合同中约定的买受人支付价款的期限在破产申请受理时视为到期，买受人管理人应当及时向出卖人支付价款。

(4) 丙公司无权收回起重机。根据规定，买受人管理人无正当理由未及时支付价款，给出卖人造成损害，出卖人主张取回标的物的，人民法院应予支持。但是，买受人已支付标的物总价款75%以上或者第三人善意取得标的物所有权或者其他物权的除外。

(5) 丁公司无权取回原材料。根据规定，出卖人对在运途中标的物未及时行使取回权，在买卖标的物到达管理人后向管理人行使在运途中标的物取回权的，管理人不应准许。

【案例16】(2019年)

2018年9月5日，债务人A上市公司（以下简称"A公司"）向人民法院申请破产重整，提交了破产申请书等材料。人民法院于9月18日裁定受理，并指定B会计师事务所担任管理人，负责管理A公司的财产和营业事务。债务人A公司认为，重整申请由其提出，因此，重整计划草案亦应由其制作。

重整期间，管理人确认：A公司存在欠税、拖欠职工工资及补偿金、无法支付供应商货款、无法向预付费客户返还押金和未消费储值金等情况。管理人提议按照普通债权组、职工债权组和税收债权组的分类，对重整计划草案进行分组表决。但预付费押金、储值金债权人表示异议，认为消费者权益应当受到重视，要求在普通债权组中分设小额债权组对重整计划草案进行表决。

重整计划草案经过多轮调整后提交表决。由于重整计划草案涉及A公司出资人权益调整事项，表决时又设立了出资人组。该组对重整计划草案表决的相关情况如下：出席表决会议的出资人28人，占A公司出资人人数的70%；出席会议出资人持有的出资额占A公司全部出资额的80%；对重整计划草案投赞成票的出资人为15人，持有出资额占A公司全部出资额的60%。

重整计划执行期间，又有数名预付费客户提出，其刚知晓A公司重整，要求继续申报债权，立即退还押金。

要求：

根据上述内容，分别回答下列问题：

（1）破产申请书应当记载哪些事项？

（2）A公司关于重整计划草案应由其制作的主张是否成立？并说明理由。

（3）预付费押金、储值金债权人关于分设小额债权组的要求有无法律依据？是否设立小额债权组应当由谁决定？

（4）根据会议表决情况，A公司重整计划草案涉及出资人权益调整事项的表决是否获得通过？并说明理由。

（5）对于数名预付费客户提出“继续申报债权，立即退还押金”的要求，应当如何处理？

【案例16答案】

（1）破产申请书应当载明如下内容：①申请人、被申请人的基本情况；②申请目的；③申请的事实和理由；④人民法院认为应当载明的其他事项。

（2）A公司的主张不成立。根据规定，管理人负责管理财产和营业事务的，由管理人制定重整计划草案。

（3）①预付费押金、储值金债权人关于分设小额债权组的要求有法律依据。根据规定，人民法院在必要时可以决定在普通债权组中设小额债权组对重整计划草案进行表决；②是否设立小额债权组由人民法院决定。

（4）A公司重整计划草案涉及出资人权益调整事项的表决可以获得通过。根据规定，出资人组对重整计划草案中涉及出资人权益调整的事项进行表决时，经参与表决的出资人所持表决权2/3以上通过的（与人数无关），即为该组通过重整计划草案。

（5）债权人未依照规定申报债权的，可以继续申报债权，但在重整计划执行期间不得行使权利（无权要求立即退还押金）。

同步强化练习题

一、单项选择题

1. 根据企业破产法律制度的规定，下列关于破产申请的表述中，正确的是（　　）。

A. 债务人不能清偿到期债务，债权人可以向人民法院提出重整、和解或者破产清算的申请

B. 对债务人的特定财产享有担保权的债权人不享有破产申请权

C. 税务机关和社会保险机构作为债权人可以申请债务人企业破产清算或者重整

D. 破产企业的职工作为债权人可以申请债务人企业破产清算或者重整，但职工提出破产申请应经职工代表大会或者全体职工会议多数决议通过

2. 根据企业破产法律制度的规定，下列关于破产申请与受理的表述中，不正确的是（　　）。

A. 债务人申请破产，人民法院裁定受理破产申请的，应当同时指定管理人，并在裁定受理破产申请之日起30日内通知已知债权人，并予以公告

B. 债务人对债权人提出的破产申请有异议的，应当自收到人民法院的通知之日起7日内向人民法院提出

C. 申请人对人民法院不予受理的裁定不服的，可以自裁定送达之日起10日内向上一级人民法院提起上诉

D. 申请人对人民法院驳回申请的裁定不服的，可以自裁定送达之日起10日内向上一级人民法院提起上诉

3. 2019年7月，甲、乙公司签订一份买卖合同。按照合同约定，双方已于2019年8月底前各自履行了合同义务的50%，并应于2019年年底将各自剩余的50%的合同义务履行完毕。2019年10月，人民法院受理了债务人甲公司的破产申请。2019年10月31日，甲公司管理人收到了乙公司关于是否继续履行该买卖合同的催告，但直至2019年12月初，管理人尚未对乙公司的催告做出答复。根据企业破产法律制度的规定，下列关于该买卖合同的表述中，正确的是(　　)。

A. 乙公司应当继续履行合同

B. 乙公司无须继续履行合同

C. 乙公司有权要求管理人就合同履行提供担保

D. 乙公司有权就合同约定的违约金申报债权

4. 根据企业破产法律制度的规定，下列主体中，可以担任管理人的是(　　)。

A. 与债权人有尚未了结债务的人

B. 曾被吊销注册会计师证书的人

C. 破产案件受理的4年前曾担任债务人董事的人

D. 破产案件受理前2年内曾担任债务人法律顾问的人

5. 千叶公司因不能清偿到期债务，被债权人百草公司申请破产，人民法院指定甲律师事务所为管理人。根据企业破产法律制度的规定，下列表述中，不正确的是(　　)。

A. 在第一次债权人会议召开之前，甲律师事务所有权决定继续或者停止千叶公司的营业

B. 甲律师事务所有权处分千叶公司的财产

C. 甲律师事务所有权决定千叶公司的内部管理事务

D. 如甲律师事务所不能胜任职务，债权人会议有权罢免其管理人资格

6. 千叶公司因不能清偿到期债务，被债权人百草公司申请破产，人民法院指定甲律师事务所为管理人。甲律师事务所拟将千叶公司的厂房对外转让。根据企业破产法律制度的规定，下列表述中，不正确的是(　　)。

A. 甲律师事务所应当事先制作财产管理或者变价方案并提交债权人会议进行表决，债权人会议表决未通过的，不得处分

B. 甲律师事务所实施处分前，应当提前10日书面报告债权人委员会或者人民法院

C. 甲律师事务所实施处分前，应当提前15日书面报告债权人委员会或者人民法院

D. 人民法院认为甲律师事务所实施的处分行为不符合债权人会议通过的财产管理或者变价方案的，应当责令管理人停止处分行为

7. 甲公司因严重资不抵债，不能清偿到期债务向人民法院申请破产，人民法院裁定受理了该破产申请。根据企业破产法律制度的规定，下列各项中，属于债务人财产的是(　　)。

A. 甲公司购买的一批在途货物，但尚未支付货款

B. 甲公司从乙公司租用的一台设备

C. 甲公司已经抵押给丙银行的办公楼

D. 甲公司根据代管协议合法占有的委托人丁公司的两处房产

8. 甲公司被债权人申请破产，人民法院裁定受理了该破产申请。破产申请受理后相关当事人实施的下列行为中，符合企业破产

法律制度规定的是(　　)。

A. 甲公司向乙公司清偿了无财产担保的100万元债务

B. 管理人解除了甲公司与丙公司订立但双方均未履行完毕的买卖合同

C. 管理人用甲公司对丁公司的10万元债权抵销了其所欠丁公司的10万元债务

D. 甲公司的债务人戊公司明知人民法院已经受理破产申请，仍向甲公司清偿债务20万元，被甲公司的高层管理人员挥霍一空

9. 人民法院裁定受理甲公司的破产申请后，乙公司拟对其出租给甲公司的机器设备行使取回权。乙公司行使取回权的下列方式中，符合企业破产法律制度规定的是(　　)。

A. 自行取回

B. 通过债权人会议取回

C. 通过管理人取回

D. 申请人民法院裁定取回

10. 根据企业破产法律制度的规定，下列对债权申报期限的表述中，正确的是(　　)。

A. 最短不得少于10日，最长不得超过1个月

B. 最短不得少于15日，最长不得超过3个月

C. 最短不得少于30日，最长不得超过3个月

D. 最短不得少于30日，最长不得超过6个月

11. 根据企业破产法律制度的规定，下列有关债权申报的表述中，正确的是(　　)。

A. 附利息的债权自破产申请受理时起停止计息

B. 破产申请受理后，债务人欠缴款项产生的滞纳金，包括债务人未履行生效法律文书应当加倍支付的迟延利息，可以作为破产债权申报

C. 破产申请受理后，债务人欠缴的劳动保险金的滞纳金，可以作为破产债权申报

D. 破产申请受理后，债务人欠缴税款的滞纳金，可以作为破产债权申报

12. 根据企业破产法律制度的规定，下列各项中，债权人应在人民法院确定的期限内进行债权申报的是(　　)。

A. 债务人所欠职工工资

B. 破产人所欠职工的医疗、伤残补助

C. 破产人所欠职工的抚恤费用

D. 债务人所欠税款

13. 根据企业破产法律制度的规定，人民法院受理破产申请后，下列各项中，属于共益债务的是(　　)。

A. 因债务人不当得利所产生的债务

B. 管理人执行职务的费用

C. 管理人聘用工作人员的费用

D. 破产案件的诉讼费用

14. 某破产企业有10位债权人，债权总额为1200万元，其中债权人甲、乙的债权合计为300万元，均有破产企业的房产作抵押，债权人甲、乙未放弃优先受偿权。债权人会议拟表决通过破产财产的分配方案，10位债权人均出席了债权人会议，债权人甲、乙未参加该项表决。根据企业破产法律制度的规定，下列情形中，不能通过破产财产分配方案的是(　　)。

A. 有6位债权人同意，其代表的债权额为600万元

B. 有6位债权人同意，其代表的债权额为800万元

C. 有5位债权人同意，其代表的债权额为450万元

D. 有4位债权人同意，其代表的债权额为600万元

15. 某破产企业有10位债权人，债权总额为1200万元，其中债权人甲、乙的债权合计为300万元，均有破产企业的房产作抵押，债权人甲、乙未放弃优先受偿权。债权人会议拟表决通过和解协议，10位债权人均出席了债权人会议，债权人甲、乙未参加该项表决。根据企业破产法律制度的规定，下列情形中，可以通过和解协议的是(　　)。

A. 有 6 位债权人同意，其代表的债权额为 450 万元

B. 有 5 位债权人同意，其代表的债权额为 600 万元

C. 有 5 位债权人同意，其代表的债权额为 450 万元

D. 有 4 位债权人同意，其代表的债权额为 600 万元

16. 根据企业破产法律制度的规定，下列关于债权人委员会的表述中，不正确的是(　　)。

A. 债权人委员会的成员人数最多不得超过 7 人

B. 债权人委员会中应当有 1 名债务人企业的职工代表或者工会代表

C. 出任债权人委员会的成员应当经人民法院书面认可

D. 债权人委员会决定所议事项应获得全体成员过半数通过，并作成议事记录

17. 根据企业破产法律制度的规定，下列关于重整申请的表述中，正确的是(　　)。

A. 债务人可以直接向人民法院申请重整

B. 人民法院受理债权人提出的破产清算申请后、宣告债务人破产前，管理人可以向人民法院申请重整

C. 人民法院受理债权人提出的破产清算申请后、宣告债务人破产前，出资额占债务人注册资本 5%以上的出资人，可以向人民法院申请重整

D. 人民法院受理债权人提出的破产清算申请后、宣告债务人破产前，债务人不能向人民法院申请重整

18. 在重整期间，当事人的下列行为中，符合企业破产法律制度规定的是(　　)。

A. 对债务人生产用的机器设备享有抵押权的甲银行行使了抵押权

B. 管理人为继续营业向乙银行借款 2000 万元，并以债务人的厂房为该笔借款设定了抵押担保

C. 债务人的出资人丙公司请求投资收益分配

D. 债务人的董事丁未经人民法院同意，将其持有的债务人的股权全部转让给第三人戊

19. 根据企业破产法律制度的规定，下列关于重整计划的表述中，不正确的是(　　)。

A. 债务人自行管理财产和营业事务的，由债务人制定重整计划草案

B. 重整计划经人民法院批准后由管理人执行

C. 在重整计划规定的监督期内，由管理人监督重整计划的执行

D. 在重整计划规定的监督期内，管理人应当代表债务人参加监督期开始前已经启动而尚未终结的诉讼、仲裁活动

20. 根据企业破产法律制度的规定，下列关于重整计划效力的表述中，不正确的是(　　)。

A. 经人民法院裁定批准的重整计划，对债务人有约束力

B. 经人民法院裁定批准的重整计划，对无财产担保的债权人有约束力

C. 经人民法院裁定批准的重整计划，对有财产担保的债权人有约束力

D. 经人民法院裁定批准的重整计划，对债务人的保证人有约束力

21. 根据企业破产法律制度的规定，下列有关和解协议效力的表述中，不正确的是(　　)。

A. 经人民法院裁定认可的和解协议，对债务人有约束力

B. 经人民法院裁定认可的和解协议，对全体和解债权人有约束力

C. 和解协议对债务人的保证人和其他连带债务人无效

D. 债务人不履行人民法院裁定认可的和解协议的，债权人可以请求人民法院强制执行

22. 根据企业破产法律制度的规定，下列有关和解程序的表述中，正确的是(　　)。

A. 对债务人的特定财产享有担保权的权利人，自人民法院裁定和解之日起可行使担保权

B. 债务人、债权人均可提出和解申请

C. 债务人提出的和解协议草案未获债权人会议通过的，人民法院应当裁定中止和解程序

D. 债权人会议通过的和解协议未获得人民法院认可的，人民法院应当裁定中止和解程序

23. 根据企业破产法律制度的规定，下列关于关联企业实质合并破产的表述中，不正确的是(　　)。

A. 人民法院裁定采用实质合并方式审理破产案件的，各关联企业成员之间的债权债务归于消灭

B. 人民法院裁定采用实质合并方式审理破产案件的，各关联企业成员的财产作为合并后统一的破产财产，由各成员的债权人在同一程序中按照法定顺序公平受偿

C. 采用实质合并方式审理关联企业破产案件的，应由关联企业中的核心控制企业住所地人民法院管辖

D. 相关利害关系人对受理法院作出的实质合并审理裁定不服的，可以自裁定书送达之日起10日内向受理法院的上一级人民法院申请复议

二、多项选择题

1. 根据企业破产法律制度的规定，债务人账面资产虽大于负债，下列情形中，人民法院应当认定其明显缺乏清偿能力的有(　　)。

A. 因财产不能变现，无法清偿债务

B. 法定代表人下落不明且无其他人员负责管理财产，无法清偿债务

C. 经人民法院强制执行，无法清偿债务

D. 长期亏损且经营扭亏困难，无法清偿债务

2. 根据企业破产法律制度的规定，下列关于破产案件诉讼费用的表述中，正确的有(　　)。

A. 破产案件的诉讼费用，应计入破产费用，由债务人财产随时清偿

B. 破产申请人未预先交纳诉讼费用的，人民法院应裁定不予受理破产申请

C. 相关当事人以申请人未预先交纳诉讼费用为由，对破产申请提出异议的，人民法院不予支持

D. 债务人财产不足以清偿诉讼费用等破产费用的，人民法院裁定不予受理破产申请

3. 根据企业破产法律制度的规定，人民法院作出的下列裁定中，当事人可以提出上诉的有(　　)。

A. 不予受理破产申请的裁定

B. 驳回破产申请的裁定

C. 破产宣告的裁定

D. 破产程序终结的裁定

4. 根据企业破产法律制度的规定，执行案件移送破产审查，受移送法院裁定受理破产案件的，下列各项中，无须移交的有(　　)。

A. 受移送法院作出受理裁定时已通过拍卖程序处置且成交裁定已送达买受人的拍卖财产

B. 受移送法院作出受理裁定时通过以物抵债偿还债务且抵债裁定已送达债权人的抵债财产

C. 受移送法院作出受理裁定时已完成转账、汇款、现金交付的执行款

D. 受移送法院作出受理裁定时因财产所有权已经发生变动，不属于被执行人的财产

5. 债权人甲公司申请债务人乙公司破产，2019年7月1日人民法院裁定受理该破产申请，同时指定丙会计师事务所为管理人。丙会计师事务所拟派出注册会计师张某等负责相关工作。根据企业破产法律制度的规定，下列情形中，可以界定为张某与本案存在利害关系的有(　　)。

A. 张某与甲公司有未了结的债权债务关系

B. 张某2017年曾经担任过甲公司的财务顾问

C. 张某2015年曾经担任过乙公司的董事

D. 张某的妻子现任甲公司的监事

6. 根据企业破产法律制度的规定，下列关于管理人报酬的表述中，正确的有(　　)。

A. 管理人执行职务的费用和聘用工作人员的费用均计入管理人报酬

B. 会计师事务所通过聘用本专业的其他社会中介机构或者人员协助履行管理人职责的，所需费用从其报酬中支付

C. 管理人确有必要聘请其他社会中介机构或者人员处理重大诉讼、仲裁、执行或者审计等专业性较强工作，如所需费用需要列入破产费用的，应当经人民法院同意

D. 破产清算事务所通过聘用其他社会中介机构或者人员协助履行管理人职责的，所需费用从其报酬中支付

7. 根据企业破产法律制度的规定，下列各项中，属于管理人职责的有(　　)。

A. 决定债务人的内部管理事务

B. 通过破产财产的分配方案

C. 提议召开债权人会议

D. 代表债务人参加诉讼、仲裁

8. 根据企业破产法律制度的规定，管理人实施的下列行为中，应当提前10日书面报告债权人委员会或者人民法院的有(　　)。

A. 设定财产担保

B. 债权和有价证券的转让

C. 涉及土地、房屋等不动产权益的转让

D. 探矿权、采矿权、知识产权等财产权的转让

9. 根据企业破产法律制度的规定，人民法院受理破产申请前1年内，涉及债务人财产的下列行为中，管理人未依据《企业破产法》的规定请求撤销时，债权人有权依据《合同法》的规定提起诉讼，请求撤销债务人的行为并将因此追回的财产归入债务人财产的有(　　)。

A. 债务人无偿转让财产的行为

B. 债务人放弃债权的行为

C. 债务人对未到期的债务提前清偿的行为

D. 债务人对没有财产担保的债务提供财产担保的行为

10. 根据企业破产法律制度的规定，人民法院受理破产申请前6个月内，涉及债务人财产的下列行为中，管理人无权请求人民法院予以撤销的有(　　)。

A. 债务人为维系基本生产需要而支付的水费、电费

B. 债务人支付的职工劳动报酬

C. 债务人支付的人身损害赔偿金

D. 债务人在设定债务的同时为该债务提供财产担保

11. 2020年4月1日，人民法院裁定受理甲公司的破产申请。乙公司拟对其出租给甲公司的一台精密仪器行使取回权。根据企业破产法律制度的规定，下列表述中，错误的有(　　)。

A. 乙公司应在破产财产变价方案提交债权人会议表决之前行使取回权

B. 如果乙公司未在规定期限内行使取回权，则取回权消灭

C. 当管理人否认乙公司的取回权时，乙公司有权以管理人为被告向人民法院提起诉讼请求行使取回权

D. 当管理人否认乙公司的取回权时，乙公司有权以甲公司为被告向人民法院提起诉讼请求行使取回权

12. 根据企业破产法律制度的规定，人民法院受理破产申请后，下列各项中，属于共益债务的有(　　)。

A. 因管理人请求对方当事人履行双方均未履行完毕的合同所产生的债务

B. 因债务人不当得利所产生的债务

C. 为债务人继续营业而应支付的劳动报酬和社会保险费用

D. 管理、变价和分配债务人财产的费用

13. 根据企业破产法律制度的规定，人民法院受理破产申请前债务人尚未支付的下列费用中，可以参照《企业破产法》关于破产费用的规定，由债务人财产随时清偿的有(　　)。

A. 公司强制清算费用

B. 未终结的执行程序中产生的评估费、公告费、保管费

C. 案件受理费
D. 执行申请费

14. 2020年4月1日，人民法院裁定受理A公司的破产申请。根据企业破产法律制度的规定，下列关于破产债权申报的表述中，正确的有( )。
A. 甲对A公司的债权虽未到期，仍可以申报
B. 乙对A公司的债权因附有条件，不能申报
C. 丙对A公司的债权虽诉讼未决，仍可以申报
D. A公司欠职工丁的伤残补助，不必申报

15. 根据企业破产法律制度的规定，人民法院受理破产申请后，下列债权中，应当在人民法院确定的期限内进行申报的有( )。
A. 税收债权
B. 社会保障债权
C. 职工劳动债权
D. 对债务人的特定财产享有担保权的债权

16. 根据企业破产法律制度的规定，下列关于破产债权的表述中，正确的有( )。
A. 管理人依法编制的债权表，应当提交第一次债权人会议核查
B. 债权确认表由人民法院裁定确认
C. 债权表、债权申报登记册及债权申报材料在破产期间由管理人保管
D. 当事人之间在破产申请受理前订立有仲裁条款或者仲裁协议的，应当向选定的仲裁机构申请确认债权债务关系

17. 根据企业破产法律制度的规定，债权表、债权申报登记册及债权申报材料在破产期间由管理人保管。下列各项中，有权查阅这些文件的有( )。
A. 债权人
B. 债务人
C. 债务人职工
D. 其他利害关系人

18. 根据企业破产法律制度的规定，下列关于破产债权确认诉讼的表述中，正确的有( )。
A. 债务人对债权表记载的债权有异议向人民法院提起诉讼的，应将被异议债权人列为被告
B. 债权人对债权表记载的他人债权有异议的，应将被异议债权人列为被告
C. 债权人对债权表记载的本人债权有异议的，应将管理人列为被告
D. 对同一笔债权存在多个异议人，其他异议人申请参加诉讼的，应当列为共同原告

19. 甲公司向乙银行贷款100万元，丙公司为一般保证人，人民法院裁定受理了丙公司的破产案件。根据企业破产法律制度的规定，下列表述中，正确的有( )。
A. 乙银行有权申报其对丙公司的保证债权
B. 乙银行的债权未到期的，保证债权在丙公司破产申请受理时视为到期
C. 丙公司主张行使先诉抗辩权的，人民法院不予支持
D. 丙公司被确定应当承担保证责任的，丙公司的管理人可以就丙公司实际承担的清偿额向甲公司行使求偿权

20. 根据企业破产法律制度的规定，下列情形中，构成别除权的有( )。
A. 第三人为破产人的债务提供抵押担保
B. 破产人为其他债务人的债务提供连带责任保证担保
C. 破产人为自己的债务提供质押担保
D. 破产人为其他债务人的债务提供抵押担保

21. 债务人甲公司破产，乙公司依法对甲公司的机器设备享有抵押权，乙公司未放弃优先受偿的权利。根据企业破产法律制度的规定，在债权人会议上，乙公司可以行使表决权的事项有( )。
A. 通过和解协议
B. 决定继续或者停止债务人的营业
C. 通过债务人财产的管理方案
D. 通过破产财产的分配方案

22. 根据企业破产法律制度的规定，下列情形中，应当召开债权人会议的有（ ）。
A. 人民法院认为必要时
B. 管理人向债权人会议主席提议时
C. 债权人委员会向债权人会议主席提议时
D. 占债权总额 1/4 以上的债权人向债权人会议主席提议时

23. 根据企业破产法律制度的规定，下列各项中，属于债权人会议职权的有（ ）。
A. 更换管理人
B. 选任和更换债权人委员会中的债权人成员
C. 决定继续或者停止债务人的营业
D. 对破产申请受理前成立而债务人和对方当事人均未履行完毕的合同有权决定解除或者继续履行

24. 根据企业破产法律制度的规定，下列情形中，如果导致债权人会议的决议损害债权人利益，债权人有权申请人民法院予以撤销的有（ ）。
A. 债权人会议的召开违反法定程序
B. 债权人会议的表决违反法定程序
C. 债权人会议的决议内容违法
D. 债权人会议的决议超出债权人会议的职权范围

25. 根据企业破产法律制度的规定，债权人会议可以依法委托债权人委员会行使的职权有（ ）。
A. 监督管理人
B. 决定继续或者停止债务人的营业
C. 核查债权
D. 申请人民法院更换管理人，审查管理人的费用和报酬

26. 根据企业破产法律制度的规定，下列各项中，单个债权人有权查阅的有（ ）。
A. 债务人财产状况报告
B. 债权人会议决议
C. 债权人委员会决议
D. 管理人监督报告

27. 根据企业破产法律制度的规定，下列情形中，人民法院应当裁定终止重整程序的有（ ）。
A. 在重整期间，债务人的行为致使管理人无法执行职务，管理人请求人民法院终止重整程序
B. 债务人或者管理人未按期提出重整计划草案
C. 债权人会议通过的重整计划未获得人民法院的批准
D. 重整计划草案未获得债权人会议通过且未获得人民法院的批准

28. 下列关于和解的表述中，符合企业破产法律制度规定的有（ ）。
A. 和解申请只能由债务人一方提出
B. 和解申请只能由债权人一方提出
C. 在和解程序中，对债务人特定财产享有的担保权应暂停行使
D. 和解债权人未依照法律规定申报债权的，在和解协议执行完毕后，仍可按和解协议规定的清偿条件行使权利

29. 根据企业破产法律制度的规定，下列债务中，在清偿破产费用和共益债务后，应从破产财产中按第一顺位进行清偿的有（ ）。
A. 破产人所欠职工的医疗、伤残补助
B. 破产人所欠职工的抚恤费用
C. 破产人所欠的应当划入职工个人账户的基本养老保险、基本医疗保险费用
D. 破产人所欠税款

30. 根据企业破产法律制度的规定，下列关于关联企业程序合并破产（协调审理）的表述中，正确的有（ ）。
A. 协调审理不消灭关联企业成员之间的债权债务关系
B. 协调审理不对关联企业成员的财产进行合并
C. 各关联企业成员的债权人仍以该企业成员财产为限依法获得清偿
D. 关联企业成员之间不当利用关联控制关系形成的债权，应当劣后于其他普通债权顺序清偿

三、案例分析题

【案例 1】

自 2019 年年初以来，A 公司出现不能清偿到期债务，且资产不足以清偿全部债务的情况。2019 年 7 月 1 日，人民法院裁定受理了 A 公司的破产申请，同时指定了管理人。在该破产案件中，存在下述情况：

（1）2018 年 4 月 1 日，A 公司向甲银行贷款 100 万元，期限 1 年。同日，双方签订一份抵押合同，A 公司以其机器设备向甲银行设定抵押，但未办理抵押登记。2019 年 4 月 1 日，A 公司向甲银行清偿了贷款本息共计 106 万元。已知，A 公司用以抵押的机器设备市场价值 300 万元。

（2）2019 年 4 月 16 日，供电局向 A 公司发出欠缴电费催收通知书，要求 A 公司一周内补缴拖欠电费 120 万元，否则将对其生产区停止供电，A 公司于 2019 年 4 月 25 日向供电局补缴了全部拖欠电费。2019 年 7 月 10 日，管理人主张撤销 A 公司向供电局补缴电费的行为。

（3）A 公司欠乙银行到期贷款 200 万元，同时 A 公司又怠于行使其对 B 公司的到期债权 200 万元。2019 年 6 月 1 日，乙银行作为原告，以次债务人 B 公司作为被告，向 C 人民法院提起代位权诉讼，要求 B 公司直接向其清偿 200 万元。该案件尚未审结。

（4）2018 年 11 月，D 公司向 A 公司订购一批汽车零部件，合同价款 130 万元。A 公司交货后，D 公司一直未付款，获悉人民法院受理了 A 公司的破产申请后，D 公司以 30 万元的价格受让了 E 公司对 A 公司的 130 万元债权。之后，D 公司向管理人主张以该债权抵销其所欠 A 公司的债务。

要求：

根据上述内容，分别回答下列问题：

（1）根据本题要点（1）所提示的内容，对于 A 公司向甲银行的个别清偿行为，管理人能否请求人民法院予以撤销？并说明理由。

（2）根据本题要点（2）所提示的内容，管理人能否请求人民法院撤销 A 公司向供电局补缴电费的行为？并说明理由。

（3）根据本题要点（3）所提示的内容，对于该诉讼，C 人民法院应如何处理？并说明理由。

（4）根据本题要点（4）所提示的内容，D 公司能否向管理人主张抵销？并说明理由。

【案例 2】

自 2019 年年初以来，A 公司出现不能清偿到期债务，且资产不足以清偿全部债务的情况。2019 年 7 月 1 日，人民法院经审查裁定受理了 A 公司的破产申请，并指定了管理人。在该破产案件中，存在下述情况：

（1）2018 年 7 月 10 日，A 公司向甲银行贷款 100 万元，贷款期限为 9 个月。同日，双方签订一份书面抵押合同，A 公司以其机器设备向甲银行设定抵押，但未办理抵押登记。2019 年 4 月 11 日，A 公司向甲银行清偿了贷款本息共计 105 万元。已知 A 公司用以抵押的机器设备市场价值为 300 万元。

（2）2017 年 4 月 1 日，A 公司将一幢楼房出租给乙公司，租期为 5 年。2019 年 7 月 4 日，管理人在未征得承租人乙公司同意的情况下解除了该租赁合同。

（3）A 公司欠丙银行到期贷款 100 万元，同时 A 公司又怠于行使其对 B 公司的到期债权 100 万元。2019 年 4 月 1 日，债权人丙银行作为原告，以次债务人 B 公司作为被告，向 C 人民法院提起代位权诉讼，要求 B 公司直接向其清偿 100 万元。该案件尚未审结。

（4）2018 年 12 月 1 日，A 公司放弃其对 D 公司的到期债权 1000 万元。人民法院裁定受理 A 公司的破产申请后，管理人一直未请求人民法院予以撤销。债权人丁公司遂向人民法院提起诉讼，请求撤销该行为并将因此追回的财产归入债务人财产，D 公司以丁公司对 A 公司享有的债权仅为200万元为由进行抗辩。

要求：

根据上述内容，分别回答下列问题：

(1) 根据本题要点 (1) 所提示的内容，管理人能否请求人民法院撤销A公司向甲银行设定的抵押担保？对于A公司向甲银行的个别清偿行为，管理人能否请求人民法院予以撤销？并分别说明理由。

(2) 根据本题要点 (2) 所提示的内容，管理人能否解除该租赁合同？并说明理由。

(3) 根据本题要点 (3) 所提示的内容，对于该诉讼，C人民法院应如何处理？并说明理由。

(4) 根据本题要点 (4) 所提示的内容，对于丁公司提起的诉讼，人民法院是否应予受理？对于D公司提出的抗辩事由，人民法院是否应予支持？并分别说明理由。

【案例3】

2019年7月1日，人民法院裁定受理了A公司的破产申请，并指定了管理人。在该破产案件中，存在下述情况：

(1) A公司欠其股东甲公司80万元的货款，甲公司欠缴出资80万元。2019年7月4日，甲公司向管理人主张抵销各自的债务，管理人提出异议。

(2) 2019年4月1日，A公司和乙公司订立一份100万元的买卖合同。根据约定，A公司将一台机器设备卖给乙公司，交货日期为4月10日，付款日期为9月1日；在乙公司付清全部价款之前，该设备的所有权归A公司所有。乙公司已经按照合同约定支付了60万元货款。人民法院裁定受理A公司的破产申请后，管理人决定解除买卖合同。当管理人要求乙公司向其返还该设备时，乙公司以其不存在未依约支付价款等情形提出抗辩。

(3) 2018年11月，A公司向丙公司租用机床一台，租期1年，租金已一次性付清。2019年5月4日，A公司以120万元的市场价格将该机床卖给不知情的丁公司，双方已交货、付款。丙公司获悉该机床已被A公司卖给丁公司后，要求丁公司返还该机床，遭丁公司拒绝。

(4) 2018年12月，A公司向戊公司租用挖掘机一台，租期1年，租金已一次性付清。2019年6月5日，该挖掘机因水灾受损，获保险赔偿金60万元。人民法院裁定受理A公司的破产申请时，该保险赔偿金尚未交付给A公司。戊公司向管理人主张取回60万元的保险赔偿金。

(5) 2018年9月，A公司将自己一辆市场价格为100万元的小汽车作价60万元卖给了不知情的庚公司，双方已交货、付款。人民法院裁定受理A公司的破产申请后，2019年7月20日，人民法院根据管理人的请求撤销了该笔交易。庚公司向管理人返还该小汽车之后，对于庚公司已经支付的60万元价款，管理人提出，只能作为普通破产债权清偿。庚公司向人民法院提起诉讼，请求作为共益债务清偿。

要求：

根据上述内容，分别回答下列问题：

(1) 根据本题要点 (1) 所提示的内容，管理人对甲公司提出的债务抵销提出异议，能否获得人民法院的支持？

(2) 根据本题要点 (2) 所提示的内容，乙公司能否以其不存在"未依约支付价款等情形"提出抗辩？并说明理由。如果乙公司将该设备返还给管理人，乙公司已支付价款损失形成的债权应如何处理？

(3) 根据本题要点 (3) 所提示的内容，丁公司是否有权拒绝丙公司返还该机床的请求？如果丁公司拒绝了丙公司返还该机床的请求，丙公司因财产损失形成的债权，能否向管理人申报普通破产债权？并分别说明理由。

(4) 根据本题要点 (4) 所提示的内容，戊公司是否有权主张取回60万元的保险赔偿金？并说明理由。

(5) 根据本题要点 (5) 所提示的内容，庚公司的诉讼请求能否获得人民法院的支持？并说明理由。

同步强化练习题参考答案及解析

“扫码看解析”

使用“微信”或“会计云课堂”APP扫右方二维码，对答案、看解析、听名师讲难题，开启轻松过关之旅。

一、单项选择题

1. 【答案】 D

解析：（1）选项A：债务人不能清偿到期债务，债权人可以向人民法院提出对债务人进行重整或者破产清算的申请，但不能提出和解申请；（2）选项B：对债务人的特定财产享有担保权的债权人同样享有破产申请权；（3）选项C：税务机关和社会保险机构只享有对债务人的破产清算申请权，但不享有重整申请权。

2. 【答案】 A

解析：选项A：人民法院裁定受理破产申请的，应当同时指定管理人，并在裁定受理破产申请之日起25日内通知已知债权人，并予以公告。

3. 【答案】 B

解析：（1）选项ABD：管理人自收到乙公司催告之日起30日内未予以答复，视为解除合同，但乙公司申报的破产债权以实际损失为限，违约金不得作为破产债权申报；（2）选项C：只有当管理人决定继续履行合同时，乙公司才有权要求管理人提供担保。

4. 【答案】 C

5. 【答案】 D

解析：选项D：管理人由人民法院指定、更换。

6. 【答案】 C

7. 【答案】 C

解析：（1）选项A：人民法院受理破产申请时，出卖人已将买卖标的物向作为买受人的债务人发运，债务人尚未收到且未付清全部价款的，出卖人可以取回在运途中的标的物，该货物不属于债务人财产；（2）选项BD：人民法院受理破产申请后，债务人占有的不属于债务人的财产，该财产的权利人可以通过管理人取回；（3）选项C：已经设定担保的财产属于债务人财产。

8. 【答案】 B

解析：（1）选项A：人民法院受理破产申请后，对无财产担保的个别债权人的债务清偿无效；（2）选项B：人民法院受理破产申请后，管理人对破产申请受理前成立而债务人和对方当事人均未履行完毕的合同有权决定解除或者继续履行；（3）选项C：管理人不得主动主张债务抵销；（4）选项D：人民法院受理破产申请后，债务人的债务人应当向管理人（而非债务人）清偿债务；如果当事人故意违反法律规定向债务人清偿债务，使债权人受到损失的，不免除其清偿义务。

9. 【答案】 C

10. 【答案】 C

11. 【答案】 A

解析：（1）选项BC：破产申请受理后，债务人欠缴款项产生的滞纳金，包括债务人未履行生效法律文书应当加倍支付的迟延利息和劳动保险金的滞纳金，债权人作为破产债权申报的，人民法院不予确认；（2）选项D：破产申请受理后，欠缴税款的滞纳金应当停止计算，在破产程序中不得作为破产债权清偿。

12. 【答案】 D

解析：选项ABC：属于职工债权，不必申报。

13. 【答案】 A

14.【答案】D

解析：（1）人数：由出席会议的有表决权的债权人（8人）过半数通过（≥5人）；（2）债权额：占无财产担保债权总额（900万元）的半数以上（≥450万元）。

15.【答案】B

解析：（1）人数：由出席会议的有表决权的债权人（8人）过半数通过（≥5人）；（2）债权额：占无财产担保债权总额（900万元）的2/3以上（≥600万元）。

16.【答案】A

解析：选项A：债权人委员会成员不得超过9人。

17.【答案】A

解析：（1）选项A：债务人或者债权人可以直接向人民法院申请重整；（2）选项BCD：债权人申请对债务人进行破产清算的，在人民法院受理破产申请后、宣告债务人破产前，债务人或者出资额占债务人注册资本1/10以上的出资人以及其他债权人（不包括管理人），均可以向人民法院申请重整。

18.【答案】B

解析：选项B：在重整期间，债务人或者管理人为继续营业而借款的，可以为该借款设定担保。

19.【答案】B

解析：重整计划经人民法院批准后由债务人执行。

20.【答案】D

解析：债权人对债务人的保证人和其他连带债务人所享有的权利，不受重整计划的影响。

21.【答案】D

解析：选项D：和解协议无强制执行的效力，如债务人不履行和解协议，债权人不能请求人民法院强制执行，只能请求人民法院终止和解协议的执行，宣告其破产。

22.【答案】A

解析：（1）选项B：和解申请只能由“债务人”提出；（2）选项CD：和解协议草案经债权人会议表决未获得通过，或者已经债权人会议通过的和解协议未获得人民法院认可的，人民法院应当裁定“终止”和解程序，并宣告债务人破产。

23.【答案】D

解析：选项D：相关利害关系人对受理法院作出的实质合并审理裁定不服的，可以自裁定书送达之日起15日内向受理法院的上一级人民法院申请复议。

二、多项选择题

1.【答案】ABCD

2.【答案】AC

解析：（1）选项ABC：破产案件的诉讼费用，应计入破产费用，由债务人财产随时清偿，无须预交；相关当事人以申请人未预先交纳诉讼费用为由，对破产申请提出异议的，人民法院不予支持；（2）选项D：债务人财产不足以清偿诉讼费用等破产费用的，人民法院应当先受理破产案件，对此情况审查确认后作出破产宣告，同时作出终结破产程序的裁定。

3.【答案】AB

4.【答案】ABCD

5.【答案】ABD

解析：选项C：现在担任或者在人民法院受理破产申请前3年内曾经担任债务人、债权人的董事、监事、高级管理人员，才界定为与本案存在利害关系。

6.【答案】BD

解析：（1）选项A：管理人获得的报酬是纯报酬，不包括其执行职务的费用和聘用工作人员的费用；（2）选项C：如所需费用需要列入破产费用的，应当经债权人会议同意。

7.【答案】ACD

解析：选项B：属于“债权人会议”的职权。

8.【答案】ABCD

9. 【答案】 AB

解析：债权人只能依据《合同法》的规定针对三种行为（债务人无偿转让财产、以明显不合理价格交易、放弃债权）提起撤销权诉讼。

10. 【答案】 ABCD

解析：选项 D：债务人在人民法院受理破产申请前 1 年内设定债务的同时提供的财产担保，属于对价行为，不能撤销。

11. 【答案】 BC

解析：（1）选项 AB：权利人行使取回权，应当在破产财产变价方案或者和解协议、重整计划草案提交债权人会议表决前向管理人提出；权利人在上述期限后主张取回相关财产的，仍可行使取回权，但应承担延迟行使取回权增加的相关费用；（2）选项 CD：权利人依法向管理人主张取回相关财产，管理人不予认可，权利人有权以债务人（而非管理人）为被告向人民法院提起诉讼请求行使取回权。

12. 【答案】 ABC

解析：选项 D：属于破产费用。

13. 【答案】 AB

解析：选项 CD：人民法院受理破产申请前债务人尚未支付的案件受理费、执行申请费，可以作为破产债权清偿。

14. 【答案】 ACD

15. 【答案】 ABD

16. 【答案】 ABCD

17. 【答案】 ABCD

18. 【答案】 ABD

解析：选项 C：债权人对债权表记载的本人债权有异议的，应将债务人列为被告。

19. 【答案】 ABCD

20. 【答案】 CD

解析：（1）选项 A：因抵押物属于第三人（而非破产人），不构成别除权；（2）选项 B：别除权针对的是有财产担保的债权（如抵押、质押），不涉及保证。

21. 【答案】 BC

22. 【答案】 ABCD

23. 【答案】 BC

解析：（1）选项 A：属于"人民法院"的职权；（2）选项 D：属于"管理人"的职权。

24. 【答案】 ABCD

25. 【答案】 ABD

解析：债权人会议可以依法委托债权人委员会行使债权人会议的部分职权（仅限于决定继续或者停止债务人的营业；监督管理人；申请人民法院更换管理人、审查管理人的费用和报酬）。

26. 【答案】 ABCD

解析：单个债权人有权查阅债务人财产状况报告、债权人会议决议、债权人委员会决议、管理人监督报告等参与破产程序所必需的债务人财务和经营信息资料。

27. 【答案】 ABCD

28. 【答案】 AD

29. 【答案】 ABC

30. 【答案】 ABCD

三、案例分析题

【案例 1 答案】

（1）管理人不能请求人民法院予以撤销。根据规定，债务人对以自有财产设定担保物权的债权进行的个别清偿，管理人依据《企业破产法》的规定请求撤销的，人民法院不予支持。但是，债务清偿时担保财产的价值低于债权额的除外。

（2）管理人不能请求人民法院予以撤销。根据规定，债务人为维系基本生产需要而支付的水费、电费，管理人请求撤销的，人民法院不予支持。

（3）C 人民法院应当中止审理。根据规定，破产申请受理前，债权人提起诉讼主张次债务人代替债务人直接向其偿还债务，案件在破产申请受理时尚未审结的，人民法院应当中止审理。

(4) D公司不能向管理人主张抵销。根据规定，债务人的债务人（D公司）在破产申请受理后取得他人对债务人的债权的，不得抵销。

【案例2答案】

(1) ①管理人不能请求人民法院撤销A公司向甲银行设定的抵押担保。根据规定，在人民法院受理破产申请前1年内，债务人对原来没有财产担保的债务提供财产担保的，管理人有权请求人民法院予以撤销，但不包括在可撤销期间设定债务的同时提供的财产担保；②对于A公司向甲银行的个别清偿行为，管理人不能请求人民法院予以撤销。根据规定，债务人对以自有财产设定担保物权的债权进行的个别清偿，管理人依据《企业破产法》的规定请求撤销的，人民法院不予支持。但是，债务清偿时担保财产的价值低于债权额的除外。

(2) 管理人不能解除该租赁合同。根据规定，对于破产企业对外出租不动产的合同，除存在严重影响破产财产的整体变价与价值、且无法分别处分等特殊情况外，管理人不得违背合同约定任意解除合同。

(3) C人民法院应当中止审理。根据规定，破产申请受理前，债权人提起诉讼主张次债务人代替债务人直接向其偿还债务，案件在破产申请受理时尚未审结的，人民法院应当中止审理。

(4) ①人民法院应予受理。根据规定，破产申请受理后，管理人未依据《企业破产法》的规定请求撤销债务人放弃债权等行为的，债权人依据《合同法》的规定提起诉讼，请求撤销债务人上述行为并将因此追回的财产归入债务人财产的，人民法院应予受理；②人民法院不予支持。根据规定，相对人以债权人行使撤销权的范围超出债权人的债权抗辩的，人民法院不予支持。

【案例3答案】

(1) 人民法院应予支持。根据规定，债务人股东因欠缴债务人的出资对债务人所负的债务，债务人的股东主张以该债务与债务人对其负有的债务抵销，债务人的管理人提出异议的，人民法院应予支持。

(2) ①乙公司不能以其不存在“未依约支付价款等情形”提出抗辩。根据规定，出卖人破产，其管理人决定解除所有权保留买卖合同，并要求买受人向其交付买卖标的物的，人民法院应予支持；买受人以其不存在未依约支付价款等情形抗辩的，人民法院不予支持；②乙公司已支付价款损失形成的债权作为共益债务清偿。

(3) ①丁公司有权拒绝丙公司返还该机床的请求。根据规定，丁公司基于善意取得制度依法取得了该机床的所有权，丙公司已经丧失了对该机床的所有权，因此，丁公司有权拒绝丙公司返还该机床的请求；②丙公司可以向管理人申报普通破产债权。根据规定，债务人占有的他人财产被违法转让给第三人，第三人已善意取得该财产的所有权，原权利人无法取回该财产的，如果转让行为发生在破产申请受理之前，原权利人因财产损失形成的债权，作为普通破产债权清偿。

(4) 戊公司有权主张取回60万元的保险赔偿金。根据规定，债务人占有的他人财产毁损、灭失，因此获得的保险金尚未交付给债务人，权利人主张取回就此获得的保险金的，人民法院应予支持。

(5) 庚公司的诉讼请求能够获得人民法院的支持。根据规定，人民法院根据管理人的请求撤销涉及债务人财产的以明显不合理价格进行的交易的，买卖双方应当依法返还从对方获取的财产或者价款。因撤销该交易，对于债务人应返还受让人已支付价款所产生的债务，受让人请求作为共益债务清偿的，人民法院应予支持。

第九章　票据与支付结算法律制度

本章考情分析

在最近3年的考试中，本章平均分值为12.5分，2019年两份试卷的分值均为12.5分。在四个案例分析题中，肯定有一个10分的题目来自票据法律制度。值得注意的是，考生可以选择使用英文回答的案例分析题一般来自票据法律制度。

本章分为四个单元，共计22个考点。绝大多数考点需要准确理解，复习难度较大。复习本章需要10个小时左右。

2020年教材的主要变化：（1）对“银行结算账户”的内容进行了调整；（2）对“公示催告”的内容进行了调整；（3）对“票据贴现”的内容进行了重大调整。

最近3年题型、题量分析表

题型	2017年	2018年试卷一	2018年试卷二	2019年试卷一	2019年试卷二
单选题	1题1分	1题1分	1题1分	1题1分	1题1分
多选题	1题1.5分	1题1.5分	1题1.5分	1题1.5分	1题1.5分
案例分析题	10分	10分	10分	10分	10分
合计	12.5分	12.5分	12.5分	12.5分	12.5分

历年试题涉及本章的主要考点

考点	年份/题型
支票	2009年多选题、2015年单选题、2018年单选题、2019年多选题
银行本票	2018年多选题
汇票的出票	2007年单选题、2009年多选题、2016年多选题
汇票的背书	2004年单选题、2007年单选题、2009年单选题、2010年单选题、2012年案例分析题、2013年多选题、2014年单选题、2014年多选题、2015年案例分析题、2016年单选题、2017年案例分析题、2018年案例分析题、2019年案例分析题
汇票的承兑	2011年案例分析题、2012年案例分析题、2016年案例分析题、2018年案例分析题、2019年案例分析题
汇票的保证	2012年案例分析题、2016年单选题、2016年案例分析题、2018年案例分析题
追索权	2014年多选题

续表

考点	年份/题型
票据权利的取得	2008年多选题、2015年案例分析题、2018年案例分析题
票据权利的善意取得	2013年案例分析题、2017年案例分析题、2018年案例分析题
票据基础关系对票据行为效力的影响	2019年单选题
票据贴现	2013年案例分析题、2014年案例分析题、2015年案例分析题、2017年单选题
票据抗辩	2011年案例分析题、2012年案例分析题、2014年案例分析题、2016年案例分析题、2018年案例分析题、2019年案例分析题
票据的伪造	2008年单选题、2009年案例分析题、2011年案例分析题、2013年案例分析题、2014年案例分析题、2017年案例分析题、2019年案例分析题
票据的变造	2008年单选题
票据权利的消灭时效	2006年单选题、2009年单选题
票据权利的补救措施	2007年多选题
单位银行结算账户	2016年多选题

本章思维导图

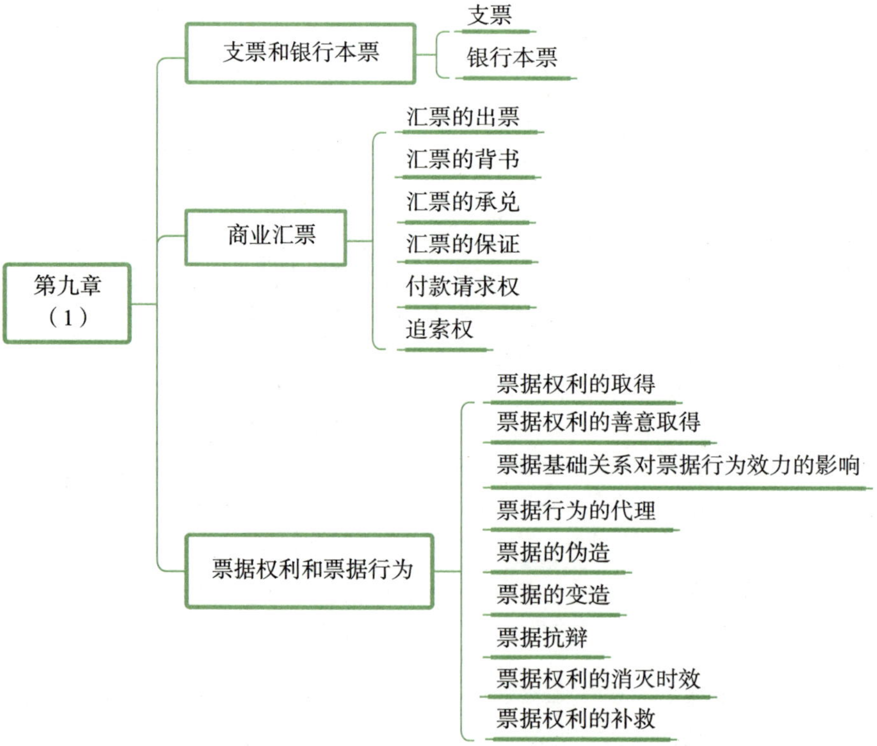

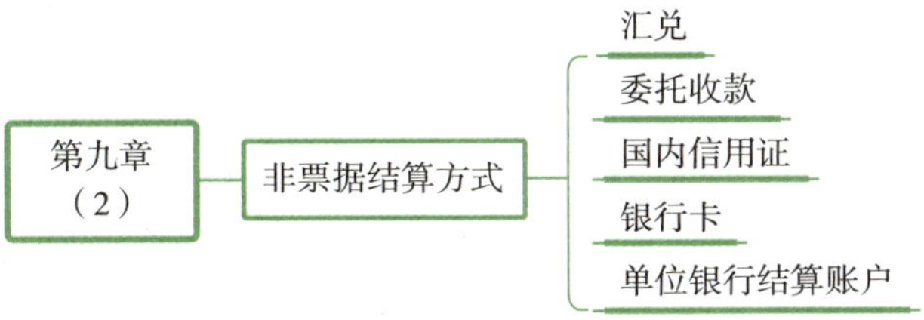

本章核心考点解读

第一单元 支票和银行本票

扫码听名师课

【考点1】 支票（★★）（P425）❗

1. 支票是指出票人签发的，委托办理支票存款业务的银行或者其他金融机构在见票时无条件支付确定的金额给收款人或者持票人的票据。

2. 支票的出票

（1）绝对必要记载事项

支票的绝对必要记载事项包括：表明“支票”的字样、无条件支付的委托、确定的金额、付款人名称、出票日期和出票人签章。未记载的，支票无效。

【解释1】“无条件支付的委托”属于绝对必要记载事项，如果出票人记载了付款人支付票据金额的条件，应认为出票行为欠缺绝对必要记载事项，该支票无效。

【解释2】所有票据的金额、出票日期和收款人名称不得更改，更改的票据无效。

【解释3】所有票据的金额必须是确定的数额，如果是不确定的金额（如100万元以下），票据无效。

【解释4】所有票据的金额以中文大写和数码同时记载，二者必须一致，二者不一致的，票据无效。

【解释5】支票的“金额”属于绝对必要记载事项，但可以由出票人授权补记，未补记前不得背书转让和提示付款。支票的“金额”只能由出票人授权相对人补记，相对人不能再授权他人补记。支票的“金额”经补记之后，才能背书转让和提示付款。

【解释6】支票的“收款人名称”并非绝对必要记载事项，可以由出票人授权补记，也可以由相对人再授权他人补记。例如，甲签发支票给乙，但是未记载收款人名称。乙为支付货款，直接将支票交付给丙，丙将自己的名称记载为收款人后，可以主张票据权利。

【解释7】出票人在票据上的签章不符合规定的，票据无效。

（2）相对必要记载事项

①支票上未记载“付款地”的，以付款人的营业场所为付款地。

②支票上未记载“出票地”的，以出票人的营业场所、住所或者经常居住地为出票地。

【解释】相对必要记载事项未记载的，票据有效，依法推定即可。

（3）可以记载的事项（任意记载事项）

任意记载事项不记载时不影响票据的效力，记载后则产生票据法上的效力。根据《票据法》的规定，出票人记载“不得转让”字样的，票据不得背书转让。

❗为方便您在学习中可以快速了解知识点的重要程度，本书中将知识点进行分类。★★★代表重要知识点，★★代表次重要知识点，★代表非重要知识点。

（4）不发生票据法上效力的事项

出票人可以在支票上记载“用途”（如偿还货款），但该记载不发生票据法上的效力。

（5）记载无效的事项

支票限于见票即付，不得另行记载付款日期（到期日）。另行记载付款日期的，该记载无效，支票仍然有效。

3. 提示付款期限

（1）支票的持票人应当自出票日起10日内提示付款。

（2）持票人未按照规定期限提示付款的，付款人可以不予付款；付款人不予付款的，出票人仍应当对持票人承担票据责任。

（3）支票的持票人对出票人的票据权利，自出票之日起6个月不行使而消灭。

【解释1】支票的付款人并未在票据上签章，并非票据债务人。支票的付款人可以拒绝付款的情形：（1）持票人未按照规定期限提示付款；（2）空头支票。

【解释2】支票的持票人未按照规定期限提示付款，被付款人拒绝付款后，将丧失对出票人以外的前手的追索权。

【案例】 甲欠乙100万元的货款，2020年4月1日，甲向乙签发了一张以乙为收款人、以自己的开户银行丙银行为付款人的转账支票。2020年4月3日，乙将该支票背书转让给丁。在本案中：（1）该支票的基本当事人包括出票人甲、收款人乙和付款人丙银行；（2）持票人丁应当自出票日起10日内提示付款，如果丁于2020年4月20日才提示付款，付款人丙银行可以不予付款，丁也丧失了对其前手（背书人乙）的追索权，但出票人甲仍应对持票人丁承担票据责任。但是，如果丁自出票日起8个月之后才要求甲承担票据责任，可以吗？这涉及票据权利的消灭时效问题。根据《票据法》的规定，支票的持票人对出票人的权利，自出票日起6个月不行使而消灭。

经典题解

【真题1·多选题】 甲公司为了支付货款，签发了一张以本市的乙银行为付款人、以丙公司为收款人的转账支票。丙公司在出票日之后的第14天向乙银行提示付款。根据票据法律制度的规定，下列表述中，正确的有（ ）。（2009年）

A. 如果甲公司在乙银行的存款足以支付支票金额，乙银行应当足额付款

B. 乙银行可以拒绝付款

C. 乙银行应当无条件付款

D. 如果乙银行拒绝付款，甲公司仍应承担票据责任

【答案】 BD

【真题2·单选题】 甲公司签发的支票上，中文大写记载的金额为“壹万玖仟捌佰元整”，而阿拉伯数字（数码）记载的金额为“19810元”。根据票据法律制度的规定，下列关于支票的效力的表述中，正确的是（ ）。（2015年）

A. 甲公司将金额更改为一致并签章后，支票有效

B. 支票无效

C. 支票有效，以中文记载为准

D. 支票有效，以阿拉伯数字（数码）记载为准

【答案】 B

【真题3·单选题】 根据票据法律制度的规定，下列票据记载事项中，可以更改的是（ ）。（2018年）

A. 出票日期

B. 付款人名称

C. 票据金额

D. 收款人名称

【答案】 B

【真题4·多选题】 根据票据法律制度的规定，支票的下列记载事项中，可以由出票人授权补记的有（ ）。（2019年）

A. 出票日期　　B. 付款人名称

C. 收款人名称　　D. 票据金额

【答案】 CD

【考点 2】 银行本票（★★）（P423）

1. 银行本票是指由出票人签发的，承诺自己在见票时无条件支付确定的金额给收款人或者持票人的票据。

【解释 1】根据出票人的不同，汇票分为银行汇票和商业汇票。我国现行法律规定的本票仅为银行本票。

【解释 2】（1）汇票、支票的基本当事人包括出票人、收款人和付款人；（2）银行本票的基本当事人只包括出票人和收款人，因为出票银行自己是付款人。

【解释 3】银行本票的出票人，是指经中国人民银行当地分支行批准办理银行本票业务的银行机构，向银行申请签发银行本票的当事人（“本票申请人”）并非出票人。

2. 银行本票的出票

（1）绝对必要记载事项

银行本票的绝对必要记载事项包括：表明“本票”的字样、无条件支付的承诺、确定的金额、收款人名称、出票日期和出票人签章。

【解释 1】银行本票由出票人本人付款，谈不上“付款人名称”的问题。

【解释 2】支票的“金额和收款人名称”可以授权补记，银行本票和汇票不能授权补记。

（2）相对必要记载事项

①银行本票未记载“付款地”的，以出票人的营业场所为付款地。

②银行本票未记载“出票地”的，以出票人的营业场所为出票地。

【解释】银行本票未记载“出票地”和“付款地”的，均以“出票人”的营业场所为出票地和付款地，因为银行本票由出票银行自己付款，注意和支票的区别。

（3）可以记载的事项（任意记载事项）

出票人如果记载了“不得转让”字样，该银行本票不得转让。

3. 提示付款期限

（1）银行本票自出票之日起，付款期限最长不得超过2个月。

（2）银行本票的持票人未按照规定期限提示付款的，即丧失对出票人以外的前手（背书人及其保证人）的追索权。

【解释】银行本票限于见票即付，持票人可以自出票之日起2个月内随时提示付款。未按照规定期限提示付款的，持票人在票据权利时效内（自出票之日起2年）向出票银行作出说明，并提供相关证明，仍可以持银行本票向出票银行请求付款。

【案例】 A公司欠B公司100万元的货款。2020年4月1日，甲银行根据A公司的申请，向B公司签发一张100万元的银行本票。4月10日，B公司将其背书转让给C公司，乙公司是B公司的票据保证人。4月20日，C公司又将其背书转让给D公司。在本案中：（1）甲银行是出票人，B公司是收款人，A公司只是申请人（并非出票人）；（2）D公司应于6月1日前向出票人甲银行提示付款；（3）如果D公司于6月5日才提示付款，则丧失了对其前手C公司、B公司及其保证人乙公司的追索权；（4）D公司对出票人甲银行的票据权利并未消灭，自出票之日起2年内，D公司向甲银行作出说明，并提供单位证明，仍可持银行本票向甲银行请求付款。

经典题解

【真题·多选题】 下列关于本票的表述中，符合票据法律制度规定的有（　　）。（2018年）

A. 本票为见票即付的票据

B. 本票的收款人名称可以授权补记

C. 我国现行法律规定的本票仅为银行本票

D. 本票未记载付款地的，以出票人的营业场所为付款地

【答案】 ACD

第九章

第二单元 商业汇票

扫码听名师课

【考点1】汇票的出票（★★★）（P407）

1. 汇票的类型

（1）根据出票人的不同，汇票分为银行汇票和商业汇票。

（2）商业汇票根据承兑人的不同，分为商业承兑汇票（企业出票、企业承兑）和银行承兑汇票（企业出票、银行承兑）。

（3）商业汇票根据付款日期的不同，分为即期商业汇票（见票即付）和远期商业汇票。

【解释】当事人向出票银行申请签发100万元的“银行汇票”，其账户资金至少应有100万元，不可能“空手套白狼”。出票人签发“远期商业汇票”的目的就是想“空手套白狼”，想过几个月再付款，持票人不放心，才出现了“提示承兑”（找人承诺兑现）的问题。支票、银行本票和银行汇票，均为“见票即付”的票据，谈不上“提示承兑”的问题（既然可以马上找银行去提示付款，没必要再去提示承兑了），也谈不上“付款日期”（到期日）的问题。见票即付的商业汇票无须提示承兑，只有远期商业汇票才涉及“提示承兑”的问题。

2. 商业汇票的付款日期

商业汇票根据付款日期的不同，分为见票即付、定日付款、出票后定期付款和见票后定期付款四种类型。

【解释1】定日付款，是指到期日是一个确定的日期。例如，甲向乙出票时，在汇票上明确记载到期日为6月5日。

【解释2】出票后定期付款，根据出票日期确定到期日。例如，甲向乙出票时，在汇票上记载“出票后3个月付款”。如果出票日期为4月1日，则到期日为7月1日。由于出票日期是绝对必要记载事项，收款人拿到汇票时就知道该汇票什么时间到期。

【解释3】见票后定期付款，根据承兑日期确定到期日。例如，甲向乙出票时，在汇票上记载“见票后3个月付款”。如果出票日期为4月1日，承兑日期为4月10日，则到期日为7月10日。由于见票后定期付款的汇票需要根据承兑日期来确定到期日，因此，持票人应尽快去提示承兑。根据《票据法》的规定，见票后定期付款的汇票，自出票之日起1个月内提示承兑。

3. 出票的记载事项

（1）绝对必要记载事项

汇票的绝对必要记载事项包括：表明“汇票”的字样、无条件支付的委托、确定的金额、付款人名称、收款人名称、出票日期和出票人签章。未记载的，汇票无效。

【解释1】在出票日期、背书日期、承兑日期、保证日期、付款日期中，只有出票日期属于绝对必要记载事项。

【解释2】汇票出票人的签章，应为该单位的财务专用章或者公章加其法定代表人或其授权的代理人的签名、盖章或者签名加盖章。出票人在票据上的签章不符合规定的，票据无效。

（2）相对必要记载事项

①未记载“付款日期”的，视为见票即付。

②未记载“付款地”的，以付款人的营业场所、住所或者经常居住地为付款地。

③未记载“出票地”的，以出票人的营业场所、住所或者经常居住地为出票地。

【解释】相对必要记载事项未记载的，不影响汇票的效力，依法推定即可。

（3）可以记载的事项（任意记载事项）

出票人在汇票上记载“不得转让”字样的，汇票不得转让。如果收款人将该汇票背书转让（包括贴现）给他人，背书行为无效，取得票据的人并不能因此而取得票据权利。

【解释】对于出票人记载“不得转让”字样的汇票，其后手以此票据进行贴现、质

第九章

押的，通过贴现、质押取得票据的持票人主张票据权利的，人民法院不予支持。

（4）不产生票据法上效力的记载事项

出票人关于票据签发用途的记载，以及有关利息、违约金的记载，这些记载均不具有汇票上的效力。

表 9-1　出票时的记载事项

记载事项	内容	汇票	本票	支票
绝对事项	表明“××”的字样	√	√	√
	无条件支付的委托/承诺	√	√	√
	确定的金额	√	√	√
	付款人名称	√	×	√
	收款人名称	√	√	×
	出票日期	√	√	√
	出票人签章	√	√	√
相对事项	付款日期	√	×	×
	付款地	√	√	√
	出票地	√	√	√

经典题解

【真题 1 · 单选题】 根据票据法律制度的规定，某公司签发汇票时出现的下列情形中，导致该汇票无效的是（　　）。（2007 年）

A. 汇票上未记载付款日期

B. 汇票上金额记载为“不超过 50 万元”

C. 汇票上记载了该票据项下交易的合同号码

D. 签章时加盖了本公司公章，公司负责人仅签名而未盖章

【解析】（1）选项 A：“付款日期”属于相对必要记载事项，未记载的不影响汇票的效力；（2）选项 B：汇票金额应为“确定的金额”，否则汇票无效；（3）选项 C：“合同号码”属于不产生票据法上效力的记载事项，是否记载不影响汇票的效力；（4）选项 D：汇票出票人的签章，应为该单位的财务专用章或者公章加其法定代表人或其授权的代理人的签名、盖章或者签名加盖章。

【答案】 B

【真题 2 · 多选题】 根据票据法律制度的规定，下列有关汇票出票人记载事项的表述中，可以导致票据无效的有（　　）。（2009 年）

A. 附条件的支付委托

B. 票据不得转让

C. 票据金额仅以数码记载

D. 未记载付款地

【解析】（1）选项 A：“无条件支付的委托”属于绝对必要记载事项，附条件的支付委托导致票据无效；（2）选项 B：“不得转让”字样属于任意记载事项，是否记载不影响汇票的效力；（3）选项 C：票据金额以中文大写和数码同时记载，二者必须一致，否则票据无效；（4）选项 D：“付款地”属于相对必要记载事项，未记载的，票据有效。

【答案】 AC

【真题 3 · 多选题】 根据票据法律制度的规定，下列各项中，属于汇票上的绝对必要记载事项的有（　　）。（2016 年）

A. 汇票金额

B. 收款人名称

C. 付款日期

D. 出票日期

【答案】 ABD

【真题4·多选题】 甲公司与乙公司签订买卖合同后，为了支付价款，甲公司签发了一张以乙公司为收款人的银行承兑汇票，公司财务经理签字，并加盖了公司的合同专用章。承兑人丙银行的代理人签字并加盖了银行的汇票专用章。乙公司背书转让给丁公司后，丁公司在票据到期时向丙银行请求付款。根据票据法律制度的规定，下列表述中，错误的有(　　)。(2009年)

A. 丙银行可以拒绝付款

B. 丙银行无权拒绝付款

C. 如果丙银行拒绝付款，丁公司可以向甲公司行使追索权

D. 如果丙银行拒绝付款，丁公司可以向乙公司行使追索权

【解析】 (1) 选项AB：商业汇票出票人的签章，应为该单位的财务专用章或者公章（合同专用章不行）加其法定代表人或其授权的代理人的签名、盖章或者签名加盖章。出票人在票据上的签章不符合规定的，票据无效，丙银行有权拒绝付款。(2) 选项CD：由于票据无效，丁公司不享有票据权利，因此不享有对甲公司、乙公司的追索权。

【答案】 BCD

4. 出票的效力

(1) 对出票人的效力

出票人成为票据债务人，承担担保承兑和付款的责任。

(2) 对收款人的效力

收款人取得票据权利，包括付款请求权和追索权，以及以背书等方式处分其票据权利的权利。

(3) 对付款人的效力

出票是出票人的行为，票据上虽然记载了"出票人委托付款人无条件支付票据金额"的内容，但这仅仅是出票人的记载，付款人自己并未在票据上签章。因此，付款人并不因此而承担票据责任。只有当付款人在票据上承兑签章之后，才基于该承兑行为而成为票据的主债务人。此时，其称谓从"付款人"改为"承兑人"。

【考点2】汇票的背书(★★★)(P409)

1. 背书，是指持票人为将票据权利转让给他人或者将票据权利授予他人行使，在票据背面或者粘单上记载有关事项并签章，然后将票据交付给被背书人的票据行为。背书包括转让背书和非转让背书(委托收款背书和质押背书)。

2. 背书行为的实质要件

背书人必须将票据交付给被背书人，被背书人才取得票据权利。

3. 背书行为的形式要件

(1) 绝对必要记载事项：背书人的签章

(2) 相对必要记载事项：背书日期

背书未记载日期的，视为在汇票到期日前背书。

(3) 可以补记的事项：被背书人名称

背书人未记载被背书人名称即将票据交付他人的，持票人在票据被背书人栏内记载自己的名称与背书人记载具有同等法律效力。(2017年案例分析题、2018年案例分析题)

【解释】 根据《票据法》的规定，被背书人名称属于绝对必要记载事项。根据司法解释的规定，持票人在被背书人栏内记载自己的名称与背书人记载具有同等的法律效力，即背书行为有效。

【案例】 甲公司拟将一张银行承兑汇票(丙银行已经承兑)背书转让给乙公司，在背书时，甲公司在背书人处签章，但在被背书人栏内未记载乙公司的名称即将该汇票交付给乙公司。在本案中：(1) 如果乙公司未在被背书人栏内记载自己的名称，由于被背书人名称属于绝对必要记载事项，甲公司向乙公司的背书转让行为无效，乙公司不享有票据权利，丙银行有权拒绝付款。(2) 如果乙公司在被背书人栏内记载了自己的名称(与甲公司记载具有同等的法律效力)，背书转让行为有效，乙公司依法取得票据权利。当乙公司在法定期限内向丙银行提示付款时，丙银行应当当日足额付款。

4. 附条件的背书：背书有效

背书时附有条件的，所附条件不具有汇票上的效力，即不影响背书行为本身的效力。（2012年案例分析题、2015年案例分析题、2017年案例分析题、2019年案例分析题）

经典题解

【真题·单选题】甲公司为购买货物而将所持有的汇票背书转让给乙公司，但因担心以此方式付款后对方不交货，因此在背书栏中记载了“乙公司必须按期保质交货，否则不付款”的字样。乙公司在收到票据后没有按期交货。根据票据法律制度的规定，下列表述中，正确的是（　　）。（2009年）

A. 背书无效

B. 背书有效，乙的后手持票人应受上述记载约束

C. 背书有效，但是上述记载没有汇票上的效力

D. 票据无效

【答案】C

5. 部分背书、多头背书：背书无效

将汇票金额的一部分转让或者将汇票金额分别转让给二人以上的，背书无效。

【解释】由于背书行为无效，票据权利并未转移，票据权利仍由原背书人享有。

6. 任意记载事项

背书人在汇票上记载“不得转让”字样，其后手再背书转让的，原背书人对后手的被背书人不承担保证责任。（2017年案例分析题、2018年案例分析题）

【解释1】出票人在汇票上记载“不得转让”字样的，汇票不得转让。如果收款人将该汇票背书转让（包括贴现）给他人，背书行为无效，取得票据的人并不能因此而取得票据权利。

【解释2】背书人在汇票上记载“不得转让”字样，其后手再背书转让的，背书行为有效，但原背书人对其直接后手以后的后手不再承担保证责任。

【案例】A公司向B公司签发一张100万元的银行承兑汇票，甲银行已经承兑并签章。B公司将该汇票背书转让给C公司，同时在汇票上记载“不得转让”字样。C公司又将该汇票背书转让给D公司。D公司在规定期限内向甲银行提示付款，但甲银行以出票人A公司存款账户余额不足为由拒绝付款。在本案中：（1）甲银行拒绝付款的理由不成立。根据规定，承兑人不得以其与出票人之间的资金关系来对抗持票人，拒绝支付汇票金额。（2）C公司向D公司的背书行为有效，D公司依法取得票据权利。（3）D公司被拒绝付款后，可以对出票人A公司、承兑人甲银行和背书人C公司行使追索权，但不能对B公司行使追索权。根据规定，背书人（B公司）在汇票上记载“不得转让”字样，其后手再背书转让的，原背书人（B公司）对后手的被背书人（D公司）不承担保证责任。（4）如果D公司首先向C公司行使追索权，C公司承担票据责任后，C公司有权向B公司行使追索权。根据规定，B公司向C公司的背书行为有效，B公司对其直接后手C公司仍应承担保证责任。

经典题解

【真题·单选题】汇票背书人在票据上记载了“不得转让”字样，但其后手仍进行了背书转让。根据票据法律制度的规定，下列关于票据责任承担的表述中，错误的是（　　）。（2007年）

A. 不影响承兑人的票据责任

B. 不影响出票人的票据责任

C. 不影响原背书人之前手的票据责任

D. 不影响原背书人对后手的被背书人承担票据责任

【答案】D

7. 背书连续

（1）以背书转让的汇票，背书应当连续。持票人以背书的连续，证明其汇票权利。

（2）非经背书转让，而以其他合法方式（如税收、继承、赠与、法人的合并或者分立）取得汇票的，不受背书连续的限制，由持票人依法举证，证明其汇票权利。（2015年案例分析题）

【解释】连续背书的第一背书人应当是票据上记载的收款人，最后的票据持有人应当是最后一次背书的被背书人。

经典题解

【真题·单选题】 甲公司是一张 3 个月以后到期的银行承兑汇票所记载的收款人。甲公司和乙公司依法合并为丙公司，丙公司于上述票据到期时向承兑人提示付款。根据票据法律制度的规定，下列表述中，正确的是（　　）。（2010 年）

A. 丙公司不能取得票据权利

B. 丙公司取得票据权利

C. 甲公司背书后，丙公司才能取得票据权利

D. 甲公司和乙公司共同背书后，丙公司才能取得票据权利

【解析】 只要丙公司能够依法举证，证明其汇票权利，就能享有票据权利，而不受背书连续的限制。

【答案】 B

8. 委托收款背书

在实际工作中，大多数商业汇票均由持票人委托自己的开户银行作为代理人来提示付款。

（1）委托收款背书，除了背书人签章之外，必须加上“委托收款”（或者“托收”“代理”）字样作为绝对必要记载事项。

（2）通过委托收款背书，被背书人取得代理权，但**并未取得票据权利**，因此，委托收款背书的被背书人不得再背书转让票据权利。

9. 质押背书

（1）以汇票设定质押时，除了出质人（背书人）签章之外，必须**在汇票上**记载“质押”（或者“设质”“担保”）字样作为绝对必要记载事项。如果出质人在汇票上只记载了“质押”字样但未在票据上签章的，或者出质人未在汇票、粘单上记载“质押”字样而另行签订质押合同、质押条款的，不构成票据质押。

（2）经质押背书（出质人同时在汇票上“签章”并记载“质押”等字样），被背书人取得票据质权（而非票据权利），票据质权人有权“以相当于票据权利人的地位”行使票据权利，包括行使**付款请求权、追索权**。但是，质押背书的被背书人并不享有对票据权利的“处分权”。因此，票据质权人再行“转让背书或者质押背书”的，**背书行为无效**。但是，被背书人可以再进行“委托收款背书”。

【案例】 乙公司持有一张 100 万元的银行承兑汇票，承兑人为甲银行，出票日期为 2020 年 4 月 1 日，到期日为 2020 年 7 月 1 日。因欠丙公司 100 万元的货款（2020 年 11 月 11 日到期），2020 年 4 月 10 日，乙公司将该汇票质押给丙公司（乙公司作为出质人在汇票上签章并在汇票上记载“质押”字样）。在本案中：（1）2020 年 4 月 10 日，经质押背书，丙公司取得票据质权（而非票据权利）；（2）丙公司并不享有对票据权利的“处分权”，因此，如果丙公司将该汇票再背书转让（或者质押背书）时，背书行为无效；（3）2020 年 7 月 1 日，该汇票到期，尽管丙公司的债权尚未到期（丙公司尚未取得票据权利），但汇票毕竟在丙公司手中，丙公司有权“以相当于票据权利人的地位”行使票据权利（包括行使付款请求权和追索权），从甲银行把 100 万元先拿到手再说。在行使付款请求权时，丙公司可以向其开户银行作“委托收款背书”，该背书有效；（4）如果丙公司傻乎乎地等到 11 月 11 日再动手，早过了法定的提示付款期限，其票据权利将受到影响（将丧失对出票人、承兑人以外的前手的追索权）。

经典题解

【真题 1·单选题】 根据票据法律制度的规定，下列选项中，不构成票据质押的是（　　）。（2004 年）

A. 出质人在汇票上记载了“质押”字样而未在汇票上签章的

B. 出质人在汇票粘单上记载了“质押”

字样并在汇票粘单上签章的

C. 出质人在汇票上记载了“质押”字样并在汇票上签章，但是未记载背书日期的

D. 出质人在汇票上记载了“为担保”字样并在汇票上签章的

【答案】 A

【真题2·单选题】 票据权利人为将票据权利出质给他人而进行背书时，如果未记载“质押”、“设质”或者“担保”字样，只是签章并记载被背书人名称，则该背书行为的效力是（　　）。（2014年）

A. 票据转让　　B. 票据承兑

C. 票据贴现　　D. 票据质押

【解析】 质押背书，除了出质人在票据上签章之外，必须记载“质押”、“设质”或者“担保”字样，否则构成转让背书。

【答案】 A

【真题3·单选题】 甲公司对乙公司负有债务。为了担保其债务的履行，甲公司同意将一张以本公司为收款人的汇票质押给乙公司，为此，双方订立了书面的质押合同，并交付了票据。甲公司未按时履行债务，乙公司遂于该票据到期时持票据向承兑人提示付款。根据票据法律制度的规定，下列表述中，正确的是（　　）。（2010年）

A. 承兑人应当向乙公司付款

B. 如果乙公司同时提供了书面质押合同证明自己的权利，承兑人应当付款

C. 如果甲公司书面证明票据质押的事实，承兑人应当付款

D. 承兑人可以拒绝付款

【解析】 出质人甲公司未在汇票上记载“质押”字样并签章，不构成票据质押，乙公司不享有票据质权。因此，当甲公司未按时履行债务时，乙公司无权要求承兑人付款。

【答案】 D

【真题4·多选题】 根据票据法律制度的规定，票据质押背书的被背书人所为的下列背书行为中，无效的有（　　）。（2013年）

A. 委托收款背书

B. 有偿转让背书

C. 再质押背书

D. 无偿转让背书

【答案】 BCD

【真题5·多选题】 根据票据法律制度的规定，下列关于票据质押背书的表述中，正确的有（　　）。（2014年）

A. 被背书人可以行使付款请求权

B. 被背书人可以再进行转让背书

C. 被背书人可以再进行委托收款背书

D. 被背书人可以行使追索权

【答案】 ACD

【真题6·单选题】 根据票据法律制度的规定，下列关于票据背书的表述中，正确的是（　　）。（2016年）

A. 背书时附有条件的，背书无效

B. 背书人未记载被背书人名称的，背书无效

C. 背书人将票据金额分别转让给二人以上的，背书无效

D. 背书人在票据上记载“不得转让”字样的，其后手的转让背书无效

【答案】 C

表9-2 背书行为的效力

具体情形	背书的效力
背书人未签章	背书无效
未记载背书日期	背书有效
背书人未记载被背书人名称即将票据交付他人的，持票人在被背书人栏内记载自己的名称	背书有效
附条件的背书	背书有效

续表

具体情形	背书的效力
部分背书、多头背书	背书无效
出票人在汇票上记载“不得转让”字样，收款人再背书转让（包括贴现）的	背书无效
背书人在汇票上记载“不得转让”字样，其后手再背书转让的	背书有效
质押背书的被背书人再行转让背书或者质押背书的	背书无效
质押背书的被背书人再行委托收款背书的	背书有效

【考点3】汇票的承兑（★★★）（P414）

1. 提示承兑期限

（1）见票即付的商业汇票：无须提示承兑

（2）定日付款或者出票后定期付款的商业汇票：到期日前提示承兑

（3）见票后定期付款的商业汇票：自出票之日起1个月内提示承兑

【解释1】汇票未按照规定期限提示承兑的，持票人将丧失对出票人以外的前手的追索权。

【解释2】远期商业汇票可以先出票、后承兑。但在实践中，绝大多数银行承兑汇票的出票人在记载了出票事项后，自己先向付款人（银行）申请承兑，之后才将其交给收款人。

2. 付款人应当自收到提示承兑的汇票之日起3日内承兑或者拒绝承兑。如果付款人在3日内不作承兑与否表示的，视为拒绝承兑。

3. 承兑的记载事项

（1）绝对必要记载事项

承兑行为的绝对必要记载事项包括承兑文句（“承兑”字样）和签章。

（2）相对必要记载事项

承兑日期属于相对必要记载事项。如果未记载承兑日期的，则以承兑人收到提示承兑的汇票之日起的第3日为承兑日期。

4. 附条件的承兑

（1）付款人承兑汇票，不能附有条件；承兑附有条件的，视为拒绝承兑。

（2）票据保证不得附条件，附条件的，不影响对汇票的保证责任。

（3）背书时附有条件的，所附条件不具有汇票上的效力，即不影响背书行为本身的效力。

5. 承兑的法律效力

（1）承兑人是汇票上的主债务人，承兑人于汇票到期日必须向持票人无条件地支付汇票上的金额。

（2）**承兑人不得以其与出票人之间的资金关系来对抗持票人，拒绝支付汇票金额。**（2011年案例分析题、2012年案例分析题、2016年案例分析题、2018年案例分析题、2019年案例分析题）

（3）承兑人的票据责任不因持票人未在法定期限内提示付款而解除，在持票人作出说明后，承兑人仍应向持票人付款。

（4）持票人即使未按期提示付款或者未依法取证，也不丧失对承兑人的追索权。

【相关链接1】商业汇票的持票人未在规定期限内提示付款的，将丧失对出票人、承兑人以外的前手的追索权。

【相关链接2】商业汇票的持票人不能出示相关证明（如退票理由书）的，将丧失对出票人、承兑人以外的前手的追索权。

6. 支票和银行承兑汇票的主要区别

（1）出票时的记载事项不同

①支票的金额、收款人名称，可以由出票人授权补记。

②银行承兑汇票的金额、收款人名称，不能授权补记。

（2）出票人资金不足

①支票的出票人账户资金不足，属于空

头支票，银行作为付款人（并非票据债务人）可以不予付款。

②银行承兑汇票中的承兑银行是主债务人，如果出票人的账户资金不足，承兑人不得以其与出票人之间的资金关系对抗持票人，银行必须无条件当日足额付款。

（3）超过法定提示付款期限时

①支票的持票人自出票日起超过10日提示付款的，银行作为付款人可以不予付款。

②银行承兑汇票的持票人自到期日起超过10日提示付款的，在作出说明后，承兑银行仍应继续付款。

（4）票据权利的消灭时效不同

①支票的持票人对出票人的票据权利，自出票之日起6个月不行使而消灭。

②银行承兑汇票的持票人对出票人的票据权利，自到期日起2年内不行使而消灭。

【考点4】汇票的保证（★★★）（P415）

【解释】票据行为包括出票、背书、承兑和保证（不包括付款）。

1. 绝对必要记载事项

（1）票据保证的绝对必要记载事项包括：保证文句（表明“保证”的字样）、保证人签章、保证人的名称和住所。

（2）票据保证是一种票据行为，保证人必须在票据上记载“保证”字样并签章，才能发生票据保证的效力。如果保证人未在票据或者粘单上记载“保证”字样而另行签订保证合同或者保证条款的，不属于票据保证，人民法院应当适用《担保法》的有关规定。（2012年案例分析题、2016年案例分析题、2018年案例分析题）

【相关链接】以汇票设定质押时，出质人在汇票上只记载了“质押”字样但未在票据上签章的，或者出质人未在汇票、粘单上记载“质押”字样而另行签订质押合同、质押条款的，不构成票据质押。

2. 相对必要记载事项

（1）被保证人

未记载被保证人的，已承兑的汇票，承兑人为被保证人；未承兑的汇票，出票人为被保证人。

（2）保证日期

未记载保证日期的，出票日期为保证日期。

表9-3 绝对必要记载事项VS相对必要记载事项

出票日期	绝对事项
付款日期	相对事项（未记载的，视为见票即付）
背书日期	相对事项（未记载的，视为汇票到期日前背书）
承兑日期	相对事项（未记载的，以承兑人收到提示承兑的汇票之日起的第3日为承兑日期）
保证日期	相对事项（未记载的，以出票日期为保证日期）

3. 票据行为人的签章

（1）出票人的签章不符合规定的，整个票据无效。

（2）承兑人、保证人在票据上的签章不符合规定的，其签章无效，但不影响其他符合规定签章的效力（票据本身有效）。

（3）背书人在票据上的签章不符合规定的，其签章无效，但不影响其前手符合规定签章的效力（票据本身有效）。

经典题解

【真题·单选题】根据票据法律制度的规定，下列票据行为人中，其签章不符合票据法规定可导致票据无效的是（　）。（2016年）

A. 出票人　　B. 保证人

C. 背书人　　D. 承兑人

【答案】A

4. 保证责任

（1）汇票保证人与被保证人负有同一责任，持票人对被保证人可以主张的任何票据权利，均可向保证人行使，票据保证人不享有先诉抗辩权。

（2）保证人为二人以上的，保证人之间承担连带责任。

（3）保证不得附有条件；附有条件的，不影响对汇票的保证责任，即保证所附的条件不发生票据法上的效力。

（4）保证人清偿汇票债务后，可以对被保证人及其前手行使追索权。

【案例】 A公司出票给B公司，B公司背书转让给C公司，C公司背书转让给D公司，甲公司是C公司的票据保证人，D公司又背书转让给E公司。如果持票人E公司被拒绝付款，E公司可以直接向甲公司行使追索权。甲公司承担保证责任后，可以向被保证人C公司及C公司的前手B公司和出票人A公司行使追索权，但不能向C公司的后手D公司行使追索权。

5. 如果被保证人的债务因形式要件（绝对必要记载事项）的欠缺而无效，保证人也不承担票据责任；如果被保证人的债务因实质要件的欠缺而无效（如当事人欠缺民事行为能力、签章伪造），则不影响票据保证的效力。

【案例1】 甲向乙出票，丙作为出票人甲的保证人在票据上签章。如果甲出票时未记载"出票日期"（绝对必要记载事项），该票据无效。在本案中，被保证人甲的债务因"形式要件"的欠缺而无效，保证人丙也不承担票据责任。

【案例2】 A伪造甲的签章以甲的名义向乙出票，丙作为甲的保证人在票据上签章。在本案中：（1）甲作为被伪造人不承担票据责任；（2）被保证人甲的债务因"实质原因"而无效，但丙作为保证人仍应承担票据责任。

【案例3】 甲将汇票背书转让给乙（符合背书的形式要件），丙作为甲的保证人在票据上签章，但甲在签章时属于无民事行为能力人。在本案中：（1）甲作为无民事行为能力人在票据上签章的，其签章无效，甲不承担票据责任；（2）被保证人甲的债务因"实质原因"而无效，但丙作为保证人仍应承担票据责任。

【考点5】付款请求权（★★）（P418）

1. 商业汇票的提示付款期限

（1）见票即付的汇票：自出票日起1个月内向付款人提示付款。

（2）定日付款、出票后定期付款、见票后定期付款的汇票：自到期日起10日内向承兑人提示付款。

2. 商业汇票的持票人未在规定期限内提示付款的，将丧失对出票人、承兑人以外的前手的追索权。

【考点6】 追索权（★★★）（P421）

1. 最初追索权的取得

（1）到期追索权

汇票到期被拒绝付款的，持票人可以行使追索权。

（2）期前追索权

①被拒绝承兑（包括承兑附条件）；

②承兑人或者付款人死亡、逃匿；

③承兑人或者付款人被宣告破产或者因违法被责令终止业务活动。

【解释】如果"承兑人或者付款人"没出事儿，"出票人、背书人或者保证人"死亡、逃匿或者破产的，持票人不能行使期前追索权。

经典题解

【真题·多选题】 根据票据法律制度的规定，汇票持票人可以取得期前追索权的情形有（　　）。（2014年）

A. 承兑人被宣告破产

B. 付款人被责令终止业务活动

C. 承兑附条件

D. 出票人被宣告破产

【答案】 ABC

2. 最初追索权的权利保全

如果持票人不能出示相关证明（如退票理

由书）的，将丧失对其前手的追索权。但是，出票人和承兑人仍然应当承担票据责任。

3. 通知义务

持票人应当自收到被拒绝承兑或者拒绝付款的有关证明之日起3日内，将被拒绝的事由书面通知其直接前手，还可以同时通知其他被追索人。未按照规定期限（3日）发出追索通知的，持票人仍可以行使追索权。但因延期通知给其前手或者出票人造成损失的，由其承担该损失的赔偿责任，但所赔偿的金额以汇票金额为限。

【相关链接】汇票的持票人对出票人、承兑人以外的其他前手的“首次追索权”，消灭时效期间为6个月，自被拒绝承兑或者被拒绝付款之日起算。

【案例】A公司于2020年4月1日向B公司签发一张金额为100万元、出票后3个月付款的银行承兑汇票，承兑人为甲银行。B公司将其背书转让给C公司，C公司又将其背书转让给D公司。持票人D公司于2020年7月5日（在法定期限内）向甲银行提示付款时遭到拒绝，并于当日取得了退票理由书，D公司于2020年7月15日才向C公司行使首次追索权。在本案中：（1）持票人D公司向背书人C公司行使“首次追索权”时，尽管未按照规定期限（3日）发出追索通知，但并未超过6个月，D公司仍可以对C公司行使追索权；（2）因D公司延期通知给C公司造成损失的（追索金额中会多一些利息），由D公司承担该损失的赔偿责任，但所赔偿的金额以汇票金额为限。

表9-4 是否丧失对前手的追索权？

具体情形	法律后果
未按照规定期限提示承兑	丧失对“出票人”以外的前手的追索权
未按照规定期限提示付款	丧失对“出票人、承兑人”以外的前手的追索权
未取得拒绝证明	丧失对“出票人、承兑人”以外的前手的追索权
未按照规定期限发出追索通知	仍可以行使追索权

4. 追索金额

（1）最初追索权

①被拒绝付款的汇票金额；

②汇票金额自到期日或者提示付款日起至清偿日止，按照中国人民银行规定的利率计算的利息；

③取得有关拒绝证明和发出通知书的费用。

（2）再追索权

①已清偿的全部金额及其自清偿日起至再追索清偿日止，按照中国人民银行规定的利率计算的利息；

②发出通知书的费用。

【解释】追索金额包括汇票金额、利息和费用，但不包括“间接损失”。

5. 追索对象（2011年案例分析题）

出票人、背书人、承兑人和保证人对持票人承担连带责任：

（1）持票人可以不按照汇票债务人的先后顺序，对其中任何一人、数人或者全体行使追索权；

（2）持票人对汇票债务人中的一人或者数人已经开始进行追索的，对其他汇票债务人仍然可以行使追索权。

【解释1】如果承兑人以其与出票人之间的资金关系来对抗持票人（这样做不对），持票人对承兑人仍可行使追索权。

【解释2】（1）如果持票人未在法定期限内提示付款的，则丧失对出票人、承兑人以外的前手（背书人及其保证人）的追索权；（2）持票人未按照规定期限发出追索通知的，仍可以行使追索权。

【解释3】背书人在汇票上记载“不得转让”字样，其后手再背书转让的，原背书人对后手的被背书人不承担保证责任。

【解释 4】持票人对“伪造人、被伪造人”均无追索权。

【解释 5】保证人清偿汇票债务后，可以对“被保证人及其前手”行使追索权。

【解释 6】回头背书：(1) 持票人为出票人的，对其前手无追索权；(2) 持票人为背书人的，对其后手无追索权。

【案例 1】 A 出票给 B，B 背书转让给 C，C 背书转让给 D，D 背书转让给 B（前面的背书人）。当 B 作为最后持票人被拒绝付款时，可以向 A 追索，但是对 C、D 没有追索权。根据规定，持票人为背书人的，对其后手无追索权。

【案例 2】 A 出票给 B，B 背书转让给 C，C 背书转让给 D，D 背书转让给 A（出票人）。当 A 作为最后持票人被拒绝付款时，对 B、C、D 均无追索权。根据规定，持票人为出票人的，对其前手无追索权。

第三单元　票据权利和票据行为

扫码听名师课

【考点 1】票据权利的取得（★★★）（P387）

1. 依出票行为，收款人取得票据权利。

2. 以背书转让的票据，背书应当连续；持票人以背书的连续，证明其票据权利。非经背书转让，而以其他合法方式（如税收、继承、赠与、法人的合并或者分立）取得票据的，不受背书连续的限制，由持票人依法举证，证明其票据权利。（2015 年案例分析题）

3. 以欺诈、偷盗或者胁迫等手段取得票据的，或者明知有前列情形，出于恶意取得票据的，不得享有票据权利。持票人因重大过失取得不符合票据法规定的票据的，也不得享有票据权利。（2018 年案例分析题）

4. 凡是善意的、已付对价的正当持票人可以向任何票据债务人请求付款，不受其前手权利瑕疵和前手相互间抗辩的影响。

5. 因税收、继承、赠与可以依法无偿取得票据的，不受给付对价的限制。但是，所享有的票据权利不得优于其前手的权利。

经典题解

【真题·多选题】 甲受乙胁迫开出一张以甲为付款人，以乙为收款人的汇票，之后乙通过背书将该汇票赠与丙，丙又将该汇票背书转让与丁，以支付货款。丙、丁对乙胁迫甲取得票据一事毫不知情。根据票据法律制度的规定，下列说法中，正确的有（　　）。（2008 年）

A. 甲有权请求丁返还汇票

B. 乙不享有该汇票的票据权利

C. 丙不享有该汇票的票据权利

D. 丁不享有该汇票的票据权利

【解析】 (1) 选项 B：乙因胁迫而取得票据，不得享有票据权利；(2) 选项 C：丙基于赠与无偿取得票据，所享有的票据权利不得优于其前手的权利，因其前手乙不享有票据权利，丙也不享有票据权利；(3) 选项 AD：丁属于善意、已付对价的正当持票人，享有 100% 的票据权利，甲无权请求丁返还票据。

【答案】 BC

【考点 2】票据权利的善意取得（★★★）（P393）（2013 年案例分析题、2017 年案例分析题、2018 年案例分析题）

1. 票据权利善意取得的要件

(1) 转让人是形式上的票据权利人，从形式上享有处分权。转让人必须是票据上记载的收款人或者被背书人，受让人才有理由相信其有处分权。

(2) 转让人实质上没有处分权。

(3) 受让人基于背书转让的方式取得票据，而且符合背书行为的形式和实质要件。

(4) 受让人善意且无重大过失。

(5) 受让人必须付出相当对价。

【解释】因税收、继承、赠与等依法无偿取得票据的，所享有的票据权利不得优于其前手。在无权处分的情形下，其前手并不享有票据权利，因此，无偿取得票据的，即使受让人善意也不能取得票据权利。

2. 票据权利善意取得的法律后果

（1）受让人取得票据权利；

（2）原权利人丧失票据权利。

【案例1】 A向B签发转账支票，B取得票据后患精神病而丧失民事行为能力，但仍将支票背书转让给C，C又将支票背书转让给D。在本案中：（1）无民事行为能力人或者限制民事行为能力人在票据上签章的，其签章无效，但不影响其他符合规定签章的效力。因此，B对C的背书行为无效，C不能取得票据权利，B仍然是票据权利人；（2）由于C未取得票据权利，C对D的背书转让，实质上没有处分权，但C是形式上的票据权利人，只要D善意且无重大过失、付出相当对价、符合背书行为的形式要件和实质要件（完成交付），则D基于善意取得制度依法取得票据权利。

【案例2】 A以B为收款人签发汇票，B受C的欺诈而背书转让，C又背书转让给D。在本案中：（1）因欺诈、偷盗、胁迫、恶意或者重大过失而取得票据的，不得享有票据权利；因此，C不能取得票据权利；（2）C对D的背书转让，实质上没有处分权，但C是形式上的票据权利人，只要D善意且无重大过失、付出相当对价、符合背书行为的形式要件和实质要件，则D基于善意取得制度依法取得票据权利。

【考点3】票据基础关系对票据行为效力的影响（★★★）（P395）

1. 票据基础关系

（1）票据基础关系是指票据关系据以产生的、由民法规定的法律关系。最重要的票据基础关系包括票据原因关系和票据资金关系。

（2）票据原因关系，是指作为票据当事人之间授受票据原因的法律关系，如支付买卖货物的价款、支付租金等。

（3）票据资金关系，是指出票人与付款人之间关于将来用于向持票人付款的资金安排的法律关系。一般情况下，出票人与付款人之间在出票前会订立委托合同，对于付款资金的安排等事项进行约定。例如，银行承兑汇票的出票人应在票据到期日前将全部票据金额支付给承兑人。

【相关链接】 承兑人不得以其与出票人之间的资金关系来对抗持票人，拒绝支付汇票金额。

2. 基于票据行为的无因性，票据行为的内容如果与基础关系不一致，票据关系的内容只能依据票据行为来确定。

【案例】 甲公司和乙公司签订买卖合同，约定价款为100万元。甲公司因为工作失误，向乙公司签发了金额为200万元的支票。此时，甲公司的票据责任应当根据票面上的记载内容（200万元）来确定，而不是根据买卖合同约定的价款（100万元）来确定。

3. 基于票据行为的无因性，**票据基础关系的瑕疵并不影响票据行为的效力**。

【案例】 甲公司申请乙银行为其签发的银行承兑汇票进行承兑，为此双方签订了承兑协议，乙银行为履行该协议已经在票据上作为承兑人签章。之后，如果承兑协议无效或者被撤销（这意味着乙银行并无义务进行承兑行为），乙银行承兑行为的效力并不因此而受影响，持票人有权请求乙银行承担票据责任。

经典题解

【真题·单选题】 甲公司向乙公司签发一张金额为35万元的银行承兑汇票，用于支付购买设备的价款。乙公司随即将汇票背书转让给丙公司，用于支付工程款。在丙公司提示付款前，甲、乙公司之间的设备买卖合同因乙公司欺诈而被人民法院撤销。甲公司的下列主张中，符合票据法律制度规定的是（　　）。（2019年）

A. 请求乙公司返还汇票

B. 请求丙公司返还汇票

C. 请求乙公司返还35万元价款

D. 请求承兑银行对丙公司拒绝付款

【解析】（1）选项ABD：基于票据行为的无因性，票据基础关系的瑕疵（买卖合同被撤销）并不影响票据行为（出票、背书、承兑）的效力，出票人甲公司无权请求乙公司和丙公司返还汇票，甲公司也无权请求承兑银行对丙公司拒绝付款，承兑银行应当向持票人丙公司付款；（2）选项C：一方（乙公司）以欺诈手段，使对方在违背真实意思的情况下实施的民事法律行为，属于可撤销的民事法律行为。民事法律行为被撤销后，行为人因该行为取得的财产，应当予以返还；不能返还或者没有必要返还的，应当折价补偿。因此，甲公司有权请求乙公司返还35万元的价款。

【答案】 C

4. 票据贴现（2020年重大调整）

（1）票据贴现属于国家特许经营业务，只有经批准的**金融机构**才有资格从事票据贴现业务。

（2）**其他组织与个人**从事票据贴现业务，票据贴现行为（背书转让）无效，贴现款和票据应当相互返还。但是，贴现人（被背书人）又对该票据进行背书转让时，如果符合票据权利善意取得的构成要件，新的持票人依法取得票据权利。（2013年案例分析题、2014年案例分析题、2015年案例分析题）

【案例】 甲公司持有一张100万元的银行承兑汇票（2020年11月11日到期），甲公司急需现金。在本案中：（1）如果甲公司找乙银行办理贴现，乙银行扣掉2万元的贴息，实付98万元，甲公司将票据权利“背书转让”给乙银行。票据贴现，实质上是一种票据权利的买卖，双方并没有真实的交易关系和债权债务关系，但经批准的金融机构可以合法办理票据贴现业务，甲公司向乙银行的背书转让行为有效，乙银行依法取得票据权利；（2）如果甲公司和丙公司达成协议：甲公司将该汇票背书转让给丙公司，丙公司立即向甲公司支付90万元，则**背书行为无效**，丙公司不能取得票据权利。但是，如果丙公司将该汇票再背书转让给丁公司，尽管丙公司实质上不享有票据权利，但“形式上”是票据权利人，如果符合票据权利善意取得的构成要件（善意且无重大过失、付出相当对价、符合背书行为的形式和实质要件），丁公司善意取得票据权利。

经典题解

【真题·单选题】 A公司因急需资金，将其作为收款人的一张已获银行承兑的商业汇票背书转让给B公司。汇票票面金额为50万元，B公司向A公司支付现金42万元。根据票据法律制度的规定，下列关于A公司背书行为效力及其理由的表述中，正确的是（　　）。（2017年）

A. 背书行为有效，因为该汇票已获银行承兑

B. 背书行为有效，因为A公司是票据权利人

C. 背书行为无效，因为B公司无权办理票据贴现业务

D. 背书行为无效，因为B公司未支付对价

【答案】 C

【考点4】票据行为的代理（★）（P391）

1. 票据代理行为的有效要件

（1）代理人有代理权；

（2）必须明示以“被代理人”的名义，并表明“代理”的意思；

（3）**代理人**在票据上签章。

【解释】 票据行为是一种民事法律行为，可以由代理人进行。例如，大多数票据均由持票人委托其开户银行作为代理人去提示付款。

【案例】 甲向乙出具授权委托书，授权乙向丙签发一张转账支票。乙在出票时，应明示“乙作为甲的代理人、以甲的名义出票”，乙作为代理人在票据上签乙自己的章。在有权代理的情况下，直接由被代理人甲承担票据责任。

第九章

2. 越权代理

票据代理人超越代理权限的，应当就其超越权限的部分承担票据责任，在权限范围内的代理行为继续有效。

【案例】 甲授权乙向丙出票，出票金额为 100 万元。如果乙超越代理权限向丙签发了 120 万元的票据，则甲承担 100 万元的票据责任，乙承担 20 万元的票据责任。

3. 狭义的无权代理

（1）没有代理权而以代理人名义在票据上签章的，如果本人（被代理人）事后表示追认，票据行为对本人（被代理人）发生效力，并由本人（被代理人）承担票据责任。

（2）如果本人（被代理人）事后未追认，相对人不能取得票据权利，不论本人（被代理人）还是无权代理人均不承担票据责任。但是，相对人又对他人进行票据行为的，如果满足善意取得的要件，无权代理人必须对票据权利人承担票据责任，但本人（被代理人）仍然不承担票据责任。

【案例】 甲公司对 A 并未授权，但 A 以甲公司代理人的名义签发一张汇票给乙公司，收款人乙公司明知 A 没有代理权。在本案中：（1）乙公司不能取得票据权利；（2）如果乙公司将该汇票背书转让给丙公司，如果符合善意取得的要件（善意且无重大过失、付出相当对价、符合背书行为的形式和实质要件），丙公司善意取得票据权利。此时，乙公司应承担“背书人”的票据责任，甲公司不承担票据责任（因为甲公司并未在票据上签章），A 应承担“出票人”的票据责任（A 在票据上签了自己的章）。

4. 表见代理

没有代理权而以代理人名义在票据上签章的，如果善意相对人有理由相信其有代理权，则其代理的票据行为有效，本人（被代理人）应承担票据责任，无权代理人不承担票据责任。

【解释 1】根据《民法总则》的规定，行为人没有代理权、超越代理权或者代理权终止后，仍然实施代理行为，相对人有理由相信行为人有代理权的，代理行为有效。

【解释 2】相对人有理由相信无权代理人具有代理权的情形包括但不限于：（1）合同签订人持有被代理人的介绍信或盖有印章的空白合同书，使得相对人相信其有代理权；（2）无权代理人此前曾被授予代理权，且代理期限尚未结束，但实施代理行为时代理权已经终止。

【案例】 甲公司计划授权 A 帮其购买一台设备，但因过失甲公司直接将盖有甲公司公章的空白授权委托书交给 A。A 擅自将授权委托书的内容填写为：“甲公司授权 A 向乙公司签发一张 100 万元的支票”，A 向不知情的乙公司出示了该授权委托书之后，以甲公司代理人的名义向乙公司签发一张 100 万元的支票，A 作为代理人在该支票上签章。为支付货款，乙公司将该支票背书转让给丙公司。在本案中：（1）善意相对人乙公司有理由相信 A 有代理权，该代理行为有效，虽然甲公司并未在票据上签章，但被代理人甲公司仍应承担“出票人”的票据责任；（2）在表见代理的情况下，既然由被代理人甲公司承担票据责任，无权代理人 A 虽然在票据上进行了签章，但不承担票据责任（至于甲公司事后如何向 A 追偿，与乙公司无关）；（3）乙公司享有票据权利，乙公司将该支票背书转让给丙公司时，属于有权处分。

【考点 5】票据的伪造（★★★）（P396）（2009 年案例分析题、2011 年案例分析题、2013 年案例分析题、2014 年案例分析题、2017 年案例分析题、2019 年案例分析题）

【解释 1】票据伪造是指假冒或者虚构他人名义在票据上签章而进行的票据行为（包括出票、承兑、保证、背书）。

【解释 2】如果票据行为人指明本人（被代理人）的存在并以代理人的身份在票据上签章，即使其欠缺代理权，也不构成票据伪造，而是无权代理。例如，甲公司对 A 并未授权，但 A 以甲公司代理人的名义签发一张支票给乙公司，A 在票据上加盖了 A 自己的签章，该情形属于无权代理。如果 A 伪造甲公司的签章，以甲公司的名义签发一张支票给乙公司，在票据上加盖的是甲公司的签章，A 在票据上并没有签章，该情形属于票据的伪造。

1. 伪造人

由于伪造人没有以自己的名义在票据上签章，因此不承担票据责任。但是，如果伪造人的行为给他人造成损失的，必须承担民事责任；情节轻微，不构成犯罪的，依照国家有关规定给予行政处罚；构成犯罪的，还应承担刑事责任。

2. 被伪造人

（1）在假冒他人名义的情形下，被伪造人不承担票据责任。

（2）在虚构他人名义的情形下，并不存在一个真正的被伪造人，因此不存在相应的法律后果承担问题。

3. 真正签章人

票据上有伪造签章的，不影响票据上其他真实签章的效力。在票据上真正签章的当事人，仍应对被伪造的票据的权利人承担票据责任，票据债权人在提示承兑、提示付款或者行使追索权时，在票据上的真正签章人不能以伪造为由进行抗辩。

【案例 1】 2020 年 4 月 1 日，A 公司向 B 公司签发一张 100 万元的银行承兑汇票，承兑人为甲银行。4 月 5 日，B 公司将该汇票背书转让给 C 公司。4 月 10 日，该汇票丢失，被张某拾得，张某伪造 C 公司的签章以 C 公司的名义将该汇票背书转让给知情的 D 公司；同时，乙公司作为 C 公司的保证人在票据上签章并记载了“保证”字样。4 月 15 日，D 公司将该汇票背书转让给不知情的 E 公司，以支付货款。持票人 E 公司在法定期限内向甲银行提示付款。在本案中：（1）D 公司不享有票据权利。根据规定，以欺诈、偷盗或者胁迫等手段取得票据的，或者明知有前列情形，出于恶意取得票据的，不得享有票据权利；（2）E 公司善意取得票据权利。根据规定，虽然 D 公司实质上不享有票据权利，但在形式上享有票据权利，E 公司符合善意取得的要件（善意且无重大过失、付出相当对价、符合背书行为的形式和实质要件），E 公司基于善意取得制度依法取得票据权利；（3）甲银行的审查义务仅限于形式上的审查，而不负责实质上的审查，如果甲银行按照正常的工作程序认真进行审查，当时未发现汇票被伪造，则甲银行向 E 公司付款后，不再承担票据责任（由于 E 公司享有票据权利，甲银行属于正确付款）；关键的问题是，如果甲银行当时发现了该汇票被伪造，能否向持票人 E 拒绝付款？不能。根据规定，票据上有伪造签章的，不影响票据上其他真实签章的效力，在票据上真正签章的当事人，仍应对被伪造票据的持票人承担票据责任，持票人在提示付款时，在票据上真正签章人（甲银行）不能以伪造为由进行抗辩；（4）如果甲银行拒绝付款，持票人 E 公司可以向真正签章人（出票人 A 公司、背书人 B 公司、承兑人甲银行和保证人乙公司）行使追索权，但不能向伪造人（张某）和被伪造人（C 公司）行使追索权。问题之一：E 公司向乙公司行使追索权时，乙公司能否以该票据被伪造为由进行抗辩？不能。根据规定，票据上有伪造签章的，不影响票据上其他真实签章的效力。在票据上真正签章的当事人，仍应对被伪造票据的权利人承担票据责任，权利人在依法行使追索权时，在票据上的真正签章人（乙公司）不能以伪造为由进行抗辩。问题之二：E 公司能否向 C 公司行使追索权？不能。根据规定，在假冒他人名义的情形下，被伪造人（C 公司）不承担票据责任。问题之三：E 公司能否向张某行使追索权？不能。根据规定，由于伪造人（张某）没有以自己的名义在票据上签章，因此不承担票据责任。

【案例 2】 甲拟出票给乙，将绝对必要记载事项记载完毕后，票据遗失（甲尚未将该票据交付给收款人乙），被丙拾得。丙冒充乙并伪造乙的签章，将其背书转让给丁。如果符合善意取得的要件，则丁依法取得票据权利。此时，乙、丙作为被伪造人和伪造人，均不承担票据责任；甲的签章是真实签章，甲应承担票据责任。需要说明的是，在本案中，出票行为在实质上并未生效，票据上并不存在任何真实的票据权利，因此，此后的背书转让行为在实质上并非对他人的票据权利进行处分。但是，由于出票行为在“形式上”并无瑕疵，从被背书人丁的角度（善意且无重大过失、付出相当对价、符合背书行为的形式要件和实质要件），为了维护交易安全，票据权利的善意取得制度应当被参照适用于此类情形，丁依法取得票据权利。

经典题解

【真题·单选题】 甲私刻乙公司的财务专用章，假冒乙公司名义签发一张转账支票交给收款人丙，丙将该支票背书转让给丁，丁又背书转让给戊。当戊主张票据权利时，根据票据法律制度的规定，下列表述中，正确的是（　　）。（2008 年）

A. 甲不承担票据责任

B. 乙公司承担票据责任

C. 丙不承担票据责任

D. 丁不承担票据责任

【解析】 （1）选项 A：由于伪造人甲在票据上没有以自己的名义签章，因此不承担票据责任；（2）选项 B：在假冒他人名义的情形下，被伪造人乙公司不承担票据责任；（3）选项 CD：票据上有伪造签章的，不影响票据上其他真实签章的效力，丙和丁属于在票据上真正签章的当事人，仍应对被伪造的票据的权利人承担票据责任。

【答案】 A

4. 表见代行

一般情况下，被伪造人不承担票据责任。但是，如果相对人有理由相信代行人获得了本人（被伪造人）的授权，则类推适用“表见代理”的规定，由本人（被伪造人）承担票据责任。

【案例】 甲是 A 公司业务员，多年来一直负责 A 公司与 B 公司的业务往来。2019 年 3 月，甲离职，但 A 公司并未将这一情况及时通知 B 公司。2019 年 4 月 1 日，甲仍以 A 公司业务员的名义到 B 公司购货，并向 B 公司交付了一张出票人为 A 公司、金额为 100 万元的支票，用于支付货款。之后，甲提走货物自用。经查，支票上所盖 A 公司公章及其法定代表人人名章均系甲伪造。在本案中：（1）在出票时，甲并非以“A 公司代理人”的名义在票据上加盖自己的印章，而是加盖了伪造的 A 公司公章及其法定代表人人名章，因此，甲的行为不属于“无权代理”，而是票据签章的“伪造”；（2）一般情况下，“被伪造人”不承担票据责任。但是，如果善意相对人 B 公司有理由相信甲获得了 A 公司的授权，则类推适用“表见代理”的规定，A 公司应当对 B 公司承担票据责任。

5. 错误付款

（1）善意且无重大过失的错误付款

如果付款人不知道提示付款人并非票据权利人，并且无重大过失，则付款人的付款行为与一般的付款具有同等的效力，即全部票据关系消灭。真正票据权利人的票据权利也因此而消灭，其只能根据民法上的侵权责任制度或者不当得利制度向获得票据金额的当事人主张权利。

（2）恶意或者重大过失的错误付款

如果付款人未尽审查义务，对不符合法定形式的票据付款，或者存在恶意或者重大过失而付款的，付款人的义务不能免除，其他债务人也不能免除责任。即票据关系并不因此而消灭，真正票据权利人的票据权利并不因此而消灭，各个票据债务人（包括承兑人）的票据责任并不因此而消灭。付款人的损失，只能另行根据民法上的侵权责任制度或者不当得利制度向获得票据金额的当事人请求赔偿或者返还。

【案例】 A 公司向 B 公司签发一张 100 万元的银行承兑汇票，承兑人为甲银行。B 公司将该汇票背书转让给 C 公司，C 公司拿到汇票后被张某偷走，张某伪造 C 公司的签章以 C 公司的名义将该汇票背书转让给知情的 D 公司，D 公司持该汇票向甲银行提示付款。在本案中：（1）以欺诈、偷盗或者胁迫等手段取得票据的，或者明知有前列情形，出于恶意取得票据的，不得享有票据权利。因此，D公司不享有票据权利；（2）甲银行的审查义务仅限于形式上的审查，而不负责实质上的审查，如果甲银行按照正常的工作程序认真进行审查，当时未发现汇票被伪造，则甲银行向D公司付款后（D公司并非真正的票据权利人，甲银行属于错误付款，但甲银行善意且无重大过失），全部票据关系消灭，甲银行不再承担票据责任，真正票据权利人（C公司）的票据权利也因此而消灭，C公司无权请求甲银行付款，C公司只能根据民法上的侵权责任制度或者不当得利制度向获得票据金额的当事人（D公司）主张权利；（3）如果甲银行当时发现了该汇票被伪造，而且知道D公司并非真正的票据权利人，则甲银行不得向D公司付款，否则构成恶意的错误付款。即使甲银行已经向D公司付款了，票据关系并不因此而消灭，真正票据权利人（C公司）的票据权利并不因此而消灭，甲银行的付款义务并不能免除，C公司仍有权请求甲银行付款。至于甲银行已经向D公司支付的款项，只能另行根据民法上的侵权责任制度或者不当得利制度向D公司请求赔偿或者返还。

【考点6】 票据的变造（★）（P398）

1. 变造前在票据上签章的票据行为人，依照原记载事项负责；变造后在票据上签章的票据行为人，依照变造后的记载事项负责。

2. 如果无法辨别签章发生在变造之前还是之后，视同在变造之前签章。

【解释1】（1）票据的伪造仅限于“签章”；（2）票据的变造是指对“签章”以外的记载事项（如出票日期）加以改变。

【解释2】（1）票据的变造是指无权更改票据内容的人，对票据上“签章”以外的记载事项通过剪接、挖补、涂改等形式偷偷摸摸地加以非法改变，属于违法行为；（2）原记载人有权对“票据金额、出票日期和收款人名称”以外的记载事项（如付款人名称）进行合法更改，更改时由原记载人在更改处签章证明即可。

经典题解

【真题·单选题】 甲签发一张票面金额为2万元的转账支票给乙，乙将该支票背书转让给丙，丙将票面金额改为5万元后背书转让给丁，丁又背书转让给戊。下列关于票据责任承担的表述中，正确的是（　　）。（2008年）

A. 甲、乙、丁对2万元负责，丙对5万元负责

B. 乙、丙、丁对5万元负责，甲对2万元负责

C. 甲、乙对2万元负责，丙、丁对5万元负责

D. 甲、乙对5万元负责，丙、丁对2万元负责

【解析】 甲、乙的签章在变造之前，应当按照原记载的内容（2万元）负责；丙、丁的签章在变造之后，应当按照变造后的记载内容（5万元）负责。

【答案】 C

【考点7】票据抗辩（★★★）（P401）

票据抗辩，是指票据债务人基于合法事由对持票人拒绝履行票据债务的行为。

1. 对物抗辩

对物抗辩（绝对的抗辩），是指票据债务人可以对任何持票人进行抗辩。对物抗辩的情形包括但不限于：

（1）票据所记载的“全部票据权利”均不存在

出票时欠缺“绝对必要记载事项”（如未记载出票日期），或者票据金额的中文大写和阿拉伯数码不一致，或者对“票据金额、出票日期和收款人名称”进行了更改，由于票据本身无效，持票人根本就不享有票据权利，票据债务人可以对任何持票人进行抗辩。

（2）票据上记载的“特定债务人”的债务不存在

基于法律规定，某些特定当事人不承担票据责任。其中包括但不限于：

①签章人为无民事行为能力人或者限制民事行为能力人的，其签章无效，不承担票据责任。

②持票人不能出示相关证明（如退票理由书）的，将丧失对其前手的追索权。但是，出票人和承兑人仍然应当承担票据责任。

【解释】对物抗辩可以对“任何持票人”提出，但并非所有的票据债务人均有权提出对物抗辩，只有“享有抗辩权的人”才有权对“任何持票人”提出抗辩。

【案例】甲向乙出票，乙背书转让给丙，丙背书转让给丁，丁又背书转让给戊。经查，丙属于限制民事行为能力人。在本案中：(1) 限制民事行为能力人丙在票据上签章的，其签章无效，丙并非票据债务人，丙（享有抗辩权）可以对“任何持票人”进行抗辩；(2) 甲、乙、丁的签章有效，甲、乙、丁（不享有抗辩权）仍应承担票据责任，不能对戊进行抗辩。

2. 对人抗辩（2011 年案例分析题、2012 年案例分析题、2014 年案例分析题、2016 年案例分析题、2018 年案例分析题、2019 年案例分析题）

对人抗辩（相对的抗辩），是指票据债务人可以基于合法事由对特定持票人主张抗辩。

(1) 票据债务人可以对不履行约定义务的与自己有直接债权债务关系的持票人，进行抗辩。

(2) 票据债务人不得以自己与出票人之间的抗辩事由对抗持票人，但持票人明知存在抗辩事由而取得票据的除外。

(3) 票据债务人不得以自己与持票人的前手之间的抗辩事由对抗持票人，但持票人明知存在抗辩事由而取得票据的除外。

(4) 凡是善意的、已付对价的正当持票人可以向任何票据债务人请求付款，不受其前手权利瑕疵和前手相互间抗辩的影响。

(5) 因税收、继承、赠与可以依法无偿取得票据的，不受给付对价的限制。但是，所享有的票据权利不得优于其前手的权利。因此，**票据债务人可以以对抗持票人前手的抗辩事由对抗该持票人。**

【案例】A 公司与 B 公司签订买卖合同，A 公司购买 B 公司的一批货物。2020 年 4 月 1 日，A 公司向 B 公司签发一张 100 万元、出票后 3 个月付款的银行承兑汇票，甲银行为承兑人。4 月 3 日，B 公司将该汇票背书转让给 C 公司，以支付货款。4 月 5 日，C 公司又将该汇票背书转让给 D 公司，以支付货款。7 月 5 日，D 公司向甲银行提示付款时，甲银行以出票人 A 公司的资金账户上只有 80 万元为由拒绝付款，D 公司于当日取得了退票理由书。D 公司在向出票人 A 公司进行追索时，A 公司以 B 公司发来的货物存在严重的质量问题为由，拒绝向 D 公司承担票据责任。在本案中：(1) 甲银行拒绝付款的理由不成立。根据规定，票据债务人（承兑人甲银行）不得以自己与出票人（A 公司）之间的抗辩事由对抗持票人；(2) A 公司以 B 公司发来的货物存在严重的质量问题为由，拒绝向 D 公司承担票据责任的主张不成立。根据规定，票据债务人（A 公司）不得以自己与持票人的前手（B 公司）之间的抗辩事由对抗持票人；(3) 如果 D 公司先向 B 公司追索，B 公司向 D 公司承担了票据责任后，B 公司转而向 A 公司追索，则 A 公司可以对 B 公司进行抗辩。根据规定，票据债务人（A 公司）可以对不履行约定义务的与自己有直接债权债务关系的持票人（B 公司），进行抗辩。

3. 票据抗辩的切断制度

在持票人无偿取得票据的情况下，如果其前手的权利已经获得了抗辩切断的保护，该持票人的权利也受到抗辩切断的保护。

【案例】甲、乙之间签订一份买卖合同，乙发货后，2020 年 4 月 1 日，甲向乙签发一张支票。4 月 2 日，乙将该支票作为生日礼物赠与其女朋友丙。4 月 3 日，丙将该支票背书转让给丁，以支付货款。4 月 4 日，丁将该支票作为生日礼物赠与其男朋友戊。

后来甲发现乙发来的货物属于假冒伪劣产品，但丙、丁、戊对该事项均不知情。在本案中：(1) 如果乙是持票人，票据债务人（甲）可以对不履行约定义务的与自己有直接债权债务关系的持票人，进行抗辩；(2) 如果丙是持票人，由于丙无对价取得票据（丙 = 乙），票据债务人甲可以对抗乙的抗辩事由来对抗丙；(3) 如果丁是持票人，由于丁善意、付出相当对价，丁享有 100% 的票据权利，不受其前手权利瑕疵和前手相互间抗辩的影响，票据债务人（甲）不得以自己与持票人的前手（乙）之间的抗辩事由对抗持票人丁；(4) 如果戊是持票人，甲可以对抗戊吗？不能！虽然戊无对价取得票据，其享有的票据权利不能优于其前手，但也不劣于其前手（戊 = 丁），既然甲不能对抗丁，就不能对抗戊。简而言之，在持票人戊无偿取得票据的情况下，如果其前手丁的票据权利已经获得了抗辩切断的保护（丁的票据权利不受其前手权利瑕疵和前手相互间抗辩的影响），那么持票人戊的票据权利也受到抗辩切断的保护。

【考点 8】票据权利的消灭时效（★★★）（P400、414）

1. 出票人、承兑人

(1) 商业汇票的持票人对**出票人、承兑人**的权利，自票据**到期日**起 2 年；见票即付的汇票，自**出票日**起 2 年。

(2) 银行本票的持票人对**出票人**的权利，自出票日起 2 年。

(3) 支票的持票人对**出票人**的权利，自出票日起 6 个月。

2. 出票人、承兑人以外的其他前手

(1) 持票人对其他前手的**首次追索权**，自被拒绝承兑或者被拒绝付款之日起 6 个月。

(2) 持票人对其他前手的**再追索权**，自清偿日或者被提起诉讼之日起 3 个月。

3. 票据权利与民事权利

持票人因超过票据权利时效或者因票据记载事项欠缺而丧失票据权利的，**仍享有民事权利**，可以请求出票人或者承兑人返还其与未支付的票据金额相当的利益。

表 9-5　票据权利的消灭时效

票据类型		提示承兑期限	提示付款期限	票据权利的消灭时效
商业汇票	见票即付	×	出票日起 1 个月内	出票日起 2 年
	定日付款	到期日前	到期日起 10 日内	到期日起 2 年
	出票后定期付款			
	见票后定期付款	出票日起 1 个月内		
银行汇票		×	出票日起 1 个月内	出票日起 2 年
银行本票		×	自出票日起不得超过 2 个月	出票日起 2 年
支票		×	自出票日起 10 日内	出票日起 6 个月

【案例 1】 2020 年 4 月 1 日，甲公司向乙公司签发一张金额为 100 万元、出票后 3 个月付款的银行承兑汇票，丙银行已经承兑。4 月 10 日，乙公司将该汇票背书转让给丁公司。在本案中：(1) 甲公司是出票人，也是承兑申请人。在申请承兑时，甲公司应先向丙银行缴纳一定数量的保证金，于汇票到期日之前再将剩余金额足额存入在丙银行开立的银行账户；(2) 该汇票只有经丙银行承兑后，丙银行才成为主债务人；但承兑银行并

非“活雷锋”，丙银行要按票面金额向申请人甲公司收取万分之五的手续费，但只要丙银行承兑了，汇票到期后，即使出票人甲公司的银行账户金额不足，承兑人丙银行作为主债务人也必须无条件当日足额付款，否则应承担延迟付款的法律责任；（3）该汇票的付款日期（到期日）为2020年7月1日，持票人丁公司应当自票据到期之日起10日内提示付款，如果丁公司于2020年7月5日（在法定期限内）向丙银行提示付款（行使付款请求权），但被拒绝付款（第一次权利未能实现），丁公司取得了丙银行开具的退票理由书之后，可以对出票人甲公司、背书人乙公司和承兑人丙银行行使追索权（第二次权利）；（4）如果丁公司于2020年7月25日（超过法定期限）才向丙银行提示付款，其付款请求权并未消灭（持票人对汇票承兑人的付款请求权，消灭时效期间为2年，自票据到期日起算），在2022年7月1日之前，在丁公司作出说明后，承兑人丙银行仍应对丁公司付款。如果丙银行付款了，整个票据关系消灭。如果丙银行还是拒绝付款，丁公司可以行使追索权。但由于丁公司未在规定期限内提示付款，则丧失了对其前手乙公司的追索权，但丁公司可以对出票人甲公司和承兑人丙银行行使追索权；（5）如果持票人丁公司于2022年8月8日才主张票据权利，由于自票据到期日起已经超过了2年，其票据权利已经消灭，但其民事权利并未消灭，丁公司仍有权请求出票人甲公司或者承兑人丙银行返还与其未支付票据金额相当的利益。

【案例2】 A公司于2020年4月1日向B公司签发一张金额为100万元、见票后3个月付款的银行承兑汇票，承兑人为甲银行，承兑日期为4月10日。B公司将其背书转让给C公司，C公司又将其背书转让给D公司。在本案中：（1）该银行承兑汇票的付款日期（到期日）为2020年7月10日（根据承兑日期确定到期日），持票人D公司应当自到期日起10日内向甲银行提示付款；（2）如果D公司于2020年7月15日（在法定期限内）向甲银行提示付款时遭到拒绝，并于当日取得了退票理由书，则持票人D公司可以不按照汇票债务人的先后顺序，对承兑人甲银行、出票人A公司、背书人B公司和C公司中的任何一人、数人或者全体行使追索权。其中，持票人D公司对背书人C公司的首次追索权为被拒绝付款之日起6个月；如果C公司向D公司清偿了102万元（包括汇票金额、利息和相关费用），C公司向B公司行使再追索权的期限为清偿之日起3个月。考生应注意的是，当B公司向A公司行使再追索权时，就不是3个月了，而是自汇票到期之日起2年，因为A公司是出票人。

经典题解

【真题1·单选题】 2006年6月5日，A公司向B公司开具一张金额为5万元的支票，B公司将支票背书转让给C公司。6月12日，C公司请求付款银行付款时，银行以A公司账户内只有5000元为由拒绝付款。C公司遂要求B公司付款，B公司于6月15日向C公司付清了全部款项。根据票据法律制度的规定，B公司向A公司行使再追索权的期限为（　　）。（2006年）

A. 2006年6月25日之前

B. 2006年8月15日之前

C. 2006年9月15日之前

D. 2006年12月5日之前

【解析】 支票的持票人对出票人（A公司）的票据权利，自出票之日起（2006年6月5日）6个月内不行使而消灭。

【答案】 D

【真题2·单选题】 丙公司持有一张以甲公司为出票人、乙银行为承兑人、丙公司为收款人的银行承兑汇票，汇票到期日为2007年6月5日，但是丙公司一直没有主张票据权利。根据票据法律制度的规定，丙公司对甲公司的票据权利的消灭时间是（　　）。（2009年）

A. 2007年6月15日

B. 2007年12月5日

C. 2008年6月5日

D. 2009年6月5日

【解析】 商业汇票的持票人对出票人（甲公司）的追索权，消灭时效期间为 2 年，自票据到期日（2007 年 6 月 5 日）起算。

【答案】 D

【考点 9】 票据权利的补救（★★）（P405）

1. 挂失止付

（1）可以挂失止付的票据

①已承兑的商业汇票；

②支票；

③填明“现金”字样和代理付款人的银行汇票；

④填明“现金”字样的银行本票。

【解释】只有“确定付款人”的票据丢失，才可以找“付款人”去挂失止付。对于尚未承兑的商业汇票，不能挂失止付。

经典题解

【真题·多选题】 根据票据法律制度的规定，下列票据中，不能申请挂失止付的有（　　）。（2007 年）

A. 已承兑的商业汇票

B. 未记载付款人的汇票

C. 未填明“现金”字样的银行汇票

D. 未填明“现金”字样的银行本票

【答案】 BCD

（2）挂失止付的地位

挂失止付并非票据丧失后票据权利补救的必经程序，它仅仅是失票人丧失票据后可以采取的一种暂时的预防措施，以防止票据被冒领或者骗取。失票人应当在通知挂失止付后 3 日内，依法向人民法院申请公示催告或者提起普通诉讼，也可以在票据丧失后直接向人民法院申请公示催告或者提起普通诉讼。如果付款人或者代理付款人自收到挂失止付通知书之日起12 日内未收到人民法院的止付通知书的，自第 13 日起，挂失止付通知书失效。

2. 公示催告

（1）公示催告是指人民法院根据失票人的申请，以公示的方式催告利害关系人在一定期限内向人民法院申报权利，到期无人申报权利的，人民法院将根据申请人的申请作出除权判决，申请人可以持除权判决书行使票据权利。

（2）失票人应当向票据付款地的基层人民法院提出书面的公示催告申请。

（3）人民法院在受理公示催告申请的同时通知付款人或者代理付款人停止支付。付款人或者代理付款人应当停止支付，直到公示催告程序终结。

（4）利害关系人在人民法院作出除权判决之前申报权利的，人民法院应通知其向人民法院出示票据，并通知公示催告申请人查看该票据。如果该票据就是申请人申请公示催告的票据，人民法院应裁定终结公示催告程序，并通知申请人和付款人（既然公示催告程序已经终结，付款人就可以付款了）。

（5）公示催告期间届满，且无应裁定终结公示催告程序的事由，申请人可以在届满次日起1 个月内，申请人民法院作出除权判决。逾期未申请的，人民法院应终结公示催告程序(既然公示催告程序终结，付款人就可以付款了)。

（6）利害关系人因为正当理由不能在除权判决之前向人民法院及时申报权利的，自知道或者应当知道判决公告之日起1 年内，可以向作出除权判决的人民法院起诉，请求撤销除权判决。

【解释】在实践中，有的持票人已将票据背书转让给他人，但由于基础关系中的纠纷（如未收到买卖合同的货款），谎称票据丧失并申请公示催告，以阻止合法持票人行使票据权利。如果人民法院已经作出了除权判决，在付款人尚未付款的情况下，合法持票人可以根据《民事诉讼法》的规定在法定期限内请求人民法院撤销除权判决，待票据恢复效力后再依法行使票据权利；在付款人已经付款的情况下，合法持票人可以请求公示催告申请人承担侵权损害赔偿责任，因为恶意申请公示催告并持除权判决获得票款的行为损害了合法持票人的权利。（2020 年新增）

第四单元　非票据结算方式

扫码听名师课

【考点1】 汇兑（★）（P426）

1. 汇兑是指汇款人委托银行将其款项支付给收款人的结算方式，汇兑适用于单位和个人的各种款项的结算。

2. 汇款回单只能作为汇出银行受理汇款的依据，不能作为该笔汇款已经转入收款人账户的证明；收账通知是银行将款项确已收入收款人账户的凭据。

3. 汇兑的撤销

汇款人对汇出银行尚未汇出的款项可以申请撤销。

4. 汇兑的退汇

（1）汇款人对汇出银行已经汇出的款项可以申请退汇。

（2）对在汇入银行开立存款账户的收款人，由汇款人与收款人自行联系退汇。

（3）对未在汇入银行开立存款账户的收款人，汇款人应出具正式函件或者本人身份证件以及原信、电汇回单，由汇出银行通知汇入银行，经汇入银行核实汇款确未支付，并将款项汇回汇出银行，方可办理退汇。

（4）汇入银行对于收款人拒绝接受的汇款，应当立即办理退汇。

（5）汇入银行对于向收款人发出取款通知，经过2个月无法交付的汇款，应主动办理退汇。

【考点2】 委托收款（★）（P430）

1. 委托收款是收款人委托银行向付款人收取款项的结算方式。

2. 付款人应于接到通知的当日书面通知银行付款。如果付款人未在接到通知日的次日起3日内通知银行付款的，视同付款人同意付款，银行应于付款人接到通知日的次日起第4日上午开始营业时，将款项划给收款人。

3. 银行在办理划款时，发现付款人存款账户不足支付的，应当通过被委托银行向收款人发出未付款通知书。

【考点3】国内信用证（★★★）（P431）

1. 信用证的特征

（1）国内信用证（以下简称“信用证”）是指银行依照申请人的申请开立的、对相符交单予以付款的承诺。

（2）我国的信用证是以人民币计价、不可撤销的跟单信用证。

（3）信用证结算方式适用于国内企事业单位之间的货物和服务贸易。

【解释】（1）汇兑、委托收款、银行汇票、银行本票、支票：单位和个人均可使用；（2）国内信用证、托收承付、商业汇票：个人不能使用。

（4）信用证的开立和转让，应当具有真实的贸易背景。但是，在信用证业务中，银行处理的只是单据，而不是单据所涉及的货物或者服务。银行只对单据进行表面审核。银行收到单据时，应仅以单据本身为依据，认真审核信用证规定的所有单据，以确定是否为相符交单。银行不审核信用证没有规定的单据。

（5）信用证与作为其依据的贸易合同相互独立，即使信用证含有对此类合同的任何援引，银行也与该合同无关，且不受其约束。

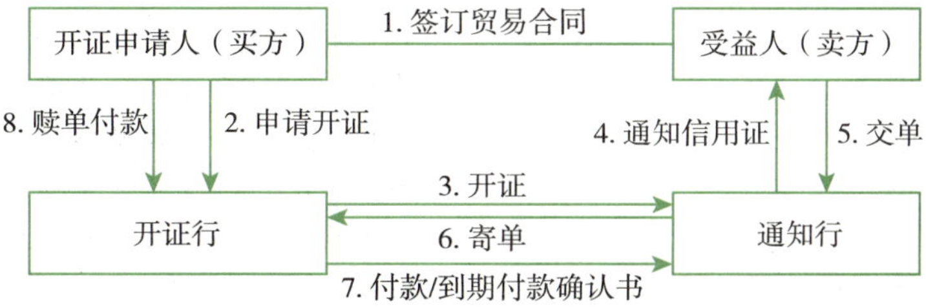

第九章

2. 开证

（1）开证申请人申请开立信用证，须提交其与受益人签订的贸易合同。

（2）开证行可要求申请人交存一定数额的保证金，并可根据申请人资信情况要求其提供抵押、质押、保证等合法有效的担保。

3. 保兑

（1）保兑是指保兑行根据开证行的授权或者要求，在开证行承诺之外做出的对相符交单付款、确认到期付款或者议付的确定承诺。

（2）保兑行自对信用证加具保兑之时起即**不可撤销地**承担对相符交单付款、确认到期付款或者议付的责任。

（3）开证行对保兑行的偿付义务不受开证行与受益人关系的约束。

4. 修改

（1）**开证申请人**需对已开立的信用证内容修改的，应向**开证行**提出修改申请，明确修改的内容。

（2）增额修改的，开证行可要求申请人追加增额担保；付款期限修改的，不得超过法律规定的最长期限；开证行发出的信用证修改书中应注明本次修改的次数。

（3）信用证**受益人**同意或者拒绝接受修改的，应提供接受或者拒绝修改的通知。对同一修改的内容不允许**部分接受**，部分接受将被视作**拒绝接受修改**。

（4）开证行自开出**信用证修改书**之时起，即**不可撤销地**受修改内容的约束。

（5）保兑行有权选择是否将其保兑扩展至修改。扩展至修改的，自作出扩展通知时即不可撤销地受其约束；不对修改加具保兑的，应及时告知开证行并在给受益人的通知中告知受益人。

5. 通知

通知行可由**开证申请人**指定，如申请人未指定，**开证行**有权指定。

6. 转让

（1）转让是指由转让行应第一受益人的要求，将可转让信用证（特别标注“可转让”字样的信用证）的部分或者全部转为可由第二受益人兑用。

（2）对于可转让信用证，开证行必须指定转让行，转让行可为开证行。转让行无办理信用证转让的义务，除非其明确同意。转让行仅办理转让，**并不承担信用证项下的付款责任**，但转让行是保兑行或者开证行的除外。

（3）可转让信用证**只能转让一次**，即只能由第一受益人转让给第二受益人，已转让信用证不得应第二受益人的要求转让给任何其后的受益人，但**第一受益人**不视为其后的受益人。

7. 议付

（1）议付是指**可议付信用证**项下单证相符或者在开证行或者保兑行已确认到期付款的情况下，议付行在收到开证行或者保兑行付款前购买单据、取得信用证项下索款权利，向受益人预付或者同意预付资金的行为。

（2）信用证**未明示可议付**，任何银行不得办理议付。明示可议付，如开证行仅指定一家议付行，未被指定为议付行的银行不得办理议付，被指定的议付行可自行决定是否办理议付。

（3）**保兑行对以其为议付行的信用证加具保兑**，在受益人请求议付时，须承担对受益人相符交单的议付责任。**指定议付行非保兑行且未议付时**，保兑行仅承担对受益人相符交单的付款责任。

（4）议付行议付时，必须与受益人书面约定是否有追索权。若约定有追索权，到期不获付款议付行可向受益人追索。若约定无追索权，到期不获付款议付行不得向受益人追索，议付行与受益人约定的例外情况或者受益人存在信用证欺诈的情形除外。**保兑行议付时**，对受益人不具有追索权，受益人存在信用证欺诈的情形除外。

8. 付款

（1）开证行或者保兑行在收到交单行寄交的单据及交单面函（寄单通知书）或者受益人直接递交的单据的次日起 5 个营业日内，及时核对是否为相符交单。单证相符或者单证不符但开证行或者保兑行接受不符点的，对**即期信用证**，应于收到单据次日起 5 个营业日内支付相应款项给交单行或者受益人（受益人直接交单时）；对**远期信用证**，应于收到单据次日起 5

个营业日内发出到期付款确认书，并于到期日支付款项给交单行或者受益人。

（2）若受益人提交了相符单据或者开证行已发出付款承诺，即使申请人交存的保证金及其存款账户余额不足支付，开证行仍应在规定的时间内付款。对申请人提供抵押、质押、保函等担保的，按《担保法》、《物权法》的有关规定索偿。

【相关链接】承兑人不得以其与出票人之间的资金关系来对抗持票人，拒绝支付汇票金额。

（3）开证行或者保兑行付款后，对受益人不具有追索权，受益人存在信用证欺诈的情形除外。

【考点4】银行卡（★★）（P436）

1. 单位卡

（1）单位人民币卡账户的资金一律从其基本存款账户转账存入，不得存取现金，不得将销货收入存入单位卡账户。

（2）单位外币卡账户的资金应当从其单位的外汇账户转账存入，不得在境内存取外币现钞。

2. 信用卡的计息和收费

（1）信用卡持卡人透支消费享受免息还款期和最低还款额待遇的条件和标准等，由发卡机构自主确定。

（2）对信用卡透支利率实行上限和下限管理，透支利率上限为日利率万分之五，透支利率下限为日利率万分之五的0.7倍。

（3）信用卡透支的计结息方式以及对信用卡溢缴款是否计付利息及其利率标准，由发卡机构自主确定。

（4）取消信用卡滞纳金，对于持卡人违约逾期未还款的行为，发卡机构应与持卡人通过协议约定是否收取违约金以及相关收取方式和标准。

（5）发卡机构向持卡人提供超过授信额度用卡服务的，不得收取超限费。

（6）发卡机构对向持卡人收取的违约金和年费、取现手续费、货币兑换费等服务费用，不得计收利息。

【考点5】单位银行结算账户（★）（P379）

1. 基本存款账户

（1）基本存款账户是指存款人因办理日常转账结算和现金收付需要开立的银行账户。

（2）基本存款账户的存款人包括但不限于：企业法人、非法人企业、异地常设机构、单位设立的独立核算的附属机构（食堂、招待所、幼儿园）。

【解释1】银行为企业开立、变更、撤销基本存款账户、临时存款账户，要通过人民币银行结算账户管理系统向人民银行当地分支机构备案。账户管理系统生成基本存款账户编号，企业申请开立一般存款账户、专用存款账户、临时存款账户的，应当向银行提供基本存款账户编号。（2020年新增）

【解释2】机关、实行预算管理的事业单位开立基本存款账户、临时存款账户和专用存款账户，应经财政部门批准并经人民银行核准，另有规定的除外。（2020年新增）

2. 一般存款账户

（1）一般存款账户是指存款人在基本存款账户开户银行以外的银行营业机构开立的用于办理借款转存、借款归还和其他结算的银行结算账户。

（2）一般存款账户可以办理现金缴存，但不得办理现金支取。

【案例】2019年8月，甲公司在中国工商银行开立了基本存款账户。2020年4月，甲公司因向中国建设银行贷款1000万元，需要在中国建设银行开立一般存款账户。

3. 专用存款账户

专用存款账户是指存款人按照法律、行政法规和规章，为对其特定资金进行专项管理和使用而开立的银行结算账户。

4. 临时存款账户

临时存款账户是指存款人因临时需要并在规定期限内使用而开立的银行结算账户。存款人有下列情况的，可以申请开立临时存款账户：

（1）设立临时机构；

（2）异地临时经营活动；

（3）注册验资；

(4) 境外（含港澳台地区）机构在境内从事经营活动。

【解释】临时存款账户的有效期**最长不得超过2年**。

经典题解

【真题·多选题】根据支付结算法律制度的规定，下列账户种类中，属于单位银行结算账户的有（　　）。(2016 年)

A. 基本存款账户

B. 一般存款账户

C. 专用存款账户

D. 临时存款账户

【答案】ABCD

案例分析题专项演练

【案例 1】(2009 年)

甲公司向乙公司购买水泵一台，为支付货款，签发了一张以自己为出票人、以乙公司为收款人、以 M 银行为承兑人、票面金额为 30 万元、到期日为 2008 年 8 月 3 日的银行承兑汇票，并交付给乙公司。甲公司和 M 银行均在该汇票上进行了签章。

乙公司的财务人员 A 利用工作之便，将上述汇票扫描，利用其他途径获得的 M 银行的空白银行承兑汇票进行技术处理，“克隆”了一张与原始汇票几乎完全一样的汇票，然后将“克隆汇票”留在乙公司，将原始汇票偷出。A 以乙公司的名义，向丙公司购买了一批黄金制品，归自己所有，并将原始汇票背书转让给丙公司，在背书人签章处加盖了伪造的乙公司公章，签署了虚构的 B 的姓名。

乙公司为向丁公司购买钢材，将“克隆汇票”背书转让给了丁公司。

在上述汇票付款到期日，丙公司和丁公司分别持原始汇票和“克隆汇票”向 M 银行请求付款。M 银行以丙公司所持汇票的背书人的签章系伪造为由拒绝付款，以丁公司所持汇票系伪造为由而拒绝付款。

要求：

根据上述内容，分别回答下列问题：

(1) M 银行是否可以拒绝丙公司的付款请求？并说明理由。

(2) 如果 M 银行拒绝丙公司的付款请求，丙公司是否可以向甲公司追索？并说明理由。

(3) 如果 M 银行拒绝丙公司的付款请求，丙公司是否有权向 A 追索？并说明理由。

(4) M 银行是否可以拒绝丁公司的付款请求？并说明理由。

(5) 如果 M 银行拒绝丁公司的付款请求，丁公司是否有权向乙公司追索？并说明理由。

【案例 1 答案】

(1) M 银行不能拒绝丙公司的付款请求。根据规定，票据上有伪造签章的，不影响票据上其他真实签章的效力。在票据上真正签章的当事人，仍应对被伪造的票据的权利人承担票据责任，票据债权人在提示承兑、提示付款或者行使追索权时，在票据上真正签章人不能以伪造为由进行抗辩。在本题中，M 银行属于在汇票上真正签章的当事人，在持票人丙公司提示付款时，真正签章人 M 银行不能以伪造为由进行抗辩。

(2) 丙公司可以向甲公司追索。根据规定，票据上有伪造签章的，不影响票据上其他真实签章的效力。在票据上真正签章的当事人，仍应对被伪造的票据的权利人承担票据责任，票据债权人在提示承兑、提示付款或者行使追索权时，在票据上的真正签章人不能以伪造为由进行抗辩。在本题中，甲公司属于在汇票上真正签章的当事人，在丙公司行使追索权时，真正签章人甲公司不能以伪造为由进行抗辩。

（3）丙公司无权向 A 追索。根据规定，由于伪造人没有以自己的名义签章，因此不承担票据责任。在本题中，A 属于伪造人，A 在票据上没有以自己的名义签章，因此，A 不承担票据责任。

（4）M 银行可以拒绝丁公司的付款请求。根据规定，在假冒他人名义的情形下，被伪造人不承担票据责任。在本题中，在丁公司持有的票据（克隆票据）上，M 银行的签章系伪造，被伪造人 M 银行有权拒绝承担票据责任。

（5）丁公司有权向乙公司追索。根据规定，票据上有伪造签章的，不影响票据上其他真实签章的效力。在票据上真正签章的当事人，仍应对被伪造的票据的权利人承担票据责任，票据债权人在提示承兑、提示付款或者行使追索权时，在票据上真正签章人不能以伪造为由进行抗辩。在本题中，在丁公司持有的票据（克隆票据）上，乙公司的签章是真实有效的，乙公司应当对丁公司承担票据责任。

解析 1：在“原始汇票”上：（1）出票人甲公司、承兑人 M 银行的签章真实有效；（2）乙公司属于被伪造人；（3）A 属于伪造人。

甲（真正签章人）→ 乙（被伪造人）→ 丙

M银行（真正签章人）

A（伪造人）

解析 2：在“克隆汇票”上：（1）A 利用其他途径获得的 M 银行的空白银行承兑汇票进行技术处理，“克隆”了一张与原始汇票几乎完全一样的汇票，说明票据本身并不是复印件，但 A 在空白票据上伪造了出票人甲公司和承兑人 M 银行的签章；（2）A 是伪造人，出票人甲公司和承兑人 M 银行属于被伪造人；（3）乙公司的签章真实有效。

甲（被伪造人）→ 乙（真正签章人）→ 丁

M银行（被伪造人）

A（伪造人）

【案例 2】（2011 年）

甲公司为支付货款，向乙公司签发了一张以 A 银行为承兑人、金额为 20 万元的银行承兑汇票。A 银行在票据承兑栏中进行了签章。乙公司为向丙公司支付租金，将该票据交付丙公司，但未在票据上背书和签章。丙公司因需向丁公司支付工程款，欲将该票据转让给丁公司。丁公司发现票据上无转让背书，遂提出异议。丙公司便私刻了乙公司法定代表人刘某的人名章和乙公司公章，加盖于背书栏，并直接记载丁公司为被背书人。丁公司不知有假，接受了票据。之后，丁公司为偿付欠款将该票据背书转让给了不知情的戊公司。

甲公司收到乙公司货物后，发现货物存在严重质量问题，遂要求乙公司退还货款并承担违约责任。票据到期时，戊公司向 A 银行提示付款，A 银行以甲公司存入本行的资金不足为由拒绝付款。

要求：

根据上述内容，分别回答下列问题：

（1）A 银行拒绝向戊公司付款的理由是否成立？并说明理由。

（2）A 银行拒绝付款后，戊公司可以向哪些当事人进行追索？

（3）若戊公司在 A 银行拒绝付款后向甲公司进行追索，甲公司可否以与乙公司之间的买卖合同纠纷尚未解决为由拒绝向戊公司承担票据责任？并说明理由。

（4）丙公司将私刻的人名章和公章加盖于背书栏，并直接记载丁公司为被背书人的行为属于票据法上的什么行为？应当承担何种法律责任？

【案例 2 答案】

(1) A 银行拒绝付款的理由不成立。根据规定，承兑人不得以其与出票人之间的资金关系来对抗持票人，拒绝支付汇票金额。

(2) 戊公司可以向甲公司、丁公司和 A 银行进行追索。

(3) 甲公司不能以此为由拒绝向戊公司承担票据责任。根据规定，票据债务人不得以自己与持票人的前手之间的抗辩事由对抗持票人，但持票人明知存在抗辩事由而取得票据的除外。

(4) 属于票据的伪造行为。如果伪造人的行为给他人造成损害的，必须承担民事责任；情节轻微，不构成犯罪的，依照国家有关规定给予行政处罚；构成犯罪的，还应承担刑事责任。

【案例 3】(2012 年)

A 公司为支付货款，向 B 公司签发了一张金额为 200 万元的银行承兑汇票，某商业银行作为承兑人在票面上签章。B 公司收到该汇票后将其背书转让给 C 公司，以偿还所欠 C 公司的租金，但未在被背书人栏内记载 C 公司的名称。C 公司在被背书人栏内补记自己的名称后，将该汇票背书转让给 D 公司。D 公司随后又将该汇票背书转让给 E 公司，用于偿付工程款，并于票据上注明："工程验收合格则转让生效"。

D 公司与 E 公司因工程存在严重质量问题，未能验收合格而发生纠纷。纠纷期间，E 公司为支付广告费，欲将该汇票背书转让给 F 公司。F 公司负责人知悉 D 公司与 E 公司之间存在工程纠纷，对该汇票产生疑虑，遂要求 E 公司之关联企业 G 公司与 F 公司签订了一份保证合同。该保证合同约定，G 公司就 E 公司对 F 公司承担的票据责任提供连带责任保证。但是，G 公司未在汇票上记载任何内容，亦未签章。

F 公司于汇票到期日向银行提示付款，银行以 A 公司未在该行存入足额资金为由拒绝付款。F 公司遂向 C 公司、D 公司、E 公司、G 公司追索。

要求：

根据上述内容，分别回答下列问题：

(1) B 公司对 C 公司的背书转让是否有效？并说明理由。

(2) D 公司对 E 公司的背书转让是否有效？并说明理由。

(3) D 公司能否以其与 E 公司的工程纠纷尚未解决为由，拒绝向 F 公司承担票据责任？并说明理由。

(4) F 公司能否向 G 公司行使票据上的追索权？并说明理由。

(5) G 公司是否应向 F 公司承担保证责任？并说明理由。

【案例 3 答案】

(1) B 公司对 C 公司的背书转让有效。根据规定，背书人未记载被背书人名称即将票据交付他人的，持票人在票据被背书人栏内记载自己的名称与背书人记载具有同等法律效力。

(2) D 公司对 E 公司的背书转让有效。根据规定，背书时附有条件的，所附条件不具有汇票上的效力，即不影响背书行为本身的效力。

(3) D 公司可以拒绝向 F 公司承担票据责任。根据规定，票据债务人不得以自己与持票人的前手之间的抗辩事由对抗持票人，但持票人明知存在抗辩事由而取得票据的除外。在本题中，F 公司明知 D 公司与 E 公司的工程纠纷尚未解决，仍接受该汇票，故 D 公司可以基于该抗辩事由拒绝向其承担票据责任。

(4) F 公司不能向 G 公司行使票据上的追索权。根据规定，G 公司未在票据上记载任何内容，亦未签章，其行为不构成票据保证，G 公司不属于票据债务人，F 公司不能向其行使追索权。

(5) G 公司应当向 F 公司承担保证责任。根据规定，尽管 G 公司不承担票据保证责任，但 G 公司与 F 公司签订了保证合同，适用《担保法》有关保证责任的规定。作为连带责任保证人，在E公司不履行债务时，G公司应当承担保证责任。

【案例4】（2013年）

A公司以30万元的价格向B公司订购一台机床，根据合同约定，A公司以银行承兑汇票支付价款。2010年3月1日，A公司签发一张以B公司为收款人、金额为30万元的银行承兑汇票（承兑银行已经签章），到期日为2010年9月1日。A公司将该汇票交给采购经理甲，拟由其携至B公司交票提货。

甲获取汇票后，利用其私自留存的空白汇票和私刻的A公司和承兑银行的公章及其各自授权代理人的人名章，按照A公司所签发汇票的内容进行复制，3月20日，甲将其复制的汇票交付B公司，提走机床并占为己有。4月10日，甲将汇票原件交回A公司，声称B公司因机床断货要求解除合同。

3月23日，B公司为向C公司购买原料，将甲交付的汇票背书转让给C公司。

6月1日，C公司因急需现金，将该汇票背书转让给D公司，D公司则向C公司支付现金26万元。

7月1日，D公司为支付厂房租金，将该汇票背书转让给E公司。E公司对C公司和D公司之间票据转让的具体情况并不知晓。

9月5日，E公司向汇票承兑银行提示付款时，被告知，该汇票系伪造票据，原票据已于4月15日由出票人A公司交还该行并予以作废，该行对此伪造票据不承担票据责任，银行将该汇票退还E公司，并出具了退票理由书。

要求：

根据上述内容，分别回答下列问题：

（1）E公司是否有权向A公司追索？并说明理由。

（2）D公司是否取得了票据权利？并说明理由。

（3）E公司是否取得票据权利？并说明理由。

（4）E公司是否有权向甲追索？并说明理由。

（5）E公司是否有权向B公司追索？并说明理由。

【案例4答案】

（1）E公司无权向A公司追索。根据规定，在假冒他人名义的情形下，被伪造人（A公司）不承担（任何）票据责任。

（2）D公司不能取得票据权利。根据规定，其他组织与个人从事票据贴现业务的，票据贴现行为（背书转让）无效。在本题中，由于D公司并非有资格从事票据贴现业务的金融机构，C公司对D公司的背书转让行为无效，D公司不能取得票据权利。

（3）E公司取得了票据权利。根据规定，尽管D公司未取得票据权利，但是由于其形式上是票据权利人，在其向E公司背书转让时，符合票据权利善意取得的构成要件，E公司善意取得票据权利。

（4）E公司无权向甲追索。根据规定，由于伪造人（甲）没有以自己的名义在票据上签章，因此不承担票据责任。

（5）E公司有权向B公司追索。根据规定，票据上有伪造签章的，不影响票据上其他真实签章的效力。在票据上真正签章的当事人（B公司），仍应对被伪造的票据的权利人承担票据责任，票据债权人在提示承兑、提示付款或者行使追索权时，在票据上真正签章人不能以伪造为由进行抗辩。

【案例5】（2013年）

2011年2月3日，A公司为向B公司支付货款，签发并承兑了一张以B公司为收款人的商业承兑汇票，到期日为2011年8月3日。B公司拟向C公司购买钢材，遂在该汇票背书栏中作为背书人签章，并记载C公司为被背书人，由本公司业务人员携至验货现场。由于发现钢材存在质量问题，该业务人员遂将汇票携回，未予交付。

B公司财务人员甲利用工作之便，将保管于B公司保险柜中的该汇票盗出，并串通D公司法定代表人乙，伪造了C公司公章及其法定代表人丙的人名章，加盖于背书栏第二栏的背书人签章处，并记载D公司为被背书人。

D公司为支付租金，将该汇票背书转让给E公司。E公司对于上述事实并不知情。

2011年7月1日，B公司发现该汇票被盗，遂于当日向A公司申请挂失止付，但此后未采取其他措施。

2011年8月5日，E公司向A公司提示付款。A公司以B公司已挂失止付为由拒付。

要求：

根据上述内容，分别回答下列问题：

(1) C公司是否因B公司的背书行为而取得票据权利？并说明理由。

(2) E公司是否取得了票据权利？并说明理由。

(3) E公司是否有权向C公司追索？并说明理由。

(4) E公司是否有权向甲追索？并说明理由。

(5) E公司是否有权向A公司追索？并说明理由。

【案例5答案】

(1) C公司未取得票据权利。根据规定，背书是指持票人为将票据权利转让给他人或者将票据权利授予他人行使，在票据背面或者粘单上记载有关事项并签章，然后将票据交付给被背书人的票据行为。在本题中，尽管B公司在该汇票上记载C公司为被背书人，但未将该汇票交付给C公司，C公司未取得票据权利。

(2) E公司取得了票据权利。根据规定，虽然D公司实质上不享有票据权利，但形式上是票据权利人，在其向E公司背书转让时，E公司基于善意取得制度而取得票据权利。

(3) E公司无权向C公司追索。根据规定，在假冒他人名义的情形下，被伪造人（C公司）不承担票据责任。

(4) E公司无权向甲追索。根据规定，由于伪造人（甲）没有以自己的名义在票据上签章，因此不承担票据责任。

(5) E公司有权向A公司追索。根据规定，票据上有伪造签章的，不影响票据上其他真实签章的效力。在票据上真正签章的当事人（A公司），仍应对被伪造的票据的权利人承担票据责任，票据债权人在提示承兑、提示付款或者行使追索权时，在票据上真正签章人不能以伪造为由进行抗辩。

【案例6】（2014年）

甲系A公司业务员，负责A公司与B公司的业务往来事宜。2014年2月，甲离职，但A公司并未将这一情况通知B公司。2014年3月3日，甲仍以A公司业务员的名义到B公司购货，并向B公司交付了一张出票人为A公司、金额为30万元的支票，用于支付货款，但未在支票上记载收款人名称。之后，甲提走货物。后查明，支票上所盖A公司公章及其法定代表人人名章均系甲伪造。

B公司于2月20日与公益机构C基金会签订书面协议，约定捐赠30万元用于救灾。3月4日，B公司将该支票交付C基金会，但未在支票上作任何记载。

3月5日，C基金会为支付向D公司购买救灾物品的货款，将自己记载为收款人后，将支票背书转让给D公司。

3月6日，D公司将该支票背书转让给E公司，用于购买生产原料。后发现，E公司向D公司出售的原料存在严重质量问题。

3月10日，E公司将支票背书转让给F大学，用于设立奖学金。

3月11日，F大学向支票所记载的付款银行请求付款时，银行发现支票上A公司及其法定代表人的签章、印章系伪造，遂拒绝付款。

F大学先后向D、E公司进行追索，均遭拒绝。后F大学又向C基金会追索，C

基金会向F大学承担票据责任后，分别向B公司和A公司追索，均遭拒绝。

要求：

根据上述内容，分别回答下列问题：

（1）D公司是否有权拒绝F大学的追索？并说明理由。

（2）C基金会向F大学承担票据责任后，是否有权向B公司进行追索？是否有权要求B公司继续履行赠与义务？并分别说明理由。

（3）C基金会是否有权向A公司追索？并说明理由。

（4）C基金会是否有权向甲追索？并说明理由。

【案例6答案】

（1）D公司有权拒绝F大学的追索。根据规定，持票人取得的票据是无对价或者不相当对价的，由于其享有的权利不能优于其前手，因此票据债务人可以以对抗持票人前手的抗辩事由对抗该持票人。在本题中，E公司交付的货物存在严重的质量问题，D公司有权以此为由对E公司提出抗辩；而F大学无对价取得票据，D公司有权以对抗E公司的事由，对抗F大学。

（2）①C基金会无权向B公司进行追索。根据规定，B公司未在票据上签章，并非票据债务人，不应承担票据责任；②C基金会有权要求B公司继续履行赠与义务。根据规定，具有救灾、扶贫等社会公益、道德义务性质的赠与合同或者经过公证的赠与合同，不得撤销赠与。在本题中，该赠与合同具有社会公益性质，B公司不得撤销，C基金会有权要求其继续履行。

（3）C基金会无权向A公司追索。根据规定，在假冒他人名义的情形下，被伪造人（A公司）不承担票据责任。

解析：甲的行为对B公司而言，构成表见代行（B公司有理由相信）。但对C基金会（谈不上有理由相信的问题）而言，仅构成狭义的票据伪造。

（4）C基金会无权向甲追索。根据规定，伪造人（甲）并未以自己名义在票据上签章，不承担票据责任。

【案例7】（2015年）

2015年2月1日，为支付货款，A公司向B公司签发一张以X银行为承兑人、金额为80万元、到期日为2015年8月1日的银行承兑汇票，X银行依法在汇票票面上签章。

3月1日，B公司因急需现金，将该汇票背书转让给C公司，C公司向B公司支付现金70万元。

4月1日，C公司将该汇票背书转让给D公司，以支付房屋租金，D公司对B公司与C公司之间票据转让的具体情况并不知晓，D公司将该汇票背书转让给E公司，以支付装修工程款，并在汇票上注明："本汇票转让于工程验收合格后生效"。后E公司施工的装修工程存在严重的质量问题。

5月1日，E公司被F公司吸收合并，E公司办理了公司注销登记。6月1日，F公司为支付材料款将该汇票背书转让给G公司。8月5日，G公司向X银行提示付款，X银行以背书不连续为由拒绝付款。

要求：

根据上述内容，分别回答下列问题：

（1）C公司能否因B公司的背书转让行为而取得票据权利？并说明理由。

（2）D公司能否因C公司的背书转让行为而取得票据权利？并说明理由。

（3）在装修工程未验收合格的情况下，D公司对E公司的背书转让行为是否有效？并说明理由。

（4）在X银行拒绝付款时，G公司应如何证明其是票据权利人？

【案例7答案】

（1）C公司不能取得票据权利。根据规定，其他组织与个人从事票据贴现业务的，票据贴现行为（背书转让）无效。在本题中，由于C公司并非有资格从事

第九章

票据贴现业务的金融机构，B公司对C公司的背书转让行为无效，C公司不能取得票据权利。

(2) D公司可以取得票据权利。根据规定，尽管C公司未取得票据权利，但是由于其形式上是票据权利人，在其向D公司背书转让时，符合票据权利善意取得的构成要件，D公司善意取得票据权利。

(3) D公司对E公司的背书转让行为有效。根据规定，背书时附有条件的，所附条件不具有汇票上的效力，即不影响背书行为本身的效力。

(4) G公司应依法举证，证明其汇票权利：E公司与F公司发生了吸收合并，尽管背书不连续，但F公司基于吸收合并依法取得票据权利；之后，F公司将该汇票背书转让给G公司，G公司依法取得票据权利。

【案例8】(2016年)

2016年3月1日，为支付工程款项，A公司向B公司签发一张以甲银行为承兑人、金额为150万元的银行承兑汇票，汇票到期日为2016年9月1日，甲银行作为承兑人在汇票票面上签章。

4月1日，B公司将该汇票背书转让给C公司，用于支付买卖合同价款。后因C公司向B公司出售的合同项下货物存在严重质量问题，双方发生纠纷。

5月1日，C公司为支付广告费，将该汇票背书转让给D公司。D公司负责人知悉B、C公司之间合同纠纷的详情，对该汇票产生疑虑，遂要求C公司的关联企业E公司与D公司签订了一份保证合同。保证合同约定，E公司就C公司对D公司承担的票据责任提供连带责任保证。但E公司未在汇票上记载有关保证事项，亦未签章。

6月1日，D公司将该汇票背书转让给F公司，以偿还所欠F公司的租金。

9月2日，F公司持该汇票向甲银行提示付款，甲银行以A公司资信状况不佳、账户余额不足为由拒付。

F公司遂向B、D公司追索。B公司以C公司违反买卖合同为由，对F公司的追索予以拒绝，D公司向F公司承担票据责任后，分别向B、E公司追索，B公司仍以C公司违反买卖合同为由，对D公司的追索予以拒绝，E公司亦拒绝。

要求：

根据上述内容，分别回答下列问题：

(1) 甲银行的拒付理由是否成立？并说明理由。

(2) B公司拒绝F公司追索的理由是否成立？并说明理由。

(3) B公司拒绝D公司追索的理由是否成立？并说明理由。

(4) D公司能否要求E公司承担票据责任？能否依保证合同要求E公司承担保证责任？并分别说明理由。

【案例8答案】

(1) 甲银行的拒付理由不成立。根据规定，承兑人不得以其与出票人之间的资金关系来对抗持票人，拒绝支付汇票金额。

(2) B公司拒绝F公司追索的理由不成立。根据规定，票据债务人不得以自己与持票人的前手之间的抗辩事由对抗持票人，但持票人明知存在抗辩事由而取得票据的除外。在本题中，F公司对B公司与C公司之间的合同纠纷并不知情，B公司不得以自己与C公司之间存在合同纠纷为由拒绝向F公司承担票据责任。

(3) B公司拒绝D公司追索的理由成立。根据规定，票据债务人不得以自己与持票人的前手之间的抗辩事由对抗持票人，但持票人明知存在抗辩事由而取得票据的除外。在本题中，D公司知悉B公司与C公司之间的合同纠纷，B公司可以拒绝D公司的追索。

(4) ①D公司无权要求E公司承担票据责任。根据规定，如果保证人未在票据或者粘单上记载“保证”字样而另行签订保证合同或者保证条款的，不属于票据保证。在本题中，E公司未在票据上签章，无须承担票据保证责任；②D公司有权依保证合同要求E公司承担保证责任。根据规定，未在票据或者粘单上记载“保证”字样而另行签订的保证合同，虽不属于票据保证，但仍具有民法上保证的效力，D公司可基于保证合同要求E公司承担连带保证责任。

【案例9】（2017年）

甲公司为支付货款，向乙公司签发一张以A银行为承兑人、金额为100万元的银行承兑汇票。A银行作为承兑人在汇票票面上签章，甲公司的股东B公司在汇票上以乙公司为被保证人，进行了票据保证的记载并签章。甲公司将汇票交付给乙公司工作人员孙某。

孙某将该汇票交回乙公司后，利用公司财务管理制度的疏漏，将汇票暗中取出，并伪造乙公司财务专用章和法定代表人签章，将汇票背书转让给与其相互串通的丙公司。丙公司随即将该汇票背书转让给丁公司，用于支付房屋租金，丁公司对于孙某伪造汇票之事不知情。

丁公司于汇票到期日向A银行提示付款。A银行在审核过程中发现汇票上的乙公司签章系伪造，故拒绝付款。丁公司遂向丙公司、乙公司和B公司追索，均遭拒绝。后丁公司知悉孙某伪造汇票之事，遂向其追索，亦遭拒绝。

要求：

根据上述内容，分别回答下列问题：

（1）丁公司能否取得票据权利？并说明理由。

（2）乙公司是否应当向丁公司承担票据责任？并说明理由。

（3）B公司是否应当向丁公司承担票据责任？并说明理由。

（4）孙某是否应当向丁公司承担票据责任？并说明理由。

【案例9答案】

（1）丁公司取得票据权利。根据规定，虽然丙公司实质上不享有票据权利，但形式上是票据权利人，在其向丁公司背书转让时，符合票据权利善意取得的构成要件，丁公司善意取得票据权利。

（2）乙公司无须向丁公司承担票据责任。根据规定，在假冒他人名义的情形下，被伪造人（乙公司）不承担票据责任。

（3）B公司应当向丁公司承担票据责任。根据规定，票据上有伪造签章的，不影响票据上其他真实签章的效力。在票据上真正签章的当事人（B公司），仍应对被伪造的票据的权利人（丁公司）承担票据责任，票据债权人在提示承兑、提示付款或者行使追索权时，在票据上的真正签章人不能以伪造为由进行抗辩。

（4）孙某无须向丁公司承担票据责任。根据规定，由于伪造人（孙某）没有以自己的名义在票据上签章，因此不承担票据责任。

【案例10】（2017年）

【解释】本题根据2020年教材进行了修改。

2017年2月10日，甲公司向乙公司签发一张金额为50万元的商业汇票，以支付所欠货款。汇票到期日为2017年8月10日。A银行作为承兑人在汇票票面上签章。

3月10日，乙公司将该汇票背书转让给丙公司，用于支付装修工程款，并在汇票上注明：“票据转让于工程验收合格后生效。”后丙公司施工的装修工程因存在严重质量问题未能通过验收。

4月10日，丙公司将该汇票背书转让给丁公司，用于支付房屋租金。丁公司随即将该汇票背书转让给戊公司，用于购买办公设备，并在汇票背书人栏内记载“不得转让”字样。

5月10日，戊公司将该汇票背书转让给庚公司，用于支付咨询服务费用，但未在汇票被背书人栏内记载庚公司名称。

8 月 15 日，庚公司持该汇票向 A 银行提示付款。A 银行以庚公司名称未记载于汇票被背书人栏内为由拒付。庚公司在汇票被背书人栏内补记本公司名称后，再次向 A 银行提示付款。A 银行以自行补记不具效力为由再次拒付。庚公司向乙、丙、丁、戊公司追索，均遭拒绝。其中，丙公司的拒绝理由是，丁公司在汇票背书人栏内记载有“不得转让”字样；乙公司的拒绝理由是，丙公司的装修工程未通过验收，不符合乙公司在汇票上注明的转让生效条件。

要求：

根据上述内容，分别回答下列问题：

(1) A 银行第一次拒付的理由是否成立？并说明理由。

(2) A 银行第二次拒付的理由是否成立？并说明理由。

(3) 丙公司拒绝庚公司追索的理由是否成立？并说明理由。

(4) 乙公司拒绝庚公司追索的理由是否成立？并说明理由。

【案例 10 答案】

(1) A 银行第一次拒付的理由成立。根据规定，被背书人名称是背书行为的绝对必要记载事项，有权提示付款的持票人应为票面上记载的权利人。在本题中，在补记之前，庚公司不享有票据权利，A 银行有权拒绝付款。

(2) A 银行第二次拒付的理由不成立。根据规定，背书人未记载被背书人名称即将票据交付他人的，持票人在票据被背书人栏内记载自己的名称与背书人记载具有同等法律效力。在本题中，在补记之后，庚公司享有票据权利，A 银行不能拒绝付款。

(3) 丙公司拒绝庚公司追索的理由不成立。根据规定，背书人在汇票上记载“不得转让”字样，其后手再背书转让的，原背书人（丁公司）对后手的被背书人不承担保证责任，但其他票据债务人（包括但不限于丙公司）仍应当对持票人承担票据责任。

(4) 乙公司拒绝庚公司追索的理由不成立。根据规定，背书时附有条件的，所附条件不具有汇票上的效力，即不影响背书行为本身的效力。

【案例 11】(2018 年)

A 公司为支付向 B 公司购买的钢材货款，向 B 公司签发了一张以甲银行为承兑人、金额为 100 万元的银行承兑汇票，甲银行作为承兑人在汇票上签章。B 公司收到汇票后背书转让给 C 公司，用于偿还所欠租金。C 公司为履行向 D 中学捐资助学的承诺，将该汇票背书转让给 D 中学，并在汇票上注明“不得转让”字样。D 中学将该汇票背书转让给 F 公司，用于偿付工程款；应 F 公司的要求，D 中学请 E 公司出具了担保函，承诺就 D 中学对 F 公司的票据债务承担保证责任，但未在票据上作任何记载。

A 公司收到钢材后，发现存在重大质量瑕疵，完全不符合买卖合同约定及行业通行标准，无法使用。

F 公司于汇票到期日向甲银行提示付款，甲银行以 A 公司未在该行存入足够资金为由拒付。F 公司遂向 A、B、C、E 公司追索。A 公司称，因钢材存在重大质量瑕疵，B 公司构成根本违约，已向 B 公司主张解除合同、退还货款，故不应承担任何票据责任。C 公司以汇票上记载有“不得转让”字样为由拒绝承担票据责任。

要求：

根据上述内容，分别回答下列问题：

(1) 甲银行拒绝向 F 公司付款的理由是否成立？并说明理由。

(2) A 公司拒绝向 F 公司承担票据责任的理由是否成立？并说明理由。

(3) C 公司拒绝向 F 公司承担票据责任的理由是否成立？并说明理由。

(4) E 公司应否承担票据保证责任？并说明理由。

【案例 11 答案】

(1) 甲银行拒绝付款的理由不成立。根据规定，承兑人不得以其与出票人之间的资金关系来对抗持票人，拒绝支付汇票金额。

(2) A 公司拒绝向 F 公司承担票据责任的理由不成立。根据规定，票据债务人不得以自己与持票人的前手之间的抗辩事由对抗持票人，但持票人明知存在抗辩事由而取得票据的除外。

(3) C 公司拒绝向 F 公司承担票据责任的理由成立。根据规定，背书人在汇票上记载“不得转让”字样，其后手再背书转让的，原背书人（C 公司）对后手的被背书人（F 公司）不承担保证责任。

(4) E 公司不应承担票据保证责任。根据规定，保证人未在票据或者粘单上记载“保证”字样而另行签订保证合同或者保证条款的，不属于票据保证。

【案例 12】（2018 年）

2018 年 3 月 5 日，A 公司为支付货款，向 B 公司签发一张 200 万元的银行承兑汇票，汇票到期日为 2018 年 9 月 4 日，甲银行与 A 公司签署承兑协议后，作为承兑人在票面上签章。后甲银行以对该承兑协议有重大误解为由向人民法院提起诉讼，请求人民法院撤销该承兑协议。B 公司收到汇票后，背书转让给 C 公司，用于支付房屋租金，但未在“被背书人”栏内记载 C 公司的名称。C 公司欠 D 公司一笔应付账款，遂直接将 D 公司记载为 B 公司的被背书人，并将汇票交给 D 公司。

6 月 5 日，D 公司财务人员李某将其负责保管的该汇票盗出，并伪造 D 公司相关签章，持该汇票背书转让给与其相互串通的 E 公司。

7 月 5 日，E 公司将该汇票背书转让给 F 公司，用于支付货款，F 公司知道 E 公司获得该汇票的详情，但仍予接受。F 公司随即将该汇票背书转让给 G 公司，用于支付装修工程款。G 公司对于李某的行为及 E 公司、F 公司获取该汇票的经过均不知情。

9 月 4 日，G 公司持该汇票向甲银行提示付款，甲银行以其与 A 公司之间的承兑协议已被人民法院撤销为由拒绝付款。

要求：

根据上述内容，分别回答下述问题：

(1) 甲银行拒绝向 G 公司付款的理由是否成立？并说明理由。

(2) F 公司是否取得票据权利？并说明理由。

(3) G 公司是否取得票据权利？并说明理由。

(4) G 公司是否有权向 C 公司追索？并说明理由。

【案例 12 答案】

(1) 甲银行拒绝付款的理由不成立。根据规定，票据债务人不得以自己与出票人之间的抗辩事由（甲银行与出票人 A 公司之间的承兑协议被撤销）对抗持票人，但持票人明知存在抗辩事由而取得票据的除外。

或者：根据规定，付款人承兑汇票后，应当承担到期付款的责任。

或者：根据规定，基于票据行为的无因性，票据基础关系的瑕疵并不影响票据行为的效力。在本题中，虽然甲银行与 A 公司之间的承兑协议已被人民法院撤销，但甲银行承兑行为的效力并不因此而受影响，甲银行仍应对持票人承担票据责任。

(2) F 公司不能取得票据权利。根据规定，以欺诈、偷盗或者胁迫等手段取得票据的，或者明知有前列情形，出于恶意取得票据的，不得享有票据权利。在本题中，F 公司对 E 公司伙同 D 公司财务人员李某伪造签章取得票据的行为知情，不得享有票据权利。

(3) G 公司取得票据权利。根据规定，虽然 F 公司实质上不享有票据权利，但形式上享有票据权利，在其向 G 公司背书转让时，符合票据权利善意取得的构成要件，G公司善意取得票据权利。

（4）G公司不能向C公司追索。根据规定，C公司并未在票据上签章，并非票据债务人，不承担票据责任。

【案例13】（2019年）

A公司为结清欠款，向B公司签发一张金额为50万元的支票，交付给B公司销售经理甲。甲偶然获知B公司拟将其辞退，心生愤懑。甲知悉B公司拖欠C公司一笔50万元的货款，且与C公司负责人乙熟识，遂伪造B公司财务专用章及财务负责人人名章，加盖于支票背书人栏，将该支票交付给乙，但未在被背书人栏记载C公司名称。C公司欠D公司一笔货款，遂直接将D公司记载为B公司的被背书人，并将支票交付给D公司。

D公司在提示付款期限内向支票记载的付款银行请求付款，银行发现支票上的B公司财务专用章及其财务负责人人名章系伪造，遂予拒绝。D公司向A、B、C公司追索，三公司均以票据系甲伪造为由拒绝。D公司遂要求甲承担票据责任。

要求：

根据上述内容，分别回答下列问题：

（1）A公司是否应当承担票据责任？并说明理由。

（2）B公司是否应当承担票据责任？并说明理由。

（3）C公司是否应当承担票据责任？并说明理由。

（4）甲是否应当承担票据责任？并说明理由。

【案例13答案】

（1）A公司应当承担票据责任。根据规定，票据上有伪造签章的，不影响票据上其他真实签章的效力。在票据上真正签章的当事人（A公司），仍应对被伪造的票据的权利人承担票据责任。

（2）B公司不承担票据责任。根据规定，在假冒他人名义的情形下，被伪造人（B公司）不承担票据责任。

（3）C公司不承担票据责任。根据规定，C公司并未在票据上签章，并非票据债务人，不承担票据责任。

（4）甲不承担票据责任。根据规定，由于伪造人（甲）没有以自己的名义在票据上签章，因此不承担票据责任。

【案例14】（2019年）

A公司向B公司购买一批生产设备，为支付货款，A公司向B公司签发一张以甲银行为承兑人、金额为500万元的银行承兑汇票。甲银行作为承兑人在票面上签章。B公司收到该汇票后背书转让给C公司，用于偿还其所欠C公司的专利使用费，但未在被背书人栏内记载C公司的名称。C公司欠D公司一笔货款，遂直接将D公司记载为B公司的被背书人，并将该汇票交给D公司。D公司随即将该汇票背书转让给E公司，用于偿付工程款，并在汇票上注明："工程验收合格则转让生效"。E公司随即又将该汇票背书转让给F公司，用于支付办公楼装修费用。后D公司与E公司因工程存在严重安全隐患、未能验收合格而发生纠纷。

B公司未在约定期间内向A公司发货，经催告后仍未发货。A公司遂向B公司主张解除合同、退还货款。

F公司于汇票到期日向甲银行提示付款，甲银行以A公司资信状况不佳、账户余额不足为由拒绝。F公司遂向前手行使追索权。A公司辩称，因B公司根本违约，其已向B公司主张解除合同、退还货款，故不应承担任何票据责任。D公司辩称，根据其在汇票上注明的条件，D公司对E公司的背书转让并未生效，故D公司无须向F公司承担票据责任。

要求：

根据上述内容，分别回答下列问题：

（1）甲银行拒绝向F公司付款的理由是否成立？并说明理由。

（2）A公司拒绝向F公司承担票据责任

第九章

的理由是否成立？并说明理由。

（3）D公司对E公司的背书转让是否生效？并说明理由。

（4）C公司是否应当承担票据责任？并说明理由。

【案例14答案】

（1）甲银行拒绝付款的理由不成立。根据规定，承兑人不得以其与出票人之间的资金关系来对抗持票人，拒绝支付汇票金额。

（2）A公司的理由不成立。根据规定，票据债务人不得以自己与持票人的前手之间的抗辩事由对抗持票人，但持票人明知存在抗辩事由而取得票据的除外。

（3）D公司的背书有效。根据规定，背书时附有条件的，所附条件不具有汇票上的效力，即不影响背书行为本身的效力。

（4）C公司不应承担票据责任。根据规定，C公司并未在票据上签章，并非票据债务人，不承担票据责任。

同步强化练习题

一、单项选择题

1. 根据票据法律制度的规定，支票的下列记载事项中，出票人可以授权补记的是（　　）。
   A. 出票日期
   B. 出票人签章
   C. 付款人名称
   D. 收款人名称
2. 甲公司向乙公司签发一张金额为100万元的商业承兑汇票，后发现填写有误。根据票据法律制度的规定，下列记载事项中，可以由原记载人更改的是（　　）。
   A. 出票金额
   B. 收款人名称
   C. 出票日期
   D. 付款人名称
3. 根据票据法律制度的规定，支票的持票人对出票人的追索权，应当在一定期限内行使，该期间是（　　）。
   A. 自出票日起3个月
   B. 自出票日起6个月
   C. 自出票日起2年
   D. 自到期日起2年
4. 根据票据法律制度的规定，银行本票自出票之日起，付款期限最长为（　　）。
   A. 1个月　　B. 2个月
   C. 6个月　　D. 9个月
5. 根据票据法律制度的规定，银行本票的持票人对出票人的权利，自出票日起在一定期限内不行使而消灭，该期限是（　　）。
   A. 2个月　　B. 6个月
   C. 1年　　D. 2年
6. 根据票据法律制度的规定，下列各项中，属于商业汇票绝对必要记载事项的是（　　）。
   A. 出票日期　　B. 背书日期
   C. 承兑日期　　D. 保证日期
7. 根据票据法律制度的规定，背书人在汇票上记载“不得转让”字样，其后手再背书转让的，将产生的法律后果是( )。
A. 该汇票无效
B. 该背书转让无效
C. 原背书人对后手的被背书人不承担保证责任
D. 原背书人对后手的被背书人承担保证责任

8. 根据票据法律制度的规定，下列情形中，导致商业汇票无效的是( )。
A. 在汇票上更改收款人名称的
B. 在汇票上更改付款人名称的
C. 在汇票上未记载出票地的
D. 在汇票上未记载付款日期的

9. 根据票据法律制度的规定，下列关于汇票背书的表述中，正确的是( )。
A. 背书时附条件的，背书无效
B. 背书时未记载背书日期的，背书无效
C. 将票据金额分别背书转让给二人以上的，背书无效
D. 背书人在票据上记载“不得转让”字样，其后手再背书转让的，背书无效

10. 根据票据法律制度的规定，下列关于票据质押背书的表述中，不正确的是( )。
A. 被背书人可以行使付款请求权
B. 被背书人可以行使追索权
C. 被背书人可以再进行委托收款背书
D. 被背书人可以再进行质押背书

11. 乙公司在与甲公司交易中获得100万元的商业承兑汇票一张，付款人为丙公司。乙公司请求丙公司承兑时，丙公司在汇票上签注：“承兑，甲公司款到后支付。”根据票据法律制度的规定，下列关于丙公司付款责任的表述中，正确的是( )。
A. 丙公司已经承兑，应承担付款责任
B. 应视为丙公司拒绝承兑，丙公司不承担付款责任
C. 甲公司给丙公司付款后，丙公司才承担付款责任
D. 按甲公司给丙公司付款的多少确定丙公司应承担的付款责任

12. 根据票据法律制度的规定，下列关于票据保证的表述中，不正确的是( )。
A. 票据上未记载保证日期的，被保证人的背书日期为保证日期
B. 保证人未在票据或者粘单上记载被保证人名称的，已承兑的票据，承兑人为被保证人
C. 保证人为两人以上的，保证人之间承担连带责任
D. 保证人清偿票据债务后，可以对被保证人及其前手行使追索权

13. 根据票据法律制度的规定，下列表述中，正确的是( )。
A. 背书时未记载背书日期的，背书无效
B. 承兑时未记载承兑日期的，承兑无效
C. 保证时未记载保证日期的，保证无效
D. 出票时未记载出票日期的，票据无效

14. 根据票据法律制度的规定，下列各项中，属于任意记载事项的是( )。
A. 保证人在汇票上记载“保证”字样
B. 背书人在汇票上记载背书日期
C. 出票人在汇票上记载“不得转让”字样
D. 承兑人在汇票上签章

15. 根据票据法律制度的规定，下列票据行为人中，其签章不符合规定可导致票据无效的是( )。
A. 出票人 B. 背书人
C. 承兑人 D. 保证人

16. 一张商业汇票的出票人是甲，乙、丙、丁依次是背书人，戊是持票人。戊在行使票据权利时发现该汇票的金额被变造。经查，乙是在变造之前签章，丁是在变造之后签章，但不能确定丙是在变造之前还是在变造之后签章。根据票据法律制度的规定，下列关于甲、乙、丙、丁对汇票金额承担责任的表述中，正确的是( )。
A. 甲、乙、丙、丁均只就变造前的汇票金额对戊负责
B. 甲、乙、丙、丁均需就变造后的汇票金额对戊负责
C. 甲、乙就变造前的汇票金额对戊负责，丙、丁就变造后的汇票金额对戊负责

D. 甲、乙、丙就变造前的汇票金额对戊负责，丁就变造后的汇票金额对戊负责

17. 甲公司与乙公司签订一份买卖合同，约定采用见票即付的商业汇票支付货款，后乙公司以自己为付款人签发商业汇票并交付给甲公司，因甲公司欠丙公司货款，甲公司将该汇票背书转让给丙公司。丙公司持票向乙公司行使付款请求权时，乙公司以甲公司未供货为由拒绝付款。经查，丙公司对甲公司未供货不知情。下列关于乙公司拒绝付款是否成立的表述中，符合票据法律制度规定的是(　　)。

A. 不成立，因丙公司为善意持票人，乙公司不得以对抗甲公司的抗辩事由对抗丙公司

B. 成立，因甲公司未供货，乙公司可以拒绝付款

C. 不成立，因甲公司已转让该汇票并已退出票据关系

D. 成立，因丙公司与乙公司并无合同关系

18. 根据票据法律制度的规定，下列关于票据权利消灭时效的表述中，正确的是(　　)。

A. 持票人对银行汇票出票人的权利，自出票日起 2 年

B. 持票人对前手的追索权，自被拒绝承兑或者拒绝付款之日起 1 年

C. 持票人对商业汇票承兑人的权利，自到期日起 1 年

D. 持票人对支票出票人的权利，自出票日起 1 年

19. 甲公司于 2018 年 4 月 1 日签发一张银行承兑汇票给乙公司，付款日期为 2018 年 7 月 1 日，承兑人为 A 银行。乙公司将该汇票背书转让给丙公司，丙公司又将该汇票背书转让给丁公司。丁公司于 2018 年 7 月 3 日向 A 银行请求付款时遭到拒绝。根据票据法律制度的规定，丁公司向甲公司行使追索权的期限是(　　)。

A. 自 2018 年 4 月 1 日至 2020 年 4 月 1 日

B. 自 2018 年 7 月 1 日至 2020 年 7 月 1 日

C. 自 2018 年 7 月 3 日至 2020 年 7 月 3 日

D. 自 2018 年 7 月 10 日至 2020 年 7 月 10 日

20. 根据支付结算法律制度的规定，下列关于信用卡计息和收费的表述中，正确的是(　　)。

A. 发卡机构向信用卡持卡人按约定收取的违约金，不计收利息

B. 发卡机构向信用卡持卡人提供超过授信额度用卡的，应收取超限费

C. 发卡机构向信用卡持卡人收取的取现手续费，计收利息

D. 发卡机构向信用卡持卡人收取的年费，计收利息

21. 根据支付结算法律制度的规定，下列关于国内信用证的表述中，不正确的是(　　)。

A. 保兑行自对信用证加具保兑之时起即不可撤销地承担对相符交单付款、确认到期付款或者议付的责任

B. 开证行自开出信用证修改书之时起，即不可撤销地受修改内容的约束

C. 若受益人提交了相符单据或者开证行已发出付款承诺，即使申请人交存的保证金及其存款账户余额不足支付，开证行仍应在规定的时间内付款

D. 开证行或者保兑行付款后，对受益人享有追索权

二、多项选择题

1. 根据票据法律制度的规定，下列各项中，属于无效票据的有(　　)。

A. 更改出票日期的票据

B. 更改收款人名称的票据

C. 票据金额中文大写和阿拉伯数码不一致的票据

D. 更改金额的票据

2. 根据票据法律制度的规定，下列各项中，属于支票的出票人可以授权补记的事项有(　　)。

A. 出票日期
B. 金额
C. 收款人名称
D. 付款人名称

3. 根据票据法律制度的规定，下列关于支票的表述中，正确的有(　　)。
A. 出票人可以记载“不得转让”字样，如有该记载，则支票不得转让
B. 出票人可以在支票上记载“用途”，但该记载不发生票据法上的效力
C. 支票上另行记载“付款日期”的，该支票无效
D. 支票上未记载“付款地”的，该支票有效

4. 根据票据法律制度的规定，下列各项中，属于银行本票出票时绝对必要记载事项的有(　　)。
A. 出票人签章　　B. 出票日期
C. 付款地　　D. 出票地

5. 甲出具一张本票给乙，乙将该本票背书转让给丙，丁作为乙的保证人在票据上签章。丙又将该本票背书转让给戊，戊作为持票人未按规定期限向出票人提示付款。根据票据法律制度的规定，下列选项中，戊不得行使追索权的有(　　)。
A. 甲　　B. 乙
C. 丙　　D. 丁

6. 根据票据法律制度的规定，下列情形中，导致商业汇票无效的有(　　)。
A. 商业汇票上未记载付款日期
B. 商业汇票上未记载出票日期
C. 商业汇票上未记载收款人名称
D. 商业汇票未记载付款地

7. 根据票据法律制度的规定，下列情形中，导致商业汇票无效的有(　　)。
A. 甲公司出票时在汇票上记载“不得转让”字样
B. 乙公司出票时未记载付款人名称
C. 丙公司出票时将中文大写“伍万元整”的汇票数码记载为“5000”
D. 丁公司出票时未记载付款日期

8. 根据票据法律制度的规定，下列情形中，背书行为无效的有(　　)。
A. 将汇票背书转让给甲时记载了“不得转让”字样
B. 将汇票金额的一半背书转让给甲
C. 将汇票金额分别背书转让给甲和乙
D. 将汇票背书转让给甲但要求甲不得对其行使追索权

9. 甲、乙签订一份买卖合同，甲将自己取得的银行承兑汇票背书转让给乙，以支付货款，甲在汇票的背书栏记载：“若乙不按期履行交货义务，则不享有票据权利”。乙又将该汇票背书转让给丙。根据票据法律制度的规定，下列表述中，正确的有(　　)。
A. 甲的背书行为无效
B. 乙在未履行交货义务时，不得主张票据权利
C. 背书上所附条件不产生汇票上的效力，乙无论交货与否均享有票据权利
D. 无论乙是否履行交货义务，票据背书转让后，丙取得票据权利

10. 根据票据法律制度的规定，下列关于票据质押背书的表述中，正确的有(　　)。
A. 被背书人可以行使付款请求权
B. 被背书人可以再进行委托收款背书
C. 被背书人可以再进行质押背书
D. 被背书人可以再进行转让背书

11. 根据票据法律制度的规定，下列关于商业汇票提示承兑的表述中，正确的有(　　)。
A. 见票后定期付款的汇票的持票人应当自出票日起1个月内向付款人提示承兑
B. 汇票上没有记载付款日期的，无须提示承兑
C. 付款人自收到提示承兑的汇票之日起3日内不作出承兑与否表示的，视为拒绝承兑
D. 承兑附有条件的，视为拒绝承兑

12. 根据票据法律制度的规定，保证人在票据或者粘单上未记载下列事项时，保证人仍应承担票据保证责任的有(　　)。

A. 保证人签章　　B. 保证日期
C. 被保证人名称　　D. “保证”字样

13. 甲公司在与乙公司交易中获汇票一张，出票人为丙公司，承兑人为丁公司。根据票据法律制度的规定，下列各项中，甲公司可以在汇票到期日前行使追索权的有(　　)。
A. 乙公司申请注销法人资格
B. 丙公司被吊销营业执照
C. 丁公司被宣告破产
D. 丁公司因违法被责令终止业务活动

14. 根据票据法律制度的规定，下列选项中，汇票持票人行使首次追索权时可以请求被追索人清偿的款项有(　　)。
A. 汇票金额自到期日起至清偿日止，按照中国人民银行规定的利率计算的利息
B. 发出通知书的费用
C. 取得有关拒绝证明的费用
D. 因汇票金额被拒绝支付而导致的利润损失

15. 甲公司为清偿对乙公司的欠款，开出一张以乙公司为收款人的银行承兑汇票，丙银行已经承兑。乙公司不慎将该汇票丢失，王某拾得后在汇票上伪造了乙公司的签章，并将该汇票背书转让给不知情的丁公司，用以支付购买丁公司电缆的货款。根据票据法律制度的规定，下列表述中，正确的有(　　)。
A. 甲公司应当承担票据责任
B. 乙公司不承担票据责任
C. 丙银行应当承担票据责任
D. 王某应当承担票据责任

16. 根据票据法律制度的规定，下列情形中，票据债务人可以对持票人行使票据抗辩权的有(　　)。
A. 票据上没有记载出票日期
B. 票据上没有记载付款地
C. 票据金额的中文大写与数码记载的内容不一致
D. 持票人向票据债务人交付的货物有严重的质量问题

17. 根据票据法律制度的规定，下列票据丢失后，可以申请挂失止付的有(　　)。
A. 尚未承兑的商业汇票
B. 支票
C. 填明“现金”字样和代理付款人的银行汇票
D. 填明“现金”字样的银行本票

18. 甲公司向乙公司购买原材料，为支付货款，甲公司向乙公司签发一张金额为100万元的银行承兑汇票，丙银行对该汇票进行了承兑。后乙公司不慎将该汇票丢失，乙公司立即向承兑人丙银行办理了挂失止付手续。根据票据法律制度的规定，下列表述中，正确的有(　　)。
A. 乙公司在遗失汇票后，必须首先办理挂失止付手续
B. 乙公司在遗失汇票后，可以直接向人民法院提起普通诉讼
C. 乙公司在遗失汇票后，可以直接向人民法院申请公示催告
D. 如果乙公司选择向人民法院申请公示催告，应当在通知挂失止付后12日内提出

19. 根据支付结算法律制度的规定，下列关于国内信用证的表述中，正确的有(　　)。
A. 国内信用证是以人民币计价、不可撤销的跟单信用证
B. 国内信用证结算方式适用于国内企事业单位之间的货物和服务贸易
C. 可转让信用证只能转让一次
D. 国内信用证与作为其依据的贸易合同相互独立

20. 根据支付结算法律制度的规定，下列关于国内信用证议付的表述中，正确的有(　　)。
A. 信用证未明示可议付，任何银行不得办理议付
B. 保兑行对以其为议付行的信用证加具保兑，在受益人请求议付时，须承担对受益人相符交单的议付责任
C. 指定议付行非保兑行且未议付时，保兑行仅承担对受益人相符交单的付款责任

D. 保兑行议付时，对受益人不具有追索权，受益人存在信用证欺诈的情形除外

21. 根据支付结算法律制度的规定，一般存款账户的存款人可以办理的事项有(　　)。

A. 借款转存

B. 借款归还

C. 现金缴存

D. 现金支取

三、案例分析题

【案例1】

甲公司欠付乙公司100万元的到期货款，乙公司欠付丙公司100万元的到期租金，乙公司遂要求甲公司直接向丙公司签发一张100万元的银行承兑汇票。

2020年4月1日，甲公司签发一张以丙公司为收款人、金额为100万元的银行承兑汇票，到期日为2020年7月1日。A银行已经承兑并在票据上签章。

4月5日，为向丁公司支付原材料采购价款，丙公司在汇票的背面记载“不得转让”字样后，将该汇票背书转让给丁公司。

4月10日，丁公司将该汇票背书转让给戊公司，但丁公司在汇票粘单上记载“只有戊公司交货后，该汇票才发生背书转让的效力”。但戊公司一直未向丁公司交货。

4月20日，为支付厂房租金，戊公司将该汇票背书转让给庚公司。

7月5日，庚公司向A银行请求付款，A银行以出票人甲公司账户资金不足为由拒绝付款，并于当日出具了退票理由书。

7月10日，庚公司向甲公司、乙公司、丙公司和丁公司同时发出追索通知。其中，丁公司以庚公司未在规定期限内发出追索通知为由拒绝承担票据责任，丙公司以自己在背书时曾记载“不得转让”字样为由拒绝承担票据责任。

要求：

根据上述内容，分别回答下列问题：

(1) 丁公司对戊公司的背书转让行为是否有效？并说明理由。

(2) A银行拒绝付款的理由是否成立？并说明理由。

(3) 庚公司能否向乙公司行使追索权？并说明理由。

(4) 丙公司对庚公司拒绝承担票据责任的理由是否成立？并说明理由。

(5) 丁公司对庚公司拒绝承担票据责任的理由是否成立？并说明理由。

【案例2】

2019年5月20日，甲公司为支付货款，向乙公司签发一张6个月后付款且经丙公司承兑的商业汇票。

6月20日，乙公司为支付技术服务费将该汇票背书转让给丁公司，乙公司背书时在汇票上记载了“不得转让”字样。

7月20日，丁公司为支付货款又将该汇票背书转让给戊公司。戊公司要求提供担保，己公司作为保证人在汇票的正面记载“保证”字样并签章，但未记载保证日期和被保证人的名称。

11月25日，戊公司向丙公司提示付款，丙公司以其与甲公司发生经济纠纷为由拒绝付款，并出具了拒绝证明。考虑到乙公司经济实力最为雄厚，戊公司首先向乙公司发出追索通知，遭到乙公司的拒绝。

11月27日，戊公司又向己公司发出追索通知，己公司仅同意支付汇票金额，拒绝支付利息和发出通知书的费用。

要求：

根据上述内容，分别回答下列问题：

(1) 丙公司拒绝付款的理由是否成立？并说明理由。

(2) 乙公司拒绝戊公司追索是否合法？并说明理由。

(3) 该汇票的被保证人是谁？并说明理由。

(4) 保证日期是哪一天？并说明理由。

(5) 己公司拒绝支付利息和发出通知书的费用是否合法？简要说明理由。

【案例3】

2019年7月1日，无权代理人甲以A公司的名义签发一张100万元的转账支票给B公司，该支票上记载收款人为B公司，付款人为乙银行，甲在该支票上签章。

7月2日，B公司在明知甲没有代理权的情况下，仍将该支票背书转让给不知情的C公司，以支付货款。7月3日，C公司为向D公司支付租金，将该支票交付给D公司，但未在该支票上背书和签章。D公司因急需向E公司支付工程款，D公司便私刻了C公司的财务专用章和法定代表人张某的人名章加盖于背书栏，并直接记载E公司为被背书人。E公司不知有假，接受了票据。

7月8日，E公司向乙银行提示付款，被拒绝付款。

要求：

根据上述内容，分别回答下列问题：

(1) B公司是否取得了票据权利？并说明理由。

(2) C公司是否取得了票据权利？并说明理由。

(3) E公司能否向C公司行使追索权？并说明理由。

(4) E公司能否向D公司行使追索权？并说明理由。

(5) E公司能否向B公司行使追索权？并说明理由。

(6) E公司能否向A公司和甲行使追索权？并说明理由。

同步强化练习题参考答案及解析

一、单项选择题

1. 【答案】D

解析：支票的金额和收款人名称可以由出票人授权补记。

2. 【答案】D

解析：(1) 选项ABC：票据金额、出票日期和收款人名称不得更改；(2) 选项D：票据上的其他记载事项，原记载人可以更改，更改时应当由原记载人在更改处签章证明。

3. 【答案】B

4. 【答案】B

5. 【答案】D

6. 【答案】A

解析：在出票日期、背书日期、保证日期、承兑日期、付款日期中，只有“出票日期”属于绝对必要记载事项。

7. 【答案】C

8. 【答案】A

解析：(1) 选项A：票据金额、出票日期、收款人名称不得更改，更改的票据无效；(2) 选项B：付款人名称可以更改，但应当在更改处盖章；(3) 选项CD：属于商业汇票的相对必要记载事项，未记载的并不影响汇票的效力。

9. 【答案】C

解析：(1) 选项A：背书时附条件的，所附条件不具有汇票上的效力，背书有效；(2) 选项B：背书日期属于相对必要记载事项，未记载的，视为到期日前背书，背书有效；(3) 选项C：将汇票金额的一部分转让或者将汇票金额分别转让给二人以上的，背书无效；(4) 选项D：背书人在汇票上记载“不得转让”字样，其后手再背书转让的，背书有效，但原背书人对其直接被背书人以后通过背书方式取得汇票的一切当事人，不负担保责任。

10.【答案】D

解析：（1）选项AB：经质押背书，被背书人即取得票据质权，票据质权人有权以相当于票据权利人的地位行使票据权利，包括行使付款请求权、追索权；（2）选项CD：票据质权人进行转让背书或者质押背书的，背书行为无效。但是，被背书人可以再进行委托收款背书。

11.【答案】B

解析：承兑附有条件的，视为拒绝承兑，丙公司不承担付款责任。

12.【答案】A

解析：（1）选项A：票据上未记载保证日期的，出票日期为保证日期；（2）选项B：未记载被保证人名称的，已承兑的汇票，承兑人为被保证人；未承兑的汇票，出票人为被保证人。

13.【答案】D

14.【答案】C

解析：（1）选项A：保证人在汇票上记载"保证"字样属于票据保证行为的绝对必要记载事项；（2）选项B：背书日期属于背书行为的相对必要记载事项；（3）选项D：承兑人在汇票上签章属于承兑行为的绝对必要记载事项。

15.【答案】A

16.【答案】D

解析：（1）甲、乙的签章在变造之前，应按变造前的汇票金额对戊负责；（2）丁的签章在变造之后，应按变造后的汇票金额对戊负责；（3）如果无法辨别丙的签章是在变造之前还是变造之后，应视同在变造之前签章。

17.【答案】A

解析：票据债务人（乙公司）不得以自己与持票人的前手（甲公司）之间的抗辩事由对抗持票人（丙公司），但持票人明知存在抗辩事由而取得票据的除外。

18.【答案】A

19.【答案】B

解析：远期商业汇票的持票人对出票人（甲公司）和承兑人的追索权，票据权利消灭时效期间为2年，自票据到期日（2018年7月1日）起算。

20.【答案】A

21.【答案】D

解析：选项D：开证行或者保兑行付款后，对受益人不具有追索权，受益人存在信用证欺诈的情形除外。

二、多项选择题

1.【答案】ABCD

2.【答案】BC

解析：支票的金额和收款人名称可以由出票人授权补记。

3.【答案】ABD

解析：选项C：支票上另行记载"付款日期"的，该记载无效，支票有效。

4.【答案】AB

解析：选项CD：属于"相对必要记载事项"。

5.【答案】BCD

解析：银行本票的持票人未按照规定期限提示付款的，即丧失对出票人以外的前手（背书人及其保证人）的追索权。

6.【答案】BC

解析：（1）选项AD：属于"相对必要记载事项"，未记载的，依法推定，商业汇票有效；（2）选项BC：属于"绝对必要记载事项"，未记载的，商业汇票无效。

7.【答案】BC

解析：（1）选项B：付款人名称属于汇票的绝对必要记载事项，未记载的，汇票无效；（2）选项C：票据金额以中文大写和数码同时记载，两者必须一致；两者不一致的，票据无效；（3）选项D：汇票上未记载付款日期的，视为见票即付，汇票有效。

8.【答案】BC

解析：（1）选项A：属于任意记载事项，

该背书行为有效；（2）选项 BC：将汇票金额的一部分转让或者将汇票金额分别转让给二人以上的背书无效；（3）选项 D：背书时附有条件的，背书有效。

9.【答案】 CD

解析：背书时附有条件的，所附条件不具有汇票上的效力，即不影响背书行为本身的效力，被背书人仍可依该背书取得票据权利。

10.【答案】 AB

解析：票据质权人再行转让背书（包括有偿转让背书和无偿转让背书）或者质押背书的，背书行为无效。但是，被背书人可以再进行委托收款背书。

11.【答案】 ABCD

解析：选项 B：汇票上未记载"付款日期"的，视为见票即付，无须提示承兑。

12.【答案】 BC

解析：（1）选项 AD：属于票据保证行为的"绝对必要记载事项"，未记载的，不构成票据保证，保证人无须承担票据保证责任；（2）选项 BC：属于"相对必要记载事项"，未记载的，不影响票据保证行为的效力，保证人仍应承担票据保证责任。

13.【答案】 CD

解析：（1）选项 AB："出票人、背书人或者保证人"死亡、逃匿或者破产的，持票人不能行使期前追索权；（2）选项 CD："承兑人或者付款人"被依法宣告破产或者因违法被责令终止业务活动的，持票人才可以行使期前追索权。

14.【答案】 ABC

15.【答案】 ABC

解析：（1）选项 AC：票据上有伪造签章的，不影响票据上其他真实签章的效力，在票据上真正签章的当事人（甲公司、丙银行），仍应对被伪造票据的权利人承担票据责任；（2）选项 B：持票人即使是善意取得，对被伪造人（乙公司）也不能行使票据权利；（3）选项 D：由于伪造人（王某）没有以自己的名义在票据上签章，不承担票据责任。

16.【答案】 ACD

解析：（1）选项 A：出票日期属于绝对必要记载事项，未记载的票据无效，票据债务人可以对物抗辩；（2）选项 B：付款地属于相对必要记载事项，未记载的票据有效，票据债务人不能对物抗辩；（3）选项 C：票据金额的中文大写与数码记载不一致的，票据无效，票据债务人可以对物抗辩；（4）选项 D：票据债务人可以对不履行约定义务的与自己有直接债权债务关系的持票人进行抗辩。

17.【答案】 BCD

18.【答案】 BC

解析：挂失止付并非票据丧失后票据权利补救的必经程序，失票人应当在通知挂失止付后 3 日内，依法向人民法院申请公示催告或者提起普通诉讼，也可以在票据丧失后直接向人民法院申请公示催告或者提起普通诉讼。

19.【答案】 ABCD

20.【答案】 ABCD

21.【答案】 ABC

三、案例分析题

【案例 1 答案】

（1）丁公司对戊公司的背书转让行为有效。根据规定，背书时附有条件的，所附条件不具有汇票上的效力，背书有效。

（2）A 银行拒绝付款的理由不成立。根据规定，承兑人不得以其与出票人之间的资金关系来对抗持票人，拒绝支付汇票金额。

（3）庚公司不能向乙公司行使追索权。根据规定，由于乙公司未在该汇票上签章，并非票据债务人，庚公司不能向乙公司行使追索权。

（4）丙公司对庚公司拒绝承担票据责任的理由成立。根据规定，背书人（丙公司）在汇票上记载“不得转让”字样，其后手再背书转让的，原背书人（丙公司）对其后手的被背书人不承担保证责任。

（5）丁公司对庚公司拒绝承担票据责任的理由不成立。根据规定，持票人未按照规定期限发出追索通知的，仍可以行使追索权。但因延期通知给其前手或者出票人造成损失的，由其承担该损失的赔偿责任，但所赔偿的金额以汇票金额为限。

【案例2答案】

（1）丙公司拒绝付款的理由不成立。根据规定，票据债务人（丙公司）不得以自己与出票人（甲公司）之间的抗辩事由对抗持票人，但持票人明知存在抗辩事由而取得票据的除外。

（2）乙公司拒绝戊公司追索合法。根据规定，背书人在汇票上记载“不得转让”字样，其后手再背书转让的，原背书人（乙公司）对后手的被背书人（戊公司）不承担保证责任。

（3）该汇票的被保证人是丙公司。根据规定，保证人在汇票或者粘单上未记载被保证人名称的，已承兑的汇票，承兑人（丙公司）为被保证人。

（4）保证日期为2019年5月20日。根据规定，未记载保证日期的，出票日期为保证日期。

（5）己公司拒绝支付利息和发出通知书的费用不合法。根据规定，持票人行使追索权，可以请求被追索人支付的金额和费用包括：①被拒绝付款的汇票金额；②汇票金额自到期日或者提示付款日起至清偿日止，按照中国人民银行规定利率计算的利息；③取得有关拒绝证明和发出通知书的费用。

【案例3答案】

（1）B公司不能取得票据权利。根据规定，在无权代理的情况下，相对人（B公司）不能取得票据权利。

（2）C公司取得了票据权利。根据规定，尽管B公司不能取得票据权利，但由于其形式上是票据权利人，在其向C公司背书转让时，C公司善意取得票据权利。

（3）E公司不能向C公司行使追索权。根据规定，在假冒他人名义的情形下，被伪造人（C公司）不承担票据责任。

（4）E公司不能向D公司行使追索权。根据规定，由于伪造人（D公司）没有以自己的名义在票据上签章，因此不承担票据责任。

（5）E公司可以向B公司行使追索权。根据规定，票据上有伪造签章的，不影响票据上其他真实签章的效力，在票据上真正签章的当事人（B公司），仍应对被伪造票据的债权人承担票据责任，票据债权人在提示承兑、提示付款或者行使追索权时，在票据上真正签章人不能以伪造为由进行抗辩。

（6）E公司可以向甲行使追索权，但不能向A公司行使追索权。根据规定，在无权代理的情况下，相对人不能取得票据权利，不论本人还是无权代理人均不承担票据责任。但是，相对人又对他人进行票据行为的，如果满足善意取得的要件，无权代理人（甲）必须对票据权利人承担责任，但本人（A公司）仍然不承担任何票据责任。

第四编　经济法律制度

第十章　企业国有资产法律制度

本章考情分析

在最近 3 年的考试中，本章的平均分值为 3.5 分，2019 年两份试卷的分值均为 3.5 分，题型全部为客观题。

本章分为五个单元，共计 18 个考点。本章考点不多，但大多数考点需要死记硬背，复习难度较大。复习本章需要 5 个小时左右。

2020 年教材的主要变化：(1) 对“企业国有资产法律制度概述”的内容进行了大幅删减，原来经常出题的一些考点也随之消失；(2) 在论述企业国有资产的产权登记和资产评估等内容时，对“金融企业与非金融企业”的相关规定进行了整合。

最近 3 年题型、题量分析表

题型	2017 年	2018 年 试卷一	2018 年 试卷二	2019 年 试卷一	2019 年 试卷二
单选题	2 题 2 分	3 题 3 分	2 题 2 分	2 题 2 分	2 题 2 分
多选题	1 题 1.5 分	1 题 1.5 分	1 题 1.5 分	1 题 1.5 分	1 题 1.5 分
合计	3.5 分	4.5 分	3.5 分	3.5 分	3.5 分

历年试题涉及本章的主要考点

考点	年份/题型
企业国有资产的监督管理体制	2016 年单选题、2016 年多选题、2017 年多选题、2018 年单选题、2019 年单选题、2019 年多选题
国家出资企业管理者的选择	2015 年多选题、2017 年单选题、2018 年单选题
企业国有资产评估	2016 年多选题、2018 年多选题、2019 年单选题
企业增资	2017 年单选题
国有股东所持上市公司股份通过证券交易系统转让	2019 年单选题

本章思维导图

- 第十章
  - 企业国有资产法律制度概述
    - 企业国有资产的监督管理体制
    - 国家出资企业的管理者
    - 企业改制
  - 企业国有资产的产权登记
    - 企业国有资产产权登记的范围
    - 企业国有资产产权登记的内容
  - 企业国有资产的资产评估
    - 企业国有资产评估的范围
    - 核准制与备案制
    - 资产评估机构
  - 企业国有资产交易管理制度
    - 企业产权转让
    - 企业增资
    - 企业资产转让
    - 企业国有产权的无偿划转
  - 上市公司国有股权变动管理
    - 国有股东所持上市公司股份通过证券交易系统转让
    - 国有股东所持上市公司股份公开征集转让
    - 国有股东所持上市公司股份非公开协议转让
    - 国有股东所持上市公司股份间接转让
    - 国有股东发行可交换公司债券
    - 国有股东与上市公司进行资产重组

本章核心考点解读

第一单元　企业国有资产法律制度概述

扫码听名师课

【考点1】　企业国有资产的监督管理体制（★★★）（P444）❶

1. 企业国有资产是指国家对企业各种形式的出资所形成的权益。

2. 企业国有资产属于国家所有，国务院代表国家行使企业国有资产所有权。

3. 国务院和地方各级人民政府依法代表国家对国家出资企业履行出资人职责。

（1）国家出资企业包括国有独资企业、国有独资公司、国有资本控股公司和国有资本参股公司。

（2）国务院所确定的关系国民经济命脉和国家安全的大型国家出资企业、重要基础设施和重要自然资源等领域的国家出资企业，由国务院代表国家履行出资人职责；其他的国家出资企业，由地方人民政府代表国家履行出资人职责。

4. 国务院和地方人民政府应当按照“政企分开、社会公共管理职能与企业国有资产出资人职能分开、不干预企业依法自主经营”的原则，依法履行出资人职责。

5. 履行出资人职责的机构

（1）国有资产监督管理机构

①国务院国有资产监督管理机构（国务院国有资产监督管理委员会），根据国务院的授权，代表国务院对国家出资企业履行出资人职责。

②地方人民政府按照国务院的规定设立的国有资产监督管理机构（如北京市国有资产监督管理委员会），根据地方人民政府的授权，代表地方人民政府对国家出资企业履行出资人职责。

（2）财政部门

国务院授权财政部对金融行业的国有资产进行监管，授权财政部对中央文化企业、中国铁路、中国烟草及中国邮政集团等公司履行出资人职责。（2020年调整）

【解释】以上代表本级人民政府履行出资人职责的机构、部门，统称为“履行出资人职责的机构”。

6. 国有资本投资、运营公司

（1）政府授权国有资产监管机构依法对国有资本投资、运营公司履行出资人职责。

（2）国有资本投资、运营公司对授权范围内的国有资本履行出资人职责。

【案例】 天津国有资本投资运营有限公司成立于2017年1月22日，由天津市国资委与天津渤海国有资产经营管理有限公司共同出资组建。该公司对所出资企业依法行使股东权利。

经典题解

【真题1·单选题】 根据企业国有资产法律制度的规定，代表国家行使企业国有资产所有权的是（　　）。（2016年）

A. 全国人民代表大会

B. 国有资产监督管理委员会

C. 国家主席

D. 国务院

【答案】 D

【真题2·单选题】 根据企业国有资产法律制度的规定，代表国家行使企业国有资产所有权的是（　　）。（2019年）

❶为方便您在学习中可以快速了解知识点的重要程度，本书中将知识点进行分类。★★★代表重要知识点，★★代表次重要知识点，★代表非重要知识点。

A. 国务院

B. 中国人民银行

C. 国有资产监督管理委员会

D. 财政部

【答案】 A

【真题3·多选题】 根据企业国有资产法律制度的规定，下列各项中，属于国家出资企业的有(　　)。(2016年)

A. 国有独资企业

B. 国有资本参股公司

C. 国有资本控股公司

D. 国有独资公司

【答案】 ABCD

【真题4·多选题】 根据企业国有资产法律制度的规定，下列各项中，属于国务院和地方人民政府依法履行出资人职责时应遵循的原则有(　　)。(2017年)

A. 保护消费者合法权益

B. 政企分开

C. 社会公共管理职能与企业国有资产出资人职能分开

D. 不干预企业依法自主经营

【答案】 BCD

【真题5·单选题】 根据企业国有资产法律制度的规定，下列关于企业国有资产的表述中，正确的是(　　)。(2018年)

A. 企业国有资产是指国家对企业各种形式的出资所形成的权益

B. 国家作为出资人对所出资企业的法人财产享有所有权

C. 企业国有资产即国家出资企业的法人财产

D. 国家对企业出资所形成的厂房、机器设备等固定资产的所有权属于国家

【解析】 (1)选项BC：国家作为出资人对企业法人财产不享有直接的所有权；(2)选项D：国家作为出资人将出资投入企业，所形成的厂房、机器设备等各项具体财产，属于企业所有。

【答案】 A

【真题6·多选题】 根据企业国有资产法律制度的规定，下列关于我国企业国有资产监督管理体制的表述中，正确的有(　　)。(2019年)

A. 企业国有资产属于国家所有，国务院代表国家对所有国家出资企业履行出资人职责

B. 地方人民政府无权代表国家对国家出资企业履行出资人职责

C. 国有资本投资、运营公司可对授权范围内的国有资本履行出资人职责

D. 履行出资人职责应当坚持政企分开、社会公共管理职能与企业国有资产出资人职能分开、不干预企业依法自主经营的原则

【解析】 选项AB：国务院所确定的关系国民经济命脉和国家安全的大型国家出资企业、重要基础设施和重要自然资源等领域的国家出资企业，由国务院代表国家履行出资人职责；其他的国家出资企业，由地方人民政府代表国家履行出资人职责。

【答案】 CD

【考点2】 国家出资企业的管理者(★★)(P447)

1. 管理者的任免范围

履行出资人职责的机构依照法律、行政法规以及企业章程的规定，任免或者建议任免国家出资企业的下列人员：

(1)国有独资企业：任免经理、副经理、财务负责人和其他高级管理人员；

(2)国有独资公司：任免董事长、副董事长、董事、监事会主席和监事；

(3)国有资本控股公司、国有资本参股公司：向股东会、股东大会提出董事、监事人选。

【解释】国有独资公司由职工代表担任的董事、监事由职工民主选举产生，但必须经履行出资人职责的机构任免。

经典题解

【真题1·多选题】 根据企业国有资产法律制度的规定，国有独资公司的下列人员中，应当由履行出资人职责的机构任免的有(　　)。(2015年)

A. 副董事长

B. 董事长

C. 董事

D. 监事

【答案】 ABCD

【真题 2 · 单选题】 根据企业国有资产法律制度的规定，在选择国有资本控股公司的企业管理者时，履行出资人职责的机构享有的权限是(　　)。(2017 年)

A. 任免企业的董事长、副董事长、董事和监事

B. 任免企业的经理、副经理

C. 任免企业的财务负责人和其他高级管理人员

D. 向企业的股东会或者股东大会提出董事、监事人选

【答案】 D

【真题 3 · 单选题】 根据企业国有资产法律制度的规定，下列国有独资公司的人员中，应当由履行出资人职责的机构任免的是(　　)。(2018 年)

A. 副董事长

B. 副总经理

C. 总经理

D. 财务负责人

【答案】 A

2. 对管理者兼职的限制

(1) 未经履行出资人职责的机构同意，国有独资企业、国有独资公司的董事、高级管理人员不得在其他(任何) 企业兼职。

(2) 未经股东会、股东大会同意，国有资本控股公司、国有资本参股公司的董事、高级管理人员不得在经营同类业务的其他企业兼职。

(3) 未经履行出资人职责的机构同意，国有独资公司的董事长不得兼任经理。

(4) 未经股东会、股东大会同意，国有资本控股公司(不包括国有资本参股公司)的董事长不得兼任经理。

(5) 所有公司的董事、高级管理人员均不得兼任监事。

【考点 3】 企业改制 (★) (P448)

1. 企业改制的类型

(1) 国有独资企业改为国有独资公司

(2) 国有独资企业、国有独资公司改为国有资本控股公司或者非国有资本控股公司

(3) 国有资本控股公司改为非国有资本控股公司

2. 企业改制的审批机构

(1) 一般情况下，由履行出资人职责的机构决定或者由股东(大)会决定。

(2) 重要的国有独资企业、国有独资公司、国有资本控股公司的改制，履行出资人职责的机构在作出决定或者向其委派参加国有资本控股公司股东(大)会会议的股东代表作出指示之前，应当将改制方案报请本级人民政府批准。

3. 国家出资企业改制，应当听取企业工会的意见，并通过职工代表大会或者其他形式听取职工的意见和建议。

4. 职工的安置

(1) 企业改制涉及重新安置企业职工的，职工安置方案须经职工代表大会或者职工大会审议通过。

(2) 企业实施改制时，必须向职工公布企业主要财务指标的财务审计、资产评估结果。

(3) 企业改制时，对经确认的拖欠职工工资、医疗费等，原则上应当一次付清。

(4) 对解除劳动合同且不再继续留用的职工，要支付经济补偿金，对继续留用的职工不得支付经济补偿金。

第二单元　企业国有资产的产权登记

扫码听名师课

【考点1】企业国有资产产权登记的范围（★）（P449）

1. 国有企业、国有独资公司、设置国有股权的有限责任公司和股份有限公司、国有企业和国有独资公司投资设立的企业以及其他形式占有国有资产的企业，应当依照规定申请办理国有资产产权登记。

2. 在中华人民共和国境内或境外设立的金融类企业，其实收资本包括国家资本和国有法人资本的，应当办理国有资产产权登记。

3. 国家出资企业、国家出资企业（不含国有资本参股公司）拥有实际控制权的境内外各级企业及其投资参股企业，应当纳入产权登记范围。国家出资企业所属事业单位视为其子企业进行产权登记。

【解释】上述企业为交易目的持有的下列股权不进行产权登记：（1）为了赚取差价从二级市场购入的上市公司股权；（2）为了近期内（1年以内）出售而持有的其他股权。

【考点2】企业国有资产产权登记的内容（★★）（P450）

1. 占有产权登记的内容

（1）出资人名称、住所、出资金额及法定代表人；

（2）企业名称、住所及法定代表人；

（3）企业的资产、负债及所有者权益；

（4）企业实收资本、国有资本；

（5）企业投资情况；

（6）国务院国有资产监督管理机构规定的其他事项。

2. 变动产权登记

企业发生下列情形之一的，应当通过所出资企业向产权登记机关申请办理变动产权登记：

（1）企业名称改变的；

（2）企业组织形式、级次发生变动的；

（3）企业国有资本额发生增减变动的；

（4）企业国有资本出资人发生变动的；

（5）企业国有资产产权发生变动的其他情形。

3. 注销产权登记

企业发生下列情形之一的，应当申请办理注销产权登记：

（1）企业解散、被依法撤销或者被依法宣告破产的；

（2）企业转让全部国有资产产权或者改制后不再设置国有股权的；

（3）其他需要注销国有资产产权的情形。

4. 产权登记的管理机关

企业国有资产产权登记机关是各级履行出资人职责的机构。例如，金融类企业国有资产产权登记机关为同级财政部门。

第三单元　企业国有资产的资产评估

扫码听名师课

【考点1】企业国有资产评估的范围（★★★）（P454）

1. 国家出资企业及其各级子企业有下列行为之一的，应当对相关资产进行评估：

（1）整体或者部分改建为有限责任公司或者股份有限公司；

（2）以非货币资产对外投资；

（3）合并、分立、破产、解散；

（4）非上市公司的国有股东股权比例变动；

（5）产权转让；

（6）资产转让、置换；

（7）整体资产或者部分资产租赁给非国有单位；

（8）以非货币资产偿还债务；

第十章

(9) 资产涉讼；

(10) 收购非国有单位的资产；

(11) 接受非国有单位以非货币资产出资；

(12) 接受非国有单位以非货币资产抵债；

(13) 法律、行政法规规定的其他需要进行评估的事项。

【解释】金融企业除以上情形外，资产拍卖、债权转股权、债务重组、接受非货币性资产抵押或者质押、处置不良资产等情形也应委托资产评估机构进行资产评估。

2. 国家出资企业及其各级子企业有下列行为之一的，可以不对相关国有资产进行评估：

(1) 经各级人民政府或其履行出资人职责的机构批准，对企业整体或者部分资产实行无偿划转；

(2) 国有独资企业与其下属独资企业（事业单位）之间或者其下属的独资企业（事业单位）之间的合并、资产（产权）置换和无偿划转。

【解释】除以上情形外，金融企业在发生多次同类型的经济行为时，同一资产在评估报告使用有效期内，并且资产、市场状况未发生重大变化的，以及上市公司可流通的股权转让时，也可以不进行评估。

经典题解

【真题1·单选题】根据企业国有资产法律制度的规定，金融企业发生下列情形时，应当对相关资产进行资产评估的是(　　)。(2016年)

A. 整体改制为有限责任公司

B. 县级人民政府批准其所属企业实施无偿划转

C. 国有独资企业与其下属的独资企业之间的合并

D. 上市公司可流通的股权转让

【解析】选项BCD：可以不进行资产评估。

【答案】A

【真题2·多选题】根据企业国有资产法律制度的规定，国家出资企业及其各级子企业发生下列情形时，应当对相关资产进行资产评估的有(　　)。(2018年)

A. 合并、分立、破产、解散

B. 产权转让

C. 资产转让、置换

D. 以货币资产对外投资

【答案】ABC

【真题3·单选题】根据企业国有资产法律制度的规定，国家出资企业及其各级子企业发生特定行为时，应当对相关资产进行评估。下列各项中，属于此类特定行为的是(　　)。(2019年)

A. 经各级人民政府或其履行出资人职责的机构批准，对企业整体资产实施无偿划转

B. 经各级人民政府或其履行出资人职责的机构批准，对企业部分资产实施无偿划转

C. 国家出资企业整体或部分改制为有限责任公司或股份有限公司

D. 国有独资企业与其下属独资企业之间的资产置换

【解析】选项ABD：可以不进行评估。

【答案】C

【考点2】核准制与备案制(★★)(P455)

1. 核准制

(1) 经各级人民政府批准经济行为的事项涉及的资产评估项目，分别由其授权履行出资人职责的机构负责核准。

(2) 金融企业下列经济行为涉及资产评估的，资产评估项目实行核准：

①经批准进行改组改制、拟在境内或者境外上市、以非货币性资产与外商合资经营或者合作经营的经济行为；

②经县级以上人民政府批准的其他涉及国有资产产权变动的经济行为。

【解释】中央金融企业资产评估项目报财政部核准。地方金融企业资产评估项目报本级财政部门核准。

(3) 凡需经核准的资产评估项目，企业

在资产评估前应当向履行出资人职责的机构报告下列有关事项：

①相关经济行为批准情况；

②评估基准日的选择情况；

③资产评估范围的确定情况；

④选择资产评估机构的条件、范围、程序及拟选定机构的资质、专业特长情况；

⑤资产评估的时间进度安排情况。

（4）企业收到资产评估机构出具的评估报告后，应当逐级上报初审，经初审同意后，自评估基准日起8个月内向履行出资人职责的机构提出核准申请。

2. 备案制

企业收到资产评估机构出具的评估报告后，将备案材料逐级报送履行出资人职责的机构或其所出资企业，自评估基准日起9个月内提出备案申请。

【考点3】资产评估机构（★）（P454）

1. 资产评估机构的组织形式为合伙制或者公司制。

2. 资产评估机构开展国有资产评估业务，应当按规定向省级财政部门备案。

3. 资产评估报告应当由至少两名承办该项业务的评估专业人员签名并加盖评估机构印章。

4. 资产评估机构及其评估师对其出具的资产评估报告依法承担责任。

5. 委托人或者评估报告使用人应当按照法律规定和评估报告载明的使用范围使用评估报告。委托人或者评估报告使用人违反规定使用评估报告的，评估机构和评估师不承担责任。

第四单元 企业国有资产交易管理制度

扫码听名师课

【解释】2016年6月24日，国务院国有资产监督管理委员会、财政部联合发布了《企业国有资产交易监督管理办法》，对除金融、文化类国家出资企业的国有资产交易和上市公司的国有股权转让以外的企业国有资产交易行为的监督管理作出了规定。

【考点1】企业产权转让（★★★）（P458）

1. 审核批准

履行出资人职责的机构负责审核国家出资企业的产权转让事项。其中，因产权转让致使国家不再拥有所出资企业控股权的，须由履行出资人职责的机构报本级人民政府批准。

2. 产权转让涉及职工安置事项的，安置方案应当经职工代表大会或者职工大会审议通过。

3. 确定受让方

（1）产权转让原则上通过产权市场公开进行。转让方可以根据企业实际情况和工作进度安排，采取信息预披露和正式披露相结合的方式，通过产权交易机构网站分阶段对外披露产权转让信息，公开征集受让方。其中正式披露信息时间不得少于20个工作日。因产权转让导致转让标的企业的实际控制权发生转移的，转让方应当在转让行为获批后10个工作日内，通过产权交易机构进行信息预披露，时间不得少于20个工作日。

（2）产权转让原则上不得针对受让方设置资格条件，确需设置的，不得有明确指向性或者违反公平竞争原则，所设资格条件相关内容应当在信息披露前报同级履行出资人职责的机构备案，履行出资人职责的机构在5个工作日内未反馈意见的视为同意。

（3）产权转让项目首次正式信息披露的转让底价，不得低于经核准或者备案的转让标的的评估结果。信息披露期满未征集到意向受让方的，可以延期或者在降低转让底价、变更受让条件后重新进行信息披露。降低转让底价或者变更受让条件后重新披露信息的，披露时间不得少于20个工作日。新的转让底价低于评估结果的90%时，应当经转让行为批准单位书面同意。

（4）转让项目自首次正式披露信息之日起超过12个月未征集到合格受让方的，应当重新履行审计、资产评估以及信息披露等产权转让工作程序。

（5）产权交易机构负责意向受让方的登记工作，对意向受让方是否符合受让条件提出意见并反馈转让方。产权交易机构与转让方意见不一致的，由转让行为批准单位决定意向受让方是否符合受让条件。

（6）产权转让信息披露期满、产生符合条件的意向受让方的，按照披露的竞价方式组织竞价。竞价可以采取拍卖、招投标、网络竞价以及其他竞价方式，且不得违反国家法律法规的规定。

（7）受让方确定后，转让方与受让方应当签订产权交易合同，交易双方不得以交易期间企业经营性损益等理由对已达成的交易条件和交易价格进行调整。

4. 结算交易价款

（1）交易价款原则上应当自合同生效之日起5个工作日内一次付清。

（2）金额较大、一次付清确有困难的，可以采取分期付款方式。采用分期付款方式的，首期付款不得低于总价款的30%，并在合同生效之日起5个工作日内支付；其余款项应当提供转让方认可的合法有效担保，并按同期银行贷款利率支付延期付款期间的利息，付款期限不得超过1年。

5. 可以采取非公开协议方式转让企业产权的情形

（1）涉及主业处于关系国家安全、国民经济命脉的重要行业和关键领域企业的重组整合，对受让方有特殊要求，企业产权需要在国有及国有控股企业之间转让的，经履行出资人职责的机构批准，可以采取非公开协议转让方式。

（2）同一国家出资企业及其各级控股企业或者实际控制企业之间因实施内部重组整合进行产权转让的，经该国家出资企业审议决策，可以采取非公开协议转让方式。

【考点2】 企业增资（★★）（P461）

1. 审核批准

履行出资人职责的机构负责审核国家出资企业的增资行为。其中，因增资致使国家不再拥有所出资企业控股权的，须由履行出资人职责的机构报本级人民政府批准。

经典题解

【真题·单选题】 根据企业国有资产法律制度的规定，履行出资人职责的机构负责审核国家出资企业的增资行为。其中，因增资致使国家不再拥有所出资企业控股权的，须由履行出资人职责的机构报特定主体批准。该特定主体是（　　）。（2017年）

A. 上级人民政府

B. 本级人民政府

C. 国家出资企业所在地的省级人民政府

D. 国务院

【答案】 B

2. 确定投资方

（1）企业增资通过产权交易机构网站对外披露信息公开征集投资方，时间不得少于40个工作日。

（2）产权交易机构负责统一接收意向投资方的投标和报价文件，协助企业开展投资方遴选有关工作。

（3）企业董事会或者股东会以资产评估结果为基础，结合意向投资方的条件和报价等因素审议选定投资方。

（4）投资方以非货币资产出资的，应当经增资企业董事会或者股东会审议同意，并委托具有相应资质的评估机构进行评估，确认投资方的出资金额。

（5）增资协议签订并生效后，产权交易机构应当出具交易凭证，通过交易机构网站对外公告结果，公告期不少于5个工作日。

3. 非公开协议方式增资

（1）以下情形经同级履行出资人职责的机构批准，可以采取非公开协议方式进行增资：

①因国有资本布局结构调整需要，由特

定的国有及国有控股企业或者国有实际控制企业参与增资；

②因国家出资企业与特定投资方建立战略合作伙伴或者利益共同体需要，由该投资方参与国家出资企业或者其子企业增资。

（2）以下情形经国家出资企业审议决策，可以采取非公开协议方式进行增资：

①国家出资企业直接或者指定其控股、实际控制的其他子企业参与增资；

②企业债权转为股权；

③企业原股东增资。

【考点3】企业资产转让（★）（P462）

1. 企业一定金额以上的生产设备、房产、在建工程以及土地使用权、债权、知识产权等资产对外转让，应当按照企业内部管理制度履行相应决策程序后，在产权交易机构公开进行。

2. 公告期

（1）转让底价高于100万元、低于1000万元的资产转让项目，信息公告期应不少于10个工作日。

（2）转让底价高于1000万元的资产转让项目，信息公告期应不少于20个工作日。

【考点4】企业国有产权的无偿划转（★）（P464）

1. 审批

（1）企业国有产权在同一履行出资人职责的机构所出资企业之间无偿划转的，由所出资企业共同报履行出资人职责的机构批准。

（2）企业国有产权在不同履行出资人职责的机构所出资企业之间无偿划转的，依据划转双方的产权归属关系，由所出资企业分别报同级履行出资人职责的机构批准。

2. 有下列情况之一的，不得实施无偿划转：

（1）被划转企业主业不符合划入方主业及发展规划的；

（2）中介机构对被划转企业划转基准日的财务报告出具否定意见、无法表示意见或者保留意见的审计报告的；

（3）无偿划转涉及的职工分流安置事项未经被划转企业的职工代表大会审议通过的；

（4）被划转企业或有负债未有妥善解决方案的；

（5）划出方债务未有妥善处置方案的。

第五单元　上市公司国有股权变动管理

扫码听名师课

【解释1】2018年5月16日，国务院国有资产监督管理委员会、财政部、中国证券监督管理委员会联合发布了《上市公司国有股权监督管理办法》，对上市公司国有股权变动管理作出了具体规定。

【解释2】上市公司国有股权变动具体包括：（1）国有股东所持上市公司股份通过证券交易系统转让、公开征集转让、非公开协议转让、无偿划转、间接转让、国有股东发行可交换公司债券；（2）国有股东通过证券交易系统增持、协议受让、间接受让、要约收购上市公司股份和认购上市公司发行股票；国有股东所控股上市公司吸收合并、发行证券；国有股东与上市公司进行资产重组等行为。

【考点1】国有股东所持上市公司股份通过证券交易系统转让（★★★）（P465）

1. 审核批准

国有股东通过证券交易系统转让上市公司股份，按照国家出资企业内部决策程序决定，有以下情形之一的，应报履行出资人职责的机构审核批准：

（1）国有控股股东转让上市公司股份可能导致持股比例低于合理持股比例的；

（2）总股本不超过10亿股的上市公司，国有控股股东拟于一个会计年度内累计净转让达到总股本5%及以上的；总股本超过10亿股的上市公司，国有控股股东拟于一个会计年度内累计净转让数量达到5000万股及以上的；

（3）国有参股股东拟于一个会计年度内累计净转让达到上市公司总股本5%及以上的。

经典题解

【真题·单选题】 根据企业国有资产法律制度的规定，国有参股股东拟于一个会计年度内通过证券交易系统累计净转让的上市公司股份达到该上市公司总股本特定比例及以上的，应报履行出资人职责的机构审核批准。该特定比例是（　　）。（2019年）

A. 5%　　B. 15%

C. 8%　　D. 10%

【答案】 A

2. 审核文件

国家出资企业、履行出资人职责的机构决定或者批准国有股东通过证券交易系统转让上市公司股份时，应当审核以下文件：

（1）国有股东转让上市公司股份的内部决策文件；

（2）国有股东转让上市公司股份方案，内容包括但不限于：转让的必要性，国有股东及上市公司基本情况、主要财务数据，拟转让股份权属情况，转让底价及确定依据，转让数量、转让时限等；

（3）上市公司股份转让的可行性研究报告；

（4）国家出资企业、履行出资人职责的机构认为必要的其他文件。

【考点2】 国有股东所持上市公司股份公开征集转让（★★★）（P466）

1. 信息披露

（1）国有股东拟公开征集转让上市公司股份的，在履行内部决策程序后，应书面告知上市公司，由上市公司依法披露，进行提示性公告。国有控股股东公开征集转让上市公司股份可能导致上市公司控股权转移的，应当一并通知上市公司申请停牌。

（2）上市公司发布提示性公告后，国有股东应及时将转让方案、可行性研究报告、内部决策文件、拟发布的公开征集信息等内容通过管理信息系统报送履行出资人职责的机构。国有股东在获得履行出资人职责的机构同意意见后书面通知上市公司发布公开征集信息。

（3）公开征集信息对受让方的资格条件不得设定指向性或者违反公平竞争要求的条款，公开征集期限不得少于10个交易日。

2. 选择确定受让方

（1）国有股东收到拟受让方提交的受让申请及受让方案后，应当成立由内部职能部门人员以及法律、财务等独立外部专家组成的工作小组，严格按照已公告的规则选择确定受让方。

（2）公开征集转让可能导致上市公司控股权转移的，国有股东应当聘请具有上市公司并购重组财务顾问业务资格的证券公司、证券投资咨询机构或者其他符合条件的财务顾问机构担任财务顾问。财务顾问应当具有良好的信誉，最近3年内无重大违法违规记录，且与受让方不存在利益关联。

3. 审批

国有股东与受让方签订协议后，按照审批权限由国家出资企业审核批准或者由履行出资人职责的机构审核批准。

4. 确定转让股份价格

国有股东公开征集转让上市公司股份的价格不得低于下列两者之中的较高者：

（1）提示性公告日前30个交易日的每日加权平均价格的算术平均值；

（2）最近一个会计年度上市公司经审计的每股净资产值。

5. 收取转让股份价款

（1）国有股东应在股份转让协议签订后5个工作日内收取不低于转让价款30%的保证金，其余价款应在股份过户前全部结清。

（2）在全部转让价款支付完毕或者交由转让双方共同认可的第三方妥善保管前，不得办理股份过户登记手续。

（3）上市公司股份过户前，原则上受让

方人员不能提前进入上市公司董事会和经理层，不得干预上市公司正常生产经营。

【考点3】 国有股东所持上市公司股份非公开协议转让（★★）（P467）

1. 可以非公开协议转让上市公司股份的情形

非公开协议转让是指不公开征集受让方，通过直接签订协议转让上市公司股份的行为。符合以下情形之一的，国有股东可以非公开协议转让上市公司股份：

（1）上市公司连续2年亏损并存在退市风险或者严重财务危机，受让方提出重大资产重组计划及具体时间表的；

（2）企业主业处于关系国家安全、国民经济命脉的重要行业和关键领域，主要承担重大专项任务，对受让方有特殊要求的；

（3）为实施国有资源整合或者资产重组，在国有股东、潜在国有股东（经本次国有资源整合或者资产重组后成为上市公司国有股东）之间转让的；

（4）上市公司回购股份涉及国有股东所持股份的；

（5）国有股东因接受要约收购方式转让其所持上市公司股份的；

（6）国有股东因解散、破产、减资、被依法责令关闭等原因转让其所持上市公司股份的；

（7）国有股东以所持上市公司股份出资的。

2. 签订股份转让协议

（1）国有股东在履行内部决策程序后，应当及时与受让方签订股份转让协议。

（2）涉及上市公司控股权转移的，在转让协议签订前，应按规定聘请财务顾问，对拟受让方进行尽职调查，出具尽职调查报告。

3. 审批

国有股东与受让方签订协议后，按照审批权限由国家出资企业审核批准或者由履行出资人职责的机构审核批准。

4. 确定股份转让价格

国有股东非公开协议转让上市公司股份的价格不得低于下列两者之中的较高者：

（1）提示性公告日前30个交易日的每日加权平均价格的算术平均值；

（2）最近一个会计年度上市公司经审计的每股净资产值。

5. 收取股份转让价款

以现金支付股份转让价款的，国有股东应在股份转让协议签订后5个工作日内收取不低于转让价款30%的保证金，其余价款应在股份过户前全部结清；以非货币资产支付股份转让价款的，应当符合国家相关规定。

【考点4】 国有股东所持上市公司股份间接转让（★★）（P468）

1. 国有股东所持上市公司股份间接转让是指因国有产权转让或者增资扩股等原因导致国有股东不再符合规定情形的行为。

2. 确定上市公司股份价值

国有股东间接转让上市公司股份的价格不得低于下列两者之中的较高者：

（1）提示性公告日前30个交易日的每日加权平均价格的算术平均值；

（2）最近一个会计年度上市公司经审计的每股净资产值。

3. 上市公司股份价值确定的基准日应与国有股东资产评估的基准日一致，且与国有股东产权直接持有单位对该产权变动决策的日期相差不得超过1个月。

4. 聘请财务顾问

国有控股股东所持上市公司股份间接转让，应当按规定聘请财务顾问，对国有产权拟受让方或者投资人进行尽职调查，并出具尽职调查报告。

5. 审批

国有股东所持上市公司股份间接转让的，国有股东应在产权转让或者增资扩股协议签订后，产权交易机构出具交易凭证前报履行出资人职责的机构审核批准。

【考点5】 国有股东发行可交换公司债券（★★★）（P469）

1. 国有股东发行可交换公司债券，是指上市公司国有股东依法发行、在一定期限内依据约定条件可以交换成该股东所持特定上市公司股份的公司债券的行为。

2. 确定可交换公司债券的价格和利率

（1）国有股东发行的可交换公司债券交换为上市公司每股股份的价格，应不低于债券募集说明书公告日**前1个交易日、前20个交易日、前30个交易日该上市公司股票均价中的最高者**。

（2）国有股东发行的可交换公司债券，其利率应当在参照同期银行贷款利率、银行票据利率、同行业其他企业发行的债券利率，以及标的公司股票每股交换价格、上市公司未来发展前景等因素的前提下，通过市场询价合理确定。

【相关链接】 上市公司发行股份购买资产，发行股份的价格不得低于市场参考价的90%，市场参考价为本次发行股份购买资产的董事会决议公告日**前20个交易日、60个交易日或者120个交易日**的公司股票交易均价之一。

3. 审批

国有股东发行可交换公司债券，按照审批权限由国家出资企业审核批准或者由履行出资人职责的机构审核批准。

【考点6】 国有股东与上市公司进行资产重组（★）（P471）

1. 国有股东与上市公司进行资产重组是指国有股东向上市公司注入、购买或者置换资产并涉及国有股东所持上市公司股份发生变化的情形。

2. 信息披露

国有股东就资产重组事项进行内部决策后，应书面通知上市公司，由上市公司依法披露，并申请股票停牌。在上市公司董事会审议资产重组方案**之前**，应当将可行性研究报告报国家出资企业、履行出资人职责的机构预审核，并由履行出资人职责的机构通过管理信息系统出具意见。

3. 审批

国有股东与上市公司进行资产重组方案经上市公司董事会审议通过后，应当在上市公司**股东大会召开之前**，按照审批权限由国家出资企业审核批准或者由履行出资人职责的机构审核批准。

同步强化练习题

一、单项选择题

1. 根据企业国有资产法律制度的规定，下列各项中，代表国家行使企业国有资产所有权的是(　　)。

A. 全国人民代表大会

B. 国务院

C. 财政部

D. 国务院国有资产监督管理委员会

2. 根据企业国有资产法律制度的规定，下列国有独资公司的人员中，应当由履行出资人职责的机构任免的是(　　)。

A. 总经理
B. 副总经理
C. 副董事长
D. 财务负责人

3. 根据企业国有资产法律制度的规定，在选择国有资本参股公司的企业管理者时，履行出资人职责的机构享有的权限是(　　)。
A. 任免其董事长、副董事长、董事和监事
B. 任免其经理、副经理
C. 任免其财务负责人
D. 向其股东会或者股东大会提出董事、监事人选

4. 根据企业国有资产法律制度的规定，下列关于国家出资企业改制的表述中，不正确的是(　　)。
A. 重要的国有独资公司的改制，履行出资人职责的机构在作出决定之前，应当将改制方案报请上级人民政府批准
B. 重要的国有资本控股公司的改制，履行出资人职责的机构向其委派参加股东会或者股东大会的股东代表作出指示之前，应当将改制方案报请本级人民政府批准
C. 企业改制涉及重新安置企业职工的，职工安置方案须经职工代表大会或者职工大会审议通过
D. 企业实施改制时，必须向职工公布企业主要财务指标的财务审计、资产评估结果

5. 根据企业国有资产法律制度的规定，下列企业中，无须进行国有资产产权登记的是(　　)。
A. 国有独资企业拥有实际控制权的境内外各级企业
B. 国有独资公司拥有实际控制权的境内外各级企业
C. 国有资本控股公司拥有实际控制权的境内外各级企业
D. 国有资本参股公司拥有实际控制权的境内外各级企业

6. 根据企业国有资产法律制度的规定，中央金融企业国有资产产权登记机关是(　　)。
A. 中国人民银行
B. 国务院国有资产监督管理委员会
C. 财政部
D. 商务部

7. 根据企业国有资产法律制度的规定，国有独资企业的下列行为中，可以不对相关资产进行评估的是(　　)。
A. 将部分资产租赁给非国有单位
B. 以非货币资产偿还债务
C. 接受非国有单位以非货币资产抵债
D. 国有独资企业与其下属独资企业之间的资产置换

8. 根据企业国有资产法律制度的规定，金融企业发生的下列行为中，可以不对相关资产进行评估的是(　　)。
A. 债权转股权
B. 债务重组
C. 处置不良资产
D. 上市公司可流通的股权转让

9. 根据企业国有资产法律制度的规定，企业收到资产评估机构出具的评估报告后，应当逐级上报初审，经初审同意后，自评估基准日起一定期限内向履行出资人职责的机构提出核准申请。该期限是(　　)。
A. 6个月
B. 8个月
C. 9个月
D. 1年

10. 根据企业国有资产法律制度的规定，企业收到资产评估机构出具的评估报告后，将备案材料逐级报送履行出资人职责的机构或其所出资企业，自评估基准日起一定期限内提出备案申请。该期限是(　　)。
A. 6个月
B. 8个月
C. 9个月
D. 1年

11. 根据企业国有资产法律制度的规定，履

行出资人职责的机构负责审核国家出资企业的产权转让事项。其中，因产权转让致使国家不再拥有所出资企业控股权的，须由履行出资人职责的机构报特定主体批准。该特定主体是（　　）。

A. 本级人民政府

B. 上级人民政府

C. 国务院

D. 国家发展与改革委员会

12. 根据企业国有资产法律制度的规定，因产权转让导致转让标的企业的实际控制权发生转移的，转让方应当在转让行为获批后10个工作日内，通过产权交易机构进行信息预披露，时间不得少于（　　）。

A. 10个工作日

B. 20个工作日

C. 30个工作日

D. 40个工作日

13. 根据企业国有资产法律制度的规定，下列关于国家出资企业产权转让的表述中，不正确的是（　　）。

A. 产权转让项目首次正式信息披露的转让底价，不得低于经核准或者备案的转让标的评估结果

B. 降低转让底价或者变更受让条件后重新披露信息的，披露时间不得少于20个工作日

C. 新的转让底价低于评估结果的90%时，应当经转让行为批准单位书面同意

D. 转让项目自首次正式披露信息之日起超过6个月未征集到合格受让方的，应当重新履行审计、资产评估以及信息披露等产权转让工作程序

14. 根据企业国有资产法律制度的规定，国家出资企业产权转让的，产权交易机构负责意向受让方的登记工作，对意向受让方是否符合受让条件提出意见并反馈转让方。产权交易机构与转让方意见不一致时，下列表述中，正确的是（　　）。

A. 由转让方决定意向受让方是否符合受让条件

B. 由产权交易机构决定意向受让方是否符合受让条件

C. 由履行出资人职责的机构决定意向受让方是否符合受让条件

D. 由转让行为批准单位决定意向受让方是否符合受让条件

15. 根据企业国有资产法律制度的规定，下列关于国家出资企业产权转让的表述中，不正确的是（　　）。

A. 交易双方不得以交易期间企业经营性损益等理由对已达成的交易条件和交易价格进行调整

B. 交易价款原则上应当自合同生效之日起5个工作日内一次付清

C. 采用分期付款方式的，首期付款不得低于总价款的20%，并在合同生效之日起5个工作日内支付

D. 采用分期付款方式的，付款期限不得超过1年

16. 根据企业国有资产法律制度的规定，国家出资企业增资时，应通过产权交易机构网站对外披露信息公开征集投资方，时间不得少于（　　）。

A. 10个工作日

B. 20个工作日

C. 30个工作日

D. 40个工作日

17. 某白酒类上市公司的总股本为10亿股，其国有控股股东拟通过证券交易系统转让上市公司股份。根据企业国有资产法律制度的规定，下列情形中，应报履行出资人职责的机构审核批准的是（　　）。

A. 拟于一个会计年度内累计净转让2000万股

B. 拟于一个会计年度内累计净转让3000万股

C. 拟于一个会计年度内累计净转让4000万股

D. 拟于一个会计年度内累计净转让5000万股

第十章

18. 某白酒类上市公司的总股本为 12 亿股，其国有参股股东拟通过证券交易系统转让上市公司股份。根据企业国有资产法律制度的规定，下列情形中，应报履行出资人职责的机构审核批准的是(　　)。
A. 拟于一个会计年度内累计净转让 3600 万股
B. 拟于一个会计年度内累计净转让 4800 万股
C. 拟于一个会计年度内累计净转让 5000 万股
D. 拟于一个会计年度内累计净转让 6000 万股

19. 根据企业国有资产法律制度的规定，下列关于国有股东所持上市公司股份公开征集转让的表述中，不正确的是(　　)。
A. 公开征集信息对受让方的资格条件不得设定指向性或者违反公平竞争要求的条款
B. 公开征集期限不得少于 20 个交易日
C. 国有股东应在股份转让协议签订后 5 个工作日内收取不低于转让价款 30% 的保证金
D. 在全部转让价款支付完毕或者交由转让双方共同认可的第三方妥善保管前，不得办理股份过户登记手续

20. 根据企业国有资产法律制度的规定，国有股东发行的可交换公司债券交换为上市公司每股股份的价格，应不低于一定的标准。下列各项中，属于该标准的是(　　)。
A. 债券募集说明书公告日前 10 个交易日、前 20 个交易日、前 30 个交易日该上市公司股票均价中的最低者
B. 债券募集说明书公告日前 10 个交易日、前 20 个交易日、前 30 个交易日该上市公司股票均价中的最高者
C. 债券募集说明书公告日前 1 个交易日、前 20 个交易日、前 30 个交易日该上市公司股票均价中的最高者
D. 债券募集说明书公告日前 20 个交易日、前 60 个交易日、前 120 个交易日该上市公司股票均价中的最高者

二、多项选择题

1. 根据企业国有资产法律制度的规定，下列各项中，代表国家对国家出资企业履行出资人职责的有(　　)。
A. 全国人民代表大会
B. 全国人民代表大会常务委员会
C. 国务院
D. 地方人民政府

2. 根据企业国有资产法律制度的规定，下列关于我国企业国有资产监督管理体制的表述中，正确的有(　　)。
A. 国务院代表国家行使企业国有资产所有权
B. 国务院所确定的关系国民经济命脉和国家安全的大型国家出资企业、重要基础设施和重要自然资源等领域的国家出资企业，由国务院代表国家履行出资人职责
C. 国务院授权财政部对金融行业的国有资产进行监管
D. 国有资本投资、运营公司可对授权范围内的国有资本履行出资人职责

3. 根据企业国有资产法律制度的规定，国有独资公司的下列人员中，由履行出资人职责的机构任免的有(　　)。
A. 董事长
B. 经理
C. 董事
D. 监事会主席

4. 根据企业国有资产法律制度的规定，下列关于国家出资企业管理者兼职限制的表述中，正确的有(　　)。
A. 未经履行出资人职责的机构同意，国有独资公司的董事、高级管理人员不得在其他企业兼职
B. 未经股东会、股东大会同意，国有资本控股公司的董事、高级管理人员不得在经营同类业务的其他企业兼职

C. 未经履行出资人职责的机构同意，国有独资公司的董事长不得兼任经理

D. 未经股东会、股东大会同意，国有资本控股公司的董事长不得兼任经理

5. 根据企业国有资产法律制度的规定，下列关于国家出资企业改制的表述中，正确的有(　　)。

A. 企业改制涉及重新安置企业职工的，应当制订职工安置方案，职工安置方案须经职工代表大会或职工大会审议通过

B. 企业实施改制时，必须向职工公布企业主要财务指标的财务审计、资产评估结果

C. 对企业改制时解除劳动合同且不再继续留用的职工，应当支付经济补偿金

D. 企业改制时，对经确认的拖欠职工工资、医疗费等，原则上应当一次付清

6. 根据企业国有资产法律制度的规定，下列企业中，应当申请办理国有资产产权登记的有(　　)。

A. 国有独资公司

B. 设置国有股权的有限责任公司

C. 国有企业

D. 国有企业投资设立的企业

7. 根据企业国有资产法律制度的规定，下列企业中，应当申请办理国有资产产权登记的有(　　)。

A. 国有资本控股公司拥有实际控制权的境内外各级企业

B. 国有资本控股公司投资参股的企业

C. 国有资本参股公司拥有实际控制权的境内外各级企业

D. 国有资本参股公司投资参股的企业

8. 根据企业国有资产法律制度的规定，下列情形中，企业应当向产权登记机关申请办理变动产权登记的有(　　)。

A. 企业名称改变

B. 国有企业转让全部国有资产产权

C. 企业国有资本出资人发生变动

D. 企业国有资本额发生增减变动

9. 根据企业国有资产法律制度的规定，国家出资企业发生的下列行为中，应当对相关资产进行评估的有(　　)。

A. 以非货币资产对外投资

B. 以非货币资产偿还债务

C. 接受非国有单位以非货币资产出资

D. 接受非国有单位以非货币资产抵债

10. 根据企业国有资产法律制度的规定，金融企业发生的下列行为中，应当对相关资产进行评估的有(　　)。

A. 接受非货币性资产抵押或者质押

B. 接受非国有单位以非货币资产抵债

C. 债务重组

D. 处置不良资产

11. 根据企业国有资产法律制度的规定，金融企业下列经济行为涉及资产评估的，资产评估项目实行核准的有(　　)。

A. 经批准进行改组改制

B. 拟在境内上市

C. 拟在境外上市

D. 以非货币性资产与外商合资经营

12. 根据企业国有资产法律制度的规定，下列各项中，可以成为资产评估机构组织形式的有(　　)。

A. 个人独资企业

B. 合伙企业

C. 有限责任公司

D. 股份有限公司

13. 根据企业国有资产法律制度的规定，下列关于国家出资企业产权转让的表述中，正确的有(　　)。

A. 因产权转让致使国家不再拥有所出资企业控股权的，须由履行出资人职责的机构报本级人民政府批准

B. 产权转让涉及职工安置事项的，安置方案应当经职工代表大会或者职工大会审议通过

C. 产权转让项目首次正式信息披露的转让底价，不得低于经核准或者备案的转让标的评估结果的90%

D. 转让项目自首次正式披露信息之日起超过12个月未征集到合格受让方的，应当重新履行审计、资产评估以及信息披露等产权转让工作程序

14. 根据企业国有资产法律制度的规定，下

列情形中，企业国有资产不得实施无偿划转的有(　　)。

A. 被划转企业的或有负债未有妥善解决方案

B. 被划转企业职工代表大会未通过无偿划转涉及的职工分流安置事项

C. 被划转企业主业不符合划入方主业及发展规划

D. 中介机构对被划转企业划转基准日的财务报告出具了保留意见的审计报告

15. 某白酒类上市公司的总股本为12亿股，其国有控股股东拟通过证券交易系统转让上市公司股份。根据企业国有资产法律制度的规定，下列情形中，应报履行出资人职责的机构审核批准的有(　　)。

A. 拟于一个会计年度内累计净转让4000万股

B. 拟于一个会计年度内累计净转让5000万股

C. 拟于一个会计年度内累计净转让6000万股

D. 拟于一个会计年度内累计净转让7000万股

16. 根据企业国有资产法律制度的规定，下列情形中，国有股东可以非公开协议转让上市公司股份的有(　　)。

A. 上市公司连续2年亏损并存在退市风险或者严重财务危机，受让方提出重大资产重组计划及具体时间表的

B. 上市公司回购股份涉及国有股东所持股份的

C. 国有股东以所持上市公司股份出资的

D. 国有股东因接受要约收购方式转让其所持上市公司股份的

17. 根据企业国有资产法律制度的规定，下列关于国有股东所持上市公司股份间接转让的表述中，正确的有(　　)。

A. 上市公司股份价值确定的基准日应与国有股东资产评估的基准日一致

B. 国有控股股东所持上市公司股份间接转让，应当按规定聘请财务顾问，对国有产权拟受让方或者投资人进行尽职调查，并出具尽职调查报告

C. 国有股东应在产权转让或者增资扩股协议签订前，报履行出资人职责的机构审核批准

D. 国有股东应在产权交易机构出具交易凭证后，报履行出资人职责的机构审核批准

18. 根据企业国有资产法律制度的规定，下列关于国有股东与上市公司进行资产重组的表述中，正确的有(　　)。

A. 国有股东就资产重组事项进行内部决策后，应书面通知上市公司，由上市公司依法披露，并申请股票停牌

B. 在上市公司董事会审议资产重组方案之前，应当将可行性研究报告报国家出资企业、履行出资人职责的机构预审核

C. 国有股东与上市公司进行资产重组方案经上市公司董事会审议通过后，应当将可行性研究报告报国家出资企业、履行出资人职责的机构预审核

D. 国有股东与上市公司进行资产重组方案经上市公司股东大会审议通过后，即可按照审批权限由国家出资企业审核批准或者由履行出资人职责的机构审核批准

同步强化练习题参考答案及解析

一、单项选择题

1.【答案】B

2.【答案】C

解析：国有独资公司的董事长、副董事长、董事、监事会主席和监事由履行出资人职责的机构任免。

3.【答案】D

4.【答案】A

解析：选项A：重要的国有独资公司的改制，履行出资人职责的机构在作出决定之前，应当将改制方案报请本级人民政府批准。

5.【答案】D

解析：国家出资企业、国家出资企业（不含国有资本参股公司）拥有实际控制权的境内外各级企业及其投资参股企业，应当进行国有资产的产权登记。

6.【答案】C

7.【答案】D

8.【答案】D

解析：选项ABC：应当进行资产评估。

9.【答案】B

10.【答案】C

11.【答案】A

12.【答案】B

13.【答案】D

解析：选项D：转让项目自首次正式披露信息之日起超过12个月未征集到合格受让方的，应当重新履行审计、资产评估以及信息披露等产权转让工作程序。

14.【答案】D

解析：转让行为批准单位可能是履行出资人职责的机构，也可能是本级人民政府。

15.【答案】C

解析：选项C：采用分期付款方式的，首期付款不得低于总价款的30%，并在合同生效之日起5个工作日内支付。

16.【答案】D

17.【答案】D

解析：国有股东通过证券交易系统转让上市公司股份，总股本不超过10亿股的上市公司，国有控股股东拟于一个会计年度内累计净转让达到总股本5%及以上的，应报履行出资人职责的机构审核批准。

18.【答案】D

解析：国有股东通过证券交易系统转让上市公司股份，国有参股股东拟于一个会计年度内累计净转让达到上市公司总股本5%及以上的，应报履行出资人职责的机构审核批准。

19.【答案】B

解析：选项B：公开征集期限不得少于10个交易日。

20.【答案】C

二、多项选择题

1.【答案】CD

2.【答案】ABCD

3.【答案】ACD

解析：选项B：国有独资公司的经理由董事会聘任或者解聘。

4.【答案】ABCD

5.【答案】ABCD

6.【答案】ABCD

7. 【答案】 AB

8. 【答案】 ACD

解析：选项 B：应当申办“注销产权登记”。

9. 【答案】 ABCD

10. 【答案】 ABCD

11. 【答案】 ABCD

12. 【答案】 BCD

解析：资产评估机构的组织形式为合伙制或者公司制。

13. 【答案】 ABD

解析：选项 C：产权转让项目首次正式信息披露的转让底价，不得低于经核准或者备案的转让标的评估结果。

14. 【答案】 ABCD

15. 【答案】 BCD

解析：国有股东通过证券交易系统转让上市公司股份，总股本超过 10 亿股的上市公司，国有控股股东拟于一个会计年度内累计净转让数量达到5000 万股及以上的，应报履行出资人职责的机构审核批准。

16. 【答案】 ABCD

17. 【答案】 AB

解析：选项 CD：国有股东应在产权转让或者增资扩股协议签订后，产权交易机构出具交易凭证前报履行出资人职责的机构审核批准。

18. 【答案】 AB

解析：选项 D：国有股东与上市公司进行资产重组方案经上市公司董事会审议通过后，应当在上市公司股东大会召开之前，按照审批权限由国家出资企业审核批准或者由履行出资人职责的机构审核批准。

第十一章　反垄断法律制度

本章考情分析

在最近3年的考试中，本章的平均分值为4分，2019年两份试卷的分值均为4分，题型全部为客观题。

本章分为五个单元，共计24个考点。大多数考点需要准确理解，少数考点需要死记硬背，复习难度不大。复习本章需要6个小时左右。

2020年教材的主要变化：（1）对“反垄断执法机构”的内容进行了重大调整；（2）对“反垄断调查”的内容进行了重大调整；（3）根据《禁止垄断协议暂行规定》对“垄断协议”的内容进行了重大调整；（4）根据《禁止滥用市场支配地位行为暂行规定》对“滥用市场支配地位”的内容进行了重大调整；（5）根据《制止滥用行政权力排除、限制竞争行为暂行规定》，对“行政垄断”的内容进行了重大调整；（6）对“公平竞争审查制度”的内容进行了调整。

最近3年题型、题量分析表

题型	2017年	2018年试卷一	2018年试卷二	2019年试卷一	2019年试卷二
单选题	1题1分	1题1分	1题1分	1题1分	1题1分
多选题	2题3分	2题3分	2题3分	2题3分	2题3分
合计	4分	4分	4分	4分	4分

历年试题涉及本章的主要考点

考点	年份/题型
《反垄断法》的适用范围	2016年多选题、2017年多选题
反垄断法律责任	2012年多选题、2015年单选题
反垄断调查措施	2014年多选题、2019年多选题
反垄断民事诉讼	2016年多选题、2018年单选题、2019年单选题
相关市场界定	2014年单选题、2018年单选题、2019年单选题
《反垄断法》禁止的垄断协议	2013年多选题、2018年多选题
垄断协议的豁免	2014年多选题、2016年多选题
对行业协会组织达成和实施垄断协议的规制	2011年单选题、2014年单选题、2014年多选题
宽恕制度	2015年单选题
滥用市场支配地位	2013年多选题、2018年多选题、2019年多选题

续表

考点	年份/题型
经营者集中的申报	2019 年多选题
经营者集中的审查	2011 年多选题、2013 年单选题、2019 年多选题
业务剥离	2015 年多选题、2017 年多选题
行政垄断	2010 年单选题、2010 年多选题、2014 年多选题、2016 年多选题

本章思维导图

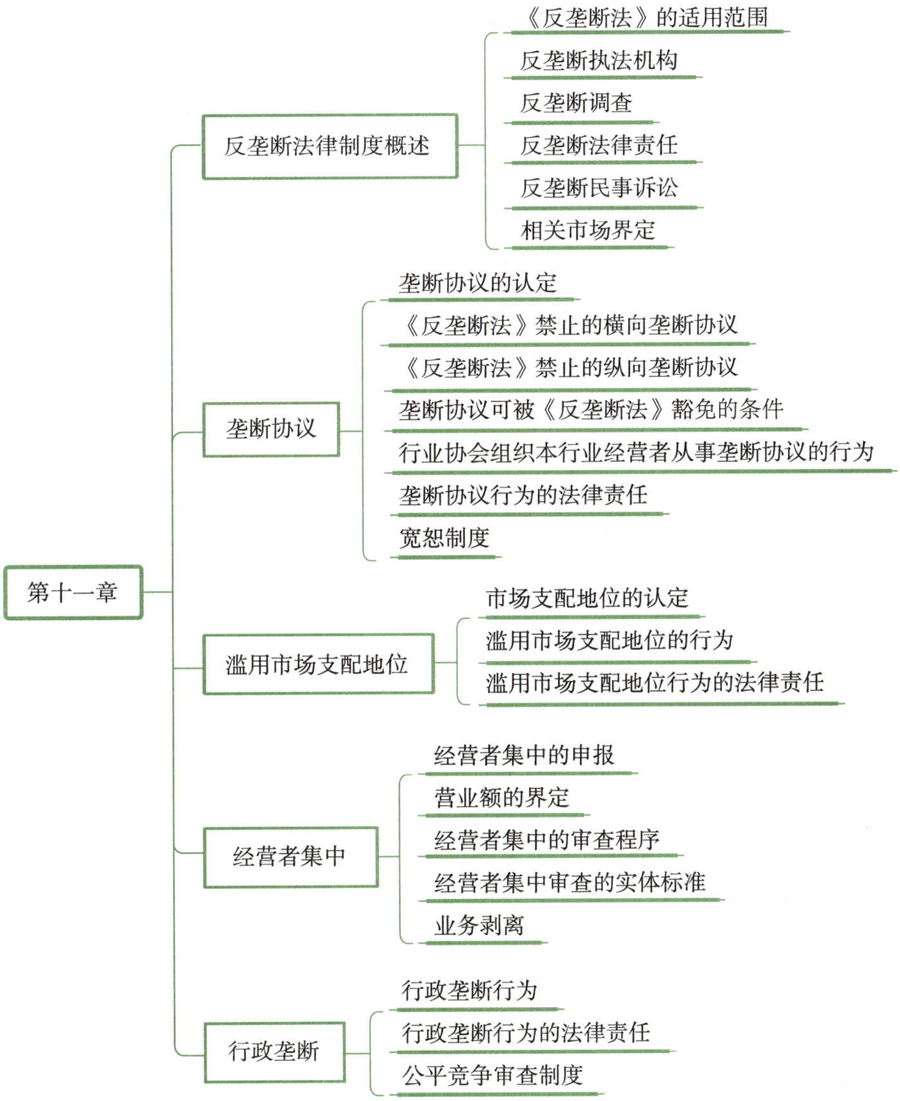

本章核心考点解读

第一单元　反垄断法律制度概述

扫码听名师课

【考点 1】《反垄断法》的适用范围（★★★）（P473）

1. 地域范围

（1）境内经济活动中的垄断行为，适用《反垄断法》（属地原则）。

（2）境外的垄断行为，**对境内市场竞争产生排除、限制影响的**，适用《反垄断法》（效果原则）。

【解释】对于《反垄断法》适用的地域范围，我国采用了“属地原则+效果原则”。

经典题解

【真题·多选题】 下列关于《反垄断法》适用范围的表述中，正确的有（　　）。（2017 年）

A. 只要垄断行为发生在境内，无论该行为是否对境内市场竞争产生排除、限制影响，均应适用《反垄断法》

B. 只要行为人是我国公民或者境内企业，无论该行为是否发生在境内，均应适用《反垄断法》

C. 只要行为人是我国公民或者境内企业，无论该行为是否对境内市场竞争产生排除、限制影响，均应适用《反垄断法》

D. 只要垄断行为对境内市场竞争产生排除、限制影响，无论该行为是否发生在境内，均应适用《反垄断法》

【解析】（1）选项 A：只要垄断行为发生在境内，肯定适用中国的《反垄断法》，这就是属地原则；（2）选项 D：对于发生在境外但对境内市场竞争产生排除、限制影响的，照样适用中国的《反垄断法》，这就是效果原则；（3）选项 BC：如果境内甲公司和境内乙公司在美国达成垄断协议，但对境内市场竞争没有任何影响，当然不适用中国的《反垄断法》。

【答案】 AD

2.《反垄断法》适用的主体和行为

（1）经营者

①经营者达成垄断协议；

②经营者滥用市场支配地位；

③具有或者可能具有排除、限制竞争效果的经营者集中。

（2）行业协会参与的垄断行为

（3）滥用行政权力排除、限制竞争行为

3.《反垄断法》的适用除外

（1）知识产权的正当行使

经营者依法行使知识产权的行为，不适用《反垄断法》；但是，经营者滥用知识产权，排除、限制竞争的行为，不可排除《反垄断法》的适用。

（2）农业生产中的联合或者协同行为

《反垄断法》对农业生产者及农村经济组织在农产品生产、加工、销售、运输、储存等经营活动中实施的联合或者协同行为排除适用。

4. 国有垄断企业

对于铁路、石油、电信、电网、烟草等重点行业，国家通过立法赋予国有企业以垄断性经营权，但是，如果这些国有垄断企业从事垄断协议、滥用市场支配地位行为，或者从事可能排除、限制竞争的经营者集中行为，同样应受《反垄断法》的限制。

第十一章

! 为方便您在学习中可以快速了解知识点的重要程度，本书中将知识点进行分类。★★★代表重要知识点，★★代表次重要知识点，★代表非重要知识点。

【考点 2】 反垄断执法机构（★★）（P479）（2020 年重大调整）

1. 2018 年 4 月，国家市场监督管理总局组建后，国家发改委、商务部和原国家工商总局的反垄断执法职责全部整合于国家市场监督管理总局。

【解释】国务院反垄断委员会并不是反垄断执法机构，而是关于反垄断工作的议事协调机构。

2. 国家市场监督管理总局组建后，发布了《关于反垄断执法授权的通知》，概括授权各省、自治区、直辖市人民政府市场监督管理部门负责本行政区域内有关反垄断执法工作，但**经营者集中**审查案件的执法权未对省级市场监督管理部门授权。

3. 省级市场监督管理部门负责本行政区域内垄断协议、滥用市场支配地位、滥用行政权力排除限制竞争案件反垄断执法工作，以**本机关的名义**依法作出处理。省级市场监督管理部门发现案件属于总局管辖范围的，要及时将案件移交总局。省级市场监督管理部门对属于本机关管辖范围的案件，认为有必要由总局管辖的，可以报请总局决定。

4. 委托调查

（1）国家市场监督管理总局在案件审查和调查过程中，可以委托省级市场监督管理部门开展相应的调查。

（2）省级市场监督管理部门可以委托其他省级市场监督管理部门或者下级市场监督管理部门开展调查。

（3）受委托的市场监督管理部门在委托范围内，以**委托机关的名义**实施调查，**不得再委托**其他行政机关、组织或者个人实施调查。

【考点 3】反垄断调查（★★★）（P480）

1. 反垄断执法机构可以依举报人的举报对涉嫌垄断行为立案调查，也可以依职权主动立案。反垄断执法机构调查涉嫌垄断行为，执法人员**不得少于2 人**。

2. 反垄断调查措施

反垄断执法机构调查涉嫌垄断行为，可以采取下列措施：

（1）进入被调查的经营者的营业场所或者其他有关场所进行检查；

（2）询问被调查的经营者、利害关系人或者其他有关单位或者个人，要求其说明有关情况；

（3）**查阅、复制**被调查的经营者、利害关系人或者其他有关单位或者个人的有关单证、协议、会计账簿、业务函电、电子数据等文件和资料；

（4）**查封、扣押**相关证据；

（5）**查询**（不包括冻结）经营者的银行账户。

经典题解

【真题 1 · 多选题】 根据反垄断法律制度的规定，反垄断执法机构调查涉嫌垄断行为时可以采取必要的调查措施，下列各项中，属于此类措施的有（　　）。（2014 年）

A. 查阅、复制被调查经营者的有关单证、协议、会计账簿等文件和资料

B. 查封、扣押相关证据

C. 进入被调查经营者的营业场所进行检查

D. 冻结被调查经营者的银行账户

【答案】 ABC

【真题 2 · 多选题】 根据反垄断法律制度的规定，下列各项中，属于反垄断执法机构在调查涉嫌垄断行为时可以采取的措施的有（　　）。（2019 年）

A. 进入被调查经营者的营业场所进行检查

B. 查询、冻结经营者的银行账户

C. 复制被调查经营者的有关电子数据

D. 查封、扣押相关证据

【答案】 ACD

3. 经营者承诺（2020 年新增）

（1）对反垄断执法机构调查的涉嫌垄断行为，被调查的经营者承诺在反垄断执法机构认可的期限内采取具体措施消除该行为后果的，反垄断执法机构可以决定**中止调查**。

第十一章

该制度主要适用于垄断协议和滥用市场支配地位案件。

（2）反垄断执法机构根据被调查经营者的中止调查申请，在考虑行为的性质、持续时间、后果、社会影响、经营者承诺的措施及其预期效果等具体情况后，决定是否中止调查。决定中止调查的，反垄断执法机构应当对经营者履行承诺的情况进行监督。经营者应在规定的时限内向反垄断执法机构书面报告承诺履行情况。反垄断执法机构确定经营者已经履行承诺的，可以决定终止调查。

（3）恢复调查

有下列情形之一的，反垄断执法机构应当恢复调查：

①经营者未履行或者未完全履行承诺的；

②作出中止调查决定所依据的事实发生重大变化的；

③中止调查的决定是基于经营者提供的不完整或者不真实的信息作出的。

4. 反垄断执法机构不接受中止调查申请的情形（2020年新增）

（1）反垄断执法机构对涉嫌垄断行为调查核实后，认为构成违法垄断行为的，应当依法作出处理决定，不再接受经营者提出的中止调查申请。

（2）涉嫌“固定或者变更商品价格、限制商品的生产数量或者销售数量、分割销售市场或者原材料采购市场”等三类严重限制竞争的横向垄断协议，反垄断执法机构不得接受中止调查申请。

【考点4】反垄断法律责任（★★★）（P478）

1. 行政责任

（1）《反垄断法》规定的行政责任主要包括：责令停止违法行为、没收违法所得、罚款、限期恢复原状等形式。

（2）当事人不服反垄断执法机构有关处罚决定的，可以申请行政复议，也可以直接向人民法院提起行政诉讼。

2. 民事责任

民事责任主要包括停止侵害、赔偿损失等。相关当事人可以主张赔偿责任的情形：

（1）因经营者的滥用市场支配地位行为而受损的；

（2）因垄断协议当事人一方对违反垄断协议的他方实施处罚，给其造成损失的；

（3）因垄断协议无效，协议一方当事人向另一方当事人主张返还对价、恢复原状的；

（4）因垄断协议无效，消费者向实施垄断协议的经营者主张返还多付价款的。

3. 刑事责任

（1）《反垄断法》未对“经营者的垄断行为”规定刑事责任，仅对“阻碍、拒绝反垄断执法机构审查、调查行为”以及“反垄断执法机构的工作人员滥用职权、玩忽职守、徇私舞弊或者泄露执法过程中知悉的商业秘密”两种情形，规定了刑事责任。

（2）虽然《反垄断法》未对经营者的垄断行为规定刑事责任，但《政府采购法》、《招标投标法》和《刑法》均对“情节严重的串通招投标行为”规定了刑事责任。

经典题解

【真题1·多选题】 根据反垄断法律制度的规定，经营者因实施垄断行为可能承担的法律责任类型有（　　）。（2012年）

A. 行政责任

B. 民事责任

C. 刑事责任

D. 宪法责任

【答案】 AB

【真题2·单选题】 下列垄断行为中，行为人可能承担刑事责任的是（　　）。（2015年）

A. 经营者滥用市场支配地位，搭售商品

B. 经营者与交易相对人达成固定转售价格的协议

C. 经营者未经执法机构批准，擅自实施集中

D. 经营者之间串通投标

【解析】 选项ABC：《反垄断法》未对“经营者的垄断行为”规定刑事责任。

【答案】 D

【考点 5】反垄断民事诉讼（★★★）（P481）

1. 原告资格

（1）因垄断行为受到损失以及因合同内容、行业协会的章程等违反《反垄断法》而发生争议的自然人、法人或者其他组织，可以向人民法院提起反垄断民事诉讼。

（2）消费者只要因垄断行为受损，也可以作为垄断民事案件的原告。

2. 民事诉讼与行政执法的关系

人民法院受理垄断民事纠纷案件，是不以执法机构已对相关垄断行为进行了查处为前提条件的。

3. 专家在诉讼中的作用

（1）专家出庭就专门问题进行说明

在反垄断民事诉讼中，当事人（原被告双方均可）可以向人民法院申请一至二名具有相应专门知识的人员出庭，就案件的专门性问题进行说明。专家在法庭上提供的意见并不属于《民事诉讼法》上的证据形式，而是作为法官判案的参考依据。

（2）专家出具市场调查或者经济分析报告

当事人可以向人民法院申请委托专业机构或者专业人员就案件的专门性问题作出市场调查或者经济分析报告。专业机构或者专业人员就案件的专门性问题作出的市场调查或者经济分析报告，应当视为鉴定意见。鉴定意见是《民事诉讼法》上的一种证据，有法定的审查和采信规则。

4. 诉讼时效

（1）诉讼时效的起算

因垄断行为产生的损害赔偿请求权，诉讼时效期间从原告知道或者应当知道权益受侵害之日起计算。

（2）诉讼时效的中断

原告向反垄断执法机构举报被诉垄断行为的，诉讼时效从其举报之日起中断。反垄断执法机构决定不立案、撤销案件或者决定终止调查的，诉讼时效期间从原告知道或者应当知道不立案、撤销案件或者终止调查之日起重新计算。反垄断执法机构调查后认定构成垄断行为的，诉讼时效期间从原告知道或者应当知道反垄断执法机构认定构成垄断行为的处理决定发生法律效力之日起重新计算。

经典题解

【真题 1 · 多选题】 下列关于我国反垄断民事诉讼制度的表述中，正确的有（　　）。（2016 年）

A. 因垄断行为受损的消费者，可以作为垄断民事案件的原告

B. 人民法院受理垄断民事纠纷案件，以执法机构已对相关垄断行为进行查处为前提

C. 在反垄断民事诉讼中，当事人聘请具有相应专门知识的人员出庭，就案件的专门性问题发表的专业意见，不属于《民事诉讼法》上的证据

D. 在反垄断民事诉讼中，经人民法院同意或者指定的专业人员就案件的专门性问题作出的市场调查或者经济分析报告，视为鉴定意见

【答案】 ACD

【真题 2 · 单选题】 根据反垄断法律制度的规定，反垄断民事诉讼的当事人可以向人民法院申请具有相应专门知识的人员出庭，就案件的专门性问题进行说明，此类说明的性质是（　　）。（2018 年）

A. 鉴定意见

B. 当事人陈述

C. 法官判案的参考依据

D. 证人证言

【答案】 C

【真题 3 · 单选题】 下列关于反垄断民事诉讼的表述中，符合反垄断法律制度规定的是（　　）。（2019 年）

A. 作为间接购买人的消费者，不能作为垄断民事案件的原告

B. 因垄断行为产生的损害赔偿请求权，诉讼时效期间从原告知道或者应当知道权益受侵害之日起计算

C. 原告提起反垄断民事诉讼，须以反垄断执法机构认定相关垄断行为违法为前提

D. 在反垄断民事诉讼中，具有相应专门知识的人员出庭就案件专门性问题所作的说明，属于《民事诉讼法》上的证人证言

【答案】 B

【考点6】 相关市场界定（★★★）（P475）

1. 相关市场的概念

（1）任何竞争行为（包括具有或者可能具有排除、限制竞争效果的行为）均发生在一定的市场范围内。界定相关市场就是明确经营者竞争的市场范围。在禁止经营者达成垄断协议、禁止经营者滥用市场支配地位、控制具有或者可能具有排除、限制竞争效果的经营者集中等反垄断执法工作中，均可能涉及相关市场的界定问题。

（2）相关市场是指经营者在一定时期内就特定商品或者服务（以下统称“商品”）进行竞争的商品范围和地域范围。判断商品之间是否具有竞争关系、是否属于同一相关市场的基本标准，是商品之间“较为紧密的相互替代性”。从需求者角度来看，商品之间的替代程度越高，竞争关系就越强，就越可能属于同一相关市场。

（3）界定相关市场一般包括商品、地域和时间三个维度。在反垄断执法实践中，通常需要界定相关商品市场和相关地域市场。例如，在“唐山人人诉百度滥用市场支配地位案”中，人民法院将相关市场界定为“中国搜索引擎服务市场”，其中商品维度就是“搜索引擎服务”，地域维度是“中国”。

（4）当生产周期、使用期限、季节性、流行时尚性或者知识产权保护期限等已构成商品不可忽视的特征时，界定相关市场还应考虑时间性。例如，甲水果只在夏天出产，乙水果只在冬天出产，即使两种水果在商品属性上存在较为紧密的相互替代性，但由于上市时间的错位，二者不具有竞争关系，不属于同一相关市场。

（5）在技术贸易、许可协议等涉及知识产权的反垄断执法工作中，可能还需要界定相关技术市场，考虑知识产权、创新等因素的影响。

2. 替代性分析

（1）在反垄断执法实践中，相关市场范围的大小主要取决于商品（地域）的可替代程度。

（2）在市场竞争中对经营者行为构成直接和有效竞争约束的，是市场里存在需求者认为具有较强替代关系的商品或者能够提供这些商品的地域。因此，界定相关市场主要从需求者角度进行需求替代分析。当供给替代对经营者行为产生的竞争约束类似于需求替代时，也应考虑供给替代。

3. 相关商品市场

（1）相关商品市场，是指具有较为紧密替代关系的商品范围。

（2）从需求替代角度界定相关商品市场，可以考虑的因素包括但不限于以下几个方面：

①需求者因商品价格或者其他竞争因素变化，转向或者考虑转向购买其他商品的证据。

②商品的外形、特性、质量和技术特点等总体特征和用途。

③商品之间的价格差异。

④商品的销售渠道。

⑤其他重要因素（如需求者偏好或者需求者对商品的依赖程度；可能阻碍大量需求者转向某些紧密替代商品的障碍、风险和成本；是否存在区别定价等）。

（3）从供给角度界定相关商品市场，一般考虑的因素包括：经营者的生产流程和工艺，转产的难易程度，转产需要的时间，转产的额外费用和风险，转产后所提供商品的市场竞争力，营销渠道等。

4. 相关地域市场

（1）相关地域市场，是指需求者获取具有较为紧密替代关系的商品的地理区域。

（2）从需求替代角度界定相关地域市场，可以考虑的因素包括但不限于以下几个方面：

①需求者因商品价格或者其他竞争因素变化，转向或者考虑转向其他地域购买商品的证据。

②商品的运输成本和运输特征。相对于商品价格来说，运输成本越高，相关地域市场的范围越小，如水泥等商品；商品的运输特征也决定了商品的销售地域，如需要管道运输的工业气体等商品。

③多数需求者选择商品的实际区域和主要经营者商品的销售分布。

④地域间的贸易壁垒，包括关税、地方性法规、环保因素、技术因素等。

⑤其他重要因素。如特定区域需求者偏好、商品运进和运出该地域的数量。

（3）从供给角度界定相关地域市场时，一般需要考虑其他地域的经营者供应或者销售相关商品的即时性和可行性，如将订单转向其他地域经营者的转换成本等。

经典题解

【真题1·单选题】 在“唐山人人诉百度滥用市场支配地位案”中，人民法院将该案的相关市场界定为“中国搜索引擎服务市场”。根据反垄断法律制度的规定，“搜索引擎服务”属于（　　）。（2014年）

A. 相关商品市场

B. 相关创新市场

C. 相关时间市场

D. 相关技术市场

【答案】 A

【真题2·单选题】 根据反垄断法律制度的规定，下列各项中，属于从供给角度界定相关商品市场时所应考虑的因素是（　　）。（2014年）

A. 商品的功能及用途

B. 其他经营者的转产成本

C. 消费者的消费偏好

D. 商品间的价格差异

【答案】 B

【真题3·单选题】 根据反垄断法律制度的规定，下列各项中，属于界定相关商品市场的基本标准的是（　　）。（2018年）

A. 商品的外形、特性、质量和技术特点等总体特征和用途

B. 商品的运输成本和运输特征

C. 商品间较为紧密的相互替代性

D. 商品的使用期限和季节性

【解析】（1）选项AC：“相互替代性”属于界定相关商品市场的基本标准；而“商品的外形、特性、质量和技术特点等总体特征和用途”属于从需求替代角度界定相关商品市场时予以考虑的因素之一，而非基本标准；（2）选项B：属于从需求替代角度界定相关地域市场时予以考虑的因素之一；（3）选项D：属于界定相关时间市场时予以考虑的因素之一。

【答案】 C

【真题4·单选题】 下列关于相关市场界定的表述中，符合反垄断法律制度规定的是（　　）。（2019年）

A. 只有滥用市场支配地位案件，才需要界定相关市场

B. 界定相关市场的基本标准是商品间“较为紧密的相互替代性”

C. 任何反垄断案件的分析中，相关市场均应从商品、地域和时间三个维度界定

D. 供给替代是界定相关市场的主要分析视角

【解析】（1）选项A：在禁止经营者达成垄断协议、禁止经营者滥用市场支配地位、控制具有或者可能具有排除、限制竞争效果的经营者集中等反垄断执法工作中，均可能涉及相关市场的界定问题；（2）选项C：界定相关市场一般包括时间、商品和地域三个维度，但并非所有的相关市场都必须从这三个维度进行界定；（3）选项D：界定相关市场主要从需求者角度进行需求替代分析。

【答案】 B

第二单元　垄断协议

扫码听名师课

【考点1】垄断协议的认定（★★★）（P483）

1. 垄断协议是指排除、限制竞争的协议、决定或者其他协同行为。协议或者决定可以是书面、口头等形式。

2. 其他协同行为（2020年新增）

其他协同行为是指经营者之间虽未明确订立协议或者决定，但实质上存在协调一致的行为。认定其他协同行为，应当考虑下列因素：

（1）经营者的市场行为是否具有一致性；

（2）经营者之间是否进行过意思联络或者信息交流；

（3）经营者能否对行为的一致性作出合理解释；

（4）相关市场的市场结构、竞争状况、市场变化等情况。

3. 垄断协议的类型

（1）根据参与垄断协议的经营者之间是否具有竞争关系，一般将垄断协议分为横向垄断协议和纵向垄断协议。

（2）横向垄断协议是具有竞争关系的经营者达成的联合限制竞争协议（如生产相同产品的经营者达成的固定产品价格的协议）。

（3）纵向垄断协议是指同一产业中处于不同市场环节而具有买卖关系的企业通过共谋达成的联合限制竞争协议（如生产商与销售商之间关于限制转售价格的协议）。

【考点2】《反垄断法》禁止的横向垄断协议（★★★）（P484）（2020年重大调整）

1. 固定或者变更商品价格

禁止具有竞争关系的经营者就商品或者服务（以下统称“商品”）价格达成下列垄断协议：

（1）固定或者变更价格水平、价格变动幅度、利润水平或者折扣、手续费等其他费用；

（2）约定采用据以计算价格的标准公式；

（3）限制参与协议的经营者的自主定价权。

【解释】如果固定或者变更价格协议是在具有竞争关系的买方之间达成时，此类协议的内容则为锁定、维持或者降低购买价格。

2. 限制商品的生产数量或者销售数量

禁止具有竞争关系的经营者就限制商品的生产数量或者销售数量达成下列垄断协议：

（1）以限制产量、固定产量、停止生产等方式限制商品的生产数量，或者限制特定品种、型号商品的生产数量；

（2）以限制商品投放量等方式限制商品的销售数量，或者限制特定品种、型号商品的销售数量。

3. 分割销售市场或者原材料采购市场

禁止具有竞争关系的经营者就分割销售市场或者原材料采购市场达成下列垄断协议：

（1）划分商品销售地域、市场份额、销售对象、销售收入、销售利润或者销售商品的种类、数量、时间；

（2）划分原料、半成品、零部件、相关设备等原材料的采购区域、种类、数量、时间或者供应商。

【解释】上述规定中的“原材料”还包括经营者生产经营所必需的技术和服务。

4. 限制购买新技术、新设备或者限制开发新技术、新产品

禁止具有竞争关系的经营者就限制购买新技术、新设备或者限制开发新技术、新产品达成下列垄断协议：

（1）限制购买、使用新技术、新工艺；

（2）限制购买、租赁、使用新设备、新产品；

（3）限制投资、研发新技术、新工艺、新产品；

（4）拒绝使用新技术、新工艺、新设备、新产品。

5. 联合抵制交易

禁止具有竞争关系的经营者就联合抵制交易达成下列垄断协议：

（1）联合拒绝向特定经营者供应或者销售商品；

（2）联合拒绝采购或者销售特定经营者的商品；

（3）联合限定特定经营者不得与其具有竞争关系的经营者进行交易。

【相关链接】 涉嫌“固定或者变更商品价格、限制商品的生产数量或者销售数量、分割销售市场或者原材料采购市场”等三类严重限制竞争的横向垄断协议，反垄断执法机构不得接受中止调查申请。

经典题解

【真题·多选题】 根据反垄断法律制度的规定，下列具有竞争关系的经营者之间的约定中，属于横向垄断协议的有（　　）。（2018年）

A. 联合拒绝销售特定经营者的商品

B. 划分销售商品的种类

C. 采用据以计算价格的标准公式

D. 拒绝使用新技术

【解析】（1）选项A：属于“联合抵制交易”；（2）选项B：属于“分割销售市场或者原材料采购市场”；（3）选项C：属于“固定或者变更商品价格”；（4）选项D：属于“限制购买新技术、新设备或者限制开发新技术、新产品”。

【答案】 ABCD

【考点3】《反垄断法》禁止的纵向垄断协议（★★★）（P488）

1. 固定向第三人转售商品的价格。

【案例】 甲（生产商）在销售商品给乙（销售商）时，对乙将商品转售给第三人的价格进行“固定”（如单价必须为250元）。

2. 限定向第三人转售商品的**最低价格**。

【案例】 甲（生产商）在销售商品给乙（销售商）时，对乙将商品转售给第三人的“最低价格”进行限定（如单价不得低于250元）。

【解释】根据最高人民法院颁布的《反垄断司法解释》，在垄断民事纠纷案件中，被诉垄断行为属于《反垄断法》禁止的横向垄断协议的，**被告**应对该协议不具有排除、限制竞争效果承担举证责任，即横向垄断协议的排除、限制竞争效果的举证责任倒置（**由被告承担举证责任**）。该司法解释未对纵向垄断协议的举证责任作出规定。因此，纵向垄断协议排除、限制竞争效果的证明仍应按“谁主张，谁举证”的原则，**由原告承担举证责任**。（2020年新增）

经典题解

【真题·多选题】 经营者与其交易相对人达成的下列协议中，被反垄断法律制度明确禁止的有（　　）。（2013年）

A. 限定向第三人转售商品的最低价格

B. 限定向第三人转售商品的最高价格

C. 固定向第三人转售商品的价格

D. 限定向第三人转售商品的地域范围

【解析】（1）选项AB：限定向第三人转售商品的“最低价格”，属于《反垄断法》明确禁止的纵向垄断协议，而限定向第三人转售商品的“最高价格”，并不违法；（2）选项D：“具有竞争关系的经营者之间”就“分割销售市场”达成的垄断协议，属于《反垄断法》明确禁止的横向垄断协议，而“经营者与其交易相对人”（如生产商和销售商）达成的“限定向第三人转售商品的地域范围”的协议，并不违法。

【答案】 AC

【考点4】垄断协议可被《反垄断法》豁免的条件（★★★）（P488）

【解释】豁免与适用除外是完全不同的两个制度：（1）《反垄断法》的适用除外是指将特定领域（如农业生产中的联合或者协同行为）排除，根本不予适用；（2）豁免是在适用《反垄断法》的过程中，发现某些行为符合法定条件而不予禁止。

1. 属于《反垄断法》规定的特定情形

根据《反垄断法》第15条的规定，垄断协议可被《反垄断法》豁免的情形包括：

（1）为改进技术、研究开发新产品的（技术性卡特尔）；

（2）为提高产品质量、降低成本、增进效率，统一产品规格、标准或者实行专业化分工的（标准化卡特尔、专业化卡特尔）；

（3）为提高中小经营者经营效率，增强中小经营者竞争力的（中小企业合作卡特尔）；

（4）为实现节约能源、保护环境、救灾救助等社会公共利益的；

（5）因经济不景气，为缓解销售量严重下降或者生产明显过剩的（不景气卡特尔、结构危机卡特尔）；

（6）为保障对外贸易和对外经济合作中的正当利益的（出口卡特尔）。

【解释】反垄断执法机构认定被调查的垄断协议是否属于上述情形时，应当考虑下列因素：（1）协议实现该情形的具体形式和效果；（2）协议与实现该情形之间的因果关系；（3）协议是否是实现该情形的必要条件；（4）其他可以证明协议属于相关情形的因素。（2020 年新增）

2. 垄断协议豁免的附加条件

对于符合上述第（1）至第（5）项情形的垄断协议，《反垄断法》要求经营者应当证明所达成的协议不会严重限制相关市场的竞争，并且能够使消费者分享由此产生的利益。否则，也不能获得豁免。反垄断执法机构认定消费者能否分享协议产生的利益，应当考虑消费者是否因协议的达成、实施在商品价格、质量、种类等方面获得利益。

【解释】上述第（6）项情形（为保障对外贸易和对外经济合作中的正当利益而达成的垄断协议）不要求经营者承担证明责任。

3. 调查的终止与重启（2020 年新增）

（1）反垄断执法机构认定被调查的垄断协议属于《反垄断法》第 15 条规定情形的，应当终止调查（而非中止调查）并制作终止调查决定书。终止调查决定书应当载明协议的基本情况、适用《反垄断法》第 15 条的依据和理由等内容。

（2）反垄断执法机构作出终止调查决定后，因情况发生重大变化，导致被调查的协议不再符合《反垄断法》第 15 条规定情形的，反垄断执法机构应当重新启动调查。

经典题解

【真题 1 · 多选题】下列垄断协议中，须由经营者证明不会严重限制相关市场的竞争且能使消费者分享由此产生的利益，才能获得《反垄断法》豁免的有（　　）。（2014 年）

A. 为改进技术、研究开发新产品达成的垄断协议

B. 为实现节约能源、保护环境、救灾救助等社会公共利益达成的垄断协议

C. 为保障对外贸易和对外经济合作中的正当利益达成的垄断协议

D. 为提高中小经营者经营效率、增强中小经营者竞争力达成的垄断协议

【答案】ABD

【真题 2 · 多选题】下列行为中，违反我国《反垄断法》的有（　　）。（2016 年）

A. 国有经济占控制地位的关系国民经济命脉行业的国有企业之间达成垄断协议的行为

B. 为保障对外贸易中的正当利益，具有竞争关系的境内企业就固定商品出口价格达成的垄断协议

C. 外国企业在中国境外实施的对中国境内市场竞争产生排除或者限制效果的垄断行为

D. 农业生产者在农产品生产、加工、销售、运输、储存等经营活动中实施的联合行为

【解析】（1）选项 A：对于铁路、石油、电信、电网、烟草等重点行业，国家通过立法赋予国有企业以垄断性经营权，但是，如果这些国有垄断企业从事垄断协议、滥用市场支配地位行为，或者从事可能排除、限制竞争的经营者集中行为，同样应受《反垄断法》的限制；（2）选项 B：为保障对外贸易和对外经济合作中的正当利益而达成的垄断协议（出口卡特尔），予以豁免；（3）选项 C：境外的垄断行为，对境内市场竞争产生排除、限制影响的，适用《反垄断法》；（4）选项 D：《反垄断法》对农业生产者及农村经济组织

第十一章

在农产品生产、加工、销售、运输、储存等经营活动中实施的联合或者协同行为排除适用。

【答案】 AC

【考点5】 行业协会组织本行业经营者从事垄断协议的行为(★★★)(P490)

1. 禁止行业协会从事下列行为:

(1)制定、发布含有排除、限制竞争内容的行业协会章程、规则、决定、通知、标准等;

(2)召集、组织或者推动本行业的经营者达成含有排除、限制竞争内容的协议、决议、纪要、备忘录等。

【解释】上述行业协会是指由同行业经济组织和个人组成,行使行业服务和自律管理职能的各种协会、学会、商会、联合会、促进会等社会团体法人。

2. 行业协会违反规定,组织本行业的经营者达成垄断协议的,反垄断执法机构可以对其处50万元以下的罚款;情节严重的,反垄断执法机构可以提请社会团体登记管理机关依法撤销登记。

经典题解

【真题1·单选题】 某行业协会的全体会员企业在相关市场的市场份额合计达到85%。由于近期原材料涨价影响了行业利润,该协会遂组织召开了由会员企业领导人参加的"行业峰会",与会代表达成了提高产品价格的共识。会议结束后,该协会向全体会员企业印发了关于提高本行业产品价格的通知,明确要求会员企业统一将产品价格提高15%。接到通知后,会员企业按要求实施了涨价。根据反垄断法律制度的规定,下列说法中,正确的是( )。(2011年)

A. 行业协会实施了滥用市场支配地位行为

B. 行业协会实施了经营者集中行为

C. 行业协会实施了行政性限制竞争行为

D. 行业协会实施了组织本行业经营者达成垄断协议行为

【答案】 D

【真题2·单选题】 下列行为中,涉嫌违反《反垄断法》的是( )。(2014年)

A. 经国家有关部门批准,中石油、中石化等石油企业联合上调成品油价格

B. 某行业协会召集本行业经营者,共同制定本行业产品的定价公式

C. 中国移动、中国联通等少数几家国有电信企业共同占据我国电信基础运营业务市场的全部份额

D. 某生产企业通过协议,限制分销商转售商品的最高价格

【解析】 (1)选项C:对于铁路、石油、电信、电网、烟草等重点行业,国家通过立法赋予其垄断性经营权,其垄断地位本身并不违法;(2)选项D:限制分销商转售商品的"最高价格",不属于法律禁止的纵向垄断协议。

【答案】 B

【考点6】 垄断协议行为的法律责任(★★★)(P490)

1. 民事责任

经营者因达成并实施垄断协议给他人造成损失的,依法承担民事责任。

2. 行政责任

(1)经营者违反规定,达成并实施垄断协议的,由反垄断执法机构责令停止违法行为,没收违法所得,并处上一年度销售额1%以上10%以下的罚款;尚未实施所达成的垄断协议的,可以处50万元以下的罚款。

(2)经营者因行政机关和法律、法规授权的具有管理公共事务职能的组织滥用行政权力而达成垄断协议的,按照上述规定处理。经营者能够证明其达成垄断协议是被动遵守行政命令所导致的,可以依法从轻或者减轻处罚。(2020年新增)

【考点7】宽恕制度(★★)(P490)(2020年重大调整)

1. 参与垄断协议的经营者主动报告达成垄断协议有关情况并提供重要证据的,可以申请依法减轻或者免除处罚。

2. 重要证据是指能够对反垄断执法机构启动调查或者对认定垄断协议起到关键性作用的证据，包括参与垄断协议的经营者、涉及的商品范围、达成协议的内容和方式、协议的具体实施等情况。

3. 反垄断执法机构应当根据经营者主动报告的时间顺序、提供证据的重要程度以及达成、实施垄断协议的有关情况，决定是否减轻或者免除处罚。对于第一个申请者，反垄断执法机构可以免除处罚或者按照不低于80%的幅度减轻罚款；对于第二个申请者，可以按照30%至50%的幅度减轻罚款；对于第三个申请者，可以按照20%至30%的幅度减轻罚款。

经典题解

【真题·单选题】 在反垄断执法机构查处某横向价格垄断协议案件的过程中，作为垄断协议当事人之一的甲企业因主动向执法机构报告达成垄断协议的有关情况并提供重要证据，被免除处罚。根据反垄断法律制度的规定，甲企业被免除处罚的依据是（　　）。（2015年）

A. 豁免制度

B. 宽恕制度

C. 适用除外制度

D. 经营者承诺制度

【答案】 B

第三单元　滥用市场支配地位

扫码听名师课

【考点1】 市场支配地位的认定（★★★）（P491）（2020年重大调整）

1. 市场支配地位的概念

（1）市场支配地位是指经营者在相关市场内具有能够控制商品或者服务（以下统称“商品”）价格、数量或者其他交易条件，或者能够阻碍、影响其他经营者进入相关市场能力的市场地位。

（2）“其他交易条件”是指除商品价格、数量之外能够对市场交易产生实质影响的其他因素，包括商品品种、商品品质、付款条件、交付方式、售后服务、交易选择、技术约束等。

（3）“能够阻碍、影响其他经营者进入相关市场”，包括排除其他经营者进入相关市场，或者延缓其他经营者在合理时间内进入相关市场，或者导致其他经营者虽能够进入该相关市场但进入成本大幅提高，无法与现有经营者开展有效竞争等情形。

【解释1】具有市场支配地位的经营者未必是“独占者”，具有市场支配地位的经营者可以是一个，也可以是多个经营者共同具有市场支配地位。

【解释2】《反垄断法》对经营者合法取得的市场支配地位并不视为非法，只是对经营者滥用市场支配地位的行为进行严格规制。

经典题解

【真题1·多选题】 根据反垄断法律制度的规定，市场支配地位是指经营者在相关市场内具有能够控制商品价格、数量或者其他交易条件，或者能够阻碍、影响其他经营者进入相关市场能力的市场地位。下列各项中，属于“其他交易条件”的有（　　）。（2018年）

A. 付款条件

B. 交付方式

C. 商品品质

D. 售后服务

【答案】 ABCD

【真题2·多选题】 根据反垄断法律制度的规定，下列关于经营者市场支配地位的表述中，正确的有（　　）。（2019年）

A. 具有市场支配地位的经营者在相关市场内能够控制商品价格、数量或者其他交易条件，或者能够阻碍、影响其他经营者进入相关市场

B. 经营者具有市场支配地位这一状态本身并不违法

C. 具有市场支配地位的经营者未必是“独占者”

D. 市场支配地位可能由多个经营者共同具有

【答案】 ABCD

2. 认定经营者具有市场支配地位时应当依据的因素

（1）经营者在相关市场的市场份额以及相关市场的竞争状况

确定经营者在相关市场的市场份额，可以考虑一定时期内经营者的特定商品销售金额、销售数量或者其他指标在相关市场所占的比重。分析相关市场竞争状况，可以考虑相关市场的发展状况、现有竞争者的数量和市场份额、商品差异程度、创新和技术变化、销售和采购模式、潜在竞争者情况等因素。

（2）经营者控制销售市场或者原材料采购市场的能力

确定经营者控制销售市场或者原材料采购市场的能力，可以考虑该经营者控制产业链上下游市场的能力，控制销售渠道或者采购渠道的能力，影响或者决定价格、数量、合同期限或者其他交易条件的能力，以及优先获得企业生产经营所必需的原料、半成品、零部件、相关设备以及需要投入的其他资源的能力等因素。

（3）经营者的财力和技术条件

确定经营者的财力和技术条件，可以考虑该经营者的资产规模、盈利能力、融资能力、研发能力、技术装备、技术创新和应用能力、拥有的知识产权等，以及该财力和技术条件能够以何种方式和程度促进该经营者业务扩张或者巩固、维持市场地位等因素。

（4）其他经营者对该经营者在交易上的依赖程度

确定其他经营者对该经营者在交易上的依赖程度，可以考虑其他经营者与该经营者之间的交易关系、交易量、交易持续时间、在合理时间内转向其他交易相对人的难易程度等因素。

（5）其他经营者进入相关市场的难易程度

确定其他经营者进入相关市场的难易程度，可以考虑市场准入、获取必要资源的难度、采购和销售渠道的控制情况、资金投入规模、技术壁垒、品牌依赖、用户转换成本、消费习惯等因素。

（6）认定互联网等新经济业态经营者具有市场支配地位，可以考虑相关行业竞争特点、经营模式、用户数量、网络效应、锁定效应、技术特性、市场创新、掌握和处理相关数据的能力及经营者在关联市场的市场力量等因素。

（7）认定两个以上的经营者具有市场支配地位，除考虑上述因素外，还应当考虑市场结构、相关市场透明度、相关商品同质化程度、经营者行为一致性等因素。

3. 市场支配地位的推定标准

（1）一个经营者在相关市场的市场份额达到1/2的，即可推定为具有市场支配地位。

（2）对于多个经营者可能共同拥有市场支配地位的情况，两个经营者在相关市场的市场份额合计达到2/3的，或三个经营者在相关市场的市场份额合计达到3/4的，这些经营者被推定为共同占有市场支配地位。同时，对于多个经营者被推定为共同占有市场支配地位时，其中有的经营者市场份额不足10%的，不应当推定该经营者具有市场支配地位。

（3）市场份额并非认定市场支配地位的绝对标准，被推定具有市场支配地位的经营者，如有证据证明不具有市场支配地位的，不应当认定其具有市场支配地位。

【考点2】 滥用市场支配地位的行为（★★★）（P495）（2020年重大调整）

1. 以不公平的高价销售商品或者以不公平的低价购买商品

禁止具有市场支配地位的经营者以不公平的高价销售商品或者以不公平的低价购买商品。认定“不公平的高价”或者“不公平的低价”，可以考虑下列因素：

（1）销售价格或者购买价格是否明显高于或者明显低于其他经营者在相同或者相似市场条件下销售或者购买同种商品或者可比较商品的价格；

（2）销售价格或者购买价格是否明显高于或者明显低于同一经营者在其他相同或者相似市场条件区域销售或者购买商品的价格；

（3）在成本基本稳定的情况下，是否超过正常幅度提高销售价格或者降低购买价格；

（4）销售商品的提价幅度是否明显高于成本增长幅度，或者购买商品的降价幅度是否明显高于交易相对人成本降低幅度；

（5）需要考虑的其他相关因素。

【解释】认定市场条件相同或者相似，应当考虑销售渠道、销售模式、供求状况、监管环境、交易环节、成本结构、交易情况等因素。

2. 没有正当理由，以低于成本的价格销售商品

（1）禁止具有市场支配地位的经营者没有正当理由，以低于成本的价格销售商品。认定低于成本的价格销售商品，应当重点考虑价格是否低于平均可变成本。平均可变成本是指随着生产的商品数量变化而变动的每单位成本。

（2）涉及互联网等新经济业态中的免费模式，应当综合考虑经营者提供的免费商品以及相关收费商品等情况。

【解释】以低于成本的价格销售商品的“正当理由”包括：（1）降价处理鲜活商品、季节性商品、有效期限即将到期的商品和积压商品的；（2）因清偿债务、转产、歇业降价销售商品的；（3）在合理期限内为推广新商品进行促销的；（4）能够证明行为具有正当性的其他理由。

3. 没有正当理由，拒绝与交易相对人进行交易

禁止具有市场支配地位的经营者没有正当理由，通过下列方式拒绝与交易相对人进行交易：

（1）实质性削减与交易相对人的现有交易数量；

（2）拖延、中断与交易相对人的现有交易；

（3）拒绝与交易相对人进行新的交易；

（4）设置限制性条件，使交易相对人难以与其进行交易；

（5）拒绝交易相对人在生产经营活动中，以合理条件使用其必需设施。

【解释1】在依据第（5）项认定经营者滥用市场支配地位时，应当综合考虑以合理的投入另行投资建设或者另行开发建造该设施的可行性、交易相对人有效开展生产经营活动对该设施的依赖程度、该经营者提供该设施的可能性以及对自身生产经营活动造成的影响等因素。

【解释2】拒绝与交易相对人进行交易的“正当理由”包括：（1）因不可抗力等客观原因无法进行交易；（2）交易相对人有不良信用记录或者出现经营状况恶化等情况，影响交易安全；（3）与交易相对人进行交易将使经营者利益发生不当减损；（4）能够证明行为具有正当性的其他理由。

4. 没有正当理由，限定交易相对人只能与其进行交易或者只能与其指定的经营者进行交易

禁止具有市场支配地位的经营者没有正当理由，从事下列限定交易行为：

（1）限定交易相对人只能与其进行交易；

（2）限定交易相对人只能与其指定的经营者进行交易；

（3）限定交易相对人不得与特定经营者进行交易。

【解释1】从事上述限定交易行为可以是直接限定，也可以是以设定交易条件等方式变相限定。

【解释2】限定交易行为的“正当理由”包括：（1）为满足产品安全要求所必须；（2）为保护知识产权所必须；（3）为保护针对交易进行的特定投资所必须；（4）能够证明行为具有正当性的其他理由。

5. 没有正当理由搭售商品，或者在交易时附加其他不合理的交易条件

禁止具有市场支配地位的经营者没有正当理由搭售商品，或者在交易时附加其他不合理的交易条件：

（1）违背交易惯例、消费习惯或者无视商品的功能，将不同商品捆绑销售或者组合销售；

（2）对合同期限、支付方式、商品的运输及交付方式或者服务的提供方式等附加不合理的限制；

（3）对商品的销售地域、销售对象、售后服务等附加不合理的限制；

（4）交易时在价格之外附加不合理费用；

（5）附加与交易标的无关的交易条件。

【解释】此类行为的“正当理由”包括：（1）符合正当的行业惯例和交易习惯；（2）为满足产品安全要求所必须；（3）为实现特定技术所必须；（4）能够证明行为具有正当性的其他理由。

6. 没有正当理由，对条件相同的交易相对人在交易价格等交易条件上实行差别待遇

禁止具有市场支配地位的经营者没有正当理由，对条件相同的交易相对人在交易条件上实行下列差别待遇：

（1）实行不同的交易价格、数量、品种、品质等级；

（2）实行不同的数量折扣等优惠条件；

（3）实行不同的付款条件、交付方式；

（4）实行不同的保修内容和期限、维修内容和时间、零配件供应、技术指导等售后服务条件。

【解释1】条件相同是指交易相对人之间在交易安全、交易成本、规模和能力、信用状况、所处交易环节、交易持续时间等方面不存在实质性影响交易的差别。

【解释2】差别待遇的“正当理由”包括：（1）根据交易相对人实际需求且符合正当的交易习惯和行业惯例，实行不同交易条件；（2）针对新用户的首次交易在合理期限内开展的优惠活动；（3）能够证明行为具有正当性的其他理由。

经典题解

【真题1·多选题】 根据反垄断法律制度的规定，禁止具有市场支配地位的经营者没有正当理由，以低于成本的价格销售商品。下列各项中，属于法定正当理由的有（　　）。（2013年）

A. 清偿债务

B. 为推广新产品进行促销

C. 处理鲜活商品

D. 处理积压商品

【答案】 ABCD

【真题2·多选题】 根据反垄断法律制度的规定，认定具有市场支配地位的经营者以不公平的高价销售商品时，可以考虑的因素有（　　）。（2018年）

A. 销售价格是否明显高于其他经营者在相同或者相似市场条件下销售同种商品或者可比较商品的价格

B. 销售价格是否明显高于同一经营者在其他相同或者相似市场条件区域销售商品的价格

C. 在成本基本稳定的情况下，是否超过正常幅度提高销售价格

D. 销售商品的提价幅度是否明显高于成本增长幅度

【答案】 ABCD

【考点3】滥用市场支配地位行为的法律责任（★★★）（P498）

1. 民事责任

经营者因实施滥用市场支配地位行为给他人造成损失的，依法承担民事责任。

2. 行政责任

（1）经营者滥用市场支配地位的，由反垄断执法机构责令停止违法行为，没收违法所得，并处上一年度销售额1%以上10%以下的罚款。反垄断执法机构确定具体罚款数额时，应当考虑违法行为的性质、情节、程度、持续时间等因素。

（2）经营者因行政机关和法律、法规授权的具有管理公共事务职能的组织滥用行政权力而滥用市场支配地位的，按照上述规定处理。经营者能够证明其从事的滥用市场支配地位行为是被动遵守行政命令所导致的，可以依法从轻或者减轻处罚。（2020年新增）

第四单元　经营者集中

扫码听名师课

【考点1】经营者集中的申报（★★★）（P499、501）

1. 经营者集中是指下列情形：

（1）经营者合并；

（2）经营者通过取得股权或者资产的方式取得对其他经营者的控制权；

（3）经营者通过合同等方式取得对其他经营者的控制权或者能够对其他经营者施加决定性影响。

2. 经营者集中经济效果的两面性，决定了《反垄断法》对它的规制在于“控制”，而非“禁止”。即经营者集中达到国务院规定的申报标准的，经营者应当事先向国家市场监督管理总局申报，未申报的不得实施集中。

【相关链接】经营者违反《反垄断法》的规定实施集中的，由国务院反垄断执法机构责令停止实施集中、限期处分股份或者资产、限期转让营业以及采取其他必要措施恢复到集中前的状态，可以处50万元以下的罚款。

【解释1】与垄断协议和滥用市场支配地位行为禁止制度不同，经营者集中审查制度旨在通过对经营者集中后可能出现的排除、限制竞争效果进行预测，实现对该行为的事前规制。

【解释2】经营者集中案件的审查由国家市场监督管理总局负责，国家市场监督管理总局并未对省级市场监督管理部门进行授权。

3. 申报标准

经营者集中达到下列标准之一的，经营者应当事先向国家市场监督管理总局申报：

（1）国际标准

参与集中的所有经营者上一会计年度在全球范围内的营业额合计超过100亿元人民币，并且其中至少两个经营者上一会计年度在中国境内的营业额均超过4亿元人民币。

（2）国内标准

参与集中的所有经营者上一会计年度在中国境内的营业额合计超过20亿元人民币，并且其中至少两个经营者上一会计年度在中国境内的营业额均超过4亿元人民币。

4. 豁免条件

经营者集中有下列情形之一的，可以不向国家市场监督管理总局申报：

（1）参与集中的一个经营者拥有其他每个经营者50%以上有表决权的股份或者资产的；

（2）参与集中的每个经营者50%以上有表决权的股份或者资产被同一个未参与集中的经营者拥有的。

【解释】由于这些企业在集中之前本来就已经具有控制与被控制关系，集中不会产生或者加强其市场支配地位。

5. 申报材料

经营者向国家市场监督管理总局申报集中，应当提交下列文件、资料：

（1）申报书；

（2）集中对相关市场竞争状况影响的说明；

（3）集中协议；

（4）参与集中的经营者经会计师事务所审计的上一会计年度财务会计报告。

【解释】经营者提交的文件、资料不完备的，应当在国家市场监督管理总局规定的期限内补交文件、资料。经营者逾期未补交文件、资料的，视为未申报。

经典题解

【真题·多选题】下列关于我国经营者集中申报制度的表述中，符合反垄断法律制

度规定的有（　　）。（2019年）

A. 我国对经营者集中实行强制的事前申报制度

B. 参与集中的每个经营者30%以上有表决权的股份或者资产被同一未参与集中的经营者拥有的，可以免于申报

C. 参与集中的所有经营者上一会计年度在全球范围内的营业额合计达到100亿元，并且其中至少两个经营者上一会计年度在中国境内的营业额均达到4亿元的经营者集中，应当申报

D. 经营者在国务院反垄断执法机构规定的期限内未补交应当补交的申报材料的，视为未申报

【解析】 选项C：至少两个经营者上一会计年度在中国境内的营业额均超过（而非达到）4亿元时，才应当申报。

【答案】 AD

【考点2】营业额的界定（★）（P501）

1. 参与集中的单个经营者的营业额应当为下述经营者的营业额总和：

（1）该单个经营者；

（2）第（1）项所指经营者直接或者间接控制的其他经营者；

（3）直接或者间接控制第（1）项所指经营者的其他经营者；

（4）第（3）项所指经营者直接或者间接控制的其他经营者；

（5）第（1）至（4）项所指经营者中两个或者两个以上经营者共同控制的其他经营者；

（6）参与集中的单个经营者的营业额不包括上述第（1）至（5）项所列经营者之间发生的营业额。

经典题解

【例题·单选题】 甲公司拟与乙公司合并，丙公司是甲公司直接控制的公司，丁公司是直接控制甲公司的公司，戊公司是丙公司和丁公司共同控制的公司。根据反垄断法律制度的规定，在确定甲公司的营业额时，下列表述中，不正确的是（　　）。

A. 丙公司的营业额应计入

B. 丁公司的营业额应计入

C. 戊公司的营业额应计入

D. 丙公司和丁公司之间发生的营业额应计入

【答案】 D

2. 如果参与集中的单个经营者之间或者参与集中的单个经营者和未参与集中的经营者之间有共同控制的其他经营者，参与集中的单个经营者的营业额应当包括被共同控制的经营者与第三方经营者之间的营业额，且此营业额只计算一次。如果参与集中的单个经营者之间有共同控制的其他经营者，则参与集中的所有经营者的合计营业额不应包括被共同控制的经营者与任何一个共同控制他的参与集中的经营者，或与后者有控制关系的经营者之间发生的营业额。

经典题解

【例题·多选题】 甲公司拟与乙公司合并，丙公司是甲公司和乙公司共同控制的公司。根据反垄断法律制度的规定，下列表述中，正确的有（　　）。

A. 丙公司与第三方丁公司之间的营业额应计入甲公司或者乙公司的营业额，该营业额只计算一次

B. 在计算甲公司与乙公司的合计营业额时，甲公司与丙公司之间发生的营业额应计入

C. 在计算甲公司与乙公司的合计营业额时，乙公司与丙公司之间发生的营业额应计入

D. 在计算甲公司与乙公司的合计营业额时，甲公司与丙公司之间发生的营业额以及乙公司与丙公司之间发生的营业额均不计入

【答案】 AD

【考点3】经营者集中的审查程序（★）（P502）

1. 初步审查

反垄断执法机构（国家市场监督管理总局）应当自收到经营者提交的符合规定的文

件、资料之日起30日内，对申报的经营者集中进行初步审查，作出是否实施进一步审查的决定，并书面通知经营者。反垄断执法机构作出决定前，经营者不得实施集中。反垄断执法机构作出不实施进一步审查的决定或者逾期未作出决定的，经营者可以实施集中。

2. 第二阶段审查

第二阶段审查应当自执法机构作出实施进一步审查决定之日起90日内完毕，并作出是否禁止经营者集中的决定，书面通知经营者。审查期间，经营者不得实施集中。反垄断执法机构逾期未作出决定的，经营者可以实施集中。

【解释1】有下列情形之一的，国务院反垄断执法机构经书面通知经营者，可以延长第二阶段审查期限，但最长不得超过60日：(1)经营者同意延长审查期限的；(2)经营者提交的文件、资料不准确，需要进一步核实的；(3)经营者申报后有关情况发生重大变化的。

【解释2】经营者集中审查程序的最长时限为：30日（初步审查）+90日（第二阶段审查）+60日（可能出现的延长）=180日。

经典题解

【真题·单选题】 根据反垄断法律制度的规定，我国经营者集中反垄断审查程序的最长审查时限为（　　）。(2013年)

A. 60日　　B. 90日

C. 180日　　D. 210日

【答案】 C

【考点4】 经营者集中审查的实体标准（★★★）(P504)

1. 一般标准

经营者集中具有或者可能具有排除、限制竞争效果的，反垄断执法机构应当作出禁止经营者集中的决定。

2. 对经营者集中竞争影响的评估

审查经营者集中，根据个案具体情况和特点，综合考虑下列因素：

(1) 参与集中的经营者在相关市场的市场份额及其对市场的控制力；

(2) 相关市场的市场集中度；

(3) 经营者集中对市场进入、技术进步的影响；

(4) 经营者集中对消费者和其他有关经营者的影响；

(5) 经营者集中对国民经济发展的影响；

(6) 国务院反垄断执法机构认为应当考虑的影响市场竞争的其他因素。

【解释1】市场集中度是对相关市场的结构所作的一种描述，体现相关市场内经营者的集中程度，通常可用赫芬达尔—赫希曼指数（HHI指数）和行业前N家企业联合市场份额（CRn指数）来衡量。

【解释2】评估经营者集中时，除考虑上述因素，还需综合考虑集中对公共利益的影响、集中对经济效率的影响、参与集中的经营者是否为濒临破产的企业、是否存在抵销性买方力量等因素。

经典题解

【真题1·多选题】 在对经营者集中进行反垄断审查并作出是否禁止该集中的决定过程中，反垄断执法机构应主要考虑一些经济因素。下列各项中，属于该类经济因素的有（　　）。(2011年)

A. 参与集中的经营者在相关市场的市场份额及其对市场的控制力

B. 相关市场的集中度

C. 经营者集中对市场进入、技术进步的影响

D. 经营者集中对消费者的影响

【答案】 ABCD

【真题2·多选题】 下列各项中，可以用来衡量相关市场的市场集中度的有（　　）。(2019年)

A. 需求替代分析

B. CRn指数

C. HHI指数

D. 假定垄断者测试

【答案】 BC

【考点 5】业务剥离（★★★）（P505）

1. 经营者集中附加限制性条件批准制度

经营者集中附加限制性条件批准制度，是指在经营者集中反垄断审查中，为了消除集中对竞争造成的不利影响，由参与集中的经营者向反垄断执法机构提出消除不利影响的解决办法，反垄断执法机构附条件批准该项集中的制度。

2. 业务剥离的概念

（1）业务剥离是指由参与集中的经营者将自己的部分业务出售给第三方经营者，以保持这部分业务的竞争性。

（2）附加限制性条件为业务剥离的，可采取**自行剥离或者受托剥离**的方式。

（3）自行剥离是指剥离义务人在审查决定规定的期限内，找到适当的买方、签订出售协议并经反垄断执法机构审核批准。

（4）受托剥离是指剥离义务人未能如期完成自行剥离的情形下，由剥离受托人在审查决定规定的期限内寻找买方、签订出售协议并经反垄断执法机构审核批准。

3. 剥离业务的买方应当符合下列要求：

（1）独立于参与集中的经营者；

（2）拥有必要的资源、能力并有意愿使用剥离业务参与市场竞争；

（3）取得其他监管机构的批准；

（4）不得向参与集中的经营者融资购买剥离业务；

（5）反垄断执法机构根据具体案件情况提出的其他要求。

4. 剥离受托人和监督受托人

（1）剥离受托人，是指受申报方委托并经反垄断执法机构同意，在受托剥离阶段负责出售剥离业务的**自然人、法人或其他组织**。剥离受托人有权以**无底价方式**出售剥离业务。

（2）监督受托人，是指受申报方委托并经反垄断执法机构同意，负责对当事方实施限制性条件进行监督的**自然人、法人或其他组织**。监督受托人不得披露其在履行职责过程中向反垄断执法机构提交的各种报告及相关信息。

（3）剥离义务人应负责支付监督受托人和剥离受托人的报酬。

（4）监督受托人和剥离受托人应当符合下列要求：

①独立于剥离义务人和剥离业务的买方；

②具有履行受托人职责的专业团队，团队成员应当具有对限制性条件进行监督所需的专业知识、技能及相关经验；

③受托人提出可行的工作方案；

④对买方人选确定过程的监督；

⑤反垄断执法机构提出的其他要求。

5. 剥离义务人的义务

（1）保持剥离业务与其保留的业务之间相互独立，并采取一切必要措施以最符合剥离业务发展的方式进行管理。

（2）不得实施任何可能对剥离业务有不利影响的行为，包括聘用被剥离业务的关键员工，获得剥离业务的商业秘密或者其他保密信息等。

（3）指定专门的管理人，负责管理剥离业务。管理人在监督受托人的监督下履行职责，其任命和更换应得到**监督受托人**的同意。

（4）确保潜在买方能够以公平合理的方式获得有关剥离业务的充分信息，评估剥离业务的商业价值和发展潜力。

（5）根据买方的要求向其提供必要的支持和便利，确保剥离业务的顺利交接和稳定经营。

（6）向买方及时移交剥离业务并履行相关法律程序。

经典题解

【真题 1 · 多选题】 根据反垄断法律制度的规定，在经营者集中附加限制性条件批准制度中，剥离业务的买方应当符合的要求有（　　）。（2015 年）

A. 独立于参与集中的经营者

B. 拥有必要的资源、能力并有意愿使用剥离业务参与市场竞争

C. 取得其他监管机构的批准

D. 优先向参与集中的经营者融资购买剥离业务

【解析】 选项D：剥离业务的买方不得向参与集中的经营者融资购买剥离业务。

【答案】 ABC

【真题2·多选题】 根据反垄断法律制度的规定，在经营者集中附加限制性条件批准制度中，监督受托人应当符合的要求有（　　）。（2015年）

A. 具有履行受托人职责的专业团队

B. 独立于剥离义务人和剥离业务的买方

C. 提出可行的工作方案

D. 提出可行的履职经费保障方案

【答案】 ABC

【真题3·多选题】 为消除经营者集中对竞争造成的不利影响，反垄断执法机构可以在批准集中时附加业务剥离的条件。下列关于业务剥离的表述中，符合反垄断法律制度规定的有（　　）。（2017年）

A. 剥离受托人的报酬由剥离义务人支付，监督受托人的报酬由反垄断执法机构支付

B. 剥离受托人可以是法人和其他组织，也可以是自然人

C. 监督受托人不得披露其在履职过程中向反垄断执法机构提交的各种报告及相关信息

D. 在受托剥离中，剥离受托人有权以无底价方式出售剥离业务

【解析】 选项A：剥离义务人负责支付监督受托人和剥离受托人报酬。

【答案】 BCD

第五单元　行政垄断

扫码听名师课

【考点1】行政垄断行为（★★★）（P508）（2020年重大调整）

1. 行政强制交易

行政机关和法律、法规授权的具有管理公共事务职能的组织不得滥用行政权力，实施下列行为，限定或者变相限定单位或者个人经营、购买、使用其指定的经营者提供的商品和服务（以下统称“商品”）：

（1）以明确要求、暗示、拒绝或者拖延行政审批、重复检查、不予接入平台或者网络等方式，限定或者变相限定经营、购买、使用特定经营者提供的商品；

（2）通过限制投标人所在地、所有制形式、组织形式等方式，限定或者变相限定经营、购买、使用特定投标人提供的商品；

（3）没有法律、法规依据，通过设置项目库、名录库等方式，限定或者变相限定经营、购买、使用特定经营者提供的商品；

（4）限定或者变相限定单位或者个人经营、购买、使用其指定的经营者提供的商品的其他行为。

2. 地区封锁

行政机关和法律、法规授权的具有管理公共事务职能的组织不得滥用行政权力，实施下列行为，妨碍商品在地区之间的自由流通：

（1）对外地商品设定歧视性收费项目、实行歧视性收费标准，或者规定歧视性价格、实行歧视性补贴政策；

（2）对外地商品规定与本地同类商品不同的技术要求、检验标准，或者对外地商品采取重复检验、重复认证等措施，阻碍、限制外地商品进入本地市场；

（3）没有法律、法规依据，采取专门针对外地商品的行政许可、备案，或者对外地商品实施行政许可、备案时，设定不同的许可或者备案条件、程序、期限等，阻碍、限制外地商品进入本地市场；

（4）没有法律、法规依据，设置关卡、通过软件或者互联网设置屏蔽等手段，阻碍、限制外地商品进入本地市场或者本地商品运往外地市场；

（5）妨碍商品在地区之间自由流通的其他行为。

3. 排斥或者限制外地经营者参加本地的招标投标活动

行政机关和法律、法规授权的具有管理公共事务职能的组织不得滥用行政权力，实施下列行为，排斥或者限制外地经营者参加本地的招标投标活动：

（1）不依法发布信息；

（2）明确外地经营者不能参与本地特定的招标投标活动；

（3）对外地经营者设定歧视性的资质要求或者评审标准；

（4）通过设定与招标项目的具体特点和实际需要不相适应或者与合同履行无关的资格、技术和商务条件，变相限制外地经营者参加本地招标投标活动；

（5）排斥或者限制外地经营者参加本地招标投标活动的其他行为。

4. 排斥或者限制外地经营者在本地投资或者设立分支机构

行政机关和法律、法规授权的具有管理公共事务职能的组织不得滥用行政权力，实施下列行为，排斥或者限制外地经营者在本地投资或者设立分支机构：

（1）拒绝外地经营者在本地投资或者设立分支机构；

（2）没有法律、法规依据，对外地经营者在本地投资的规模、方式以及设立分支机构的地址、商业模式等进行限制；

（3）对外地经营者在本地的投资或者设立的分支机构在投资、经营规模、经营方式、税费缴纳等方面规定与本地经营者不同的要求，在安全生产、节能环保、质量标准等方面实行歧视性待遇；

（4）排斥或者限制外地经营者在本地投资或者设立分支机构的其他行为。

5. 强制经营者从事垄断行为

行政机关和法律、法规授权的具有管理公共事务职能的组织不得滥用行政权力，强制或者变相强制经营者从事《反垄断法》规定的垄断行为。

【相关链接1】 经营者因行政机关和法律、法规授权的具有管理公共事务职能的组织滥用行政权力而达成垄断协议，已经实施垄断协议的，由反垄断执法机构责令停止违法行为，没收违法所得，并处上一年度销售额1%以上10%以下的罚款；尚未实施所达成的垄断协议的，可以处50万元以下的罚款。经营者能够证明其达成垄断协议是被动遵守行政命令所导致的，可以依法从轻或者减轻处罚。

【相关链接2】 经营者因行政机关和法律、法规授权的具有管理公共事务职能的组织滥用行政权力而滥用市场支配地位的，由反垄断执法机构责令停止违法行为，没收违法所得，并处上一年度销售额1%以上10%以下的罚款。经营者能够证明其从事的滥用市场支配地位行为是被动遵守行政命令所导致的，可以依法从轻或者减轻处罚。

6. 抽象行政性垄断行为

行政机关不得滥用行政权力，以规定、办法、决定、公告、通知、意见、会议纪要等形式，制定、发布含有排除、限制竞争内容的市场准入、产业发展、招商引资、招标投标、政府采购、经营行为规范、资质标准等涉及市场主体经济活动的规章、规范性文件和其他政策措施。

【解释】与具体行政性垄断行为只针对特定主体和特定事项不同，抽象行政性垄断行为针对不特定对象发布的能反复适用的行政规范性文件，具有一定的“普适性”，其危害更大。

经典题解

【真题1·多选题】 下列行为中，属于《反垄断法》所禁止的有（　　）。(2010年)

A. 某药品生产企业因拥有一项治疗心血管疾病的药品专利，占据了相关市场95%的份额

B. 年销售额在1亿元以上的药品零售企业之间达成联盟协议，共同要求药品生产企业按统一的优惠价格向联盟内的企业供应药品，联盟内的企业按统一的零售价向消费者销售药品

C. 某市政府在与某国有医药企业签订的战略合作协议中承诺，该国有医药企业在本市医疗机构药品招标中享有优先中标机会

D. 某省政府招标办公室发布文件称：凡不在本省纳税的企业，一律不得参与本省的招投标活动

【解析】（1）选项A：《反垄断法》对经营者合法取得的垄断地位并不视为非法，法律禁止的是当事人滥用其垄断地位排除或者限制竞争的行为；（2）选项B：属于法律禁止的垄断协议；（3）选项CD：属于法律禁止的行政性垄断行为。

【答案】 BCD

【真题2·多选题】 某行业协会组织本行业7家主要企业的领导人召开"行业峰会"，就共同提高本行业产品价格及提价幅度形成决议，与会企业领导人均在决议上签字。会后，该决议以行业协会的名义下发给全行业的60家企业。已知，与会7家企业的市场份额合计高达85%。根据反垄断法律制度的规定，下列表述中，正确的有（　　）。（2014年）

A. 行业协会实施了组织本行业经营者达成垄断协议的行为

B. 行业协会实施了行政性限制竞争行为

C. 7家企业实施了达成垄断协议的行为

D. 7家企业实施了滥用市场支配地位行为

【解析】（1）选项AB：该行业协会不属于"行政机关和法律、法规授权的具有管理公共事务职能的组织"，谈不上"行政垄断"的问题；（2）选项CD：7家企业实施了"达成垄断协议"的行为，尽管7家企业的市场份额合计高达85%，但根据题目所述内容，不涉及"滥用市场支配地位"的行为。

【答案】 AC

【考点2】行政垄断行为的法律责任（★★）（P512）

1. 行政机关和法律、法规授权的具有管理公共事务职能的组织滥用行政权力，实施排除、限制竞争行为的，由上级机关责令改正；对直接负责的主管人员和其他直接责任人员依法给予处分。

2. 反垄断执法机构可以向有关上级机关提出依法处理的建议。

【解释】反垄断执法机构不能直接作出"责令改正""行政处分"等处罚决定，但可以向有关上级机关提出依法处理的建议。处理建议应当具体、明确，可以包括停止实施有关行为、废止有关文件并向社会公开、修改文件的有关内容并向社会公开文件的修改情况等。

经典题解

【真题1·单选题】 根据反垄断法律制度的规定，行政机关滥用行政权力，实施限制竞争行为的，除法律、行政法规另有规定的，反垄断执法机构可以采取的处理措施是（　　）。（2010年）

A. 责令行为人改正违法行为

B. 对直接负责的主管人员和其他直接责任人员给予处分

C. 对行为人处以罚款

D. 向有关上级机关提出依法处理的建议

【答案】 D

【真题2·多选题】 根据反垄断法律制度的规定，下列情形中，可处以50万元以下罚款的有（　　）。（2016年）

A. 经营者达成垄断协议，但未实施

B. 行业协会组织本行业经营者从事垄断协议行为

C. 经营者未依法申报达到申报标准的经营者集中

D. 行政机关滥用行政权力排除竞争

【答案】 ABC

【考点3】公平竞争审查制度（★）（P511）

1. 审查对象

（1）行政机关和法律、法规授权的具有管理公共事务职能的组织（以下简称"政策制定机关"）制定市场准入、产业发展、招

商引资、招标投标、政府采购、经营行为规范、资质标准等涉及市场主体经济活动的规章、规范性文件和其他政策措施；

（2）行政法规和国务院制定的其他政策措施；

（3）政府部门负责起草的地方性法规。

2. 审查方式（2020年新增）

（1）公平竞争审查采取事前自我审查的方式。

（2）国务院制定的行政法规和其他政策措施、政府部门负责起草的地方性法规，由起草部门在起草过程中进行公平竞争审查。未经公平竞争审查不得提交审议。

（3）国家发展改革委、原国务院法制办、财政部、商务部、市场监督管理总局会同有关部门，建立公平竞争审查工作部际联席会议制度，统筹协调推进公平竞争审查相关工作，对实施公平竞争审查制度进行宏观指导。

（4）地方各级人民政府建立的公平竞争审查联席会议或者相应的工作协调机制，负责统筹协调本地区公平竞争审查工作。

（5）政策制定机关开展公平竞争审查时，对存在较大争议或者部门意见难以协调一致的问题，可以提请同级公平竞争审查联席会议协调。联席会议认为确有必要的，可以根据相关工作规则召开会议进行协调。仍无法协调一致的，由政策制定机关提交上级机关决定。

3. 公平竞争审查标准

（1）市场准入和退出标准

①不得设置不合理和歧视性的准入和退出条件；

②未经公平竞争审查，不得授予经营者特许经营权；

③不得限定经营、购买、使用特定经营者提供的商品和服务；

④不得设置没有法律法规依据的审批或者事前备案程序；

⑤不得对市场准入负面清单以外的行业、领域、业务等设置审批程序。

（2）商品和要素自由流动标准

①不得对外地和进口商品、服务实行歧视性价格和歧视性补贴政策；

②不得限制外地和进口商品、服务进入本地市场或者阻碍本地商品运出、服务输出；

③不得排斥或者限制外地经营者、供应商参加本地招标投标、政府采购活动；

④不得排斥、限制或者强制外地经营者在本地投资或者设立分支机构；

⑤不得对外地经营者在本地的投资或者设立的分支机构实行歧视性待遇。

（3）影响生产经营成本标准

①不得违法给予特定经营者优惠政策；

②安排财政支出一般不得与企业缴纳的税收或者非税收入挂钩；

③不得违法免除特定经营者需要缴纳的社会保险费用；

④不得在法律规定之外要求经营者提供或者扣留经营者各类保证金。

（4）影响生产经营行为标准

①不得强制经营者从事《反垄断法》规定的垄断行为；

②不得违法披露或者要求经营者披露生产经营敏感信息，为经营者从事垄断行为提供便利条件；

③不得超越定价权限进行政府定价；

④不得违法干预实行市场调节价的商品和服务的价格水平。

扫一扫　“码”上做题

本书中各部分试题均配备二维码，下载安装东奥“会计云课堂”APP，扫一扫左侧二维码，即可在线做题，并获得详尽的答案解析、解题思路等超值服务，解决您做题时的一切疑惑。

【“会计云课堂”APP 安装二维码详见封底】

同步强化练习题

一、单项选择题

1. 下列情形中，不适用《反垄断法》的是(　　)。

A. 境外的垄断行为，对境内市场竞争产生排除、限制影响

B. 滥用行政权力排除、限制竞争的行为

C. 农村经济组织在农产品生产、加工、销售、运输、储存等经营活动中实施的联合或者协同行为

D. 经营者滥用知识产权，排除、限制竞争的行为

2. 根据反垄断法律制度的规定，下列关于反垄断民事诉讼的表述中，不正确的是(　　)。

A. 人民法院受理垄断民事纠纷案件，不以反垄断执法机构已经对相关垄断行为进行了查处为前提条件

B. 消费者如果因垄断行为受损，可以作为垄断民事案件的原告

C. 专业机构或者专业人员就案件的专门性问题作出的市场调查或者经济分析报告，应当视为鉴定意见，鉴定意见是《民事诉讼法》上的一种证据

D. 经人民法院准许，原被告双方聘请的专家都可以出庭并发表专业意见，专家在法庭上提供的意见是《民事诉讼法》上的一种证据

3. 根据反垄断法律制度的规定，下列各项中，属于从需求角度界定相关商品市场时所应考虑的因素是(　　)。

A. 商品之间的价格差异

B. 转产需要的时间

C. 转产的难易程度

D. 转产的额外费用和风险

4. 根据反垄断法律制度的规定，下列关于反垄断调查的表述中，不正确的是(　　)。

A. 国家市场监督管理总局在案件审查和调查过程中，可以委托省级市场监督管理部门开展相应的调查

B. 省级市场监督管理部门可以委托其他省级市场监督管理部门或者下级市场监督管理部门开展调查

C. 受委托的市场监督管理部门在委托范围内，以自己的名义实施调查

D. 受委托的市场监督管理部门不得再委托其他行政机关、组织或者个人实施调查

5. 根据反垄断法律制度的规定，涉嫌垄断协议的经营者在被调查期间，可以提出中止调查申请。下列垄断协议中，反垄断执法机构可以接受中止调查申请的是(　　)。

A. 涉嫌固定或者变更商品价格、严重限制竞争的垄断协议

B. 涉嫌联合抵制交易、严重限制竞争的垄断协议

C. 涉嫌限制商品的生产数量或者销售数量、严重限制竞争的垄断协议

D. 涉嫌分割销售市场或者原材料采购市场、严重限制竞争的垄断协议

6. 根据反垄断法律制度的规定，下列情形中，属于横向垄断协议的是(　　)。

A. 某药厂通过协议限定经销商向第三人转售其药品的最低价格

B. 某酒厂通过协议限定经销商向第三人转售其白酒的最高价格

C. 某汽车制造厂通过协议要求经销商按照统一价格销售其汽车

D. 某市三家期刊网络公司达成协议，将期刊下载价格固定为每篇 5 元

7. 根据反垄断法律制度的规定，因下列垄断协议引起的民事纠纷案件中，由原告承担举证责任的是(　　)。

A. 涉嫌联合抵制交易的垄断协议

B. 涉嫌分割销售市场的垄断协议

C. 涉嫌固定或者变更商品价格的垄断协议

D. 涉嫌固定向第三人转售商品的价格

8. 下列垄断协议中，经营者无须证明不会严重限制相关市场的竞争且能使消费者分享由此产生的利益，就可以获得《反垄断法》豁免的是(　　)。

A. 技术性卡特尔

B. 标准化卡特尔

C. 不景气卡特尔

D. 出口卡特尔

9. 某市甲、乙、丙三大零售企业达成协议，联合拒绝采购丁企业的产品。事后，丙企业第一个主动向反垄断执法机构报告所达成垄断协议的有关情况并提供了重要证据。经查，三家企业只是达成了垄断协议，但尚未实施。根据反垄断法律制度的规定，下列表述中，正确的是(　　)。

A. 由于尚未实施所达成的垄断协议，甲、乙、丙三家企业的行为不构成违法

B. 反垄断执法机构可对甲、乙、丙三家企业处以上一年度销售额 1%～10% 的罚款

C. 反垄断执法机构可对丙企业免除处罚

D. 如果甲、乙、丙三家企业的行为后果极为严重，应追究其刑事责任

10. 根据反垄断法律制度的规定，下列关于市场支配地位的表述中，不正确的是(　　)。

A. 市场支配地位是指经营者在相关市场内具有能够控制商品价格、数量或者其他交易条件，或者能够阻碍、影响其他经营者进入相关市场能力的市场地位

B. 市场份额是认定市场支配地位的唯一标准

C. 一个经营者在相关市场的市场份额达到 1/2 的，即可推定为具有市场支配地位

D. 被推定具有市场支配地位的经营者，如有证据证明不具有市场支配地位的，不应当认定其具有市场支配地位

11. 根据反垄断法律制度的规定，下列关于市场支配地位推定的表述中，不正确的是(　　)。

A. 一个经营者在相关市场的市场份额达到 1/2 的，可推定为具有市场支配地位

B. 两个经营者在相关市场的市场份额合计达到 2/3，其中有的经营者市场份额不足 1/10 的，不应当推定该经营者具有市场支配地位

C. 三个经营者在相关市场的市场份额合计达到 3/4，其中有两个经营者市场份额合计不足 1/5 的，不应当推定该两个经营者具有市场支配地位

D. 被推定具有市场支配地位的经营者，有证据证明不具有市场支配地位的，不应当认定其具有市场支配地位

12. 根据反垄断法律制度的规定，经营者滥用市场支配地位的，由反垄断执法机构责令停止违法行为，没收违法所得，并处一定数额的罚款。该罚款数额是(　　)。

A. 50 万元以下

B. 100 万元以下

C. 上一年度销售额 1%以上 10%以下

D. 违法所得 1%以上 10%以下

13. 根据反垄断法律制度的规定，经营者违反规定，达成并实施垄断协议的，由反垄断执法机构责令停止违法行为，没收违法所得，并处一定数额的罚款。该罚款数额是(　　)。

A. 50 万元以下

B. 100 万元以下

C. 上一年度销售额 1%以上 10%以下

D. 违法所得 1%以上 10%以下

14. 下列关于我国经营者集中申报制度的表述中，不符合反垄断法律制度规定的是(　　)。

A. 经营者集中达到国务院规定的申报标准的，经营者应当事先向国家市场监督管理总局申报，未申报的不得实施集中

B. 对于经营者集中案件，省级市场监督管理部门有权作出审查决定

C. 参与集中的每个经营者 50%以上有表决权的股份被同一个未参与集中的经营者拥有的，免于申报

D. 参与集中的所有经营者上一会计年度在中国境内的营业额合计超过 20 亿元人民币，并且其中至少两个经营者上一会计年度在中国境内的营业额均超过 4 亿元人民币，应当申报

15. 根据反垄断法律制度的规定，为消除经营者集中对竞争造成的不利影响，反垄断执法机构可以在批准集中时附加业务剥离的条件。下列关于剥离义务人的表述中，不正确的是(　　)。

A. 剥离义务人应负责支付监督受托人和剥离受托人的报酬

B. 剥离义务人应当向买方及时移交剥离业务并履行相关法律程序

C. 剥离义务人应当保持剥离业务与其保留的业务之间相互独立，并采取一切必要措施以最符合剥离业务发展的方式进行管理

D. 剥离义务人应当指定专门的管理人，负责管理剥离业务，管理人的任命和更换应得到剥离受托人的同意

16. 根据反垄断法律制度的规定，附加限制性条件为业务剥离的，可采取自行剥离或者受托剥离的方式。下列关于剥离受托人的表述中，不正确的是(　　)。

A. 剥离受托人可以是自然人、法人或其他组织

B. 剥离业务的买方应负责支付剥离受托人的报酬

C. 剥离受托人应独立于剥离义务人和剥离业务的买方

D. 剥离受托人有权以无底价方式出售剥离业务

17. 下列行为中，不违反反垄断法律制度规定的是(　　)。

A. 某市市政府办公厅发布通知，要求本市各单位以政府采购方式购买小轿车时，必须购买本市甲公司的产品

B. 某市食品药品监督管理局对外地商品执行与本地同类商品不同的检验标准，阻碍、限制外地商品进入本地市场

C. 某轴承生产企业与其所有经销商签订合同，限定经销商对外销售轴承的最低价格

D. 某行业协会组织会员企业达成协议，统一出口原材料的价格，以避免恶性竞争

18. 某县政府强令本县的甲公司和乙公司达成垄断协议，共同将价格提高 40%，甲公司和乙公司被迫遵照执行。该垄断协议尚未实施时，被反垄断执法机构依法查处。根据反垄断法律制度的规定，下列表述中，正确的是(　　)。

A. 反垄断执法机构可以责令该县政府限期改正

B. 反垄断执法机构可以对直接负责的主管人员给予处分

C. 由于该垄断协议尚未实施，甲公司和乙公司无须承担任何法律责任

D. 甲公司和乙公司如果能够证明其达成垄断协议是被动遵守行政命令所导致的，可以依法从轻或者减轻处罚

二、多项选择题

1. 根据反垄断法律制度的规定，下列情形中，相关当事人可以主张赔偿责任的有(　　)。

A. 因经营者滥用市场支配地位行为而受损的

B. 因垄断协议当事人一方对违反垄断协议的他方实施处罚，给其造成损失的

C. 因垄断协议无效，协议一方当事人向另一方当事人主张返还对价、恢复原状的

D. 因垄断协议无效，消费者向实施垄断协议的经营者主张返还多付价款的

2. 下列行为中，行为人可能承担刑事责任的有（　　）。

A. 阻碍、拒绝反垄断执法机构审查、调查

B. 反垄断执法机构的工作人员滥用职权、玩忽职守、徇私舞弊或者泄露执法过程中知悉的商业秘密

C. 经营者滥用市场支配地位

D. 经营者之间情节严重的串通投标

3. 根据反垄断法律制度的规定，反垄断执法机构调查涉嫌垄断行为，可以采取的措施有（　　）。

A. 进入被调查的经营者的营业场所进行检查

B. 查阅、复制被调查的经营者的会计账簿

C. 查询、冻结经营者的银行账户

D. 查封、扣押相关证据

4. 根据反垄断法律制度的规定，下列各项中，属于从需求角度界定相关商品市场时所应考虑的因素有（　　）。

A. 商品之间的价格差异

B. 商品的销售渠道

C. 需求者对商品的依赖程度

D. 转产的额外费用和风险

5. 根据反垄断法律制度的规定，下列关于反垄断调查的表述中，正确的有（　　）。

A. 反垄断执法机构对涉嫌垄断协议调查核实后，认为构成违法垄断行为的，应当依法作出处理决定，不再接受经营者提出的中止调查申请

B. 反垄断执法机构决定中止调查的，应当对经营者履行承诺的情况进行监督

C. 反垄断执法机构确定经营者已经履行承诺的，可以决定终止调查

D. 经营者未履行或者未完全履行承诺的，反垄断执法机构应当恢复调查

6. 根据反垄断法律制度的规定，垄断协议是指排除、限制竞争的协议、决定或者其他协同行为。在认定“其他协同行为”时，应当考虑的因素有（　　）。

A. 经营者的市场行为是否具有一致性

B. 经营者之间是否进行过意思联络或者信息交流

C. 经营者能否对行为的一致性作出合理解释

D. 相关市场的市场结构、竞争状况、市场变化等情况

7. 根据反垄断法律制度的规定，具有竞争关系的经营者之间就商品或者服务价格达成的下列协议中，属于法律禁止的横向垄断协议的有（　　）。

A. 固定或者变更价格变动幅度

B. 固定或者变更折扣、手续费等其他费用

C. 约定采用据以计算价格的标准公式

D. 限制参与协议的经营者的自主定价权

8. 根据反垄断法律制度的规定，具有竞争关系的经营者之间达成的下列协议中，属于法律禁止的横向垄断协议的有（　　）。

A. 联合限定特定经营者不得与其具有竞争关系的经营者进行交易

B. 划分销售商品的种类、数量、时间

C. 限制参与协议的经营者的自主定价权

D. 限制投资、研发新技术、新工艺、新产品

9. 根据反垄断法律制度的规定，经营者与其交易相对人达成的下列协议中，属于法律禁止的纵向垄断协议有（　　）。

A. 固定向第三人转售商品的价格水平

B. 限定向第三人转售商品的平均价格

C. 限定向第三人转售商品的最低价格

D. 限定向第三人转售商品的最高价格

10. 下列垄断协议中，必须由经营者证明不会严重限制相关市场的竞争且能使消费者分享由此产生的利益，才能获得《反垄断法》豁免的有（　　）。

A. 为改进技术、研究开发新产品而达成的垄断协议

B. 为提高中小经营者经营效率、增强中小经营者竞争力而达成的垄断协议

C. 为实现节约能源、保护环境、救灾救助等社会公共利益而达成的垄断协议

D. 为保障对外贸易和对外经济合作中的正当利益而达成的垄断协议

11. 下列各项中，属于《反垄断法》禁止的垄断协议有(　　)。

A. 甲、乙两家钢材公司为应对经济不景气、缓解销售量严重下降达成的限定钢材生产数量的协议

B. 甲药厂和乙药店约定乙药店销售甲药厂的某种专利药品时，只能按某一固定价格出售

C. 某日化企业为促销一种新开发的护肤品，与其经销商约定，销售产品时每瓶售价不得超过120元

D. 生产同类产品的甲、乙公司约定，甲公司的产品在长江以北市场销售，乙公司的产品在长江以南市场销售

12. 某市旅游协会召集当地旅行社召开“行业峰会”，商定对游客统一报价，并根据各旅行社所占市场份额，统一分配旅游景点返佣收入，并达成了书面协议。此协议实施前，甲旅行社第一个主动向反垄断执法机构报告了所达成垄断协议的有关情况并提供了重要证据。根据反垄断法律制度的规定，下列表述中，正确的有(　　)。

A. 由于尚未实施，该旅游协会的行为不违法

B. 该旅游协会的行为违法，反垄断执法机构可对其处以50万元以下的罚款

C. 该旅游协会的行为违法，反垄断执法机构可对其处以100万元以下的罚款

D. 对甲旅行社，反垄断执法机构可以作出免除处罚的决定

13. 根据反垄断法律制度的规定，市场支配地位是指经营者在相关市场内具有能够控制商品或者服务（以下统称“商品”）价格、数量或者其他交易条件，或者能够阻碍、影响其他经营者进入相关市场能力的市场地位。下列各项中，属于“其他交易条件”的有(　　)。

A. 交易选择

B. 技术约束

C. 商品品种

D. 付款条件

14. 根据反垄断法律制度的规定，下列各项中，属于认定经营者具有市场支配地位时应当依据的因素有(　　)。

A. 经营者在相关市场的市场份额以及相关市场的竞争状况

B. 经营者控制销售市场或者原材料采购市场的能力

C. 其他经营者对该经营者在交易上的依赖程度

D. 其他经营者进入相关市场的难易程度

15. 根据反垄断法律制度的规定，认定互联网等新经济业态经营者是否具有市场支配地位时，可以考虑的因素有(　　)。

A. 网络效应

B. 锁定效应

C. 掌握和处理相关数据的能力

D. 经营者在关联市场的市场力量

16. 根据反垄断法律制度的规定，认定具有市场支配地位的经营者以不公平的低价购买商品时，可以考虑的因素有(　　)。

A. 购买价格是否明显低于同一经营者在其他相同或者相似市场条件区域购买商品的价格

B. 购买价格是否明显低于其他经营者在相同或者相似市场条件下购买同种商品或者可比较商品的价格

C. 在成本基本稳定的情况下，是否超过正常幅度降低购买价格

D. 购买商品的降价幅度是否明显高于交易相对人成本降低幅度

17. 根据反垄断法律制度的规定，禁止具有市场支配地位的经营者没有正当理由，以低于成本的价格销售商品。下列各项中，属于以低于成本的价格销售商品的“正当理由”的有(　　)。

A. 在合理期限内为推广新商品进行促销的

B. 因清偿债务降价销售商品的
C. 降价处理季节性商品的
D. 降价处理积压商品的

18. 根据反垄断法律制度的规定，禁止具有市场支配地位的经营者没有正当理由，拒绝与交易相对人进行交易。下列各项中，属于拒绝与交易相对人进行交易的“正当理由”的有(　　)。
A. 因不可抗力等客观原因无法进行交易
B. 交易相对人有不良信用记录，影响交易安全
C. 交易相对人经营状况恶化，影响交易安全
D. 与交易相对人进行交易将使经营者利益发生不当减损

19. 根据反垄断法律制度的规定，具有市场支配地位的经营者的下列行为中，不属于滥用市场支配地位行为的有(　　)。
A. 因清偿债务，以低于成本的价格销售商品
B. 因交易相对人有不良信用记录，影响交易安全，因而拒绝与其进行新的交易
C. 为满足产品安全要求所必须，限定交易相对人只能与其指定的经营者进行交易
D. 为保护知识产权所必须，限定交易相对人只能与其进行交易

20. 根据反垄断法律制度的规定，具有市场支配地位的经营者没有正当理由实施的下列行为中，属于滥用市场支配地位行为的有(　　)。
A. 对条件相同的交易相对人实行不同的数量折扣
B. 对条件相同的交易相对人实行不同的交易价格
C. 对条件相同的交易相对人实行不同的付款条件
D. 对条件相同的交易相对人实行不同的保修内容

21. 根据反垄断法律制度的规定，在对经营者集中进行反垄断审查并作出是否禁止该集中的决定过程中，反垄断执法机构应综合考虑的因素包括(　　)。
A. 相关市场的集中度
B. 参与集中的经营者是否为濒临破产的企业
C. 经营者集中对国民经济发展的影响
D. 经营者集中对经济效率的影响

22. 根据反垄断法律制度的规定，为消除经营者集中对竞争造成的不利影响，反垄断执法机构可以在批准集中时附加业务剥离的条件。下列关于业务剥离的表述中，正确的有(　　)。
A. 附加限制性条件为业务剥离的，可以采取自行剥离或者受托剥离的方式
B. 采用受托剥离方式的，剥离义务人应负责支付监督受托人和剥离受托人的报酬
C. 采用受托剥离方式的，剥离受托人有权以无底价方式出售剥离业务
D. 采用受托剥离方式的，监督受托人应向社会公众及时披露其在履行职责过程中向反垄断执法机构提交的各种报告及相关信息

23. 根据反垄断法律制度的规定，附加限制性条件为业务剥离的，可以采取自行剥离或者受托剥离的方式。剥离业务的买方应当符合的要求有(　　)。
A. 独立于参与集中的经营者
B. 拥有必要的资源、能力并有意愿使用剥离业务参与市场竞争
C. 不得向参与集中的经营者融资购买剥离业务
D. 取得其他监管机构的批准

同步强化练习题参考答案及解析

一、单项选择题

1.【答案】C

2.【答案】D

解析：选项D：专家在法庭上提供的意见并不属于《民事诉讼法》上的证据形式，而是作为法官判案的参考依据。

3.【答案】A

解析：选项BCD：属于从“供给角度”界定相关商品市场时所应考虑的因素。

4.【答案】C

解析：选项C：受委托的市场监督管理部门在委托范围内，以委托机关的名义实施调查。

5.【答案】B

解析：对于涉嫌“固定或者变更商品价格、限制商品的生产数量或者销售数量、分割销售市场或者原材料采购市场”等三类严重限制竞争的横向垄断协议，反垄断执法机构不得接受中止调查申请。

6.【答案】D

解析：（1）选项ABC：纵向垄断协议是指同一产业中处于不同市场环节而具有买卖关系的企业（如生产商和经销商之间）达成的垄断协议，限定向第三人转售商品的“最高价格”，并不违法；（2）选项D：横向垄断协议是具有竞争关系的经营者（如期刊网络公司之间）达成的垄断协议。

7.【答案】D

解析：（1）选项ABC：横向垄断协议由被告承担举证责任；（2）选项D：纵向垄断协议由原告承担举证责任。

8.【答案】D

9.【答案】C

解析：（1）选项AB：经营者违反《反垄断法》的规定，达成并实施垄断协议的，由反垄断执法机构责令停止违法行为，没收违法所得，并处上一年度销售额1%～10%的罚款；尚未实施所达成的垄断协议的（照样构成违法），可以处50万元以下的罚款；（2）选项C：对于第一个申请者，反垄断执法机构可以免除处罚或者按照不低于80%的幅度减轻罚款；（3）选项D：《反垄断法》未对经营者的垄断行为规定刑事责任。

10.【答案】B

解析：选项B：市场份额并不是认定市场支配地位的唯一标准和绝对标准。

11.【答案】C

12.【答案】C

13.【答案】C

14.【答案】B

解析：选项B：经营者集中案件的审查由国家市场监督管理总局负责，国家市场监督管理总局并未对省级市场监督管理部门进行授权。

15.【答案】D

解析：选项D：剥离义务人应当指定专门的管理人，负责管理剥离业务，管理人的任命和更换应得到监督受托人的同意。

16.【答案】B

解析：选项B：剥离义务人应负责支付监督受托人和剥离受托人的报酬。

17.【答案】D

解析：（1）选项A：属于法律禁止的抽象行政性垄断行为；（2）选项B：属于

法律禁止的地区封锁；（3）选项C：属于法律禁止的纵向垄断协议；（4）选项D：属于可被《反垄断法》豁免的垄断协议（为保障对外贸易和对外经济合作中的正当利益）。

18. 【答案】 D

解析：（1）选项AB：对于县政府的行政垄断行为，反垄断执法机构可以向有关上级机关提出依法处理的建议，但不能直接作出“责令改正”、“行政处分”等处罚决定；（2）选项C：尚未实施所达成的垄断协议的，可以处50万元以下的罚款。

二、多项选择题

1. 【答案】 ABCD
2. 【答案】 ABD

解析：（1）选项ABC：《反垄断法》未对“经营者的垄断行为”规定刑事责任，仅对“阻碍、拒绝反垄断执法机构审查、调查行为以及反垄断执法机构的工作人员滥用职权、玩忽职守、徇私舞弊或者泄露执法过程中知悉的商业秘密”两种情形，规定了刑事责任；（2）选项D：《政府采购法》《招标投标法》及《刑法》均对“情节严重的串通招投标行为”规定了刑事责任。

3. 【答案】 ABD

解析：选项C：反垄断执法机构可以查询（不包括冻结）经营者的银行账户。

4. 【答案】 ABC

解析：选项D：属于从供给角度界定相关商品市场时所应考虑的因素。

5. 【答案】 ABCD
6. 【答案】 ABCD
7. 【答案】 ABCD
8. 【答案】 ABCD

解析：（1）选项A：属于“联合抵制交易”；（2）选项B：属于“分割销售市场或者原材料采购市场”；（3）选项C：属于“固定或者变更商品价格”；（4）选项D：属于“限制购买新技术、新设备或者限制开发新技术、新产品”。

9. 【答案】 AC
10. 【答案】 ABC
11. 【答案】 BD

解析：（1）选项A：因经济不景气，为缓解销售量严重下降或者生产明显过剩所达成的垄断协议，可以得到豁免，不属于法律禁止的垄断协议；（2）选项B：属于法律禁止的“纵向垄断协议”；（3）选项C：限定转售商品的“最高价格”，不属于法律禁止的垄断协议；（4）选项D：属于法律禁止的“横向垄断协议”（划分市场）。

12. 【答案】 BD

解析：（1）选项A：该旅游协会的行为属于“召集、组织或者推动本行业的经营者达成含有排除、限制竞争内容的协议”，无论是否已经实施，均构成违法；（2）选项BC：行业协会违反规定，组织本行业的经营者达成垄断协议的，反垄断执法机构可以对其处50万元以下的罚款；（3）选项D：对于第一个申请者，反垄断执法机构可以免除处罚或者按照不低于80%的幅度减轻罚款。

13. 【答案】 ABCD
14. 【答案】 ABCD
15. 【答案】 ABCD

解析：认定互联网等新经济业态经营者具有市场支配地位，可以考虑相关行业竞争特点、经营模式、用户数量、网络效应、锁定效应、技术特性、市场创新、掌握和处理相关数据的能力及经营者在关联市场的市场力量等因素。

16. 【答案】 ABCD
17. 【答案】 ABCD
18. 【答案】 ABCD
19. 【答案】 ABCD

解析：（1）选项A：因清偿债务降价销售商品的，属于以低于成本的价格销售商品的“正当理由”；（2）选项B：交易相对人有不良信用记录或者出现经营状况恶化等情况，影响交易安全的，属于拒绝交易的“正当理由”；（3）选项 CD：属于限定交易行为的“正当理由”。

20. 【答案】 ABCD

21. 【答案】 ABCD

22. 【答案】 ABC

解析：选项 D：监督受托人不得披露其在履行职责过程中向反垄断执法机构提交的各种报告及相关信息。

23. 【答案】 ABCD

第十二章　涉外经济法律制度

本章考情分析

在最近3年的考试中，本章的平均分值为6分，2019年两份试卷的分值均为6分，题型全部为客观题。

本章分为三个单元，共计21个考点。大多数考点需要死记硬背，复习难度较大。复习本章需要6个小时左右。

2020年教材的主要变化：（1）根据《外商投资法》和《实施条例》，对“涉外投资法律制度”的内容进行了重大调整；（2）对“合格境外机构投资者制度”的内容进行了重大调整；（3）对“外保内贷”的内容进行了重大调整。

最近3年题型、题量分析表

题型	2017年	2018年试卷一	2018年试卷二	2019年试卷一	2019年试卷二
单选题	3题3分	3题3分	3题3分	3题3分	3题3分
多选题	2题3分	2题3分	2题3分	2题3分	2题3分
合计	6分	6分	6分	6分	6分

历年试题涉及本章的主要考点

考点	年份/题型
准入前国民待遇加负面清单管理制度	2019年单选题
外商投资安全审查制度	2015年多选题、2019年多选题
对外直接投资法律制度	2015年单选题、2016年单选题、2019年多选题
《对外贸易法》的适用范围和原则	2014年单选题、2018年单选题、2019年单选题
对外贸易经营者	2013年单选题、2018年单选题、2019年单选题
货物进出口与技术进出口	2013年单选题、2016年单选题
反倾销措施	2016年单选题、2017年单选题、2019年单选题
保障措施	2015年单选题
外汇的概念	2012年多选题
《外汇管理条例》的适用范围	2011年单选题、2013年单选题、2019年单选题

续表

考点	年份/题型
经常项目	2012 年单选题、2014 年单选题
资本项目	2011 年多选题、2015 年多选题
间接投资项下的外汇管理	2014 年多选题、2016 年单选题
人民币汇率与特别提款权	2015 年多选题、2016 年单选题、2016 年多选题、2017 年多选题、2018 年多选题、2019 年多选题

本章思维导图

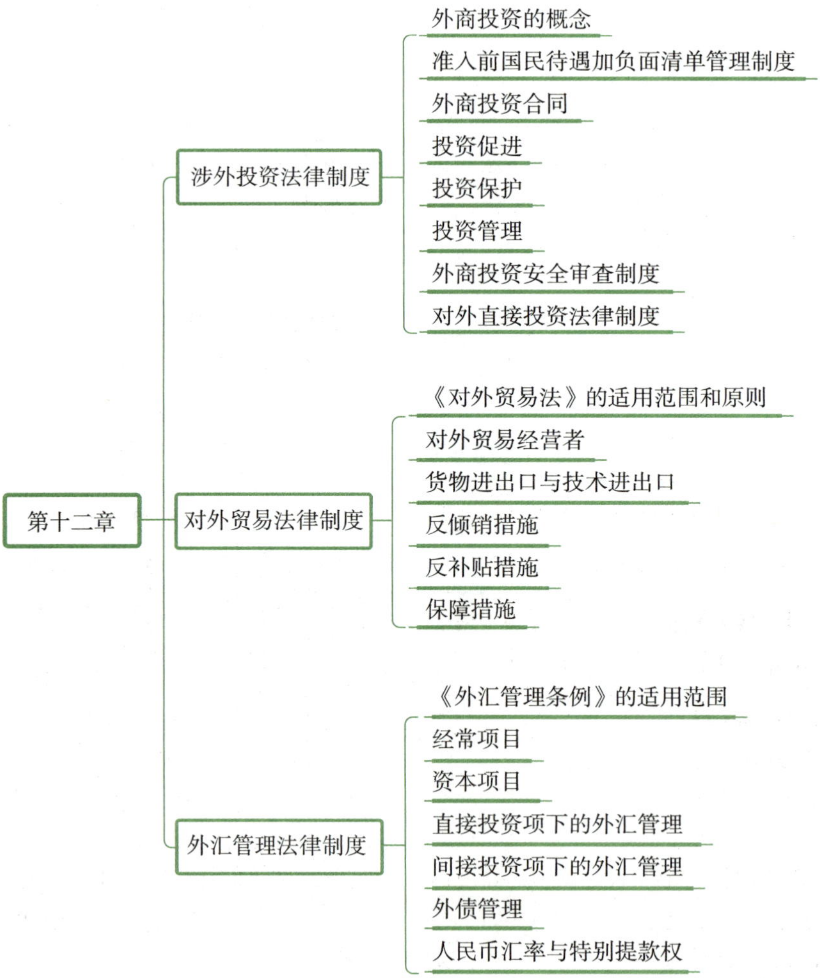

本章核心考点解读

第一单元　涉外投资法律制度

扫码听名师课

【考点1】外商投资的概念（★★）（P518）

1. 外商投资

外商投资，是指外国的自然人、企业或者其他组织（以下简称"外国投资者"）直接或者间接在中国境内进行的投资活动，包括下列情形：

（1）外国投资者单独或者与其他投资者（包括中国的自然人在内）共同在中国境内设立外商投资企业；

（2）外国投资者取得中国境内企业的股份、股权、财产份额或者其他类似权益；

（3）外国投资者单独或者与其他投资者（包括中国的自然人在内）共同在中国境内投资新建项目；

（4）法律、行政法规或者国务院规定的其他方式的投资。

2. 外商投资企业

外商投资企业，是指全部或者部分由外国投资者投资，依照中国法律在中国境内经登记注册设立的企业。

【考点2】准入前国民待遇加负面清单管理制度（★★★）（P523）

1. 国家对外商投资实行准入前国民待遇加负面清单管理制度。

2. 准入前国民待遇

所谓"准入前国民待遇"，是指在投资准入阶段给予外国投资者及其投资不低于本国投资者及其投资的待遇。

【解释】国际投资领域的国民待遇，是指东道国对外国投资者及其投资给予不低于本国投资者及其投资所享有的待遇。国际投资领域的国民待遇，一般是指在外资运营阶段享有国民待遇，即"准入后国民待遇"。"准入前国民待遇"的概念最早是1992年在美国与加拿大、墨西哥三国签订的《北美自由贸易协定》中首次提出的，该协定将国民待遇原则的适用范围延伸到"外资准入阶段"。即将外商投资开始享有国民待遇的时间点提前到准入阶段。我国对外商投资实行"准入前国民待遇"，意味着外商投资在整个投资阶段（准入阶段和准入后的运营阶段）都享有国民待遇。

3. 负面清单

所谓"负面清单"，是指国家规定在特定领域对外商投资实施的准入特别管理措施。国家对负面清单之外的外商投资，给予国民待遇。

（1）外商投资准入负面清单规定禁止投资的领域，外国投资者不得投资。

（2）外商投资准入负面清单规定限制投资的领域，外国投资者进行投资应当符合负面清单规定的股权要求、高级管理人员要求等限制性准入特别管理措施。

（3）外商投资准入负面清单以外的领域，按照内外资一致的原则实施监督管理。

（4）有关主管部门在依法履行职责过程中，对外国投资者拟投资负面清单内领域，但不符合负面清单规定的，不予办理许可、企业登记注册等相关事项；涉及固定资产投资项目核准的，不予办理相关核准事项。

为方便您在学习中可以快速了解知识点的重要程度，本书中将知识点进行分类。★★★代表重要知识点，★★代表次重要知识点，★代表非重要知识点。

【解释】根据外商投资准入特别管理措施（负面清单）（2019 年版），对于教育行业：(1) 禁止投资领域：禁止投资义务教育机构、宗教教育机构；(2) 限制投资领域：学前、普通高中和高等教育机构限于中外合作办学，须由中方主导（校长或者主要行政负责人应当具有中国国籍，理事会、董事会或者联合管理委员会的中方组成人员不得少于 1/2)。

(5) 负面清单由国务院投资主管部门（国家发展改革委）会同国务院商务主管部门（商务部）等有关部门提出，报国务院发布或者报国务院批准后由国务院投资主管部门、商务主管部门发布。

4. 中华人民共和国缔结或者参加的国际条约、协定对外国投资者准入待遇有更优惠规定的，可以按照相关规定执行。

经典题解

【真题·单选题】 根据外商投资法律制度的规定，下列关于准入前国民待遇加负面清单管理模式的表述中，正确的是（　　）。(2019 年)

A. 准入前国民待遇是指在投资运营阶段给予外国投资者及其投资不低于本国投资者及其投资的待遇

B. 准入前国民待遇加负面清单管理模式目前在我国仅适用于自由贸易试验区

C. 负面清单由商务部发布或者批准发布

D. 负面清单是指国家规定在特定领域对外商投资实施的准入特别管理措施

【解析】 (1) 选项 A：准入前国民待遇是指在投资“准入阶段”给予外国投资者及其投资不低于本国投资者及其投资的待遇；(2) 选项 B：准入前国民待遇加负面清单的管理模式目前在全国范围内适用；(3) 选项 C：负面清单由国务院发布或者批准发布。

【答案】 D

【考点 3】 外商投资合同（★★★）（P526）

1. 投资合同的范围

外国投资者，即外国的自然人、企业或者其他组织，因直接或者间接在中国境内进行投资而形成的相关协议，包括设立外商投资企业合同、股份转让合同、股权转让合同、财产份额或者其他类似权益转让合同、新建项目合同等协议。

2. 禁止投资

外国投资者投资外商投资准入负面清单规定禁止投资的领域，当事人主张投资合同无效的，人民法院应予支持。

3. 限制投资

(1) 外国投资者投资外商投资准入负面清单规定限制投资的领域，当事人以违反限制性准入特别管理措施为由，主张投资合同无效的，人民法院应予支持。

(2) 人民法院作出生效裁判前，当事人采取必要措施满足准入特别管理措施的要求，当事人主张投资合同有效的，人民法院应予支持。

(3) 在生效裁判作出前，因外商投资准入负面清单调整，外国投资者投资不再属于禁止或者限制投资的领域，当事人主张投资合同有效的，人民法院应予支持。

4. 负面清单之外的领域

外国投资者投资外商投资准入负面清单之外的领域形成的投资合同，当事人以合同未经有关行政主管部门批准、登记为由主张合同无效或者未生效的，人民法院不予支持。

【解释】2019 年 12 月 26 日，最高人民法院发布了《关于适用<外商投资法>若干问题的解释》，对外商投资合同的效力认定问题作出了具体规定。外国投资者因赠与、财产分割、企业合并、企业分立等方式取得相应权益所产生的合同纠纷，也适用上述规定。

【考点 4】 投资促进（★★）（P519）

1. 提高外商投资政策的透明度

(1) 政府及其有关部门制定的支持企业发展的政策应当依法公开；对政策实施中需要由企业申请办理的事项，政府及其有关部门应当公开申请办理的条件、流程、时限等，并在审核中依法平等对待外商投资企业和内资企业。

（2）制定与外商投资有关的行政法规、规章、规范性文件，或者政府及其有关部门起草与外商投资有关的法律、地方性法规，应当根据实际情况，采取书面征求意见以及召开座谈会、论证会、听证会等多种形式，听取外商投资企业和有关商会、协会等方面的意见和建议；对反映集中或者涉及外商投资企业重大权利义务问题的意见和建议，应当通过适当方式反馈采纳的情况。

（3）与外商投资有关的规范性文件、裁判文书等，应当依法及时公布，未经公布的不得作为行政管理依据。与外商投资企业生产经营活动密切相关的规范性文件，应当结合实际，合理确定公布到施行之间的时间。

2. 标准制定

（1）外商投资企业依法和内资企业平等参与国家标准、行业标准、地方标准和团体标准的制定、修订工作。

（2）外商投资企业可以根据需要自行制定或者与其他企业联合制定企业标准。

（3）外商投资企业可以向标准化行政主管部门和有关行政主管部门提出标准的立项建议，在标准立项、起草、技术审查以及标准实施信息反馈、评估等过程中提出意见和建议，并按照规定承担标准起草、技术审查的相关工作以及标准的外文翻译工作。

（4）标准化行政主管部门和有关行政主管部门应当建立健全相关工作机制，提高标准制定、修订的透明度，推进标准制定、修订全过程信息公开。

（5）国家制定的强制性标准对外商投资企业和内资企业平等适用，不得专门针对外商投资企业适用高于强制性标准的技术要求。

3. 政府采购

（1）国家保障外商投资企业依法通过公平竞争参与政府采购活动。政府采购依法对外商投资企业在中国境内生产的产品、提供的服务平等对待。

（2）政府及其有关部门不得阻挠和限制外商投资企业自由进入本地区和本行业的政府采购市场。

（3）政府采购的采购人、采购代理机构不得在政府采购信息发布、供应商条件确定和资格审查、评标标准等方面，对外商投资企业实行差别待遇或者歧视待遇，不得以所有制形式、组织形式、股权结构、投资者国别、产品或者服务品牌以及其他不合理的条件对供应商予以限定，不得对外商投资企业在中国境内生产的产品、提供的服务和内资企业区别对待。

（4）外商投资企业可以依照《政府采购法》及其实施条例的规定，就政府采购活动事项向采购人、采购代理机构提出询问、质疑，向政府采购监督管理部门投诉。采购人、采购代理机构、政府采购监督管理部门应当在规定的时限内作出答复或者处理决定。

4. 融资方式

外商投资企业可以依法在中国境内或者境外通过公开发行股票、公司债券等证券，以及公开或者非公开发行其他融资工具、借用外债等方式进行融资。

5. 建立健全外商投资服务体系

（1）国家建立健全外商投资服务体系，为外国投资者和外商投资企业提供法律法规、政策措施、投资项目信息等方面的咨询和服务。

（2）各级人民政府应当按照政府主导、多方参与的原则，建立健全外商投资服务体系，不断提升外商投资服务能力和水平。

（3）政府及其有关部门应当通过政府网站、全国一体化在线政务服务平台集中列明有关外商投资的法律、法规、规章、规范性文件、政策措施和投资项目信息，并通过多种途径和方式加强宣传、解读，为外国投资者和外商投资企业提供咨询、指导等服务。

6. 依法鼓励和引导外商投资

（1）国家根据国民经济和社会发展需要，制定鼓励外商投资产业目录，列明鼓励和引导外国投资者投资的特定行业、领域、地区。鼓励外商投资产业目录由国务院投资主管部门会同国务院商务主管部门等有关部门拟订，报国务院批准后由国务院投资主管部门、商务主管部门发布。

【相关链接】负面清单由国务院投资主管部门会同国务院商务主管部门等有关部门提出，报国务院发布或者报国务院批准后由国务院投资主管部门、商务主管部门发布。

(2) 外国投资者、外商投资企业可以依照法律、行政法规或者国务院的规定，享受财政、税收、金融、用地等方面的优惠待遇。

(3) 外国投资者以其在中国境内的投资收益在中国境内扩大投资的，依法享受相应的优惠待遇。

(4) 县级以上地方人民政府可以根据法律、行政法规、地方性法规的规定，在法定权限内制定费用减免、用地指标保障、公共服务提供等方面的外商投资促进和便利化政策措施。

(5) 国家根据需要，设立特殊经济区域，或者在部分地区实行外商投资试验性政策措施，促进外商投资，扩大对外开放。

【考点5】投资保护（★★★）（P521）

1. 征收政策

(1) 国家对外国投资者的投资原则上不实行征收。

(2) 在特殊情况下，国家为了公共利益的需要依照法律规定对外国投资者的投资实行征收的，应当依照法定程序、以非歧视性的方式进行，并按照被征收投资的市场价值及时给予补偿。

(3) 外国投资者对征收决定不服的，可以依法申请行政复议或者提起行政诉讼。

2. 知识产权

(1) 国家保护外国投资者和外商投资企业的知识产权，保护知识产权权利人和相关权利人的合法权益。

(2) 国家鼓励在外商投资过程中基于自愿原则和商业规则开展技术合作。技术合作的条件由投资各方遵循公平原则平等协商确定。

(3) 行政机关（包括法律、法规授权的具有管理公共事务职能的组织，下同）及其工作人员不得利用实施行政许可、行政检查、行政处罚、行政强制以及其他行政手段，强制或者变相强制外国投资者、外商投资企业转让技术。

3. 商业秘密

(1) 行政机关依法履行职责，确需外国投资者、外商投资企业提供涉及商业秘密的材料、信息的，应当限定在履行职责所必需的范围内，并严格控制知悉范围，与履行职责无关的人员不得接触有关材料、信息。

(2) 行政机关应当建立健全内部管理制度，采取有效措施保护履行职责过程中知悉的外国投资者、外商投资企业的商业秘密；依法需要与其他行政机关共享信息的，应当对信息中含有的商业秘密进行保密处理，防止泄露。

4. 汇兑管理

(1) 外国投资者在中国境内的出资、利润、资本收益、资产处置所得、取得的知识产权许可使用费、依法获得的补偿或者赔偿、清算所得等，可以依法以人民币或者外汇自由汇入、汇出，任何单位和个人不得违法对币种、数额以及汇入、汇出的频次等进行限制。

(2) 外商投资企业的外籍职工和香港、澳门、台湾职工的工资收入和其他合法收入，可以依法自由汇出。

5. 依法制定规范性文件

(1) 各级人民政府及其有关部门制定涉及外商投资的规范性文件，应当符合法律法规的规定；没有法律、行政法规依据的，不得减损外商投资企业的合法权益或者增加其义务，不得设置市场准入和退出条件，不得干预外商投资企业的正常生产经营活动。

(2) 政府及其有关部门制定涉及外商投资的规范性文件，应当按照国务院的规定进行合法性审核。

(3) 外国投资者、外商投资企业认为行政行为所依据的国务院部门和地方人民政府及其部门制定的规范性文件不合法，在依法对行政行为申请行政复议或者提起行政诉讼时，可以一并请求对该规范性文件进行审查。

6. 守约践诺

（1）地方各级人民政府及其有关部门应当履行向外国投资者、外商投资企业依法作出的政策承诺以及依法订立的各类合同，不得以行政区划调整、政府换届、机构或者职能调整以及相关责任人更替等为由违约毁约。

（2）因国家利益、社会公共利益需要改变政策承诺、合同约定的，应当依照法定权限和程序进行，并依法对外国投资者、外商投资企业因此受到的损失及时予以公平、合理的补偿。

【解释】所谓“政策承诺”，是指地方各级人民政府及其有关部门在法定权限内，就外国投资者、外商投资企业在本地区投资所适用的支持政策、享受的优惠待遇和便利条件等作出的书面承诺。

7. 外商投资企业投诉工作机制

（1）国家建立外商投资企业投诉工作机制，及时处理外商投资企业或者其投资者反映的问题，协调完善相关政策措施。

（2）县级以上人民政府及其有关部门应当按照公开透明、高效便利的原则，建立健全外商投资企业投诉工作机制，及时处理外商投资企业或者其投资者反映的问题，协调完善相关政策措施。

（3）国务院商务主管部门会同国务院有关部门建立外商投资企业投诉工作部际联席会议制度，协调、推动中央层面的外商投资企业投诉工作，对地方的外商投资企业投诉工作进行指导和监督。

（4）县级以上地方人民政府应当指定部门或者机构负责受理本地区外商投资企业或者其投资者的投诉。

（5）外商投资企业或者其投资者认为行政机关及其工作人员的行政行为侵犯其合法权益，通过外商投资企业投诉工作机制申请协调解决的，有关方面进行协调时可以向被申请的行政机关及其工作人员了解情况，被申请的行政机关及其工作人员应当予以配合。协调结果应当以书面形式及时告知申请人。外商投资企业或者其投资者依照上述规定申请协调解决有关问题的，不影响其依法申请行政复议、提起行政诉讼。

（6）对外商投资企业或者其投资者通过外商投资企业投诉工作机制反映或者申请协调解决问题，任何单位和个人不得压制或者打击报复。除外商投资企业投诉工作机制外，外商投资企业或者其投资者还可以通过其他合法途径向政府及其有关部门反映问题。

8. 商会、协会

（1）外商投资企业可以依法成立和自愿参加商会、协会。

（2）除法律、法规另有规定外，外商投资企业有权自主决定参加或者退出商会、协会，任何单位和个人不得干预。

（3）商会、协会应当依照法律法规和章程的规定，加强行业自律，及时反映行业诉求，为会员提供信息咨询、宣传培训、市场拓展、经贸交流、权益保护、纠纷处理等方面的服务。

（4）国家支持商会、协会依照法律法规和章程的规定开展相关活动。

【考点6】投资管理（★）（P523）

1. 登记注册

外商投资企业的登记注册，由国务院市场监督管理部门或者其授权的地方人民政府市场监督管理部门依法办理。

2. 注册资本

外商投资企业的注册资本可以用人民币表示，也可以用可自由兑换货币表示。

3. 组织形式与组织机构

（1）外商投资企业的组织形式、组织机构及其活动准则，适用《公司法》、《合伙企业法》等法律的规定。

（2）《外商投资法》施行前依照《中外合资经营企业法》、《外资企业法》、《中外合作经营企业法》设立的外商投资企业（以下简称“现有外商投资企业”），在《外商投资法》施行后5年内，即在2025年1月1日之前，可以依照《公司法》、《合伙企业法》等法律的规定调整其组织形式、组织机构等，并依法办理变更登记，也可以继续保留原企业组织形式、组织机构等。

（3）自2025年1月1日起，对未依法调整组织形式、组织机构等并办理变更登记的现有外商投资企业，市场监督管理部门不予办理其申请的其他登记事项，并将相关情形予以公示。

（4）现有外商投资企业的组织形式、组织机构等依法调整后，原合营、合作各方在合同中约定的股权或者权益转让办法、收益分配办法、剩余财产分配办法等，可以继续按照约定办理。

4. 经营者集中

外国投资者并购中国境内企业或者以其他方式参与经营者集中的，应当依照《反垄断法》的规定接受经营者集中审查。

5. 外商投资信息报告制度

（1）外国投资者或者外商投资企业应当通过企业登记系统以及企业信用信息公示系统向商务主管部门报送投资信息。

（2）外国投资者或者外商投资企业报送的投资信息应当真实、准确、完整。

【考点7】外商投资安全审查制度（★★）（P525）

1. 根据《外商投资法》的规定，国家建立外商投资安全审查制度，对影响或者可能影响国家安全的外商投资进行安全审查。依法作出的安全审查决定为最终决定。

2. 自由贸易试验区外商投资国家安全审查的内容

（1）外商投资对国防安全，包括对国防需要的国内产品生产能力、国内服务提供能力和有关设施的影响；

（2）外商投资对国家经济稳定运行的影响；

（3）外商投资对社会基本生活秩序的影响；

（4）外商投资对涉及国家安全关键技术研发能力的影响；

（5）外商投资对国家文化安全、公共道德的影响；

（6）外商投资对国家网络安全的影响。

3. 工作机制

采取部际联席会议形式，由国家发展改革委、商务部牵头，会同有关部门共同进行安全审查。

经典题解

【真题1·多选题】 根据涉外投资法律制度的规定，外商投资安全审查部际联席会议的牵头机构有（　　）。（2015年）

A. 国家发展改革委

B. 工业与信息化部

C. 商务部

D. 国家市场监督管理总局

【答案】 AC

【真题2·多选题】 根据涉外投资法律制度的规定，下列各项中，属于自由贸易试验区外商投资国家安全审查内容的有（　　）。（2019年）

A. 外商投资对国防安全的影响

B. 外商投资对相关市场集中度的影响

C. 外商投资对国家文化安全的影响

D. 外商投资对社会基本生活秩序的影响

【解析】 选项B：属于反垄断审查的内容。

【答案】 ACD

【考点8】对外直接投资法律制度（★★★）（P528）

1. 商务部的核准与备案

（1）企业境外投资涉及敏感国家和地区、敏感行业的，实行核准管理；

（2）企业其他情形的境外投资，实行备案管理。

2. 国家发展改革委的核准和备案

（1）涉及敏感国家和地区、敏感行业的境外投资项目，由国家发展改革委核准。敏感行业目录由国家发展改革委发布。

（2）其他境外投资项目，实行备案管理。其中，中央管理企业实施的境外投资项目、地方企业实施的中方投资额3亿美元及以上境外投资项目，由国家发展改革委备案；地方企业实施的中方投资额3亿美元以下境外投资项目，由省级政府发展改革部门备案。

经典题解

【真题1·单选题】根据对外直接投资法律制度的规定，我国对于境内企业向境外直接投资采取的管理方式是（　　）。（2015年）

A. 注册和核准制

B. 核准和特许制

C. 备案和特许制

D. 核准和备案制

【答案】D

【真题2·单选题】某省属企业拟实施一项境外投资项目，中方投资额2.5亿美元，项目所在国家系敏感国家。下列表述中，符合对外直接投资法律制度规定的是（　　）。（2016年）

A. 该项目应报国家发展改革委备案

B. 该项目应报国家发展改革委核准

C. 该项目应报该省发展改革部门备案

D. 该项目应报该省发展改革部门核准

【答案】B

3. 法律适用

中国境内投资者对外直接投资，需要遵守投资所在国即东道国的法律和政策，以及中国与有关东道国签订的双边投资保护协定和双方共同缔结或者参加的多边条约中的相关规定。与此同时，作为投资者的母国，中国国内法中的相关规定当然也要予以适用。

经典题解

【真题·多选题】根据涉外投资法律制度的规定，中国境内投资者对外直接投资时需要遵守的法律规则包括（　　）。（2019年）

A. 中国法律

B. 投资所在国法律

C. 中国与投资所在国共同缔结或者参加的多边条约

D. 中国与投资所在国签订的双边投资保护协定

【答案】ABCD

第二单元　对外贸易法律制度

扫码听名师课

【考点1】《对外贸易法》的适用范围和原则（★）（P530）

1.《对外贸易法》的适用范围

中华人民共和国的单独关税区不适用该法。香港特别行政区、澳门特别行政区和台湾地区已经分别以“中国香港”、“中国澳门”和“中国台北”的名义加入世界贸易组织，成为我国的单独关税区。

经典题解

【真题·单选题】下列各项中，属于世界贸易组织所称的“单独关税区”的是（　　）。（2014年）

A. 中国（上海）自由贸易试验区

B. 中国香港特别行政区

C. 京津冀一体化都市圈

D. 海南经济特区

【答案】B

2. 非歧视原则

（1）非歧视原则包括最惠国待遇原则和国民待遇原则。

（2）最惠国待遇是指一国（给惠国）给予另一国（受惠国）的个人、企业、商品等的待遇不低于给惠国给予任何第三国（最惠国）的相应待遇。

（3）国民待遇是指一国给予他国国民（包括个人和企业）与本国国民相同的待遇。

（4）我国在对外贸易方面根据所缔结或者参加的国际条约、协定，给予其他缔约方、参加方最惠国待遇、国民待遇等待遇，或者根据互惠、对等原则给予对方最惠国待遇、国民待遇等待遇。

3. 互惠对等原则

任何国家或者地区在贸易方面对我国采取歧视性的禁止、限制或者其他类似措施的，我国可以根据实际情况对该国家或者该地区采取相应的措施。

经典题解

【真题1·单选题】《中华人民共和国政府和加拿大政府关于促进和相互保护投资的协定》规定："任一缔约方给予另一缔约方投资者在设立、购买、扩大、管理、经营、运营和销售或者其他处置其领土内投资方面的待遇，不得低于在类似情形下给予非缔约方投资的待遇。"该规定体现的待遇是（　　）。（2018年）

A. 最惠国待遇

B. 国民待遇

C. 公平公正待遇

D. 最低限度待遇

【答案】 A

【真题2·单选题】《中华人民共和国对外贸易法》第7条规定："任何国家或者地区在贸易方面对中华人民共和国采取歧视性的禁止、限制或者其他类似措施的，中华人民共和国可以根据实际情况对该国或者该地区采取相应的措施。"该条款体现的原则是（　　）。（2019年）

A. 统一管理原则

B. 平等互利原则

C. 公平自由原则

D. 互惠对等原则

【答案】 D

【考点2】对外贸易经营者（★★★）（P531）

1. 对外贸易经营者既可以是法人，也可以是非法人组织（如合伙企业），还可以是个人。

2. 对外贸易经营无须专门许可

《对外贸易法》于2004年修订时取消了外贸特许制，只要依法办理了登记或者其他执业手续的单位和个人均可从事外贸经营。

3. 货物贸易和技术贸易经营者的备案登记

从事货物进出口或者技术进出口的对外贸易经营者，应当向商务部或者其委托的机构办理备案登记；但是，法律、行政法规和商务部规定不需要备案登记的除外。对外贸易经营者未按照规定办理备案登记的，海关不予办理进出口货物的报关验放手续。

4. 关于国营贸易的特别规定

（1）国营贸易是世界贸易组织明文允许的贸易制度，国家可以对部分货物的进出口实行国营贸易管理。

（2）实行国营贸易管理货物的进出口业务只能由经授权的企业经营，但国家允许部分数量的国营贸易管理货物的进出口业务由非授权企业经营的除外。

（3）实行国营贸易管理的货物和经授权经营企业的目录，由商务部会同国务院其他有关部门确定、调整并公布。

（4）判断一个企业是不是国营贸易企业，关键是看该企业是否在国际贸易中享有专营权或者特许权，与该企业的所有制形式并无必然联系。

【解释】国家只对部分而非全部货物实行国营贸易管理。目前，我国实行进口国营贸易管理的货物涉及粮食、植物油、糖、烟草、原油、成品油、化肥和棉花等类别，而实行出口国营贸易管理的货物主要是烟草专卖品。

经典题解

【真题1·单选题】 根据对外贸易法律制度的规定，下列关于国营贸易和国营贸易企业的表述中，正确的是（　　）。（2018年）

A. 实行国营贸易管理的货物的目录，由海关总署会同其他有关部门确定

B. 实行国营贸易管理的货物的进出口业务一概由授权企业经营

C. 国营贸易是世界贸易组织明文允许的贸易制度

D. 判断一个企业是不是国营贸易企业，关键是看该企业的所有制形式

【答案】 C

【真题2·单选题】下列关于我国国营贸易制度的表述中，符合对外贸易法律制度规定的是（ ）。（2019年）

A. 实行国营贸易管理的货物进出口业务只能由经授权的企业专属经营，一律不得由其他企业经营

B. 实行国营贸易管理的货物和经授权经营企业的目录，由商务部会同国务院其他有关部门确定、调整并公布

C. 国家可以对全部货物的进出口实行国营贸易管理

D. 判断一个企业是不是国营贸易企业，关键是看该企业的所有制形式

【答案】B

【真题3·单选题】下列关于对外贸易经营者及其管理的表述中，符合对外贸易法律制度规定的是（ ）。（2013年）

A. 对外贸易经营实行特许制，经营者需经审批并获得外贸经营资格

B. 国家可以允许部分数量的国营贸易管理货物的进出口业务由非授权企业经营

C. 对外贸易经营者包括法人和其他组织，但不包括个人

D. 从事货物进出口或者技术进出口的对外贸易经营者，应当向国家市场监督管理总局或其委托的机构办理备案登记

【答案】B

【考点3】货物进出口与技术进出口（★★★）（P533）

1. 国家准许货物与技术的自由进出口。但是，法律、行政法规另有规定的除外。

2. 货物进出口自动许可制度

（1）商务部基于监测进出口情况的需要，可以对部分自由进出口的货物实行进出口自动许可并公布其目录。

（2）实行自动许可的进出口货物，收货人、发货人在办理海关报关手续前提出自动许可申请的，商务部应当予以许可；未办理自动许可手续的，海关不予放行。

3. 限制进出口的货物

（1）国家对限制进出口的货物，实行配额、许可证等方式管理。国家规定有数量限制的限制进出口货物，实行配额管理；其他限制进出口货物，实行许可证管理。

（2）国家对部分进口货物可以实行关税配额管理。实行关税配额管理的进口货物目录，由商务部会同国务院有关部门制定、调整并公布。

【相关链接】实行国营贸易管理的货物和经授权经营企业的目录，由商务部会同国务院其他有关部门确定、调整并公布。

4. 限制进出口的技术

对限制进出口的技术，实行许可证管理，未经许可不得进出口。技术进出口合同自许可证颁发之日起生效。

【解释】（1）自由进出口的技术：合同自依法成立时生效；（2）限制进出口的技术：合同自许可证颁发之日起生效。

经典题解

【真题1·单选题】根据对外贸易法律制度的规定，我国对限制进出口的技术实行的是（ ）。（2013年）

A. 许可证管理

B. 关税配额及许可证管理

C. 配额管理

D. 非关税配额及许可证管理

【答案】A

【真题2·单选题】根据对外贸易法律制度的规定，对于国家规定有数量限制的进出口货物，我国实行的管理方式是（ ）。（2016年）

A. 配额管理

B. 自由进出口管理

C. 备案登记管理

D. 许可证管理

【答案】A

【考点4】反倾销措施（★★★）（P536）

【解释】对外贸易救济措施包括反倾销措施、反补贴措施和保障措施。

1. 基本概念

其他国家或者地区的产品以低于正常价

值的倾销方式进入我国市场，对已经建立的国内产业造成实质损害或者产生实质损害威胁，或者对建立国内产业造成实质阻碍的，国家可以采取反倾销措施。

2. 反倾销调查

（1）反倾销调查的启动

①国内产业或者代表国内产业的自然人、法人或者有关组织，可以向商务部提出反倾销调查的书面申请。商务部应当自收到申请书及有关证据之日起60日内，决定立案调查或者不立案调查。

②在表示支持申请或者反对申请的国内产业中，支持者的产量占支持者和反对者的总产量50%以上的，应当认定申请是由国内产业或者代表国内产业提出，可以启动反倾销调查；但是，表示支持申请的国内生产者的产量不足国内同类产品总产量的25%的，不得启动反倾销调查。

③在特殊情形下，商务部虽未收到反倾销调查的书面申请，但有充分证据认为存在倾销和损害以及二者之间有因果关系的，可以自行决定立案调查。

（2）反倾销调查应当自立案调查决定公告之日起12个月内结束；特殊情况下可以延长，但延长期不得超过6个月。

（3）反倾销调查应当终止的情形

①申请人撤销申请的；

②没有足够证据证明存在倾销、损害或者二者之间有因果关系的；

③倾销幅度低于2%的；

④倾销进口产品实际或者潜在的进口量或者损害属于可忽略不计的；

⑤商务部认为不适宜继续进行反倾销调查的。

3. 临时反倾销措施

（1）初裁决定确定倾销成立，并由此对国内产业造成损害的，可以采取下列临时反倾销措施：①征收临时反倾销税；②要求提供保证金、保函或者其他形式的担保。

（2）征收临时反倾销税，由商务部提出建议，国务院关税税则委员会根据商务部的建议作出决定，由商务部予以公告，海关自公告规定实施之日起执行。

（3）要求提供保证金、保函或者其他形式的担保，由商务部作出决定并予以公告。

（4）临时反倾销措施实施的期限，自临时反倾销措施决定公告规定实施之日起，不超过4个月；在特殊情形下，可以延长至9个月（最长为9个月）。

（5）自反倾销立案调查决定公告之日起60天内，不得采取临时反倾销措施。

4. 价格承诺

（1）倾销进口产品的出口经营者在反倾销调查期间，可以向商务部作出改变价格或者停止以倾销价格出口的价格承诺。

（2）商务部可以向出口经营者提出价格承诺的建议，但不得强迫出口经营者作出价格承诺。

（3）商务部对倾销以及由倾销造成的损害作出肯定的初裁决定前，不得寻求或者接受价格承诺。

（4）出口经营者不作出价格承诺或者不接受价格承诺的建议的，不妨碍对反倾销案件的调查和确定。

（5）商务部认为出口经营者作出的价格承诺能够接受并符合公共利益的，可以决定中止或者终止反倾销调查，不采取临时反倾销措施或者征收反倾销税。

5. 反倾销税

（1）终裁决定确定倾销成立，并由此对国内产业造成损害的，可以征收反倾销税。征收反倾销税，由商务部提出建议，国务院关税税则委员会根据商务部的建议作出决定，由商务部予以公告，海关自公告规定实施之日起执行。

（2）反倾销税原则上仅适用于终裁决定公告之日以后进口的产品。

（3）反倾销税的纳税人为倾销进口产品的进口经营者。

（4）反倾销税应当根据不同出口经营者的倾销幅度，分别确定。

（5）在任何情形下，反倾销税税额不超过终裁决定确定的倾销幅度。

（6）反倾销税的征收期限不超过5年，但经商务部复审确定终止征收反倾销税有可能导致倾销和损害的继续或者再度发生的，反倾销税的征收期限可以适当延长。

经典题解

【真题1·单选题】 根据对外贸易法律制度的规定，有权作出征收反倾销税决定的机构是（　　）。（2016年）

A. 商务部

B. 海关总署

C. 国家税务总局

D. 国务院关税税则委员会

【答案】 D

【真题2·单选题】 根据对外贸易法律制度的规定，负责决定征收反倾销税的机构是（　　）。（2017年）

A. 财政部

B. 商务部

C. 国家税务总局

D. 国务院关税税则委员会

【答案】 D

【真题3·单选题】 根据对外贸易法律制度的规定，反倾销调查应当自立案调查决定公告之日起一定期限内结束。该期限最长可以是（　　）。（2019年）

A. 6个月　　B. 24个月

C. 12个月　　D. 18个月

【答案】 D

【考点5】 反补贴措施（★）（P539）

1. 专向性的界定

依照《反补贴条例》进行调查、采取反补贴措施的补贴，必须具有专向性。根据《反补贴条例》的规定，具有下列情形之一的补贴，具有专向性：

（1）由出口国（地区）政府明确确定的某些企业、产业获得的补贴；

（2）由出口国（地区）法律、法规明确规定的某些企业、产业获得的补贴；

（3）指定特定区域内的企业、产业获得的补贴；

（4）以出口实绩为唯一条件或者条件之一而获得的补贴；

（5）以使用本国（地区）产品替代进口产品为条件获得的补贴。

在确定补贴专向性时，还应当考虑受补贴企业的数量和企业受补贴的数额、比例、时间以及给予补贴的方式等因素。

2. 反补贴调查

对补贴的调查和确定，由商务部负责。反补贴调查在申请、启动、实施、终止等方面的条件和程序与反倾销调查基本相同。略有差异的是，反补贴调查的终止情形之一是"补贴金额为微量补贴"，而不是"幅度低于2%"。

3. 反补贴措施

反补贴措施包括临时反补贴措施，取消、限制补贴或者其他有关措施的承诺，以及反补贴税，其具体内容和实施程序与反倾销措施基本相同。略有差异的是，临时反补贴措施实施的期限，自临时反补贴措施决定公告规定实施之日起不超过4个月，不得延长。

【考点6】保障措施（★★★）（P540）

1. 基本概念

因进口产品数量大量增加，对生产同类产品或者与其直接竞争的产品的国内产业造成严重损害或者严重损害威胁的，国家可以采取必要的保障措施，消除或者减轻这种损害或者损害的威胁，并可以对该产业提供必要的支持。

【解释】从性质上说，保障措施与反倾销和反补贴措施有所不同，反倾销和反补贴措施针对的是倾销和补贴这样的不公平贸易行为，而保障措施针对的则是公平贸易条件下的特殊情形。

经典题解

【真题·单选题】 根据对外贸易法律制度的规定，针对公平贸易条件下的特殊情形，可以采取特定的贸易救济措施，该措施是（　　）。（2015年）

A. 反补贴税

B. 反倾销税

C. 价格承诺

D. 保障措施

【答案】 D

2. 进口产品数量增加，是指进口产品数量的绝对增加或者与国内生产相比的相对增加。在确定进口产品数量增加对国内产业造成的损害时，应当审查下列相关因素：

（1）进口产品的绝对和相对增长率与增长量；

（2）增加的进口产品在国内市场中所占的份额；

（3）进口产品对国内产业的影响，包括对国内产业在产量、销售水平、市场份额、生产率、设备利用率、利润与亏损、就业等方面的影响；

（4）造成国内产业损害的其他因素。

3. 保障措施的启动

（1）与国内产业有关的自然人、法人或者其他组织，可以依法向商务部提出采取保障措施的书面申请，商务部应当及时对申请进行审查，决定立案调查或者不立案调查。

（2）商务部虽未收到采取保障措施的书面申请，但有充分证据认为国内产业因进口产品数量增加而受到损害的，也可以决定立案调查。

4. 临时保障措施

（1）商务部根据调查结果，可以作出初裁决定，也可以直接作出终裁决定，并予以公告。有明确证据表明进口产品数量增加，不采取临时保障措施将对国内产业造成难以补救的损害时，商务部可以作出初裁决定，并采取临时保障措施。

（2）临时保障措施采取提高关税的形式，采取临时保障措施，由商务部提出建议，国务院关税税则委员会根据商务部的建议作出决定，由商务部予以公告，海关自公告规定实施之日起执行。

（3）在采取临时保障措施前，商务部应当将有关情况通知保障措施委员会。

（4）临时保障措施的实施期限，自临时保障措施决定公告规定实施之日起，不超过200天。

【相关链接1】 临时反倾销措施实施的期限，自临时反倾销措施决定公告规定实施之日起，不超过4个月；在特殊情形下，可以延长至9个月。

【相关链接2】 临时反补贴措施实施的期限，自临时反补贴措施决定公告规定实施之日起不超过4个月，不得延长。

5. 保障措施

（1）终裁决定确定进口产品数量增加，并由此对国内产业造成损害的，可以采取保障措施。保障措施可以采取提高关税、数量限制等形式。

（2）保障措施采取提高关税形式的，由商务部提出建议，国务院关税税则委员会根据商务部的建议作出决定，由商务部予以公告。

（3）采取数量限制形式的，由商务部作出决定并予以公告。

（4）采取数量限制措施的，限制后的进口量不得低于最近3个有代表性年度的平均进口量，但有正当理由表明为防止或者补救严重损害而有必要采取不同水平的数量限制措施的除外。

（5）保障措施的实施期限不超过4年。符合下列条件的，保障措施的实施期限可以适当延长，但在任何情况下，一项保障措施的实施期限及其延长期限不得超过10年：

①按照《保障措施条例》规定的程序确定的保障措施对于防止或者补救严重损害仍有必要；

②有证据表明相关国内产业正在进行调整；

③已经履行有关对外通知、磋商的义务；

④延长后的措施不严于延长前的措施。

【相关链接】 反倾销税的征收期限不超过5年，但经商务部复审确定终止征收反倾销税有可能导致倾销和损害的继续或者再度发生的，反倾销税的征收期限可以适当延长。

表 12-1　“两反一保”的比较

	反倾销	反补贴	保障措施
能否主动立案调查	√	√	√
临时措施	①征收临时反倾销税 ②要求提供保证金、保函或者其他形式的担保	征收临时反补贴税	提高关税
临时措施的期限	4 个月+5 个月	4 个月/不得延长	200 天
最终措施	反倾销税	反补贴税	提高关税、数量限制
最终措施的期限	5 年/可适当延长	5 年/可适当延长	4 年/最长 10 年

第三单元　外汇管理法律制度

扫码听名师课

【考点 1】《外汇管理条例》的适用范围（★★★）（P542）

1. 外汇的概念

外汇包括外币现钞（包括纸币和铸币）、外币支付凭证或者支付工具（包括票据、银行存款凭证、银行卡）、外币有价证券（包括股票、债券）、特别提款权及其他外汇资产。

经典题解

【真题·多选题】 下列各项中，属于我国《外汇管理条例》所规定的外汇的有(　　)。(2012 年)

A. 中国银行开出的欧元本票

B. 境内机构持有的纳斯达克上市公司股票

C. 中国政府持有的特别提款权

D. 中国公民持有的日元现钞

【答案】 ABCD

2.《外汇管理条例》的适用范围

（1）境内机构和境内个人的外汇收支或者外汇经营活动，不论其发生在境内或者境外，均适用该条例。

（2）境内机构，是指境内的国家机关、企业、事业单位、社会团体、部队等，外国驻华外交领事机构和国际组织驻华代表机构除外。

（3）境内个人，是指中国公民和在中国境内连续居住满 1 年的外国人，外国驻华外交人员和国际组织驻华代表除外。

（4）境外机构和境外个人，仅对其发生在中国境内的外汇收支和外汇经营活动，适用该条例。

经典题解

【真题 1·单选题】 根据外汇管理法律制度的规定，外国人在我国境内连续居住满一定期限后，即成为“境内个人”，其发生在境内外的外汇收支或者外汇经营活动，均适用《外汇管理条例》。该连续居住的期限是(　　)。(2013 年)

A. 6 个月　　B. 1 年

C. 2 年　　D. 3 年

【答案】 B

【真题 2·单选题】 根据外汇管理法律制度的规定，下列外汇收支活动中，应当适用《外汇管理条例》的是(　　)。(2011 年)

A. 美国驻华大使洪某在华任职期间的薪酬

B. 最近 2 年一直居住在上海的美国公民汤姆，出租其在美国的住房获得的租金

C. 美国花旗银行伦敦分行在香港的营业所得

D. 正在中国短期旅行的美国人彼得，得知其在美国购买的彩票中了 300 万美元的大奖

【解析】(1) 选项A：外国驻华外交人员属于"境外个人"，仅在中国境内的外汇收支和外汇经营活动适用该条例，而美国驻华大使馆不属于中国的领土，不属于"境内"；(2) 选项B：在境内连续居住满1年的外国人，属于"境内个人"，境内个人的外汇收支或者外汇经营活动，不论其发生在境内或者境外，均适用该条例；(3) 选项C：美国花旗银行属于"境外机构"，仅在中国境内（不包括中国香港）的外汇收支和外汇经营活动适用该条例；(4) 选项D：在中国短期旅行的彼得属于"境外个人"，仅在中国境内的外汇收支和外汇经营活动适用该条例。

【答案】B

【真题3·单选题】我国《外汇管理条例》在适用范围上采取属人主义与属地主义相结合的原则，对于特定主体，仅对其发生在中国境内的外汇收支和外汇经营活动适用该条例。下列各项中，属于此类主体的是(　　)。(2019年)

A. 到广州旅游1个月的美国公民甲

B. 持中华人民共和国居民身份证的中国公民丁

C. 在北京设立的中德合资经营企业乙

D. 已在上海连续居住3年的法国公民丙

【解析】(1) 选项A：甲属于"境外个人"，仅对其发生在中国境内的外汇收支和外汇经营活动适用该条例；(2) 选项BD：中国公民和在中国境内连续居住满1年的外国人属于"境内个人"，境内个人的外汇收支或者外汇经营活动，不论其发生在境内或者境外，均适用该条例；(3) 选项C：乙企业属于"境内机构"，不论其外汇收支或者外汇经营活动发生在境内或者境外，均适用该条例。

【答案】A

【考点2】经常项目(★★★)(P543)

1. 经常项目包括贸易收支、服务收支、收益（包括职工报酬和利息、红利等投资收益）和经常转移（也称单方面转移，如个人之间的无偿赠与或者政府之间的军事及经济援助、赠与、赔款等）。

2. 经常项目的外汇收支管理

(1) 经常项目外汇收入

经常项目外汇收入实行意愿结汇制(而非强制结汇制)。经常项目外汇收入，可以按照国家有关规定保留或者卖给经营结汇、售汇业务的金融机构。

(2) 经常项目外汇支出

经常项目外汇支出凭有效单证，无须审批。

(3) 经常项目外汇收支需有真实、合法的交易基础

人民币经常项目可兑换后，对企业和个人经常项目下用汇的管理，主要体现在对外汇收支及汇兑环节的真实性审核。

【解释】我国目前外汇管理的基本原则是经常项目开放（可自由兑换），资本项目部分管制。

3. 个人外汇管理制度

(1) 目前，对于个人结汇和境内个人购汇实行年度总额管理，年度总额为每人每年等值5万美元。

(2) 个人经常项目项下外汇收支分为经营性外汇收支和非经营性外汇收支，对于个人开展对外贸易产生的经营性外汇收支，视同机构按照货物贸易的有关原则进行管理。

经典题解

【真题1·单选题】根据外汇管理法律制度的规定，我国对企业和个人经常项目下用汇的管理，主要体现为(　　)。(2012年)

A. 对用汇额度的审核

B. 对外汇用途的审核

C. 对外汇收支及汇兑环节真实性的审核

D. 强制结售汇的管理

【答案】C

【真题2·单选题】下列关于经常项目外汇收支管理的表述中，符合外汇管理法律制度规定的是(　　)。(2014年)

A. 我国对经常项目外汇收支实行有限度的自由兑换

B. 经营外汇业务的金融机构应当对经常项目外汇收支的真实性进行审核

C. 境内个人购汇额度为每人每年等值5万美元，应凭相关贸易单证办理

D. 经常项目外汇收入实行强制结汇制

【解析】（1）选项A：目前经常项目可自由兑换；（2）选项C：对于个人的非经营性外汇收支，无须提供贸易单证；（3）选项D：经常项目外汇收入实行意愿结汇制（而非强制结汇制）。

【答案】 B

【考点3】资本项目（★★★）（P545）

1. 资本项目包括资本转移、直接投资、证券投资、衍生产品投资、贷款以及非生产、非金融资产的收买或者放弃等。

【解释1】经常项目包括贸易收支、服务收支、收益（包括职工报酬和投资收益）和经常转移（单方面转移）。

【解释2】境内个人在境外买房属于资本项目的外汇支出。

经典题解

【真题1·多选题】 根据外汇管理法律制度的规定，下列各项中，属于资本项目下外汇收支的有(　　)。(2011年)

A. 境内居民吴某投资B股所得股息

B. 中国投资有限责任公司收购美国摩根士丹利公司股权的价款

C. 日本政府向我国地震灾区提供的经济援助

D. 世界银行向中国政府提供的农业项目贷款

【解析】（1）选项A：股息（投资收益）属于经常项目；（2）选项C：单方面转移属于经常项目。

【答案】 BD

【真题2·多选题】 根据外汇管理法律制度的规定，下列各项中，属于外汇经常性项目的有(　　)。(2015年)

A. 贸易收支　　B. 对外借款

C. 投资收益　　D. 单方面转移

【解析】 选项B：属于资本项目。

【答案】 ACD

2. 资本项目的外汇收支管理

（1）资本项目外汇收入

资本项目外汇收入，保留或者卖给经营结汇、售汇业务的金融机构，应当经外汇管理机关批准，**但国家规定无须批准的除外**。

（2）资本项目外汇支出

资本项目外汇支出，凭有效单证以自有外汇支付或者向经营结汇、售汇业务的金融机构购汇支付。国家规定应当经外汇管理机关批准的，应当在外汇支付前办理批准手续。

【考点4】直接投资项下的外汇管理（★★★）（P546）

1. 外商直接投资（如美国企业来中国投资）

无论是直接投资的汇入还是汇出，外国投资者应**先在外汇局办理登记**。

2. 境外直接投资（如中国企业去美国投资）

（1）境内机构可以使用自有外汇资金、符合规定的国内外汇贷款、人民币购汇或者实物、无形资产及经外汇局核准的其他外汇资产进行境外直接投资。境内机构境外直接投资所得利润也可留存境外用于其境外直接投资。

（2）对于境内机构境外直接投资，**已经取消了原来对外汇资金的来源审核**，改为实行**登记备案制度**。

（3）境内机构境外直接投资获得相关主管部门核准后，持相关材料到所在地外汇局办理境外直接投资外汇登记。

（4）多个境内机构共同实施一项境外直接投资的，由境内机构所在地外汇局**分别**向相关境内机构颁发境外直接投资外汇登记证。

（5）境内机构将其所得的境外直接投资利润（属于经常项目）汇回境内的，可以保存在其经常项目外汇账户或者办理结汇。

【考点5】间接投资项下的外汇管理（★★★）（P547）

1. 合格境外机构投资者制度

（1）合格境外机构投资者（QFII）制度是指允许符合条件的境外机构投资者经批

准汇入一定额度的外汇资金，并转换为人民币，通过严格监管的专用账户投资中国境内证券市场，其本金、股息等经批准可以购汇汇出。

（2）国家外汇管理局负责QFII的外汇相关管理。2019年10月，国家外汇管理局取消了QFII的境内投资额度限制。（2020年重大调整）

2. 合格境内机构投资者制度

（1）合格境内机构投资者（QDII）制度是指符合条件的境内机构（如商业银行、证券公司、信托公司、保险公司和基金管理公司），经监管部门批准，在一定额度内，通过专用账户投资境外证券市场。

（2）中国证监会、银保监会分别负责各自监管范围内金融机构境外投资业务的市场准入，包括资格审批、投资品种确定以及相关风险管理。

（3）国家外汇管理局负责QDII机构境外投资额度、账户及资金汇兑管理。

经典题解

【真题1·单选题】 根据外汇管理法律制度的规定，负责对合格境内机构投资者（QDII）的境外投资额度进行管理的机构是（　　）。（2016年）

A. 财政部

B. 国家外汇管理局

C. 国家发改委

D. 中国证监会

【答案】 B

【真题2·多选题】 下列关于资本项目外汇收支管理的表述中，符合外汇管理法律制度规定的有（　　）。（2014年）

A. 外商直接投资的汇入和汇出均须在外汇局办理登记

B. 境内机构境外直接投资所获利润可以留存境外继续用于直接投资，也可汇回境内

C. 合格境内机构投资者（QDII）的境外投资额度由国家外汇管理局负责审定

D. 境内机构向境外直接投资，须由外汇局对外汇资金的来源进行审核

【解析】 选项D：对于境内机构境外直接投资，已经取消了原来对外汇资金的来源审核，改为登记备案制度。

【答案】 ABC

3. 境外上市外资股制度

（1）境外上市外资股（H股）是指在中国境内注册的股份有限公司向境外投资人发行，并在境外证券交易所上市流通的股票。

（2）境内公司应在境外上市首次发股结束后的15个工作日内，到其注册所在地外汇局办理境外上市登记。

4. 境内上市外资股制度

境内上市外资股（B股）是指在中国境内注册的股份有限公司向境外投资者发行，以人民币标价、以外币认购和交易，在中国境内证券交易所上市流通的股票。

【考点6】外债管理（★★）（P548）

1. 外债的界定

外债包括境外借款、发行债券、国际融资租赁等。

2. 外商投资企业借用的外债资金可以结汇使用。除另有规定外，境内金融机构和中资企业借用的外债资金不得结汇使用。

3. 外保内贷（2020年重大调整）

（1）境内非金融机构从境内金融机构借用贷款或者获得授信额度，在同时满足以下条件的前提下，可以接受境外机构或者个人提供的担保，并自行签订外保内贷合同：

①债务人为在境内注册经营的非金融机构；

②债权人为在境内注册经营的金融机构；

③担保标的为金融机构提供的本外币贷款（不包括委托贷款）或者有约束力的授信额度；

④担保形式符合境内外法律法规。

（2）外保内贷业务发生担保履约的，金融机构可以直接与境外担保人办理担保履约收款。境内债务人应到所在地外汇局办理短期外债签约登记及相关信息备案手续，外汇

局在外债签约登记环节对债务人外保内贷业务的合规性进行事后核查。

（3）境内债务人因外保内贷项下担保履约形成的对外负债，其未偿本金余额不得超过其上年度末经审计的净资产数额。超出上述限额的，须占用其自身的外债额度；外债额度仍然不够的，按未经批准擅自对外借款进行处理。在境内债务人偿清其对境外担保人的债务之前，未经外汇局批准，境内债务人应暂停签订新的外保内贷合同；已经签订外保内贷合同但尚未提款或者尚未全部提款的，未经所在地外汇局批准，境内债务人应暂停办理新的提款。

【考点7】人民币汇率与特别提款权（★★★）（P549）

1. 人民币汇率制度

（1）自1994年1月1日起，将"官方汇率"和"调剂市场汇率"两种汇率并轨，实行以市场供求为基础、单一的、有管理的浮动汇率制度。

（2）自2005年7月21日起，实行以市场供求为基础，参考"一篮子"货币进行调节、有管理的浮动汇率制度。

【解释】我国目前的人民币汇率制度属于单一汇率制度，但不是固定汇率，而是以市场供求为基础，参考"一篮子"货币进行调节、有管理的浮动汇率。

经典题解

【真题1·多选题】下列关于人民币汇率制度的表述中，符合外汇管理法律制度规定的有（　　）。（2015年）

A. 单一汇率制度

B. 固定汇率制度

C. 双重汇率制度

D. 有管理的浮动汇率制度

【答案】AD

【真题2·单选题】根据外汇管理法律制度的规定，下列关于人民币汇率制度的表述中，正确的是（　　）。（2016年）

A. 固定汇率制

B. 双重汇率制

C. 自由浮动汇率制

D. 有管理的浮动汇率制

【答案】D

【真题3·多选题】根据外汇管理法律制度的规定，下列关于当前人民币汇率制度的表述中，正确的有（　　）。（2018年）

A. 参考"一篮子"货币进行调节

B. 有管理的浮动汇率

C. 以市场供求为基础

D. 官方汇率与调剂市场汇率并存

【答案】ABC

2. 外汇市场

（1）基于参与主体和交易方式的不同，外汇市场可以划分为外汇零售市场和外汇批发市场。

（2）外汇**批发市场**是指以银行业金融机构为主、以非银行金融机构和非金融企业为辅的机构间外汇买卖市场，也称银行间外汇市场。

（3）外汇**零售市场**是指银行和企业、银行与个人客户之间进行柜台式外汇买卖所形成的市场。

经典题解

【真题·多选题】根据外汇管理法律制度的规定，外汇市场可以划分为外汇零售市场和外汇批发市场。下列市场参与者之间进行的外汇买卖中，属于外汇批发市场的有（　　）。（2019年）

A. 银行与企业之间进行的柜台式外汇买卖

B. 银行与个人客户之间进行的柜台式外汇买卖

C. 银行与银行之间进行的外汇买卖

D. 银行与其他非银行金融机构之间进行的外汇买卖

【解析】（1）选项AB：属于外汇零售市场；（2）选项CD：属于外汇批发市场。

【答案】CD

3. 特别提款权

（1）特别提款权是国际货币基金组织创设的一种特殊的国际储备和支付手段。当成员国发生国际收支逆差时，可以用特别提款权向基金组织指定的其他成员国换取特定种类的外汇。此外，特别提款权还可以与黄金、其他外汇资产一样充作国际储备。特别提款权**本身不是货币，但具有价值**，其价值由货币篮组成货币的币值按各自权重计算并加总而成。

（2）2015年12月，国际货币基金组织执行董事会正式批准人民币加入特别提款权货币篮，人民币成为与**美元、欧元、日元和英镑**并列的第5种**可自由使用货币**。

【解释】可自由使用货币的判定涉及相关货币在国际上的实际使用和交易，与货币是否自由兑换、汇率是否自由浮动是不同的概念，这也正是人民币尚未完全实现**可自由兑换**（资本项目还存在限制），却能被国际货币基金组织认定为**可自由使用**货币的原因所在。

经典题解

【真题1·多选题】 根据外汇管理法律制度的规定，下列关于特别提款权的表述中，正确的有（　　）。（2016年）

A. 特别提款权是一种货币

B. 特别提款权本身具有价值

C. 特别提款权的“货币篮”目前由5种货币组成

D. 加入特别提款权“货币篮”标志着人民币完全实现了可自由兑换

【答案】 BC

【真题2·多选题】 根据外汇管理法律制度的规定，下列货币中，属于特别提款权货币篮组成货币的有（　　）。（2017年）

A. 美元

B. 加拿大元

C. 英镑

D. 人民币

【答案】 ACD

【真题3·多选题】 根据外汇管理法律制度的规定，下列货币中，属于特别提款权货币篮组成货币的有（　　）。（2018年）

A. 美元

B. 日元

C. 人民币

D. 加拿大元

【答案】 ABC

同步强化练习题

一、单项选择题

1. 根据外商投资法律制度的规定，负面清单由（　　）发布或者批准发布。

A. 全国人民代表大会

B. 国务院

C. 国家发展和改革委员会

D. 商务部

2. 根据外商投资法律制度的规定，鼓励外商投资产业目录由（　　）批准。

A. 全国人民代表大会

B. 国务院

C. 国家发展和改革委员会

D. 商务部

3. 根据外商投资法律制度的规定，下列关于准入前国民待遇加负面清单管理制度的表述中，不正确的是(　　)。

A. 准入前国民待遇是指在投资准入阶段给予外国投资者及其投资不低于本国投资者及其投资的待遇

B. 负面清单是指国家规定在特定领域对外商投资实施的准入特别管理措施

C. 国家对负面清单之外的外商投资，给予国民待遇

D. 负面清单由商务部发布或者批准发布

4. 根据外商投资法律制度的规定，下列关于外商投资合同效力的表述中，不正确的是(　　)。

A. 对负面清单之外的领域形成的投资合同，当事人以合同未经有关行政主管部门批准、登记为由主张合同无效的，人民法院不予支持

B. 对负面清单之外的领域形成的投资合同，当事人以合同未经有关行政主管部门批准、登记为由主张合同未生效的，人民法院不予支持

C. 对负面清单禁止领域内的投资合同，当事人主张投资合同有效的，人民法院应予支持

D. 对负面清单禁止领域内的投资合同，当事人主张投资合同无效的，人民法院应予支持

5. 根据外商投资法律制度的规定，下列情形中，地方各级人民政府及其有关部门可以改变其向外国投资者、外商投资企业依法作出的政策承诺的是(　　)。

A. 行政区划调整

B. 政府换届

C. 相关责任人更替

D. 因社会公共利益的需要

6. 根据外商投资法律制度的规定，下列关于外商投资企业的表述中，不正确的是(　　)。

A. 外商投资企业的组织形式、组织机构及其活动准则，适用《公司法》、《合伙企业法》等法律的规定

B. 外商投资企业的登记注册，由国务院市场监督管理部门或者其授权的地方人民政府市场监督管理部门依法办理

C. 外商投资企业的注册资本应当用人民币表示

D. 外国投资者并购中国境内企业或者以其他方式参与经营者集中的，应当依照《反垄断法》的规定接受经营者集中审查

7. 某省属企业拟实施一项境外投资项目，中方投资额2亿美元，该投资项目所在国家不属于敏感国家，该项目也不属于敏感行业。下列表述中，符合对外直接投资法律制度规定的是(　　)。

A. 该项目应报国家发展改革委备案

B. 该项目应报国家发展改革委核准

C. 该项目应报该省发展改革部门备案

D. 该项目应报该省发展改革部门核准

8. 《中华人民共和国外商投资法》第40条规定："任何国家或者地区在投资方面对中华人民共和国采取歧视性的禁止、限制或者其他类似措施的，中华人民共和国可以根据实际情况对该国家或者该地区采取相应的措施。"该条款体现的原则是(　　)。

A. 统一管理原则

B. 平等互利原则

C. 公平自由原则

D. 互惠对等原则

9. 根据对外贸易法律制度的规定，下列关于国营贸易的表述中，不正确的是(　　)。

A. 国家可以对部分货物的进出口实行国营贸易管理，国营贸易是世界贸易组织明文允许的贸易制度

B. 判断一个企业是不是国营贸易企业，关键是看该企业是否在国际贸易中享有专营权或者特许权，与该企业的所有制形式并无必然联系

C. 实行国营贸易管理的货物和经授权经营企业的目录，由商务部会同国务院其他有关部门确定、调整并公布

D. 实行国营贸易管理货物的进出口业务只能由经授权的企业经营

10. 根据对外贸易法律制度的规定，下列关于货物进出口的表述中，不正确的是(　　)。

A. 商务部基于监测进出口情况的需要，可以对部分自由进出口的货物实行进出口自动许可并公布其目录

B. 国家规定有数量限制的限制进出口货物，实行配额管理

C. 没有数量限制的限制进出口货物，实行许可证管理

D. 国家对部分进口货物可以实行关税配额管理，实行关税配额管理的进口货物目录，由海关总署会同国务院有关部门制定、调整并公布

11. 根据对外贸易法律制度的规定，在临时反倾销措施中，要求出口经营者提供保证金、保函或者其他形式的担保的，有权作出该决定的机构是(　　)。

A. 商务部

B. 海关总署

C. 国家税务总局

D. 国务院关税税则委员会

12. 根据对外贸易法律制度的规定，临时保障措施采取提高关税的形式，有权作出该决定的机构是(　　)。

A. 商务部

B. 海关总署

C. 国家税务总局

D. 国务院关税税则委员会

13. 根据对外贸易法律制度的规定，保障措施采取数量限制形式的，有权作出该决定的机构是(　　)。

A. 商务部

B. 海关总署

C. 国家税务总局

D. 国务院关税税则委员会

14. 根据对外贸易法律制度的规定，下列关于反倾销调查的表述中，不正确的是(　　)。

A. 表示支持申请的国内生产者的产量不足国内同类产品总产量的 25% 的，不得启动反倾销调查

B. 商务部虽未收到反倾销调查的书面申请，但有充分证据认为存在倾销和损害以及二者之间有因果关系的，可以自行决定立案调查

C. 反倾销调查应当自立案调查决定公告之日起 12 个月内结束；特殊情况下可以延长，但延长期不得超过 6 个月

D. 倾销幅度低于 2% 的，反倾销调查应当中止

15. 应国内化工产业的申请，中国商务部对来自甲国的某化工产品进行了反倾销调查。根据对外贸易法律制度的规定，下列表述中，正确的是(　　)。

A. 自反倾销立案调查决定公告之日起 6 个月内，不得采取临时反倾销措施

B. 反倾销税税额不应超过终裁决定确定的倾销幅度

C. 甲国某化工产品的出口经营者必须接受商务部有关价格承诺的建议

D. 针对甲国某化工产品的反倾销税征收期限为 5 年，不得延长

16. 甲、乙、丙三国企业均向中国出口某化工产品，中国生产同类化工产品的企业认为进口的这一化工产品价格过低，向商务部提出了反倾销调查申请。根据对外贸易法律制度的规定，下列表述中，正确的是(　　)。

A. 反倾销税税额不应超过终裁决定确定的倾销幅度

B. 反倾销税的纳税人为甲、乙、丙三国企业

C. 商务部可要求甲、乙、丙三国企业作出价格承诺，否则不能进口

D. 征收反倾销税，由商务部作出决定并予以公告

17. 部分中国企业向商务部提出反倾销调查申请，要求对原产于某国的某化工原材料进口产品进行相关调查。商务部终局裁定确定倾销成立，决定征收反倾销税。根据对外贸易法律制度的规定，下列表述中，正确的是(　　)。

A. 构成倾销的前提是进口产品对我国化

工原材料产业造成了实质损害，或者产生实质损害威胁
B. 对不同出口经营者应该征收同一标准的反倾销税税额
C. 征收反倾销税，由国务院关税税则委员会做出决定，商务部予以执行
D. 特殊情况下反倾销税税额可以超过终裁决定确定的倾销幅度

18. 中国进口的某类化工产品 2019 年在中国的市场份额比 2018 年有较大增加。经查，两年进口总量虽持平，但仍给生产同类产品的国内产业造成了严重损害。根据对外贸易法律制度的规定，下列表述中，正确的是(　　)。
A. 受损害的国内产业可向商务部申请反倾销调查
B. 受损害的国内产业可向商务部提出采取保障措施的书面申请
C. 因该类化工产品的进口数量并没有绝对增加，故不能采取保障措施
D. 该类化工产品的出口商可通过价格承诺避免保障措施的实施

19. 根据对外贸易法律制度的规定，下列关于保障措施的表述中，不正确的是(　　)。
A. 商务部虽未收到采取保障措施的书面申请，但有充分证据认为国内产业因进口产品数量增加而受到损害的，可以决定立案调查
B. 商务部根据调查结果,可以作出初裁决定,也可以直接作出终裁决定,并予以公告
C. 临时保障措施的实施期限，自临时保障措施决定公告规定实施之日起，不得超过 4 个月
D. 在任何情况下，一项保障措施的实施期限及其延长期限不得超过 10 年

20. 根据外汇管理法律制度的规定，负责对合格境内机构投资者（QDII）的境外投资额度进行管理的机构是(　　)。
A. 财政部
B. 商务部
C. 国家外汇管理局
D. 中国证监会

21. 根据外汇管理法律制度的规定，下列关于特别提款权的表述中，不正确的是(　　)。
A. 特别提款权本身不是货币
B. 特别提款权本身具有价值
C. 人民币加入特别提款权“货币篮”标志着人民币属于可自由使用的货币
D. 人民币加入特别提款权“货币篮”标志着人民币完全实现了可自由兑换

二、多项选择题

1. 根据外商投资法律制度的规定，下列情形中，属于外商投资的有(　　)。
A. 外国的自然人与中国境内的自然人共同在中国境内设立外商投资企业
B. 外国的公司与中国境内的自然人共同在中国境内设立外商投资企业
C. 外国的公司取得中国境内合伙企业的财产份额
D. 外国的自然人与中国境内的自然人共同在中国境内投资新建项目

2. 根据外商投资法律制度的规定，国家对外商投资实行准入前国民待遇加负面清单管理制度。下列关于负面清单的表述中，正确的有(　　)。
A. 外商投资准入负面清单规定禁止投资的领域，外国投资者不得投资
B. 外商投资准入负面清单规定限制投资的领域，外国投资者不得投资
C. 外商投资准入负面清单以外的领域，按照内外资一致的原则实施监督管理
D. 有关主管部门在依法履行职责过程中，对外国投资者拟投资负面清单内领域，但不符合负面清单规定的，不予办理许可、企业登记注册等相关事项

3. 根据外商投资法律制度的规定，下列关于投资促进的表述中，正确的有(　　)。
A. 与外商投资有关的规范性文件、裁判文书等，应当依法及时公布，未经公布的不得作为行政管理依据
B. 外商投资企业可以根据需要自行制定或者与其他企业联合制定企业标准

C. 国家制定的强制性标准对外商投资企业和内资企业平等适用

D. 政府及其有关部门不得阻挠和限制外商投资企业自由进入本地区和本行业的政府采购市场

4. 根据外商投资法律制度的规定，下列各项中，外商投资企业可以采用的融资方式有(　　)。

A. 在中国境内公开发行股票

B. 在中国境外公开发行股票

C. 在中国境外公开发行公司债券

D. 借用外债

5. 根据外商投资法律制度的规定，外国投资者的下列所得中，可以依法以人民币或者外汇自由汇入、汇出的有(　　)。

A. 资产处置所得

B. 取得的知识产权许可使用费

C. 依法获得的补偿或者赔偿

D. 清算所得

6. 根据外商投资法律制度的规定，下列关于投资保护的表述中，正确的有(　　)。

A. 国家对外国投资者的投资原则上不实行征收

B. 外商投资企业的外籍职工和香港、澳门、台湾职工的工资收入和其他合法收入，可以依法自由汇出

C. 政府及其有关部门制定涉及外商投资的规范性文件，应当按照国务院的规定进行合法性审核

D. 外商投资企业可以依法成立和自愿参加商会、协会

7. 根据外商直接投资法律制度的规定，下列各项中，属于自由贸易试验区外商投资国家安全审查内容的有(　　)。

A. 外商投资对国家经济稳定运行的影响

B. 外商投资对社会基本生活秩序的影响

C. 外商投资对国家文化安全、公共道德的影响

D. 外商投资对国家网络安全的影响

8. 根据对外贸易法律制度的规定，下列表述中，正确的有(　　)。

A. 只要依法办理了登记或者其他执业手续的单位和个人均可从事外贸经营，无须专门许可

B. 国家可以对部分货物的进出口实行国营贸易管理，实行国营贸易管理货物的进出口业务只能由经授权的企业经营

C. 国家对限制进出口的货物，实行配额、许可证等方式管理

D. 对限制进出口的技术，实行许可证管理，技术进出口合同自依法成立时生效

9. 根据对外贸易法律制度的规定，下列关于临时反倾销措施的表述中，正确的有(　　)。

A. 自反倾销立案调查决定公告之日起 60 天内，不得采取临时反倾销措施

B. 临时反倾销措施实施的期限，自临时反倾销措施决定公告规定实施之日起，不超过 4 个月；在特殊情形下，可以延长至 9 个月

C. 征收临时反倾销税，由商务部作出决定并予以公告

D. 要求提供保证金、保函或者其他形式的担保，由商务部作出决定并予以公告

10. 根据对外贸易法律制度的规定，下列关于反倾销措施中价格承诺的表述中，正确的有(　　)。

A. 倾销进口产品的出口经营者在反倾销调查期间，可以向商务部作出改变价格或者停止以倾销价格出口的价格承诺

B. 商务部可以向出口经营者提出价格承诺的建议，但不得强迫出口经营者作出价格承诺

C. 商务部对倾销以及由倾销造成的损害作出肯定的初裁决定前，不得寻求或者接受价格承诺

D. 出口经营者不作出价格承诺或者不接受价格承诺的建议的，不妨碍对反倾销案件的调查和确定

11. 根据对外贸易法律制度的规定，因进口产品数量大量增加，对生产同类产品或者与其直接竞争的产品的国内产业造成严重损害或者严重损害威胁的，国家可以采取必要的保障措施。在确定进口产

品数量增加对国内产业造成的损害时，应当审查的因素有（　　）。

A. 进口产品的绝对增长率与增长量

B. 进口产品的相对增长率与增长量

C. 增加的进口产品在国内市场中所占的份额

D. 进口产品对国内产业的影响

12. 根据对外贸易法律制度的规定，下列关于临时保障措施的表述中，正确的有（　　）。

A. 临时保障措施采取提高关税的形式

B. 采取临时保障措施，由商务部作出决定并予以公告

C. 在采取临时保障措施前，商务部应当将有关情况通知保障措施委员会

D. 临时保障措施的实施期限，自临时保障措施决定公告规定实施之日起，不得超过6个月

13. 根据对外贸易法律制度的规定，终裁决定确定进口产品数量增加，并由此对国内产业造成损害的，可以采取保障措施。下列关于保障措施的表述中，正确的有（　　）。

A. 保障措施采取提高关税形式的，由商务部提出建议，国务院关税税则委员会根据商务部的建议作出决定，由商务部予以公告

B. 保障措施采取数量限制形式的，由商务部作出决定并予以公告

C. 采取数量限制措施的，限制后的进口量不得低于最近3个有代表性年度的平均进口量，但有正当理由表明为防止或者补救严重损害而有必要采取不同水平的数量限制措施的除外

D. 在任何情况下，一项保障措施的实施期限及其延长期限不得超过5年

14. 根据外汇管理法律制度的规定，下列各项中，属于经常项目外汇收支的有（　　）。

A. 服务贸易收支

B. 单方面转移

C. 直接投资

D. 证券投资

15. 根据外汇管理法律制度的规定，下列各项中，属于境内机构资本项目外汇支出的有（　　）。

A. 外商投资企业依法清算后的资金汇出

B. 外商投资企业外方所得利润在境内再投资

C. 外商投资企业经营期间的利润汇出

D. 外商投资企业外籍员工的工资汇出

16. 根据外汇管理法律制度的规定，下列关于直接投资项下外汇管理的表述中，不正确的有（　　）。

A. 外商直接投资的汇入和汇出均应在外汇局办理登记

B. 境内机构向境外直接投资，应由外汇局对外汇资金的来源进行审核

C. 境内机构境外直接投资所获利润可以留存境外继续用于直接投资，也可汇回境内

D. 境内机构将其所得的境外直接投资利润汇回境内的，可以保存在其资本项目外汇账户或者办理结汇

17. 根据外汇管理法律制度的规定，下列关于外保内贷的表述中，正确的有（　　）。

A. 境内债务人应到所在地外汇局办理短期外债签约登记及相关信息备案手续

B. 外保内贷业务发生担保履约的，金融机构可以直接与境外担保人办理担保履约收款

C. 境内债务人因外保内贷项下担保履约形成的对外负债，其未偿本金余额不得超过其上年度末经审计的净资产额

D. 在境内债务人偿清其对境外担保人的债务之前，未经外汇局批准，境内债务人应暂停签订新的外保内贷合同

18. 根据外汇管理法律制度的规定，下列关于合格境内机构投资者（QDII）制度的管理环节中，属于国家外汇管理局职责范围的有（　　）。

A. 资格审批

B. 投资额度的审定

C. 投资品种的确定

D. 资金汇兑管理

19. 根据外汇管理法律制度的规定，下列关

于当前人民币汇率制度的表述中，正确的有（　　）。

A. 参考“一篮子”货币进行调节

B. 有管理的浮动汇率制度

C. 以市场供求为基础

D. 单一汇率制度

20. 根据外汇管理法律制度的规定，下列货币中，属于特别提款权货币篮组成货币的有（　　）。

A. 欧元　　B. 日元

C. 人民币　　D. 卢布

同步强化练习题参考答案及解析

一、单项选择题

1. 【答案】B

2. 【答案】B

3. 【答案】D

4. 【答案】C

5. 【答案】D

6. 【答案】C

解析：选项C：外商投资企业的注册资本可以用人民币表示，也可以用可自由兑换货币表示。

7. 【答案】C

8. 【答案】D

9. 【答案】D

解析：选项D：国家允许部分数量的国营贸易管理货物的进出口业务由非授权企业经营。

10. 【答案】D

解析：选项D：实行关税配额管理的进口货物目录，由商务部会同国务院有关部门制定、调整并公布。

11. 【答案】A

12. 【答案】D

13. 【答案】A

14. 【答案】D

解析：选项D：倾销幅度低于2%的，反倾销调查应当终止，并由商务部予以公告。

15. 【答案】B

解析：（1）选项A：自反倾销立案调查决定公告之日起60天内，不得采取临时反倾销措施；（2）选项C：商务部可以向出口经营者提出价格承诺的建议，但不得强迫出口经营者作出价格承诺；（3）选项D：反倾销税的征收期限不超过5年，但经商务部复审确定终止征收反倾销税有可能导致倾销和损害的继续或者再度发生的，反倾销税的征收期限可以适当延长。

16. 【答案】A

解析：（1）选项B：反倾销税的纳税人为倾销进口产品的进口经营者；（2）选项C：商务部可以向出口经营者提出价格承诺的建议，但商务部不得强迫出口经营者作出价格承诺；（3）选项D：征收反倾销税，由商务部提出建议，国务院关税税则委员会根据商务部的建议作出决定，由商务部予以公告。

17. 【答案】A

解析：（1）选项B：反倾销税应当根据不同出口经营者的倾销幅度，分别确定；（2）选项C：反倾销税由海关执行；（3）选项D：在任何情形下，反倾销税税额不超过终裁决定确定的倾销幅度。

18.【答案】B

解析：（1）选项A：本题所述情形不涉及价格或者补贴问题，不能申请反倾销调查或者反补贴调查；（2）选项C：进口产品数量增加，是指进口产品数量的绝对增加或者与国内生产相比的相对增加，在本题中，尽管该类化工产品的进口数量并未绝对增加，但市场份额却有较大增加（相对增加），因此可以采取保障措施；（3）选项D：价格承诺属于反倾销的措施之一，但在保障措施中没有价格承诺的问题。

19.【答案】C

解析：选项C：临时保障措施的实施期限，自临时保障措施决定公告规定实施之日起，不超过200天。

20.【答案】C

21.【答案】D

解析：选项D：人民币尚未完全实现可自由兑换（资本项目还存在限制）。

二、多项选择题

1.【答案】ABCD

2.【答案】ACD

解析：选项B：外商投资准入负面清单规定限制投资的领域，外国投资者可以投资，但应当符合负面清单规定的股权要求、高级管理人员要求等限制性准入特别管理措施。

3.【答案】ABCD

4.【答案】ABCD

解析：外商投资企业可以依法在中国境内或者境外通过公开发行股票、公司债券等证券，以及公开或者非公开发行其他融资工具、借用外债等方式进行融资。

5.【答案】ABCD

解析：外国投资者在中国境内的出资、利润、资本收益、资产处置所得、知识产权许可使用费、依法获得的补偿或者赔偿、清算所得等，可以依法以人民币或者外汇自由汇入、汇出。

6.【答案】ABCD

7.【答案】ABCD

8.【答案】AC

解析：（1）选项B：国家允许部分数量的国营贸易管理货物的进出口业务由非授权企业经营；（2）选项D：对限制进出口的技术，技术进出口合同自许可证颁发之日起生效。

9.【答案】ABD

解析：选项C：征收临时反倾销税，由商务部提出建议，国务院关税税则委员会根据商务部的建议作出决定。

10.【答案】ABCD

11.【答案】ABCD

12.【答案】AC

解析：（1）选项B：采取临时保障措施，由商务部提出建议，国务院关税税则委员会根据商务部的建议作出决定，由商务部予以公告；（2）选项D：临时保障措施的实施期限，不得超过200天。

13.【答案】ABC

解析：选项D：在任何情况下，一项保障措施的实施期限及其延长期限不得超过10年。

14.【答案】AB

解析：（1）选项AB：属于经常项目；（2）选项CD：属于资本项目。

15.【答案】AB

解析：选项CD：属于经常项目的外汇支出。

16.【答案】BD

解析：（1）选项B：对于境内机构境外直接投资，已经取消了原来对外汇资金的来源审核，改为实行登记备案制度；（2）选项D：境内机构将其所得的境外直接投资利润汇回境内的，可以保存在其“经常项目”外汇账户或者办理结汇。

17.【答案】ABCD

18.【答案】BD

19.【答案】ABCD

20.【答案】ABC

第三部分

跨章节综合题演练

跨章节综合题演练

扫一扫 “码”上做题

本书中各部分试题均配备二维码，下载安装东奥“会计云课堂”APP，扫一扫左侧二维码，即可在线做题，并获得详尽的答案解析、解题思路等超值服务，解决您做题时的一切疑惑。

303741

【“会计云课堂”APP 安装二维码详见封底】

【案例 1】

甲企业与乙银行签订借款合同，借款合同约定：甲企业向乙银行借款 1000 万元，借款期限自 2019 年 1 月 1 日至 2019 年 12 月 31 日。甲企业将其现有的以及将有的生产设备、原材料、半成品、产品一并抵押给乙银行，双方于 2019 年 1 月 1 日签订了抵押合同，并于 2019 年 1 月 10 日办理了抵押登记。此外，应甲企业的要求，张某单方以书面形式向乙银行出具了保证书，乙银行接受且未提出异议。在张某出具的保证书中，未约定保证方式以及承担担保责任的顺序。

借款期限届满后，甲企业拒绝还本付息。乙银行经调查发现：（1）2019 年 10 月，甲企业未经乙银行同意，将一批原材料以市场价格 40 万元卖给丙公司，丙公司已经付款，甲企业已经将其交付给丙公司；（2）2019 年 12 月，甲企业一台价值 50 万元的生产设备被送至丁公司修理，但因甲企业之前欠丁公司 80 万元的货款，该生产设备被丁公司留置。

乙银行要求张某承担保证责任，张某则主张：该债权既有保证担保，又有甲企业的抵押担保，乙银行应首先行使抵押权。乙银行就丙公司所购买的原材料主张行使抵押权，被丙公司拒绝。乙银行就丁公司所留置的生产设备主张行使抵押权，丁公司则认为自己的留置权优先于乙银行的抵押权。

要求：

根据上述内容，分别回答下列问题：

（1）乙银行的抵押权何时设立？并说明理由。

（2）乙银行与张某之间的保证关系是否成立？并说明理由。

（3）张某应当承担连带保证责任还是一般保证责任？并说明理由。

（4）张某提出乙银行应首先实现抵押权的主张是否符合规定？并说明理由。

（5）乙银行是否有权向丙公司就其购买的原材料主张抵押权？并说明理由。

（6）丁公司是否有权就甲企业的生产设备行使留置权？并说明理由。

（7）丁公司提出其留置权优先于乙银行抵押权的主张是否符合规定？并说明理由。

【案例 2】

2017 年 4 月 1 日，甲房地产公司（以下简称“甲公司”）与乙建筑公司（以下简称“乙公司”）签订一份建筑工程承包合同，约定由乙公司承建甲公司开发的景明写字楼项目，工期 18 个月，工程价款 5000 万元，甲公司应于 2019 年 1 月 1 日前一次性付清。工程将要竣工时，甲公司因资金短缺，无力继续提供约定由其提供的部分建筑材料。鉴于双方的长期合作关系，乙公司遂以自有资金500万元购买部分建筑材料用于该工程，工程如期完成。对于乙公司的垫资，双方未作任何约定。工程如期竣工验收后，甲公司未按照合同约定向乙公司支付5000万元工程款，乙公司垫付的500万元建筑材料款也未支付。

2018年6月1日，甲公司为投资其他房地产项目，以在建的景明写字楼作抵押，向丙银行借款3亿元，并于当日办理了抵押登记。该借款到期后，甲公司因资金周转困难，未能全部偿还，尚欠丙银行借款本息2亿元。

2018年，乙公司开始涉足房地产开发业务，并于2018年7月1日以5亿元的价格，从丁房地产公司（以下简称“丁公司”）处受让一块建设用地使用权，用于建设西山公寓住宅项目。乙公司向丁公司支付了4亿元土地转让金。根据双方约定，剩余1亿元应于2019年7月1日前支付完毕。同时，甲公司以景明写字楼作抵押，为乙公司所欠丁公司的1亿元土地转让金提供担保，双方办理了抵押登记。

西山公寓项目竣工后，因市场低迷而滞销。为缓解困境，乙公司于2019年11月11日，以西山公寓作抵押，从戊银行处获得一笔贷款，并办理了抵押登记。双方约定，一旦乙公司连续3个月不能偿还借款利息，戊银行即可行使抵押权。

2019年12月3日，吴某以800万元的价格购买了西山公寓住房一套，并一次性付清了房款。但乙公司未将该房屋已设定抵押的事实告知吴某。

甲公司因不能清偿到期债务，于2019年12月27日被人民法院裁定进入破产程序。在申报破产债权时，乙公司就其5000万元的工程款和500万元的垫资款、丙银行就甲公司尚未偿还的2亿元借款本息、丁公司就其1亿元土地转让金，均主张以景明写字楼拍卖所得价款全额优先受偿。景明写字楼拍卖所得价款为2.7亿元。

鉴于乙公司停止偿还借款利息已超过3个月，2020年4月20日，戊银行行使对西山公寓的抵押权，申请人民法院拍卖西山公寓。至此，吴某方得知其所购商品房已被设定抵押，遂主张解除房屋买卖合同，要求乙公司返还800万元购房款并赔偿损失，同时要求乙公司另行支付800万元的惩罚性赔偿金。

要求：

根据上述内容，分别回答下列问题：

（1）甲公司所欠乙公司的5000万元工程款能否从景明写字楼拍卖所得价款中全额优先受偿？并说明理由。

（2）甲公司所欠乙公司的500万元垫资款能否从景明写字楼拍卖所得价款中全额优先受偿？并说明理由。

（3）甲公司所欠丙银行的2亿元借款本息能否从景明写字楼拍卖所得价款中全额优先受偿？并说明理由。

（4）乙公司所欠丁公司的1亿元土地转让金能否从景明写字楼拍卖所得价款中全额优先受偿？如果不能全额优先受偿，不足部分丁公司能否向甲公司的破产管理人申报破产债权？并分别说明理由。

（5）吴某是否有权要求乙公司返还800万元购房款并赔偿损失？并说明理由。

（6）吴某是否有权要求乙公司支付800万元的惩罚性赔偿金？并说明理由。

【案例3】

吴某和李某夫妻二人共有一套房屋，房屋所有权登记在吴某的名下。后吴某和李某离婚，人民法院判决房屋归李某所有，该判决的生效日期为2018年2月1日，但双方并未办理房屋所有权转移登记。

2018年3月1日，李某以自己的名义将该房屋出卖给张某，双方签订了书面房屋买卖合同，张某当日支付了500万元购房款，但未办理房屋所有权转移登记。

2018年4月1日，吴某以自己的名义将

该房屋出卖给不知情的王某，双方签订了书面房屋买卖合同，王某当日支付了600万元购房款，并于2018年4月10日办理了房屋所有权转移登记。张某知悉后提出，由于吴某在与王某签订房屋买卖合同时对该房屋没有处分权，吴某与王某之间的房屋买卖合同无效。

2018年7月1日，王某将该房屋出租给谢某，双方签订了1年期书面租赁合同，但未办理登记备案手续。

2018年9月1日，王某向刘某借款500万元，期限6个月，但双方未约定借期内是否支付利息。王某以该房屋设定抵押，并于2018年9月5日办理了抵押登记。借款到期后，王某未能清偿债务，刘某拟对该房屋行使抵押权。经与刘某协商，王某拟将该房屋变卖，以清偿债务。

2019年4月10日，王某在未告知承租人谢某的情况下将该房屋作价700万元卖给姚某。双方于2019年4月15日办理了房屋所有权转移登记，当日姚某要求谢某在10日内搬出该房屋，遭到谢某的拒绝。

谢某向人民法院提起诉讼，主张王某与姚某之间的房屋买卖合同无效，并要求王某赔偿其因未能行使优先购买权而造成的损失。此外，谢某还提出，由于自己与王某之间的房屋租赁合同未办理登记备案手续，因此该租赁合同无效。

要求：

根据上述内容，分别回答下列问题：

（1）李某自何时起取得该房屋的所有权？并说明理由。

（2）李某与张某之间的房屋买卖合同是否已经生效？并说明理由。

（3）张某关于吴某与王某之间房屋买卖合同无效的观点是否正确？并说明理由。

（4）谢某关于自己与王某之间房屋租赁合同无效的主张能否获得人民法院的支持？并说明理由。

（5）谢某关于王某与姚某之间房屋买卖合同无效的主张能否获得人民法院的支持？并说明理由。

（6）谢某要求王某赔偿其损失的主张能否获得人民法院的支持？并说明理由。

（7）姚某是否有权要求谢某在10日内搬出该房屋？并说明理由。

（8）刘某是否有权要求王某支付借期内的利息？并说明理由。

【案例4】

2017年1月，李某设立了甲一人有限责任公司（以下简称“甲公司”），注册资本为200万元。

2019年4月1日，甲公司向乙银行借款500万元，双方签订了借款合同，借款期限为1年。陈某在借款合同中以保证人的身份签字。此外，甲公司以其5台机器设备为该笔借款提供了抵押。双方于2019年4月1日签订了书面抵押合同，但未办理抵押登记。抵押合同中约定：如甲公司不偿还到期借款本息，这5台机器设备直接归乙银行所有。

2019年4月10日，甲公司与不知情的丙公司签订买卖合同，将其中一台机器设备以100万元的市场价格出售给丙公司。丙公司依约于签订合同的当日向甲公司支付了全部价款，并拟于2019年4月20日提货。

2019年4月16日，甲公司又将该机器设备以100万元的市场价格卖给了不知情的丁公司。丁公司依约于签订合同的当日提走了该机器设备，并拟于2019年4月30日之前将货款支付给甲公司。

2019年4月20日，丙公司依约前来提货时，发现该机器设备已被丁公司提走，遂以自己是机器设备的所有权人为由要求丁公司返还，被丁公司拒绝。

2020年4月1日，借款期限届满，甲公司无力偿还到期借款本息。乙银行经调查发现，李某在缴纳出资后，通过虚构债权债务关系等方式抽逃了100万元出资。为实现其债权，乙银行以甲公司、李某、陈某为被告向人民法院提起了诉讼：要求取得甲公司 5 台机器设备的所有权；要求李某在抽逃出资的本息范围内向乙银行承担清偿责任；要求陈某承担保证责任。

在庭审中，甲公司抗辩称：抵押合同中约定了“如甲公司不偿还到期借款本息，这 5 台机器设备直接归乙银行所有”，抵押合同无效。

陈某抗辩称：（1）自己未与乙银行签订保证合同，不应当承担保证责任；（2）因自己只是工薪阶层，不具有代偿能力，不应当承担保证责任；（3）即使自己承担保证责任，乙银行也应当先实现抵押权。

李某抗辩称：借款合同的债务人是甲公司，自己无须向乙银行承担借款清偿责任。

经查，甲公司、陈某与乙银行之间未对实现担保物权的先后顺序作出特别约定。

要求：

根据上述内容，分别回答下列问题：

（1）甲公司主张抵押合同无效是否成立？并说明理由。

（2）陈某的抗辩（1）是否成立？并说明理由。

（3）陈某的抗辩（2）是否成立？并说明理由。

（4）陈某的抗辩（3）是否成立？并说明理由。

（5）李某的抗辩是否成立？并说明理由。

（6）甲公司与丙公司之间的买卖合同是否有效？丙公司是否取得了该机器设备的所有权？并分别说明理由。

（7）丁公司是否取得了该机器设备的所有权？并说明理由。

（8）乙银行能否对丁公司手中的机器设备行使抵押权？并说明理由。

【案例 5】

甲股份有限公司是一家在深圳证券交易所上市交易的上市公司（以下简称“甲公司”），股本总额为 100 亿元人民币。大华公司为甲公司的第一大股东，持有甲公司 18%的股份。

自 2020 年 3 月 1 日起，乙公司及其控股子公司丙公司通过证券交易所的证券交易，不断增持甲公司的股份。截至 2020 年 3 月 10 日，乙公司和丙公司分别持有甲公司 3%和 2%的股份。2020 年 3 月 11 日，乙公司和丙公司向中国证监会和深圳证券交易所作出书面报告，通知了甲公司，并予以公告。2020 年 4 月 1 日，乙公司和丙公司继续增持甲公司的股份，并依法履行了权益变动披露义务。截至 2020 年 6 月 1 日，乙公司和丙公司分别持有甲公司 20%和 7%的股份。

2020 年 6 月 5 日，甲公司董事会发布公告称，因甲公司正在筹划重大资产重组事宜，甲公司股票停牌。

经反复磋商，甲公司董事会拟订了发行股份购买资产的重组预案。该重组预案的部分内容如下：（1）甲公司拟向丁有限责任公司（以下简称“丁公司”）的股东 A 公司和 B 公司非公开发行股票共计 20 亿股，作为购买 A 公司和 B 公司所持丁公司全部股权的对价；（2）发行价格为董事会决议公告日前 60 个交易日公司股票交易均价的 90%；（3）对于本次非公开发行的股票，A 公司和 B 公司自股份发行结束之日起 12 个月内不得转让。

2020 年 7 月 1 日，甲公司召开临时董事会会议，讨论表决该重组预案。甲公司董事会由 10 名董事组成，其中包括 4 名独立董事。亲自出席本次会议的董事为 9 名，此外独立董事张某因病不能亲自出席会议，书面委托董事王某代为出席并行使表决权。在对该重组预案进行表决时，董事杨某因与丁公司有关联关系而回避表决。经激烈争辩，最终的表决结果为：赞成票为 5 票，大华公司派出的 4 位董事均投了反对票。

2020 年 7 月 2 日，甲公司董事会发布公告，将于 2020 年 7 月 20 日召开临时股东大会，对该重组方案进行表决。2020

年7月17日，丙公司向甲公司董事会提交罢免董事杨某的临时提案，被甲公司董事会拒绝。

在如期举行的临时股东大会上，出席该次股东大会的股东共持有75亿股有表决权的股票，最终的表决结果为：赞成票为30亿股，反对票为45亿股。临时股东大会未能通过该重组方案。在表决时，持股比例为0.1%的股东孙某投了反对票，孙某要求甲公司回购其持有的甲公司全部股份，被甲公司董事会拒绝。随后，孙某书面请求甲公司监事会对全体董事提起诉讼，称甲公司全体董事在重组过程中未尽到忠实和勤勉义务，给甲公司造成巨大损失，应承担赔偿责任，被甲公司监事会拒绝。孙某遂以自己的名义向人民法院提起股东代表诉讼，人民法院裁定不予受理。

要求：

根据上述内容，分别回答下列问题：

（1）乙公司和丙公司是否属于一致行动人？并说明理由。

（2）本次发行股份购买资产的发行价格是否违反了证券法律制度的规定？并说明理由。

（3）董事杨某因与丁公司有关联关系而回避表决后，甲公司董事会能否通过该重组预案？并说明理由。

（4）甲公司董事会拒绝丙公司临时提案的做法是否符合公司法律制度的规定？并说明理由。

（5）甲公司是否有义务回购股东孙某所持有的股份？并说明理由。

（6）人民法院对孙某的起诉裁定不予受理，是否符合公司法律制度的规定？并说明理由。

【案例6】

甲公司是一家于2008年4月20日在深圳证券交易所中小企业板上市交易的上市公司，其股本总额为8亿元。2018年9月16日，甲公司的控股股东乙公司将其持有的甲公司40%的股份全部协议转让给丙公司。

风顺科技股份有限公司（以下简称“风顺科技”）是一家从事互联网金融服务的公司，其控股股东A公司持有风顺科技70%的股权。

2020年4月1日，甲公司发布公告称，甲公司与风顺科技的全体股东签订《重大资产置换及发行股份购买资产协议》，该协议的部分要点如下：（1）甲公司以其全部资产及负债（作价10亿元）与风顺科技全体股东持有的100%股权（作价430亿元）的等值部分进行置换，二者的差额部分（420亿元），由甲公司向风顺科技全体股东非公开发行股份进行购买；（2）本次发行股份购买资产的定价基准日为甲公司本次发行股份购买资产的董事会决议公告日，股票发行价格为10元/股，即定价基准日前60个交易日股票均价的85%；甲公司本次拟发行股份42亿股；（3）A公司在本次重组中获得的甲公司股票，自发行结束之日起12个月后可以转让。

本次交易拟购买资产经审计的最近一年末资产总额、资产净额及最近一年的营业收入占甲公司最近一个会计年度经审计的合并财务报告相关指标的比例如下：

单位：亿元

	甲公司	风顺科技	交易金额	计算依据	指标占比
资产总额	8.86	347.17	430	430	4853.30%
资产净额	7.08	136.96	430	430	6073.40%
营业收入	6.69	481.01	—	481.01	7190.00%

已知，风顺科技 2017 年、2018 年和 2019 年的净利润分别为 2 亿元、-3 亿元和 4 亿元。

经查，甲公司原控股股东乙公司因涉嫌违法违规正被中国证监会立案调查（违法行为发生于 2018 年 2 月），甲公司现控股股东丙公司于 2019 年 9 月 10 日受到深圳证券交易所的公开谴责。

要求：

根据上述内容，分别回答下列问题：

(1) 在甲公司与风顺科技全体股东签订的《重大资产置换及发行股份购买资产协议》中，有哪些内容不符合证券法律制度的规定？并分别说明理由。

(2) 本次重组交易是否构成重组上市（借壳上市）？并说明理由。

(3) 本次重组交易是否应获得中国证监会的核准？并说明理由。

(4) 风顺科技最近三个会计年度的净利润情况是否构成本次重组交易的法定障碍？并说明理由。

(5) 甲公司原控股股东乙公司因涉嫌违法违规正被中国证监会立案调查，该事项是否构成本次重组交易的法定障碍？并说明理由。

(6) 甲公司现控股股东丙公司受到深圳证券交易所的公开谴责，该事项是否构成本次重组交易的法定障碍？并说明理由。

【案例 7】

自 2020 年初以来，A 公司出现不能清偿到期债务，且资产不足以清偿全部债务的情况。2020 年 7 月 1 日，人民法院裁定受理了 A 公司的破产申请，同时指定了管理人。在该破产案件中，存在下述情况：

(1) A 公司应付甲公司货款 200 万元，合同约定的付款日期为 2020 年 6 月 1 日。2020 年 4 月 1 日，A 公司向甲公司提前清偿了该笔债务。2020 年 7 月 10 日，管理人请求人民法院撤销该清偿行为。

(2) A 公司应付乙公司到期货款 500 万元，A 公司以其机器设备设定了抵押担保（该机器设备市场价值 800 万元）。2020 年 4 月 1 日，A 公司向乙公司清偿了该笔债务。2020 年 7 月 10 日，管理人请求人民法院撤销该清偿行为。

(3) 2019 年 11 月，A 公司从丙公司处租用机床一台，租期 1 年，租金已一次性付清。2020 年 4 月 4 日，A 公司以自己的名义将该机床按照 120 万元的市场价格卖给知情的丁公司，双方已交货、付款。2020 年 7 月 14 日，丙公司获悉该机床已被 A 公司卖给丁公司后，主张 A 公司与丁公司之间的买卖合同无效，并要求丁公司返还该机床。

(4) 2019 年 12 月，A 公司从戊公司处租用挖掘机一台，租期 1 年，租金已一次性付清。2020 年 6 月 1 日，该挖掘机因水灾受损，获保险赔偿金 60 万元（尚未交付给 A 公司）。

(5) A 公司和庚公司签订 100 万元的买卖合同。合同约定：出卖人庚公司于 2020 年 4 月 1 日向 A 公司交付机器设备；A 公司分期付款，最后一笔货款的支付期限为 2020 年 12 月 1 日；在 A 公司付清全部价款之前，该设备的所有权归庚公司所有。庚公司依约向 A 公司交付了机器设备。人民法院裁定受理 A 公司的破产申请时，A 公司已经支付货款 80 万元。A 公司的管理人决定继续履行该买卖合同。

要求：

根据上述内容，分别回答下列问题：

(1) 根据本题要点（1）所提示的内容，管理人请求人民法院撤销该清偿行为的主张能否获得人民法院的支持？并说明理由。

(2) 根据本题要点（2）所提示的内容，管理人请求人民法院撤销该清偿行为的主张能否获得人民法院的支持？并说明理由。

(3) 根据本题要点（3）所提示的内容，

丙公司主张A公司与丁公司之间的买卖合同无效能否获得人民法院的支持？并说明理由。丙公司主张丁公司向其返还该机床能否获得人民法院的支持？并说明理由。如果丙公司依法追回该机床，因丁公司已支付货款而产生的债务，应如何处理？

（4）根据本题要点（4）所提示的内容，戊公司是否有权主张取回60万元的保险赔偿金？并说明理由。

（5）根据本题要点（5）所提示的内容，当庚公司要求管理人及时支付剩余价款时，管理人能否以该债务尚未到期为由进行抗辩？如果管理人无正当理由拒绝支付剩余价款，庚公司能否主张取回该设备？并分别说明理由。

【案例8】

2020年4月1日，无权代理人甲以A公司的名义签发一张100万元的商业承兑汇票给B公司，该汇票上记载收款人为B公司、付款人为乙公司、付款日期为2020年7月1日。甲在该汇票上签章。

4月5日，B公司在明知甲没有代理权的情况下，将该汇票背书转让给不知情的C公司，以支付工程款。

4月10日，C公司将该汇票背书转让给D公司，用于支付买卖合同的货款。后因D公司向C公司交付的货物存在严重质量问题，双方发生纠纷。

5月20日，D公司为支付广告费，将该汇票背书转让给E公司。E公司负责人知悉C公司与D公司之间买卖合同纠纷的详情，对该汇票产生疑虑，遂要求D公司的关联企业F公司与E公司签订了一份书面保证合同，保证合同中未约定保证方式和保证担保的范围。F公司未在该汇票上记载有关保证事项，亦未签章。

6月1日，E公司将该汇票背书转让给G公司，以偿还所欠G公司的租金，G公司对C公司与D公司之间的买卖合同纠纷并不知情。

6月5日，G公司持该汇票向乙公司提示承兑，乙公司拒绝承兑。G公司遂向甲、A公司、C公司、E公司和F公司行使追索权。C公司以D公司违反买卖合同约定为由予以拒绝。E公司向G公司承担票据责任后，向C公司、D公司行使再追索权时，C公司仍以D公司违反买卖合同约定为由予以拒绝。D公司向E公司承担票据责任后，向C公司行使再追索权时，C公司仍以D公司违反买卖合同约定为由予以拒绝。

要求：

根据上述内容，分别回答下列问题：

（1）B公司是否取得了票据权利？并说明理由。

（2）C公司是否取得了票据权利？并说明理由。

（3）G公司能否向A公司和甲行使追索权？并说明理由。

（4）G公司能否对F公司行使追索权？并说明理由。

（5）C公司拒绝G公司追索的理由是否成立？并说明理由。

（6）C公司拒绝E公司追索的理由是否成立？并说明理由。

（7）C公司拒绝D公司追索的理由是否成立？并说明理由。

【案例9】

2020年4月1日，A公司与B公司签订100万元的机器设备买卖合同。A公司为支付货款，向B公司签发一张以甲银行为付款人、金额为100万元的银行承兑汇票，汇票到期日为2020年7月1日。A公司与甲银行签署承兑协议后，A公司依照约定向甲银行存入了30万元的保证金，甲银行作为承兑人在汇票上签章。

4月5日，为向C公司支付原材料采购价款，B公司在汇票上记载“不得转让”字样后，将该汇票背书转让给C公司。4月10日，C公司将该汇票背书转让给D公司，但C公司在汇票上记载：“只有D

公司交货后，该汇票才发生背书转让的效力”。但D公司一直未向C公司交货。4月19日，D公司取得的上述汇票不慎丢失，被王某拾得。王某伪造了D公司的财务专用章和其法定代表人张某的人名章，以D公司的名义将该汇票背书转让给知情的E公司。4月25日，E公司将该汇票背书转让给不知情的F公司，以支付工程款。

A公司收到B公司交付的机器设备后，发现该机器设备存在严重的质量问题，根本无法正常使用。在与B公司多次交涉无果后，A公司提出解除买卖合同，并将该机器设备退还给B公司。B公司承诺向A公司返还货款，但未能履行。A公司在解除买卖合同后，立即将该事实通知甲银行，要求甲银行不得对其开出的银行承兑汇票付款。直到该汇票到期日，A公司也未依照约定将剩余汇票金额存入甲银行。

7月4日，持票人F公司向甲银行提示付款，甲银行以出票人A公司未足额缴存票款和该汇票已经被伪造为由拒绝付款，并于当日出具拒绝证明。

7月6日，F公司向A公司、B公司、D公司和王某同时发出追索通知。其中，B公司以自己在背书时曾记载“不得转让”字样为由拒绝承担票据责任，A公司以B公司交付的机器设备不符合合同约定为由拒绝承担票据责任。

要求：

根据上述内容，分别回答下列问题：

(1) A公司主张解除买卖合同是否符合法律规定？并说明理由。

(2) 甲银行拒绝付款的两个理由是否成立？并分别说明理由。

(3) C公司向D公司的背书行为是否有效？并说明理由。

(4) E公司是否取得了票据权利？并说明理由。

(5) F公司是否取得了票据权利？并说明理由。

(6) F公司能否向D公司行使追索权？并说明理由。

(7) F公司能否向王某行使追索权？并说明理由。

(8) B公司拒绝向F公司承担票据责任的理由是否成立？并说明理由。

(9) A公司拒绝向F公司承担票据责任的理由是否成立？并说明理由。

跨章节综合题演练参考答案及解析

【案例1答案】

(1) 乙银行的抵押权于2019年1月1日设立。根据规定，浮动抵押的抵押权自抵押合同生效时设立。

(2) 乙银行与张某之间的保证关系成立。根据规定，第三人单方以书面形式向债权人出具担保书，债权人接受且未提出异议的，保证合同成立。

(3) 张某应当承担连带保证责任。根据规定，保证合同未约定保证方式的，保证人承担连带保证责任。

(4) 张某的主张符合规定。根据规定，被担保的债权既有物的担保又有人的担保，债务人不履行到期债务时，债权人应当按照约定实现债权；没有约定或者约定不明确，主债务人自己提供物的担保的，债权人应当首先就该物的担保实现债权。

（5）乙银行无权向丙公司就其购买的生产设备主张抵押权。根据规定，浮动抵押即使已经登记，也不得对抗正常经营活动中已支付合理价款并取得抵押财产的买受人。

（6）丁公司有权就甲企业的生产设备行使留置权。根据规定，债权人留置的动产，应当与债权属于同一法律关系。但是，企业之间留置的除外。

（7）丁公司的主张符合规定。根据规定，同一动产上已设立抵押权，该动产又被留置的，留置权人优先受偿。

【案例 2 答案】

（1）甲公司所欠乙公司的 5000 万元工程款不能从景明写字楼拍卖所得价款中全额优先受偿。根据规定，建设工程承包人行使优先权的期限为 6 个月，自发包人应当给付建设工程价款之日（2019 年 1 月 1 日）起计算。在本题中，乙公司主张优先受偿权时，距发包人应当给付建设工程价款之日已经超过 6 个月，不再享有优先权。

（2）甲公司所欠乙公司的 500 万元垫资款不能从景明写字楼拍卖所得价款中全额优先受偿。根据规定，承包人的工程垫资，当事人没有约定的，按照工程欠款处理。在本题中，乙公司主张优先受偿权时，距发包人应当给付建设工程价款之日已经超过 6 个月，不再享有优先权。

（3）甲公司所欠丙银行的 2 亿元借款本息可以从景明写字楼拍卖所得价款中全额优先受偿。根据规定，同一不动产向两个以上债权人设定抵押时，按照登记的先后顺序清偿。在本题中，丙银行的抵押权顺位优先于丁公司，因此丙银行的 2 亿元债权可以从拍卖所得价款中全额优先受偿。

（4）①乙公司所欠丁公司的 1 亿元土地转让金不能从景明写字楼拍卖所得价款中全额优先受偿。根据规定，同一不动产向两个以上债权人设定抵押时，按照登记的先后顺序清偿。在本题中，丙银行的抵押权顺位优先于丁公司，景明写字楼拍卖所得价款 2.7 亿元，向丙银行支付 2 亿元后，丁公司只能就剩余的 7000 万元优先受偿；②不能向甲公司的破产管理人申报破产债权。根据规定，破产企业（甲公司）不是主债务人，在担保物价款不足以清偿担保债权额时，余债不得作为破产债权向破产企业要求清偿，只能向原主债务人（乙公司）求偿。

（5）吴某有权要求乙公司返还 800 万元购房款并赔偿损失。根据规定，出卖人故意隐瞒所售房屋已经抵押的事实，买受人可以要求解除合同，请求出卖人返还已付购房款及利息、赔偿损失，并可以请求出卖人承担不超过已付购房款一倍的赔偿责任。

（6）吴某有权要求乙公司支付 800 万元的惩罚性赔偿金。根据规定，出卖人故意隐瞒所售房屋已经抵押的事实，买受人可以要求解除合同，请求出卖人返还已付购房款及利息、赔偿损失，并可以请求出卖人承担不超过已付购房款一倍的赔偿责任。

【案例 3 答案】

（1）李某自 2018 年 2 月 1 日起取得该房屋的所有权。根据规定，因人民法院的法律文书，导致物权设立、变更、转让或者消灭的，自法律文书生效时发生物权变动的效力。在本题中，李某自人民法院的判决书生效之日（2018 年 2 月 1 日）起取得该房屋的所有权。

（2）李某与张某之间的房屋买卖合同已经生效。根据规定，当事人之间订立有关设立、变更、转让和消灭不动产物权的合同，除法律另有规定或者合同另有约定外，自合同成立时生效；未办理物权登记的，不影响合同的效力。

（3）张某的观点不正确。根据规定，出

卖人对标的物没有所有权或者处分权，并不影响买卖合同的效力。

(4) 谢某的主张不能获得人民法院的支持。根据规定，当事人以房屋租赁合同未按照法律、行政法规规定办理登记备案手续为由，请求确认合同无效的，人民法院不予支持。

(5) 谢某的主张不能获得人民法院的支持。根据规定，出租人出卖租赁房屋未在合理期限内通知承租人，承租人请求确认出租人与第三人签订的房屋买卖合同无效的，人民法院不予支持。

(6) 谢某的主张可以获得人民法院的支持。根据规定，出租人出卖租赁房屋未在合理期限内通知承租人，承租人请求出租人承担赔偿责任的，人民法院应予支持。

(7) 姚某无权要求谢某在10日内搬出该房屋。根据规定，订立抵押合同前抵押财产已出租的，原租赁关系不受该抵押权的影响，抵押权实现后，租赁合同在有效期内对抵押物的受让人（姚某）继续有效。

(8) 刘某无权要求王某支付借期内的利息。根据规定，借贷双方没有约定利息，出借人不得主张支付借期内的利息。

【案例4答案】

(1) 甲公司的主张不成立。根据规定，订立抵押合同时，抵押权人和抵押人不得约定在债务履行期限届满抵押权人未受清偿时，抵押物的所有权直接归债权人所有。但是，该条款的无效不影响抵押合同其他条款的效力。

(2) 陈某的抗辩（1）不成立。根据规定，主合同中虽然没有保证条款，但保证人在主合同上以保证人的身份签字或者盖章的，保证合同成立。

(3) 陈某的抗辩（2）不成立。根据规定，即便不具有完全代偿能力的主体，只要以保证人身份订立保证合同后，就应当承担保证责任。

(4) 陈某的抗辩（3）成立。根据规定，被担保的债权既有物的担保又有人的担保，债务人不履行到期债务或者发生当事人约定的实现担保物权的情形，债权人应当按照约定实现债权；没有约定或者约定不明确，债务人自己提供物的担保的，债权人应当先就该物的担保实现债权。在本题中，乙银行应当先就债务人甲公司提供的机器设备实现抵押权。

(5) 李某的抗辩不成立。根据规定，公司债权人请求抽逃出资的股东在抽逃出资本息范围内对公司债务不能清偿的部分承担补充赔偿责任，协助抽逃出资的其他股东、董事、高级管理人员或者实际控制人对此承担连带责任的，人民法院应予支持。

(6) ①买卖合同有效。根据规定，虽然甲公司的行为构成无权处分，但甲公司与丙公司之间的买卖合同原则上属于有效合同，当事人一方以出卖人在缔约时对标的物没有所有权或者处分权为由主张合同无效的，人民法院不予支持；②丙公司未取得该设备的所有权。根据规定，由于甲公司未向丙公司交付该设备，丙公司不能基于善意取得制度取得该设备的所有权。

(7) 丁公司取得了该机器设备的所有权。根据规定，尽管甲公司的行为构成无权处分，但丁公司基于善意取得制度依法取得了该机器设备的所有权（与是否支付价款没有关系）。

(8) 乙银行不能行使抵押权。根据规定，当事人以生产设备等设定抵押的，抵押权自抵押合同生效时设立。但未经登记的，不得对抗善意第三人。在本题中，甲公司以其机器设备向乙银行提供抵押担保时，未办理抵押登记，因此，抵押权人（乙银行）不能对抗善意第三人（丁公司）。

【案例5答案】

(1) 乙公司和丙公司属于一致行动人。根据规定，如果没有相反证据，投资者之间有股权控制关系的，为一致行动人。

（2）发行价格不违反规定。根据规定，发行股份购买资产的，发行股份的价格不得低于市场参考价的90%，市场参考价为本次发行股份购买资产的董事会决议公告日前20个交易日、60个交易日或者120个交易日的公司股票交易均价之一。

（3）甲公司董事会可以通过该重组预案。根据规定，上市公司董事与董事会会议决议事项所涉及的企业有关联关系的，不得对该项决议行使表决权，也不得代理其他董事行使表决权。该董事会会议由过半数的无关联关系董事出席即可举行，董事会会议所作决议须经无关联关系董事过半数通过。在本题中，董事杨某回避表决后，无关联关系董事人数为9人，赞成票为5票，甲公司董事会可以通过该重组预案。

（4）甲公司董事会的做法符合规定。根据规定，单独或者合计持有公司3%以上股份的股东，可以在股东大会召开10日前提出临时提案并书面提交董事会。在本题中，丙公司提交临时提案的时间距临时股东大会的召开时间不足10日，甲公司董事会有权拒绝丙公司的临时提案。

（5）甲公司没有义务回购孙某的股份。根据规定，股份有限公司异议股东的股份回购请求权仅限于对股东大会作出的公司合并、分立决议持有异议的情形。

（6）人民法院裁定不予受理符合规定。根据规定，股份有限公司连续180日以上单独或者合计持有公司1%以上股份的股东，才有资格提起股东代表诉讼。在本题中，孙某的持股比例仅为0.1%，不具备提起股东代表诉讼的资格，人民法院应当裁定不予受理。

【案例6答案】

（1）①股票发行价格不符合规定。根据规定，上市公司发行股份购买资产的，发行价格不得低于市场参考价的90%，市场参考价为本次发行股份购买资产的董事会决议公告日前20个交易日、60个交易日或者120个交易日的公司股票交易均价之一；②A公司获得的甲公司股份自发行结束之日起12个月后可自由转让不符合规定。根据规定，本次交易完成后，A公司将成为甲公司的控股股东，A公司在本次重组中获得的甲公司股票，自发行结束之日起36个月内不得转让。

（2）本次交易构成重组上市。根据规定，上市公司自控制权发生变更之日起36个月内，向收购人及其关联人购买资产，导致上市公司发生以下根本变化情形之一的，即构成重组上市（包括但不限于）：①购买的资产总额占上市公司控制权发生变更的前一个会计年度经审计的合并财务会计报告期末资产总额的比例达到100%以上；②购买的资产在最近一个会计年度所产生的营业收入占上市公司控制权发生变更的前一个会计年度经审计的合并财务会计报告营业收入的比例达到100%以上。在本题中，甲公司向风顺科技购买的资产总额占其控制权发生变更的前一个会计年度经审计的合并财务会计报告期末资产总额的比例高达4853.30%，构成重组上市。

（3）本次重组交易应获得中国证监会的核准。根据规定，中国证监会在发行审核委员会中设立上市公司并购重组审核委员会，以投票方式对提交其审议的重组上市申请或者发行股份购买资产申请进行表决，提出审核意见。在本题中，本次重组交易既属于发行股份购买资产，也构成重组上市，应获得中国证监会的核准。

（4）风顺科技最近三个会计年度的净利润情况构成本次重组交易的法定障碍。根据规定，重组上市应满足的条件之一是，上市公司购买的资产对应的经营实体应当是股份有限公司或者有限责任公司，且符合《首次公开发行股票并上市管理办法》规定的其他发行条件，其中包括但不限于：最近3个会计年度净利润均为正数且累计超过人民币3000万元。在本题中，风顺科技2018年的净利润为负数，不符合在主板和中小板首次公开发行股票并上市的条件。

（5）该事项构成本次重组交易的法定障碍。根据规定，重组上市应满足的条件之一是，上市公司及其最近3年内的控股股东、实际控制人不存在因涉嫌犯罪正被司法机关立案侦查或者涉嫌违法违规正被中国证监会立案调查的情形。在本题中，乙公司属于上市公司最近3年内的控股股东，乙公司因涉嫌违法违规正被中国证监会立案调查，将构成本次重组交易的法定障碍。

（6）该事项构成本次重组交易的法定障碍。根据规定，重组上市应满足的条件之一是，上市公司及其控股股东、实际控制人最近12个月内未受到证券交易所公开谴责，不存在其他重大失信行为。在本题中，上市公司现控股股东丙公司最近12个月内受到深圳证券交易所的公开谴责，将构成本次重组交易的法定障碍。

【案例7答案】

（1）人民法院应予支持。根据规定，破产申请受理前1年内债务人提前清偿的未到期债务，在破产申请受理前已经到期，管理人请求撤销该清偿行为的，人民法院不予支持。但是，该清偿行为发生在破产申请受理前6个月内且债务人有《企业破产法》第2条第1款规定情形（企业法人不能清偿到期债务，并且资产不足以清偿全部债务或者明显缺乏清偿能力）的除外。在本题中，A公司提前清偿的行为发生在破产申请受理前6个月内且A公司有《企业破产法》第2条第1款规定的情形，该清偿行为可以撤销。

（2）人民法院不予支持。根据规定，人民法院受理破产申请前6个月内，债务人对以自有财产设定担保物权的债权进行的个别清偿，管理人依据《企业破产法》的规定请求撤销的，人民法院不予支持。但是，债务清偿时担保财产的价值低于债权额的除外。在本题中，人民法院受理破产申请前6个月内，A公司对以自有机器设备设定担保物权的债权进行的个别清偿，由于担保财产的价值高于债权额，该清偿行为不能撤销。

（3）①丙公司主张A公司与丁公司之间的买卖合同无效不能获得人民法院的支持。根据规定，出卖人对标的物没有所有权或者处分权，并不影响买卖合同的效力；②丙公司主张丁公司向其返还该机床可以获得人民法院的支持。根据规定，由于知情的丁公司不满足善意取得的要件，丁公司并未取得该机床的所有权，该机床的所有权仍属于丙公司，因此，丙公司有权要求丁公司向其返还该机床；③因丁公司已支付货款而产生的债务，作为普通破产债权清偿。

（4）戊公司有权主张取回60万元的保险赔偿金。根据规定，债务人占有的他人财产毁损、灭失，因此获得的保险金尚未交付给债务人，权利人主张取回就此获得的保险金的，人民法院应予支持。

（5）①管理人不能以该债务尚未到期为由进行抗辩。根据规定，买受人破产，其管理人决定继续履行所有权保留买卖合同的，原买卖合同中约定的买受人支付价款或者履行其他义务的期限在破产申请受理时视为到期，买受人管理人应当及时向出卖人支付价款或者履行其他义务；②庚公司不能主张取回该设备。根据规定，买受人管理人无正当理由未及时支付价款，给出卖人造成损害，出卖人主张取回标的物的，人民法院应予支持。但是，买受人已支付标的物总价款75%以上或者第三人善意取得标的物所有权或者其他物权的除外。在本题中，

综合题演练

由于A公司已经支付了80%的货款，庚公司不能主张取回该设备。

【案例8答案】

（1）B公司不能取得票据权利。根据规定，在无权代理的情况下，相对人（B公司）明知代理人没有代理权的，不能取得票据权利。

（2）C公司取得了票据权利。根据规定，尽管B公司不享有票据权利，但由于其形式上是票据权利人，在其向C公司背书转让时，C公司符合票据权利善意取得的构成要件，C公司善意取得票据权利。

（3）G公司可以向甲行使追索权，但不能向A公司行使追索权。根据规定，在无权代理的情况下，相对人明知代理人没有代理权的，不能取得票据权利，不论本人还是无权代理人均不承担票据责任。但是，相对人又对他人进行票据行为的，如果满足票据权利善意取得的构成要件，无权代理人（甲）必须对票据权利人承担责任，但本人（A公司）仍然不承担票据责任。

（4）G公司不能对F公司行使追索权。根据规定，如果保证人未在票据上记载"保证"字样并签章，而是另行签订保证合同的，不属于票据保证。在本题中，F公司未在票据上签章，并非票据债务人，无须承担票据责任。

（5）C公司拒绝G公司追索的理由不成立。根据规定，票据债务人不得以自己与持票人的前手之间的抗辩事由对抗持票人，但持票人明知存在抗辩事由而取得票据的除外。在本题中，G公司对C公司与D公司之间的合同纠纷并不知情，C公司不得以自己与D公司之间存在合同纠纷为由拒绝向G公司承担票据责任。

（6）C公司拒绝E公司追索的理由成立。根据规定，票据债务人不得以自己与持票人的前手之间的抗辩事由对抗持票人，但持票人明知存在抗辩事由而取得票据的除外。在本题中，E公司知悉C公司与D公司之间的合同纠纷，C公司可以对E公司进行抗辩。

（7）C公司拒绝D公司追索的理由成立。根据规定，票据债务人（C公司）可以对不履行约定义务的与自己有直接债权债务关系的持票人（D公司）进行抗辩。

【案例9答案】

（1）A公司主张解除买卖合同符合规定。根据规定，当事人一方迟延履行债务或者有其他违约行为致使不能实现合同目的，对方当事人可以解除合同。

（2）①甲银行以A公司未足额缴存票款为由拒绝付款不符合规定。根据规定，承兑人不得以其与出票人之间的资金关系对抗持票人，拒绝支付汇票金额；②甲银行以该汇票已经被伪造为由拒绝付款不符合规定。根据规定，票据上有伪造签章的，不影响票据上其他真实签章的效力。在票据上真正签章的当事人，仍应对被伪造票据的债权人承担票据责任。票据债权人在提示承兑、提示付款或者行使追索权时，在票据上真正签章人（包括但不限于甲银行）不能以伪造为由进行抗辩。

（3）C公司向D公司的背书行为有效。根据规定，背书时附有条件的，所附条件不具有汇票上的效力，即不影响背书行为本身的效力。

（4）E公司不能取得票据权利。根据规定，以欺诈、偷盗或者胁迫等手段取得票据的，或者明知有前列情形，出于恶意取得票据的，不得享有票据权利。在本题中，E公司明知王某伪造了D公司的签章，仍受让票据，不享有票据权利。

（5）F公司取得了票据权利。根据规定，尽管E公司不享有票据权利，但由于其形式上是票据权利人，在其向F公司背书转让时，F公司符合票据权利善意取得的构成要件，F公司善意取得票据权利。

（6）F公司不能向D公司行使追索权。根据规定，在假冒他人名义的情形下，被伪造人（D公司）不承担票据责任。

（7）F公司不能向王某行使追索权。根据规定，由于伪造人（王某）没有以自己的名义在票据上签章，因此不承担票据责任。

（8）B公司拒绝向F公司承担票据责任的理由成立。根据规定，背书人在汇票上记载“不得转让”字样，其后手再背书转让的，原背书人对其后手的被背书人不承担保证责任。

（9）A公司拒绝向F公司承担票据责任的理由不成立。根据规定，票据债务人不得以自己与持票人的前手之间的抗辩事由对抗持票人，但持票人明知存在抗辩事由而取得票据的除外。

第四部分

全真模拟测试题及参考答案

2020 年注册会计师考试
全真模拟测试题（一）

扫一扫　“码”上做题

本书中各部分试题均配备二维码，下载安装东奥“会计云课堂”APP，扫一扫左侧二维码，即可在线做题，并获得详尽的答案解析、解题思路等超值服务，解决您做题时的一切疑惑。

【“会计云课堂”APP 安装二维码详见封底】

一、单项选择题（本题型共 24 小题，每小题 1 分，共 24 分。每小题只有一个正确答案，请从每小题的备选答案中选出一个你认为正确的答案，用鼠标点击相应的选项。）

1. 下列关于权利能力与行为能力的表述中，不正确的是(　　)。

A. 自然人的民事权利能力一律平等

B. 自然人从出生时起到死亡时止，具有民事权利能力

C. 权利能力以行为能力为前提

D. 行为能力是指权利主体能够通过自己的行为取得权利和承担义务的能力

2. 根据民事法律行为制度的规定，下列关于可撤销民事法律行为的表述中，不正确的是(　　)。

A. 可撤销的民事法律行为在撤销前已经生效

B. 在被撤销之前，其法律效果可以对抗除撤销权人以外的任何人

C. 人民法院在诉讼程序中可以主动撤销

D. 可撤销的民事法律行为一经撤销，自行为开始时无效

3. 根据诉讼时效法律制度的规定，下列权利中，属于诉讼时效适用对象的是(　　)。

A. 支付存款本金及利息请求权

B. 基于投资关系产生的缴付出资请求权

C. 未登记动产物权的权利人请求返还财产的权利

D. 登记动产物权的权利人请求返还财产的权利

4. 根据物权法律制度的规定，下列各项中，可以适用先占取得所有权的是(　　)。

A. 遗失的手表

B. 所有权人不明的埋藏物

C. 房屋

D. 所有权人抛弃的动产

5. 甲企业向乙银行贷款时，以其现有的以及将有的生产设备、原材料、半成品、成品一并抵押给乙银行，双方签订了书面抵押合同，但未办理抵押登记。抵押期间，甲企业未经乙银行同意，以合理价格将一台生产设备出卖给知道该设备已抵押的丙公司，并已交付。后甲企业到期无力偿还贷款。根据物权法律制度的规定，下列关于乙银行能否对已出卖给丙公司的生产设备主张抵押权的表述中，正确的是(　　)。

A. 不能主张，乙银行的抵押权不能对抗正常经营活动中已支付合理价款并取得抵押财产的买受人

B. 不能主张，乙银行的抵押权因未办理抵押登记而未设立

C. 可以主张，因甲企业未经乙银行同意处分抵押物，属于无效行为

D. 可以主张，乙银行的抵押权虽未经登记，但已设立，只是不得对抗善意第三人

6. 陈某于 2020 年 8 月 1 日向李某发出一份传真，出售房屋一套，面积 90 平方米，价款 260 万元，合同订立 7 日内一次性付款，如欲购买请在 3 日内回复。李某当日传真回复，表示同意购买，但要求分期付款，陈某未回复。8 月 3 日，李某再次给陈某发传真，表示同意按照陈某传真的条件购买，陈某仍未回复。下列关于陈某、李某之间合同成立与否的表述中，符合合同法律制度的规定是(　　)。

A. 李某的第一次传真回复为承诺，合同成立

B. 李某的第二次传真回复为承诺，合同成立

C. 李某的两次传真回复，均为新要约，合同不成立

D. 李某的第二次传真回复为新要约，陈某未表示反对，合同成立

7. 根据合同法律制度的规定，下列情形中，出卖人应承担标的物损毁、灭失风险的是(　　)。

A. 买受人下落不明，出卖人将标的物提存

B. 标的物已经交付给买受人，但出卖人按照约定未交付标的物的单证

C. 出卖人按照约定将标的物置于交付地点，约定时间已过，买受人未前往提货

D. 标的物已运抵交付地点，买受人因标的物质量不合格而拒绝接受

8. 根据合伙企业法律制度的规定，下列事项中，除合伙协议另有约定外，不需经全体合伙人一致同意的是(　　)。

A. 处分合伙企业的动产

B. 处分合伙企业的不动产

C. 以合伙企业名义为他人提供担保

D. 改变合伙企业的经营范围

9. 甲为普通合伙企业的合伙人，乙为甲个人债务的债权人，当甲的个人财产不足以清偿乙的债务时，根据合伙企业法律制度的规定，乙可以行使的权利是(　　)。

A. 代位行使甲在合伙企业中的权利

B. 依法请求人民法院强制执行甲在合伙企业中的财产份额用于清偿

C. 自行接管甲在合伙企业中的财产份额

D. 以对甲的债权抵销其对合伙企业的债务

10. 甲、乙、丙、丁拟共同投资设立一个有限合伙企业，甲、乙为普通合伙人，丙、丁为有限合伙人。各合伙人经协商后草拟了一份合伙协议。该合伙协议的下列约定中，符合合伙企业法律制度规定的是(　　)。

A. 甲以房屋作价 15 万元出资，乙以专利技术作价 12 万元出资，丙以劳务作价 10 万元出资，丁以现金 20 万元出资

B. 经 3 个以上合伙人同意，甲、乙可以向合伙人以外的第三人转让其在合伙企业中的全部或者部分财产份额

C. 合伙事务由甲、丁共同执行，乙、丙不参与合伙事务的执行

D. 甲、乙以自己的财产份额出质的，须经其他合伙人过半数同意

11. 甲、乙、丙、丁四家公司与杨某、张某拟共同出资设立一注册资本为 400 万元的有限责任公司。除杨某与张某拟以 120 万元货币出资外，四家公司的下列非货币财产出资中，符合公司法律制度规定的是(　　)。

A. 甲公司以其商誉作价 50 万元出资

B. 乙公司以其特许经营权作价 50 万元出资

C. 丙公司以其非专利技术作价 60 万元出资

D. 丁公司以其设定了抵押担保的房屋作价 120 万元出资

12. 王某、刘某共同出资设立了甲有限责任公司，下列关于甲公司组织机构的表述中，不符合公司法律制度规定的是(　　)。

A. 甲公司决定不设董事会，由王某担任执行董事

B. 甲公司决定不设监事会，由刘某担任监事

C. 甲公司决定由执行董事王某兼任经理

D. 甲公司决定由执行董事王某兼任监事

13. 下列关于国有独资公司组织机构的表述中，符合公司法律制度规定的是（　　）。

A. 国有独资公司应当设股东会

B. 国有独资公司董事长由董事会选举产生

C. 经国有资产监督管理机构同意，国有独资公司董事可以兼任经理

D. 国有独资公司监事会主席由监事会选举产生

14. 根据证券法律制度的规定，发生可能对上市交易公司债券的交易价格产生较大影响的重大事件，投资者尚未得知时，公司应当立即将有关该重大事件的情况向中国证监会和证券交易场所报送临时报告，并予公告。下列各项中，不属于重大事件的是（　　）。

A. 公司涉嫌犯罪被依法立案调查

B. 公司对外提供担保超过上年末净资产的20%

C. 公司债券信用评级发生变化

D. 公司增资的计划

15. 上市公司董事、监事和高级管理人员在信息披露工作中应当履行相应的职责。下列表述中，不符合证券法律制度规定的是（　　）。

A. 上市公司董事应对公司年度报告签署书面确认意见

B. 上市公司高级管理人员应对公司年度报告签署书面确认意见

C. 上市公司监事应对公司年度报告进行审核并提出书面审核意见

D. 上市公司监事会应对公司年度报告进行审核并提出书面审核意见

16. 根据企业破产法律制度的规定，下列人员中，可以担任管理人的是（　　）。

A. 因故意犯罪受过刑事处罚的赵某

B. 曾被吊销注册会计师证书的张某

C. 破产案件受理的4年前曾担任债务人董事的刘某

D. 破产案件受理前2年内曾担任债务人法律顾问的王某

17. 根据企业破产法律制度的规定，下列关于债权人委员会的表述中，不正确的是（　　）。

A. 债权人委员会成员不得超过9人

B. 债权人委员会有权提议召开债权人会议

C. 债权人会议可以依法委托债权人委员会决定继续或者停止债务人的营业

D. 债权人委员会决定所议事项应获得全体成员2/3以上通过，并作成议事记录

18. 根据票据法律制度的规定，下列有关汇票背书的表述中，正确的是（　　）。

A. 背书日期为绝对必要记载事项

B. 背书不得附条件，背书时附条件的，背书无效

C. 出票人在汇票上记载“不得转让”字样的，汇票不得转让

D. 委托收款背书的被背书人可以再背书转让汇票权利

19. 根据企业国有资产法律制度的规定，国有独资企业发生的下列情形中，可以不对相关国家资产进行评估的是（　　）。

A. 接受非国有单位以非货币资产抵债

B. 接受非国有单位以非货币资产出资

C. 以非货币资产对外投资

D. 国有独资企业下属的独资企业之间的资产置换

20. 某上市公司的总股本为10亿股，其国有控股股东拟通过证券交易系统转让上市公司股份。根据企业国有资产法律制度的规定，下列情形中，应报履行出资人职责的机构审核批准的是（　　）。

A. 拟于一个会计年度内累计净转让2000万股

B. 拟于一个会计年度内累计净转让3000万股

C. 拟于一个会计年度内累计净转让4000万股

D. 拟于一个会计年度内累计净转让5000万股

21. 根据反垄断法律制度的规定，涉嫌垄断协议的经营者在被调查期间，可以提出

中止调查申请。下列垄断协议中，反垄断执法机构可以接受中止调查申请的是(　　)。

A. 固定或者变更商品价格、严重限制竞争的垄断协议

B. 限制商品的生产数量或者销售数量、严重限制竞争的垄断协议

C. 分割销售市场或者原材料采购市场、严重限制竞争的垄断协议

D. 联合抵制交易、严重限制竞争的垄断协议

22. 某省属企业拟实施一项境外投资项目，中方投资额12亿美元，项目所在国家系敏感国家。下列表述中，符合对外直接投资法律制度规定的是(　　)。

A. 该项目应报国家发展改革委备案

B. 该项目应报国家发展改革委核准

C. 该项目应报该省发展改革部门部门备案

D. 该项目应报该省发展改革部门部门核准

23. 根据对外贸易法律制度的规定，有权决定征收临时反倾销税的机构是(　　)。

A. 商务部

B. 海关总署

C. 国家税务总局

D. 国务院关税税则委员会

24. 根据外汇管理法律制度的规定，下列关于人民币汇率制度的表述中，正确的是(　　)。

A. 固定汇率制

B. 双重汇率制

C. 自由浮动汇率制

D. 有管理的浮动汇率制

二、多项选择题（本题型共14小题，每小题1.5分，共21分。每小题均有多个正确答案，请从每小题的备选答案中选出你认为正确的答案，用鼠标点击相应的选项。每小题所有答案选择正确的得分，不答、错答、漏答均不得分。）

1. 下列各项中，属于绝对法律关系的有(　　)。

A. 物权法律关系

B. 人身权法律关系

C. 知识产权法律关系

D. 债权法律关系

2. 根据民事法律行为制度的规定，下列各项中，属于有相对人的意思表示的有(　　)。

A. 抛弃动产

B. 设立遗嘱

C. 债务免除

D. 授予代理权

3. 根据物权法律制度的规定，下列各项中，属于用益物权的有(　　)。

A. 地役权

B. 建设用地使用权

C. 留置权

D. 抵押权

4. 根据合同法律制度的规定，下列关于债权转让的表述中，正确的有(　　)。

A. 债权人转让权利时未通知债务人的，该转让对债务人不发生效力

B. 债权人转让权利的通知不得撤销，但经受让人同意的除外

C. 债务人接到债权转让通知后，债务人对让与人的抗辩，可以向受让人主张

D. 债务人可与债权人约定债权不得转让

5. 甲上市公司与乙私立学校共同出资设立一个合伙企业，经营文具用品。两年后，因经营亏损，该合伙企业财产不足以清偿全部债务。下列关于各合伙人承担责任的表述中，符合合伙企业法律制度规定的有(　　)。

A. 甲上市公司应对合伙企业的债务承担无限责任

B. 甲上市公司以其认缴的出资额为限对合伙企业债务承担责任

C. 乙私立学校应对合伙企业的债务承担无限责任

D. 乙私立学校以其认缴的出资额为限对合伙企业债务承担责任

6. 根据合伙企业法律制度的规定，除合伙协议另有约定外，有限合伙人可以从事的行为有(　　)。

A. 同本企业进行交易
B. 将其在合伙企业中的财产份额出质
C. 执行合伙企业事务
D. 经营与本企业相竞争的业务

7. 甲公司于 2019 年 4 月依法成立，现有数名推荐的董事人选。根据公司法律制度的规定，下列人员中，不能担任公司董事的有（　　）。
A. 王某，因贪污罪被判处 3 年有期徒刑，2014 年 9 月刑满释放
B. 张某，原乙有限责任公司董事长，因其个人责任导致该公司于 2017 年 6 月被人民法院宣告破产
C. 徐某，2013 年向他人借款 1000 万元，期限 3 年，但因资金被股市套牢至今未清偿
D. 赵某，曾任某音像公司法定代表人，该公司因未经著作权人许可大量复制音像制品于 2016 年 8 月被依法吊销营业执照，赵某负有个人责任

8. 根据证券法律制度的规定，某上市公司发生的下列情形中，属于内幕信息的有（　　）。
A. 公司增资的计划
B. 公司减资的决定
C. 公司分配股利的计划
D. 公司的实际控制人涉嫌犯罪被依法采取强制措施

9. 根据票据法律制度的规定，下列情形中，汇票持票人可以取得期前追索权的有（　　）。
A. 出票人被依法宣告破产
B. 背书人被依法宣告破产
C. 付款人被依法宣告破产
D. 承兑附条件

10. 根据企业国有资产法律制度的规定，金融企业下列经济行为涉及资产评估的，资产评估项目实行核准的有（　　）。
A. 经批准进行改组改制
B. 拟在境内上市
C. 拟在境外上市
D. 以非货币性资产与外商合资经营

11. 根据反垄断法律制度的规定，具有竞争关系的经营者之间达成的下列协议中，属于法律禁止的横向垄断协议的有（　　）。
A. 限制特定品种、型号商品的生产数量
B. 限制特定品种、型号商品的销售数量
C. 联合拒绝向特定经营者供应或者销售商品
D. 联合拒绝采购或者销售特定经营者的商品

12. 根据反垄断法律制度的规定，具有市场支配地位的经营者没有正当理由实施的下列行为中，属于滥用市场支配地位行为的有（　　）。
A. 实质性削减与交易相对人的现有交易数量
B. 拖延、中断与交易相对人的现有交易
C. 拒绝与交易相对人进行新的交易
D. 设置限制性条件，使交易相对人难以与其进行交易

13. 根据外商投资法律制度的规定，下列各项中，外商投资企业可以采用的融资方式有（　　）。
A. 在中国境内公开发行股票
B. 在中国境外公开发行股票
C. 在中国境外公开发行公司债券
D. 借用外债

14. 根据外汇管理法律制度的规定，下列关于直接投资项下外汇管理的表述中，不正确的有（　　）。
A. 外商直接投资的汇入和汇出均应在外汇局办理登记
B. 境内机构向境外直接投资，应由外汇局对外汇资金的来源进行审核
C. 境内机构境外直接投资所获利润可以留存境外继续用于直接投资，也可汇回境内
D. 境内机构将其所得的境外直接投资利润汇回境内的，可以保存在其资本项目外汇账户或者办理结汇

三、案例分析题（本题型共 4 小题 55 分。其中一道小题可以选用中文或英文解答，请仔细阅读答题要求。如使用英文解答，须全部使用英文，答题正确的，增加 5 分。本题型最高得分为 60 分。）

【案例 1】（本题 10 分）

2020 年 7 月 1 日，人民法院裁定受理了 A 公司的破产申请，并指定了管理人。在该破产案件中，存在下述情况：

（1）A 公司欠其股东甲公司 80 万元的货款，甲公司欠缴出资 80 万元。2020 年 7 月 4 日，甲公司向管理人主张抵销各自的债务，管理人提出异议。

（2）2020 年 4 月 1 日，A 公司和乙公司签订 100 万元的买卖合同。根据约定，A 公司将一台机器设备卖给乙公司，交货日期为 4 月 10 日，付款日期为 9 月 1 日；在乙公司付清全部价款之前，该设备的所有权归 A 公司所有。乙公司已经按照合同约定支付了 60 万元货款。人民法院裁定受理 A 公司的破产申请后，管理人决定解除该买卖合同。当管理人要求乙公司向其返还机器设备时，乙公司以其不存在“未依约支付价款等情形”提出抗辩。

（3）2019 年 11 月，A 公司向丙公司租用机床一台，租期 1 年，租金已一次性付清。2020 年 5 月 4 日，A 公司以 120 万元的市场价格将该机床卖给不知情的丁公司，双方已交货、付款。丙公司获悉该机床已被 A 公司卖给丁公司后，要求丁公司向其返还该机床，被丁公司拒绝。

（4）2019 年 12 月，A 公司向戊公司租用挖掘机一台，租期 1 年，租金已一次性付清。2020 年 6 月 1 日，该挖掘机因水灾受损，获保险赔偿金 60 万元。人民法院裁定受理 A 公司的破产申请时，该保险赔偿金尚未交付给 A 公司。戊公司向管理人主张取回 60 万元的保险赔偿金。

要求：

根据上述内容，分别回答下列问题：

（1）根据本题要点（1）所提示的内容，管理人对甲公司提出的债务抵销提出异议，能否获得人民法院的支持？

（2）根据本题要点（2）所提示的内容，乙公司能否以其不存在“未依约支付价款等情形”提出抗辩？并说明理由。如果乙公司将机器设备返还给管理人，乙公司已支付价款损失形成的债权应如何处理？

（3）根据本题要点（3）所提示的内容，丁公司是否有权拒绝丙公司返还该机床的请求？如果丁公司拒绝了丙公司返还该机床的请求，丙公司因财产损失形成的债权，能否向管理人申报普通破产债权？并分别说明理由。

（4）根据本题要点（4）所提示的内容，戊公司是否有权主张取回 60 万元的保险赔偿金？并说明理由。

【案例 2】（本题 10 分）

甲公司欠付乙公司 100 万元的到期货款，乙公司欠付丙公司 100 万元的到期租金，乙公司遂要求甲公司直接向丙公司签发一张 100 万元的银行承兑汇票。2020 年 4 月 1 日，甲公司签发一张以丙公司为收款人、金额为 100 万元的银行承兑汇票，付款日期为 2020 年 7 月 1 日。A 银行已经承兑并在票据上签章。

4 月 5 日，为向丁公司支付原材料采购价款，丙公司在汇票的背面记载“不得转让”字样后，将该汇票背书转让给丁公司。

4 月 10 日，丁公司将该汇票背书转让给戊公司，但丁公司在汇票粘单上记载“只有戊公司交货后，该汇票才发生背书转让的效力”。但戊公司一直未向丁公司交货。

4 月 20 日，戊公司因急需现金，将该汇票背书转让给庚公司，庚公司向戊公司支付现金 95 万元。

4 月 25 日，庚公司将该汇票背书转让给辛公司，以支付工程款。辛公司对戊公司与庚公司之间票据转让的具体情况并不知情，对丁公司与戊公司之间的合同纠纷也不知情。

7 月 5 日，辛公司向 A 银行请求付款，A 银行以出票人甲公司账户资金不足为由拒绝付款，并于当日出具了退票理由书。

7 月 6 日，辛公司向甲公司、乙公司、丙公司和丁公司同时发出追索通知。其中，丙公司以自己在背书时曾记载“不得转让”字样为由拒绝承担票据责任，丁公司以戊公司未向其交货为由拒绝承担票据责任。

要求：

根据上述内容，分别回答下列问题：

（1）丁公司对戊公司的背书转让行为是否有效？并说明理由。

（2）庚公司是否取得了票据权利？并说明理由。

（3）辛公司是否取得了票据权利？并说明理由。

（4）A 银行拒绝付款的理由是否成立？并说明理由。

（5）辛公司能否向乙公司行使追索权？并说明理由。

（6）丙公司对辛公司拒绝承担票据责任的理由是否成立？并说明理由。

（7）丁公司以戊公司未向其交货为由拒绝承担票据责任的理由是否成立？并说明理由。

【案例 3】（本题 17 分）

甲公司需要使用乙公司生产的塔吊，但无力购买，遂请求丙公司购买并出租给自己。2020 年 4 月 1 日，甲、丙公司签订融资租赁合同，约定如下：丙公司购买乙公司生产的塔吊，价款 500 万元；甲公司租赁该塔吊 10 年，年租金 80 万元。

2020 年 4 月 10 日，丙公司为支付货款向丁公司借款 100 万元，双方约定：借款期限 6 个月，利息 10 万元在本金中预先扣除，丁公司实际支付给丙公司 90 万元。为担保该借款债权，丙公司以其一台价值 40 万元的车辆作抵押，丙公司与丁公司签订了抵押合同，但未办理抵押登记；戊公司作为保证人与丁公司签订了保证合同，但未约定保证方式；丁公司与丙公司、戊公司未约定担保物权实现的先后顺序。

2020 年 5 月 1 日，丙公司将该抵押车辆交给辛公司维修。后来，因丙公司拖欠辛公司 20 万元的仓储费用，该车辆被辛公司留置。

丙公司和丁公司约定的借款期限届满后，丙公司未能清偿借款。丁公司拟行使抵押权，发现该车辆已经被辛公司留置。丁公司主张就被留置车辆行使抵押权，理由如下：（1）辛公司留置该车辆，与其享有的仓储费债权不属于同一法律关系，故辛公司无权留置该车辆；（2）即使辛公司有权留置该车辆，因抵押权设立在先，丁公司有权优先行使抵押权。

丁公司要求戊公司承担连带保证责任，戊公司抗辩如下：（1）该借款债权还存在抵押担保，丁公司应首先行使抵押权；（2）对于抵押担保不足清偿的部分，由于在保证合同中未约定保证方式，自己只承担一般保证责任，而非连带保证责任。

在融资租赁期间，由于塔吊存在质量问题，吊装的物品坠落并砸伤行人庚，甲公司被迫停产修理。在修理期间，该塔吊因遭雷击全部毁损。庚请求丙公司承担赔偿责任，遭到丙公司的拒绝。

已知：甲公司和丙公司在签订融资租赁合同时对租赁物毁损、灭失的风险承担等问题未作出明确约定。

要求：

根据上述内容，分别回答下列问题：

（1）该塔吊毁损、灭失的风险由谁承担？并说明理由。

（2）丙公司拒绝向庚承担赔偿责任是否符合法律规定？并说明理由。

（3）丙公司向丁公司借款的本金是多

少？并说明理由。

(4) 丁公司主张行使抵押权的理由(1)是否符合法律规定？并说明理由。

(5) 丁公司主张行使抵押权的理由(2)是否符合法律规定？并说明理由。

(6) 戊公司的抗辩理由(1)是否成立？并说明理由。

(7) 戊公司的抗辩理由(2)是否成立？并说明理由。

【案例4】(本题18分)

风顺科技是一家在深圳证券交易所上市的网络技术服务公司。2020年4月初，风顺科技拟与A公司签订一项技术服务合同，合同金额为5亿元。经过谈判，双方于4月15日就合同主要条款达成一致并签署合作意向书。

4月8日晚间，市场出现关于风顺科技即将签署重大交易合同的传闻。4月9日，风顺科技股票开盘即涨停，之后又一个交易日涨停。4月10日，深圳证券交易所就股价异动向风顺科技提出问询，要求其发布澄清公告。4月10日晚间，风顺科技发布公告称，公司无应披露之信息。

2020年6月1日，中国证监会宣布对风顺科技涉嫌虚假陈述行为立案调查，并查明如下事实：

(1) 孙某系风顺科技董事长王某妻子的弟弟，2020年4月8日晚间市场出现传闻后，孙某向王某之妻了解情况，王妻向孙某确认风顺科技正与A公司商谈合作事宜，且签约可能性较大，孙某遂于4月9日买入风顺科技股票，并于4月18日卖出，获利300万元。

(2) 李某系风顺科技董事长王某的大学同学，2020年4月6日，李某在亏本卖出其证券账户中的全部股票后，买入风顺科技股票10万股，并于4月18日卖出，获利100万元。中国证监会调查发现，李某此前从未买卖过风顺科技的股票，李某与王某曾于4月5日晚间电话联系，李某对此次交易未能提供合理解释。

2020年7月20日，中国证监会宣布：经调查，风顺科技存在虚假陈述行为，决定对风顺科技给予警告，并处罚款1000万元；认定董事长王某为直接责任人员，并处罚款500万元；认定董事荀某、蔡某等人为其他直接责任人员，并处罚款100万元。荀某辩称，自己任职时间短、不了解情况，不应受到处罚；蔡某则辩称，自己能力不足、无相关职业背景，不应受到处罚。中国证监会未采纳荀某和蔡某的抗辩理由。

投资者张某于2019年3月1日高价买入风顺科技股票5万股，并一直持有，市场出现传闻后，张某担心有人以虚假信息操纵股价，遂于2020年4月12日卖出其所持有的全部风顺科技股票，亏损20万元。张某主张，其亏损系风顺科技虚假陈述所致。

投资者刘某于2020年4月12日买入风顺科技股票2万股，并于2020年6月8日全部卖出，亏损10万元。刘某主张，其亏损系风顺科技虚假陈述所致。2020年8月11日，刘某以风顺科技和王某为被告，提起民事赔偿诉讼。

投资者钱某自2020年4月1日起开始买入风顺科技股票，持股比例为3%。钱某认为，董事长王某对风顺科技信息披露不及时负主要责任，同时造成信息泄露，违反了忠实和勤勉义务，损害了风顺科技的利益。2020年9月11日，钱某向风顺科技董事会提议召开临时股东大会罢免王某的董事职务，遭到董事会的拒绝。2020年9月13日，钱某提议召开临时董事会罢免王某的董事长职务，遭到董事会的拒绝。2020年9月15日，钱某书面请求风顺科技监事会起诉王某，遭到监事会的拒绝。2020年9月17日，钱某以自己的名义直接向人民法院提起股东代表诉讼，要求王某赔偿风顺科技的损失。

要求：

根据上述内容，分别回答下列问题：

（1）风顺科技于 4 月 10 日晚间发布公告称无应披露之信息，是否符合证券法律制度的规定？并说明理由。
（2）孙某买卖风顺科技股票的行为是否构成内幕交易？并说明理由。
（3）李某买卖风顺科技股票的行为是否构成内幕交易？并说明理由。
（4）中国证监会对风顺科技的罚款数额是否符合证券法律制度的规定？并说明理由。
（5）中国证监会对王某的罚款数额是否符合证券法律制度的规定？并说明理由。
（6）风顺科技董事苟某主张其本人不应受到行政处罚的抗辩理由是否成立？并说明理由。
（7）风顺科技董事蔡某主张其本人不应受到行政处罚的抗辩理由是否成立？并说明理由。
（8）投资者张某关于其亏损系风顺科技虚假陈述所致的主张是否成立？并说明理由。
（9）投资者刘某关于其亏损系风顺科技虚假陈述所致的主张是否成立？并说明理由。
（10）钱某是否有权提议召开临时股东大会？并说明理由。
（11）钱某是否有权提议召开临时董事会？并说明理由。
（12）人民法院应否受理钱某提起的诉讼？并说明理由。

全真模拟测试题（一）参考答案及解析

一、单项选择题

1. 【答案】C

解析：选项 C：行为能力必须以权利能力为前提，无权利能力就谈不上行为能力。

2. 【答案】C

解析：选项 C：可撤销的民事法律行为的撤销，应由撤销权人申请，人民法院不得主动干预。

3. 【答案】C

4. 【答案】D

解析：以所有权人的意思占有无主动产，先占人基于先占行为取得无主动产的所有权。

5. 【答案】A

解析：（1）浮动抵押的抵押权自抵押合同生效时设立；（2）在浮动抵押中，无论是否办理了抵押登记，均不得对抗正常经营活动中已支付合理对价并取得抵押财产的买受人（无论丙公司是否知情）。

6. 【答案】C

解析：（1）李某 8 月 1 日的传真中要求分期付款，属于对原要约内容作了实质性变更，李某 8 月 1 日的传真属于“新要约”，原要约已经失效；（2）8 月 3 日李某再次给陈某发传真，表示同意按照陈某传真的条件购买，属于“新要约”，而非对原要约的承诺，因为原要约早已失效。

7. 【答案】D

解析：（1）选项 B：出卖人按照约定未交付有关标的物的单证和资料的，不影响标的物毁损、灭失风险的转移；（2）选项 D：因标的物不符合质量要求，致使不能实现合同目的的，买受人可以拒绝接受标的物或者解除合同；买受人拒绝接受标的物或者解除合同的，标的物毁损、灭失的风险由出卖人承担。

8.【答案】A

9.【答案】B

10.【答案】B

解析：（1）选项A：有限合伙人丙不得以劳务出资，这是法律的强制性规定，合伙协议不能“踩地雷”；（2）选项B：普通合伙人对外转让财产份额时，先看合伙协议的约定（爱怎么约定就怎么约定）；（3）选项C：有限合伙人丁不得执行合伙企业事务，这是法律的强制性规定，合伙协议不能“踩地雷”；（4）选项D：普通合伙人以其在合伙企业中的财产份额出质的，必须经其他合伙人一致同意，这是法律的强制性规定，合伙协议不能“踩地雷”。

11.【答案】C

解析：股东不得以劳务、信用、自然人姓名、商誉、特许经营权或者设定担保的财产等作价出资。

12.【答案】D

解析：（1）选项AC：股东人数较少或者规模较小的有限责任公司，可以不设董事会，只设1名执行董事，执行董事可以兼任公司经理；（2）选项B：股东人数较少或者规模较小的有限责任公司，可以不设监事会，只设1～2名监事；未设监事会的，可以不考虑职工代表的问题；（3）选项D：公司董事、高级管理人员不得兼任监事。

13.【答案】C

14.【答案】D

15.【答案】C

解析：（1）发行人的董事、高级管理人员应当对证券发行文件和定期报告签署书面确认意见；（2）发行人的监事会应当对董事会编制的证券发行文件和定期报告进行审核并提出书面审核意见，监事应当签署书面确认意见。

16.【答案】C

17.【答案】D

解析：选项D：债权人委员会决定所议事项应获得全体成员过半数通过，并作成议事记录。

18.【答案】C

解析：（1）选项A：背书日期属于相对必要记载事项，未记载的，视为到期日前背书；（2）选项B：背书时附条件的，所附条件不具有汇票上的效力，背书有效；（3）选项D：委托收款背书的被背书人只是代理人，并未取得票据权利，不能再背书转让汇票权利。

19.【答案】D

20.【答案】D

解析：国有股东通过证券交易系统转让上市公司股份，总股本不超过10亿股的上市公司，国有控股股东拟于一个会计年度内累计净转让达到总股本5%及以上的，应报履行出资人职责的机构审核批准。

21.【答案】D

解析：对于涉嫌“固定或者变更商品价格、限制商品的生产数量或者销售数量、分割销售市场或者原材料采购市场”等三类严重限制竞争的横向垄断协议，反垄断执法机构不得接受中止调查申请。

22.【答案】B

23.【答案】D

24.【答案】D

二、多项选择题

1.【答案】ABC

解析：选项D：属于“相对法律关系”。

2.【答案】CD

解析：（1）选项AB：属于“无相对人的意思表示”；（2）选项CD：属于“有相对人的意思表示”。

3.【答案】AB

解析：选项CD：属于担保物权。

4.【答案】ABCD

5.【答案】BC

解析：甲上市公司只能作为有限合伙人（以其认缴的出资额为限对合伙企业债务

承担责任），该合伙企业只能为有限合伙企业，乙私立学校只能作为普通合伙人（对合伙企业债务承担无限责任）。

6.【答案】ABD

解析：选项C：有限合伙人不得执行合伙事务，不得对外代表有限合伙企业，这是法律的强制性规定。

7.【答案】ABCD

8.【答案】ABCD

9.【答案】CD

解析：（1）选项ABC：承兑人或者付款人（不包括出票人、背书人和保证人）被依法宣告破产或者因违法被责令终止业务活动，持票人可以取得期前追索权；（2）选项D：承兑附有条件的，视为拒绝承兑，持票人可以取得期前追索权。

10.【答案】ABCD

11.【答案】ABCD

解析：（1）选项AB：属于“限制商品的生产数量或者销售数量”的垄断协议；（2）选项CD：属于“联合抵制交易”的垄断协议。

12.【答案】ABCD

13.【答案】ABCD

解析：外商投资企业可以依法在中国境内或者境外通过公开发行股票、公司债券等证券，以及公开或者非公开发行其他融资工具、借用外债等方式进行融资。

14.【答案】BD

解析：（1）选项B：对于境内机构境外直接投资，已经取消了原来对外汇资金的来源审核，改为实行登记备案制度；（2）选项D：境内机构将其所得的境外直接投资利润汇回境内的，可以保存在其“经常项目”外汇账户或者办理结汇。

三、案例分析题

【案例1答案】

（1）人民法院应予支持。根据规定，债务人股东因欠缴债务人的出资对债务人所负的债务，债务人的股东主张以该债务与债务人对其负有的债务抵销，债务人的管理人提出异议的，人民法院应予支持。

（2）①乙公司不能以其不存在“未依约支付价款等情形”提出抗辩。根据规定，出卖人破产，其管理人决定解除所有权保留买卖合同，并要求买受人向其交付买卖标的物的，人民法院应予支持；买受人以其不存在“未依约支付价款等情形”抗辩的，人民法院不予支持；②乙公司已支付价款损失形成的债权作为共益债务清偿。

（3）①丁公司有权拒绝丙公司返还该机床的请求。根据规定，丁公司基于善意取得制度依法取得了该机床的所有权，丙公司已经丧失了对该机床的所有权，丁公司有权拒绝丙公司返还该机床的请求；②丙公司可以向管理人申报普通破产债权。根据规定，债务人占有的他人财产被违法转让给第三人，第三人已善意取得该财产的所有权，原权利人无法取回该财产的，如果转让行为发生在破产申请受理之前，原权利人因财产损失形成的债权，作为普通破产债权清偿。

（4）戊公司有权主张取回60万元的保险赔偿金。根据规定，债务人占有的他人财产毁损、灭失，因此获得的保险金尚未交付给债务人，权利人主张取回就此获得的保险金的，人民法院应予支持。

【案例2答案】

（1）背书转让行为有效。根据规定，背书时附有条件的，所附条件不具有汇票上的效力，背书有效。

（2）庚公司不能取得票据权利。根据规定，其他组织与个人从事票据贴现业务的，票据贴现行为无效。在本题中，由于庚公司并非有资格从事票据贴现业务的金融机构，戊公司对庚公司的背书转让行为无效，庚公司不能取得票据权利。

（3）辛公司取得了票据权利。根据规定，尽管庚公司未取得票据权利，但是由于其形式上是票据权利人，在其向辛公司背书转让时，辛公司符合票据权利善意取得的构成要件，辛公司善意取得票据权利。

(4) A银行拒绝付款的理由不成立。根据规定，承兑人不得以其与出票人之间的资金关系来对抗持票人，拒绝支付汇票金额。

(5) 辛公司不能向乙公司行使追索权。根据规定，由于乙公司未在该汇票上签章，并非票据债务人，辛公司不能向乙公司行使追索权。

(6) 丙公司对辛公司拒绝承担票据责任的理由成立。根据规定，背书人（丙公司）在汇票上记载“不得转让”字样，其后手再背书转让的，原背书人对其后手的被背书人不承担保证责任。

(7) 丁公司的理由不成立。根据规定，票据债务人（丁公司）不得以自己与持票人的前手（戊公司）之间的抗辩事由对抗持票人（辛公司），但持票人明知存在抗辩事由而取得票据的除外。

【案例3答案】

(1) 该塔吊毁损、灭失的风险由甲公司承担。根据规定，在融资租赁合同中，承租人占有租赁物期间，租赁物毁损、灭失的风险由承租人（甲公司）承担；出租人要求承租人继续支付租金的，人民法院应予支持。但当事人另有约定或者法律另有规定的除外。

(2) 丙公司拒绝向庚承担赔偿责任符合规定。根据规定，在融资租赁合同中，承租人占有租赁物期间，租赁物造成第三人（庚）的人身伤害或者财产损害的，出租人（丙公司）不承担责任。

(3) 丙公司向丁公司的借款本金为90万元。根据规定，借款的利息不得预先在本金中扣除。利息预先在本金中扣除的，应当按照实际借款数额（90万元）返还借款并计算利息。

(4) 丁公司主张行使抵押权的理由(1) 不符合规定。根据规定，债权人留置的动产，应当与债权属于同一法律关系，但企业之间留置的除外。在本题中，由于丙公司和辛公司均为企业，即使该车辆与仓储费债权不属于同一法律关系，但辛公司仍可以行使留置权。

(5) 丁公司主张行使抵押权的理由(2) 不符合规定。根据规定，同一动产上已设立抵押权或者质权，该动产又被留置的，留置权人（辛公司）优先受偿。

(6) 戊公司的抗辩理由(1) 成立。根据规定，被担保的债权既有物的担保又有人的担保，债务人不履行到期债务或者发生当事人约定的实现担保物权的情形，债权人应当按照约定实现债权；没有约定或者约定不明确，债务人自己提供物的担保的，债权人应当先就该物的担保实现债权。

(7) 戊公司的抗辩理由(2) 不成立。根据规定，当事人对保证方式没有约定或者约定不明确的，按照连带责任保证承担保证责任。

【案例4答案】

(1) 风顺科技的做法不符合规定。根据规定，出现下列情形之一的，上市公司应当及时披露相关事项的现状、可能影响事件进展的风险因素：①该重大事件难以保密；②该重大事件已经泄露或者市场出现传闻；③公司证券及其衍生品种出现异常交易情况。

(2) 孙某的行为构成内幕交易。根据规定，内幕信息知情人员的近亲属或者其他与内幕信息知情人员关系密切的人员，在内幕信息敏感期内，从事或者明示、暗示他人从事，或者泄露内幕信息导致他人从事与该内幕信息有关的证券、期货交易，相关交易行为明显异常，且无正当理由或者正当信息来源的，构成内幕交易。

(3) 李某的行为构成内幕交易。根据规定，在内幕信息敏感期内，与内幕信息知情人员联络、接触，从事或者明示、暗示他人从事，或者泄露内幕信息导致他人从事与该内幕信息有关的证券、期货交易，相关交易行为明显异常，且无正当理由或者正当信息来源的，构成内幕交易。

（4）中国证监会对风顺科技的罚款数额符合规定。根据规定，信息披露义务人披露的信息有虚假记载、误导性陈述或者重大遗漏的，责令改正，给予警告，并处以100万元以上1000万元以下的罚款。

（5）中国证监会对王某的罚款数额符合规定。根据规定，信息披露义务人披露的信息有虚假记载、误导性陈述或者重大遗漏的，对直接负责的主管人员和其他直接责任人员给予警告，并处以50万元以上500万元以下的罚款。

（6）苟某的抗辩理由不成立。根据规定，“任职时间短、不了解情况”不得单独作为不予处罚的情形认定。

（7）蔡某的抗辩理由不成立。根据规定，“能力不足、无相关职业背景”不得单独作为不予处罚的情形认定。

（8）张某的主张不成立。根据规定，投资人具有以下情形的，人民法院应当认定虚假陈述与损害结果之间存在因果关系：①投资人在虚假陈述实施日及以后，至揭露日或者更正日之前买入该证券；②投资人在虚假陈述揭露日或者更正日及以后，因卖出该证券发生亏损，或者因持续持有该证券而产生亏损。在本题中，风顺科技虚假陈述实施日为2020年4月10日，虚假陈述揭露日为2020年6月1日，张某买入风顺科技股票的时间为2019年3月1日，卖出风顺科技股票的时间为2020年4月12日，其损失与风顺科技的虚假陈述行为不存在因果关系。

（9）刘某的主张成立。根据规定，投资人具有以下情形的，人民法院应当认定虚假陈述与损害结果之间存在因果关系：①投资人在虚假陈述实施日及以后，至揭露日或者更正日之前买入该证券；②投资人在虚假陈述揭露日或者更正日及以后，因卖出该证券发生亏损，或者因持续持有该证券而产生亏损。在本题中，虚假陈述实施日为2020年4月10日，虚假陈述揭露日为2020年6月1日，刘某买入风顺科技股票的时间为2020年4月12日，卖出风顺科技股票的时间为2020年6月8日，其损失与风顺科技的虚假陈述行为存在因果关系。

（10）钱某无权提议召开临时股东大会。根据规定，单独或者合计持有股份有限公司10%以上股份的股东，才有权提议召开临时股东大会。在本题中，钱某持有风顺科技3%的股份，无权提议召开临时股东大会。

（11）钱某无权提议召开临时董事会。根据规定，股份有限公司代表10%以上表决权的股东，可以提议召开董事会临时会议。在本题中，钱某持有风顺科技3%的股份，无权提议召开董事会临时会议。

（12）人民法院不应受理钱某提起的诉讼。根据规定，股份有限公司连续180日以上单独或者合计持有公司1%以上股份的股东，可以提起股东代表诉讼。在本题中，钱某持有风顺科技股份的时间不足180日，不具有提起股东代表诉讼的资格。

模拟一

2020年注册会计师考试
全真模拟测试题（二）

扫一扫　“码”上做题

303745

本书中各部分试题均配备二维码，下载安装东奥“会计云课堂”APP，扫一扫左侧二维码，即可在线做题，并获得详尽的答案解析、解题思路等超值服务，解决您做题时的一切疑惑。

【“会计云课堂”APP安装二维码详见封底】

一、单项选择题（本题型共24小题，每小题1分，共24分。每小题只有一个正确答案，请从每小题的备选答案中选出一个你认为正确的答案，用鼠标点击相应的选项。）

1. 下列法律事实中，属于法律事件的是（　　）。
A. 承兑汇票
B. 签订合同
C. 人的出生
D. 侵权行为

2. 根据《民法总则》的规定，下列各项中，属于无效民事法律行为的是（　　）。
A. 一方以胁迫手段，使对方在违背真实意思的情况下实施的民事法律行为
B. 一方利用对方处于危困状态、缺乏判断能力等情形，致使民事法律行为成立时显失公平的
C. 行为人与相对人以虚假的意思表示实施的民事法律行为
D. 基于重大误解实施的民事法律行为

3. 根据诉讼时效法律制度的规定，下列关于诉讼时效期间起算的表述中，不正确的是（　　）。
A. 当事人约定同一债务分期履行的，诉讼时效期间从最后一期履行期限届满之日起计算
B. 请求他人不作为的债权请求权，诉讼时效期间自义务人违反不作为义务之日起算
C. 无民事行为能力人或者限制民事行为能力人对其法定代理人的请求权，诉讼时效期间自该法定代理终止之日起算
D. 未成年人遭受性侵害的损害赔偿请求权的诉讼时效期间，自受害人年满18周岁之日起算

4. 根据物权法律制度的规定，下列各项中，属于从物权的是（　　）。
A. 建设用地使用权
B. 土地承包经营权
C. 宅基地使用权
D. 地役权

5. 根据物权法律制度的规定，下列权利中，不能设定权利质权的是（　　）。
A. 专利权
B. 应收账款
C. 可以转让的股权
D. 建设用地使用权

6. 张某和李某采用书面形式签订一份买卖合同，双方在甲地谈妥合同的主要条款，张某于乙地在合同上签字，后李某于丙地在合同上摁了手印，合同在丁地履行。根据合同法律制度的规定，该合同的签订地是（　　）。
A. 甲地　　B. 乙地
C. 丙地　　D. 丁地

7. 根据合同法律制度的规定，下列关于债权人撤销权行使的表述中，不正确的是(　　)。

A. 债权人行使撤销权应以债务人的名义向人民法院提起诉讼

B. 撤销权的行使范围以债权人的债权为限

C. 撤销权应当自债权人知道或者应当知道撤销事由之日起 1 年内行使

D. 自债务人的行为发生之日起 5 年内没有行使撤销权的，该撤销权消灭

8. 李某为某有限合伙企业中的有限合伙人，李某的下列行为中，不符合合伙企业法律制度规定的是(　　)。

A. 对企业的经营管理提出建议

B. 对外代表有限合伙企业

C. 参与决定普通合伙人入伙

D. 依法为本企业提供担保

9. 根据合伙企业法律制度的规定，下列各项中，不属于有限合伙人当然退伙情形的是(　　)。

A. 作为有限合伙人的自然人被依法宣告死亡

B. 有限合伙人在合伙企业中的全部财产份额被人民法院强制执行

C. 作为有限合伙人的自然人丧失民事行为能力

D. 作为有限合伙人的法人依法被责令关闭

10. 甲、乙、丙、丁设立一个有限合伙企业，其中甲、乙为普通合伙人，丙、丁为有限合伙人。1 年后，甲转为有限合伙人，丙转为普通合伙人。合伙企业设立之初，企业欠银行 100 万元，该债务直至合伙企业被宣告破产仍未偿还。下列关于该 100 万元债务清偿责任的表述中，符合合伙企业法律制度规定的是(　　)。

A. 乙、丙承担无限连带责任，甲、丁以其出资额为限承担责任

B. 甲、乙、丙承担无限连带责任，丁以其出资额为限承担责任

C. 甲、乙承担无限连带责任，丙、丁以其出资额为限承担责任

D. 乙承担无限责任，甲、丙、丁以其出资额为限承担责任

11. 甲有限责任公司（以下简称“甲公司”）由张某、李某、王某、赵某四人出资设立，四人出资比例分别是 10%、15%、20%、55%，公司章程对议事规则和表决权的行使未作特别规定。甲公司召开股东会会议，就增加注册资本事项进行表决。根据公司法律制度的规定，下列表述中，正确的是(　　)。

A. 李某和赵某同意即可通过决议

B. 张某、李某、王某三人同意即可通过决议

C. 必须四人都同意才能通过决议

D. 赵某同意即可通过决议

12. 根据公司法律制度的规定，下列关于一人有限责任公司的表述中，不正确的是(　　)。

A. 一个自然人只能投资设立一个一人有限责任公司，该一人有限责任公司不能再投资设立新的一人有限责任公司

B. 一人有限责任公司应当在每一个会计年度结束时编制财务会计报告，但可以不经会计师事务所审计

C. 一人有限责任公司的公司章程由股东制定

D. 一人有限责任公司的股东不能证明公司财产独立于股东自己财产的，应当对公司债务承担连带责任

13. 根据公司法律制度的规定，除有继承等特殊情况外，下列有关股份有限公司股份转让限制的表述中，错误的是(　　)。

A. 公司发起人持有的本公司股份自公司成立之日起 1 年内不得转让

B. 公司高级管理人员离职后 1 年内不得转让其所持有的本公司股份

C. 公司监事所持本公司股份自公司股票上市交易之日起 1 年内不得转让

D. 公司董事在任职期间每年转让的股份不得超过其所持有本公司股份总数的 25%

14. 甲上市公司拟聘请独立董事。根据公司

法律制度的规定，下列人员中，可以担任独立董事的是（　　）。

A. 甲上市公司经理的岳父

B. 甲上市公司监事会主席的配偶的弟弟

C. 持有甲上市公司已发行股份1%的股东郑某的岳父

D. 持有甲上市公司已发行股份5%的乙公司董事的配偶

15. 根据证券法律制度的规定，某上市公司的下列事项中，不属于重大事件的是（　　）。

A. 增资的计划

B. 股权结构的重要变化

C. 财务总监发生变动

D. 监事会共5名监事，其中2名发生变动

16. 根据证券法律制度的规定，下列情形中，无须经中国证监会核准的是（　　）。

A. 在全国中小企业股份转让系统挂牌公开转让股票的非上市公众公司，向不特定合格投资者公开发行股票

B. 在全国中小企业股份转让系统挂牌公开转让股票的非上市公众公司，向特定对象发行股票后股东累计不超过200人

C. 股东人数未超过200人的股份有限公司因向特定对象发行股票导致股东人数累计超过200人

D. 股份有限公司申请其股票在全国中小企业股份转让系统公开转让，申请公开转让之前，股东人数已经超过200人

17. 根据企业破产法律制度的规定，下列有关债权申报的表述中，正确的是（　　）。

A. 破产申请受理后，债务人欠缴税款的滞纳金，可以作为破产债权申报

B. 破产申请受理后，债务人欠缴的劳动保险金的滞纳金，可以作为破产债权申报

C. 破产申请受理后，债务人未履行生效法律文书应当加倍支付的迟延利息，可以作为破产债权申报

D. 附利息的债权自破产申请受理时起停止计息

18. 根据支付结算法律制度的规定，下列关于信用卡透支的表述中，不正确的是（　　）。

A. 信用卡透支的计结息方式由发卡机构自主确定

B. 信用卡透支的利率标准由发卡机构与申请人协商确定

C. 信用卡透支利率上限为日利率万分之五

D. 信用卡透支利率下限为日利率万分之五的0.7倍

19. 根据企业国有资产法律制度的规定，下列国有独资公司的人员中，应当由履行出资人职责的机构任免的是（　　）。

A. 总经理

B. 副总经理

C. 监事会主席

D. 财务负责人

20. 根据企业国有资产法律制度的规定，金融企业发生的下列行为中，可以不对相关国有资产进行评估的是（　　）。

A. 债权转股权

B. 债务重组

C. 处置不良资产

D. 上市公司可流通的股权转让

21. 根据反垄断法律制度的规定，因下列垄断协议引起的民事纠纷案件中，由原告承担举证责任的是（　　）。

A. 限制购买新技术的垄断协议

B. 分割原材料采购市场的垄断协议

C. 固定或者变更商品价格的垄断协议

D. 限定向第三人转售商品的最低价格

22. 根据外商投资法律制度的规定，国家对外商投资实行准入前国民待遇加负面清单管理制度。下列关于负面清单的表述中，不正确的是（　　）。

A. 外商投资准入负面清单规定禁止投资的领域，外国投资者不得投资

B. 外商投资准入负面清单规定限制投资的领域，外国投资者不得投资

C. 外商投资准入负面清单以外的领域，按照内外资一致的原则实施监督管理

D. 负面清单由国务院投资主管部门会同国务院商务主管部门等有关部门提出，报国务院发布或者报国务院批准后由国务院投资主管部门、商务主管部门发布

23. 根据对外贸易法律制度的规定，保障措施采取数量限制形式的，有权作出该决定的机构是(　　)。

A. 商务部

B. 海关总署

C. 国家税务总局

D. 国务院关税税则委员会

24. 根据外汇管理法律制度的规定，负责对合格境内机构投资者（QDII）的资金汇兑进行管理的机构是(　　)。

A. 财政部

B. 商务部

C. 国家外汇管理局

D. 中国证监会

二、**多项选择题**（本题型共 14 小题，每小题 1.5 分，共 21 分。每小题均有多个正确答案，请从每小题的备选答案中选出你认为正确的答案，用鼠标点击相应的选项。每小题所有答案选择正确的得分，不答、错答、漏答均不得分。）

1. 根据《民法总则》的规定，下列各项中，属于非营利法人的有(　　)。

A. 社会团体

B. 基金会

C. 国家机关

D. 基层群众性自治组织

2. 根据诉讼时效法律制度的规定，下列各项中，属于诉讼时效中断事由的有(　　)。

A. 权利受到侵害的无民事行为能力人的法定代理人死亡

B. 继承开始后未确定继承人或者遗产管理人

C. 权利人申请诉前财产保全措施

D. 权利人申请支付令

3. 根据物权法律制度的规定，下列关于地役权的表述中，正确的有(　　)。

A. 地役权属于自物权

B. 地役权属于他物权

C. 地役权属于独立物权

D. 地役权属于从物权

4. 债权人甲认为债务人乙怠于行使其到期债权给自己造成损害，欲提起代位权诉讼。根据合同法律制度的规定，下列各项债权中，不得提起代位权诉讼的有(　　)。

A. 安置费给付请求权

B. 劳动报酬请求权

C. 人身伤害赔偿请求权

D. 因继承关系产生的给付请求权

5. 张某向陈某借款 100 万作为出资，与李某、王某成立一家普通合伙企业。2 年后借款到期，张某无力还款。根据合伙企业法律制度的规定，下列表述中，正确的有(　　)。

A. 经李某和王某同意，张某可以将自己的财产份额作价转让给陈某，以抵销部分债务

B. 张某可以不经李某和王某同意，将其在合伙企业中的财产份额出质，用获得的贷款偿还债务

C. 陈某可以直接要求人民法院强制执行张某在合伙企业中的财产份额以实现自己的债权

D. 陈某可以要求李某和王某对张某的债务承担连带责任

6. 因公司章程规定的营业期限届满，蒙玛有限责任公司进入清算程序。根据公司法律制度的规定，下列表述中，错误的有(　　)。

A. 公司逾期不成立清算组时，公司股东可以直接申请人民法院指定清算组对公司进行清算

B. 在清算期间，由清算组代表公司参加民事诉讼

C. 债权人未在规定期限内申报债权的，则不得补充申报

D. 人民法院组织清算的，清算方案报人民法院备案后，清算组即可执行

7. 根据证券法律制度的规定，下列各项中，对招股说明书中的虚假记载承担过错推定责任的有(　　)。

A. 发行人的控股股东

B. 保荐人

C. 承销的证券公司

D. 发行人的董事、监事和高级管理人员

8. 甲公司拟收购乙上市公司。根据证券法律制度的规定，下列投资者中，如无相反证据，与甲公司互为一致行动人的有（　　）。

A. 甲公司董事杨某

B. 甲公司董事长张某多年未联系的同学

C. 甲公司某监事的母亲

D. 甲公司总经理的配偶

9. 下列关于商业汇票的表述中，符合票据法律制度规定的有（　　）。

A. 汇票上未记载“付款日期”的，视为见票即付

B. 票据金额的中文大写与数码不一致的，票据无效

C. 出票人记载“不得转让”字样的票据，其后手以此票据进行贴现的，通过贴现取得票据的持票人享有票据权利

D. 背书人未记载“被背书人名称”即将票据交付他人的，持票人在票据被背书人栏内记载自己的名称与背书人记载具有同等法律效力

10. 某上市公司的总股本为15亿股，其国有控股股东拟通过证券交易系统转让上市公司股份。根据企业国有资产法律制度的规定，下列情形中，应报履行出资人职责的机构审核批准的有（　　）。

A. 拟于一个会计年度内累计净转让3000万股

B. 拟于一个会计年度内累计净转让5000万股

C. 拟于一个会计年度内累计净转让7500万股

D. 拟于一个会计年度内累计净转让8000万股

11. 根据反垄断法律制度的规定，垄断协议是指排除、限制竞争的协议、决定或者其他协同行为。在认定“其他协同行为”时，应当考虑的因素有（　　）。

A. 经营者的市场行为是否具有一致性

B. 经营者之间是否进行过意思联络或者信息交流

C. 经营者能否对行为的一致性作出合理解释

D. 相关市场的市场结构、竞争状况、市场变化等情况

12. 根据反垄断法律制度的规定，具有市场支配地位的经营者没有正当理由实施的下列行为中，属于滥用市场支配地位行为的有（　　）。

A. 交易时在价格之外附加不合理的费用

B. 对商品的销售地域、销售对象、售后服务等附加不合理的限制

C. 对合同期限、支付方式等附加不合理的限制

D. 对商品的运输及交付方式等附加不合理的限制

13. 根据外商投资法律制度的规定，外国投资者的下列所得中，可以依法以人民币或者外汇自由汇入、汇出的有（　　）。

A. 利润

B. 资本收益

C. 知识产权许可使用费

D. 资产处置所得

14. 根据对外贸易法律制度的规定，下列关于临时反倾销措施的表述中，正确的有（　　）。

A. 自反倾销立案调查决定公告之日起90天内，不得采取临时反倾销措施

B. 临时反倾销措施实施的期限，自临时反倾销措施决定公告规定实施之日起，不超过4个月；在特殊情形下，可以延长至9个月

C. 征收临时反倾销税，由商务部作出决定并予以公告

D. 要求提供保证金、保函或者其他形式的担保，由商务部作出决定并予以公告

模拟二

三、案例分析题（本题型共4小题55分。其中一道小题可以选用中文或英文解答，请仔细阅读答题要求。如使用英文解答，须全部使用英文，答题正确的，增加5分。本题型最高得分为60分。）

【案例1】（本题10分）

2020年7月1日，人民法院裁定受理了甲公司的破产申请，并同时指定了管理人。在该破产案件中，存在下述情况：

（1）2019年9月1日，甲公司与A公司签订买卖合同，甲公司从A公司处购买100万元的原材料。同日，双方签订一份抵押合同，甲公司以其机器设备向A公司设定抵押。

（2）2020年4月1日，乙公司向B银行贷款500万元，期限6个月。甲公司作为乙公司的连带保证人与B银行签订了保证合同。2020年7月10日，B银行向管理人申报破产债权，管理人以主债务尚未到期为由予以拒绝。

（3）2020年6月1日，甲公司向C银行贷款800万元，期限3个月。丙公司作为甲公司的一般保证人和C银行签订了保证合同。2020年7月10日，C银行要求丙公司履行保证责任。

（4）2019年5月10日，丁公司向D银行贷款1000万元，期限1年。甲公司以其厂房为丁公司的债务提供抵押担保，并办理了抵押登记。借款到期后，丁公司未能偿还D银行的贷款本息。经甲公司、丁公司和D银行协商，甲公司用于抵押的厂房被依法变卖，所得价款全部用于偿还D银行，但尚有200万元借款本息未能得到清偿。

要求：

根据上述内容，分别回答下列问题：

（1）根据本题要点（1）所提示的内容，对于甲公司以其机器设备向A公司设定抵押的行为，管理人是否有权请求人民法院予以撤销？并说明理由。

（2）根据本题要点（2）所提示的内容，因主债务尚未到期，债权人B银行能否申报破产债权？并说明理由。

（3）根据本题要点（3）所提示的内容，一般保证人丙公司能否行使先诉抗辩权？因主债务尚未到期，债权人C银行能否要求丙公司提前履行保证责任？并分别说明理由。

（4）根据本题要点（4）所提示的内容，D银行能否将未得到清偿的200万元向管理人申报普通破产债权？并说明理由。

【案例2】（本题10分）

2020年4月1日，甲公司签发一张以乙公司为收款人、金额为100万元的银行承兑汇票，A银行已经承兑，付款日期为2020年7月1日。

2020年6月20日，乙公司将该银行承兑汇票丢失，被张某拾得。张某伪造了乙公司的财务专用章和法定代表人王某的人名章，以乙公司的名义将该汇票背书转让给知情的丙公司，丁公司以乙公司保证人的名义在票据上签章并记载了“保证”字样，但未记载保证日期。

2020年6月24日，丙公司将该汇票背书转让给不知情的戊公司，以支付货款。

2020年7月4日，戊公司向A银行提示付款，A银行以出票人甲公司银行账户资金不足和票据被伪造为由拒绝付款，并于当日出具了退票理由书。

要求：

根据上述内容，分别回答下列问题：

（1）丁公司在票据上未记载保证日期，保证日期是哪一天？并说明理由。

（2）丙公司是否享有票据权利？并说明理由。

（3）戊公司是否取得了票据权利？并说明理由。

（4）A银行拒绝付款的两个理由是否成立？并分别说明理由。

（5）戊公司能否向乙公司行使追索权？并说明理由。

（6）戊公司能否向张某行使追索权？并说明理由。

(7) 戊公司能否向丁公司行使追索权？并说明理由。

【案例3】(本题17分)

2019年4月1日，甲公司向乙公司借款100万元，期限1年。双方未约定借期内是否支付利息，也未约定逾期利率。

应债权人乙公司的要求，丙公司以其挖掘机为该笔借款提供了抵押担保，2019年4月1日双方签订了抵押合同，2019年4月10日办理了抵押登记。同时，丁公司为该笔借款提供了保证担保，2019年4月1日丁公司与乙公司签订了保证合同，但未约定保证方式，当事人对担保权实现的先后顺序也未进行约定。

2019年6月1日，丙公司将该挖掘机出租给戊公司，双方签订了书面租赁合同，租赁期限为2年。

2020年4月1日，借款到期后，甲公司未按照约定偿还借款，乙公司直接要求丁公司承担保证责任。丁公司拒绝，理由有二：第一，乙公司必须先向丙公司实现抵押权；第二，丁公司承担一般保证责任，享有先诉抗辩权。

乙公司遂要求丙公司承担担保责任。经协商，丙公司准备将该挖掘机作价160万元卖给庚公司，用于履行担保责任。

要求：

根据上述内容，分别回答下列问题：

(1) 如果乙公司主张甲公司按照市场利率支付借期内的利息，人民法院是否应予以支持？并说明理由。

(2) 如果乙公司主张甲公司自逾期还款之日起按照年利率6%支付资金占用期间的利息，人民法院是否应予以支持？并说明理由。

(3) 乙公司对挖掘机的抵押权何时设立？并说明理由。

(4) 丁公司关于乙公司必须先向丙公司实现抵押权的主张是否成立？并说明理由。

(5) 丁公司关于其享有先诉抗辩权的主张是否成立？并说明理由。

(6) 丙公司将该挖掘机卖给庚公司时，戊公司是否享有在同等条件下优先购买的权利？并说明理由。

(7) 当丙公司履行担保责任后，能否向丁公司追偿？并说明理由。

【案例4】(本题18分)

甲上市公司(以下简称“甲公司”)于2008年4月在上海证券交易所上市，因2018年、2019年经审计的净利润连续为负值，上海证券交易所对其股票实施了退市风险警示。乙国有独资公司(以下简称“乙公司”)为甲公司的控股股东，持有甲公司40%的股份。甲公司2019年度经审计的合并财务会计报告期末资产总额为30亿元。

为了解决甲公司面临的严重财务困难，甲公司、乙公司与丙公司多次磋商，丙公司提出的重大资产重组计划及具体时间表得到了甲公司和乙公司的高度认可。2020年3月1日，三方拟订了重大资产重组方案，该方案的部分要点如下：(1)甲公司将其全部经营性资产作价25亿元出售给乙公司；(2)乙公司将其持有的甲公司40%的股份作价25亿元协议转让给丙公司；(3)丙公司将其全资子公司丁公司100%的股权作价35亿元协议转让给甲公司；(4)丙公司承诺5年内不转让其持有的甲公司股份。

丁公司为2015年4月设立的有限责任公司，2017年、2018年和2019年的净利润分别为1000万元、3000万元和5000万元。截至2019年12月31日，丁公司的资产总额为36亿元。

2020年3月10日，乙公司与丙公司签订了股份转让协议。该协议的部分要点如下：(1)股份转让价款合计为25亿元；(2)丙公司以现金方式支付股份转让价款，丙公司应当于股份转让协议签订后5个工作日内向乙公司支付5亿元的保证金，其余价款在股份过户前全部结清。

乙公司与丙公司签订股份转让协议后，乙公司报履行出资人职责的机构审核批准。履行出资人职责的机构指出了该协议中存在的不符合规定之处，乙公司与丙公司协商后对协议中的相关内容进行了修改。

2020 年 5 月 18 日，甲公司召开临时股东大会审议重大资产重组事项。除乙公司回避表决外，其他出席股东大会的股东所持的表决权合计为 32%，其中，投赞成票的股东所持的表决权合计为 22%。会议结束后，在表决时投反对票的股东王某要求甲公司董事会回购其所持有的甲公司全部股份，被甲公司董事会拒绝。

2020 年 7 月 14 日，甲公司再次召开临时股东大会，讨论吸收合并丁公司的事项，出席股东大会的股东一致通过了该项决议。

甲公司和丁公司于 2020 年 7 月 15 日分别通知了各自的已知债权人，并于 2020 年 7 月 16 日在报纸上进行了公告。戊银行对甲公司享有一笔 2020 年 12 月 3 日到期的借款债权，接到甲公司的合并通知后，2020 年 7 月 20 日，戊银行向甲公司提出偿债请求，甲公司以债务未到期为由，予以拒绝。

2020 年 9 月，甲公司完成对丁公司的吸收合并。但在办理丁公司的注销登记时，公司登记机关的工作人员张某以丁公司未经清算程序为由，拒绝为其办理注销登记。

要求：

根据上述内容，分别回答下列问题：

（1）2020 年 5 月 18 日，甲公司临时股东大会对本次重大资产重组事项进行表决时，临时股东大会能否通过本次重大资产重组事项？并说明理由。

（2）甲公司董事会是否有权拒绝回购王某所持有的甲公司股份？并说明理由。

（3）乙公司非公开协议转让所持上市公司股份的做法是否符合企业国有资产法律制度的规定？并说明理由。

（4）在乙公司与丙公司签订的股份转让协议中，有哪些内容不符合企业国有资产法律制度的规定？并说明理由。

（5）丁公司的净利润指标是否符合证券法律制度的规定？并说明理由。

（6）丙公司是否应当向甲公司的所有剩余股份发出收购要约？并说明理由。

（7）甲公司拒绝戊银行偿债请求的理由是否成立？并说明理由。

（8）张某提出丁公司未经清算程序不得办理注销登记的说法是否成立？并说明理由。

全真模拟测试题（二）参考答案及解析

一、单项选择题

1. 【答案】C

解析：（1）选项 AB：属于法律行为；（2）选项 D：属于事实行为。

2. 【答案】C

解析：选项 ABD：属于可撤销的民事法律行为。

3. 【答案】B

解析：选项 B：请求他人不作为的债权请求权，应当自权利人知道义务人违反不作为义务时起算。

4. 【答案】D

解析：（1）选项 ABC：属于独立物权；（2）选项 D：属于从物权。

5. 【答案】D

解析：选项D：建设用地使用权可以抵押，但不能设定权利质押。

6.【答案】C

解析：采用书面形式订立合同，合同约定的签订地与实际签字或者盖章地点不符的，约定的签订地为合同签订地；合同没有约定签订地，双方当事人签字或者盖章不在同一地点的，最后签字或者盖章的地点为合同签订地。

7.【答案】A

解析：选项A：债权人行使撤销权应以自己的名义，向被告住所地人民法院提起诉讼。

8.【答案】B

解析：（1）选项ACD：不视为执行合伙企业事务；（2）选项B：有限合伙人不执行合伙事务，不得对外代表有限合伙企业。

9.【答案】C

解析：作为有限合伙人的自然人在有限合伙企业存续期间丧失民事行为能力的，其他合伙人不得因此要求其退伙。

10.【答案】B

解析：（1）甲：普通合伙人转变为有限合伙人的，对其作为普通合伙人期间合伙企业发生的债务承担无限连带责任；（2）丙：有限合伙人转变为普通合伙人的，对其作为有限合伙人期间有限合伙企业发生的债务承担无限连带责任。

11.【答案】A

解析：（1）股东会会议由股东按照出资比例行使表决权；但是，公司章程另有规定的除外；（2）股东会会议作出增加或者减少注册资本的决议，必须经代表2/3以上表决权的股东通过。

12.【答案】B

13.【答案】B

14.【答案】C

解析：（1）选项AB：在上市公司或者其附属企业任职的人员及其直系亲属和主要社会关系，不得担任独立董事；（2）选项C：直接或者间接持有上市公司已发行股份1%以上的自然人股东及其直系亲属（岳父不属于直系亲属），不得担任独立董事；（3）选项D：在直接或者间接持有上市公司已发行股份5%以上的股东单位任职的人员及其直系亲属，不得担任独立董事。

15.【答案】C

解析：选项CD：公司的董事、1/3以上监事或者经理（不包括副经理、财务负责人）发生变动的，才属于重大事件。

16.【答案】B

解析：选项B：在全国中小企业股份转让系统挂牌公开转让股票的非上市公众公司向特定对象发行股票后股东累计不超过200人的，豁免向中国证监会申请核准，由全国中小企业股份转让系统自律管理。

17.【答案】D

解析：（1）选项A：破产申请受理后，欠缴税款的滞纳金应当停止计算，在破产程序中不得作为破产债权清偿；（2）选项BC：破产申请受理后，债务人欠缴款项产生的滞纳金，包括债务人未履行生效法律文书应当加倍支付的迟延利息和劳动保险金的滞纳金，债权人作为破产债权申报的，人民法院不予确认。

18.【答案】B

19.【答案】C

解析：国有独资公司的董事长、副董事长、董事、监事会主席和监事由履行出资人职责的机构任免。

20.【答案】D

解析：选项ABC：应当进行资产评估。

21.【答案】D

解析：（1）选项ABC：横向垄断协议由被告承担举证责任；（2）选项D：纵向垄断协议由原告承担举证责任。

22.【答案】B

解析：选项B：外商投资准入负面清单规定限制投资的领域，外国投资者可以投资，但应当符合负面清单规定的股权要求、高级管理人员要求等限制性准入特别管理措施。

模拟二

23.【答案】A

24.【答案】C

二、多项选择题

1.【答案】AB

解析：(1)选项AB：属于“非营利法人”；(2)选项CD：属于“特别法人”。

2.【答案】CD

解析：选项AB：属于诉讼时效期间的中止事由。

3.【答案】BD

解析：(1)选项AB：地役权属于用益物权（他物权）；(2)选项CD：地役权属于从物权。

4.【答案】ABCD

5.【答案】AC

解析：(1)选项A：除合伙协议另有约定外，普通合伙人向合伙人以外的人转让其全部或者部分财产份额时，须经其他合伙人一致同意；(2)选项B：普通合伙人以其在合伙企业中的财产份额出质的，必须经其他合伙人的一致同意；(3)选项C：普通合伙人的自有财产不足清偿其个人所负债务的，该合伙人可以其从合伙企业中分取的收益用于清偿，债权人也可以依法请求人民法院强制执行该合伙人在合伙企业中的财产份额用于清偿；(4)选项D：普通合伙人对合伙企业的债务承担无限连带责任，但对其他合伙人的个人债务无须承担无限连带责任。

6.【答案】ACD

解析：(1)选项A：公司解散逾期不成立清算组进行清算，只有当债权人未提起清算申请的，公司股东才能申请人民法院指定清算组对公司进行清算；(2)选项C：债权人在规定的期限内未申报债权，在公司清算程序终结前补充申报的，清算组应予登记；(3)选项D：人民法院组织清算的，清算方案应当报人民法院确认（而非备案）之后，清算组才能执行。

7.【答案】ABCD

8.【答案】ACD

9.【答案】ABD

解析：选项C：对于出票人记载“不得转让”字样的汇票，其后手以此票据进行贴现、质押的，通过贴现、质押取得票据的持票人主张票据权利的，人民法院不予支持。

10.【答案】BCD

解析：国有股东通过证券交易系统转让上市公司股份，总股本超过10亿股的上市公司，国有控股股东拟于一个会计年度内累计净转让数量达到5000万股及以上的，应报履行出资人职责的机构审核批准。

11.【答案】ABCD

12.【答案】ABCD

13.【答案】ABCD

解析：外国投资者在中国境内的出资、利润、资本收益、资产处置所得、取得的知识产权许可使用费、依法获得的补偿或者赔偿、清算所得等，可以依法以人民币或者外汇自由汇入、汇出。

14.【答案】BD

解析：(1)选项A：自反倾销立案调查决定公告之日起60天内，不得采取临时反倾销措施；(2)选项C：征收临时反倾销税，由商务部提出建议，国务院关税税则委员会根据商务部的建议作出决定。

三、案例分析题

【案例1答案】

(1)管理人不能请求人民法院予以撤销。根据规定，债务人在人民法院受理破产申请前1年内设定债务的同时提供的财产担保，不能撤销。

(2)B银行可以申报破产债权。根据规定，人民法院受理保证人破产案件后，主债务未到期的，保证债权视为已到期，取消了保证人的期限利益后，债权人对连带保证人可以直接申报债权进行追偿。

(3)①丙公司不得行使先诉抗辩权。根据规定，人民法院受理债务人破产案件，中止执行程序的，一般保证人不得行使先诉抗辩权；②C 银行无权要求丙公司提前履行保证责任。根据规定，破产案件受理时主债务未到期的，一般保证人并无提前履行保证责任的义务，仍应按照原保证合同的约定承担保证责任。

（4）D 银行不能申报普通破产债权。根据规定，破产企业仅作为担保人为他人债务提供抵押担保，在担保物价款不足以清偿所担保的债权时，余债不得作为破产债权向破产企业要求清偿，只能向主债务人追偿。

【案例 2 答案】

（1）保证日期为 2020 年 4 月 1 日。根据规定，未记载保证日期的，出票日期为保证日期。

（2）丙公司不享有票据权利。根据规定，以欺诈、偷盗或者胁迫等手段取得票据的，或者明知有前列情形，出于恶意取得票据的，不得享有票据权利。在本题中，丙公司明知张某伪造了乙公司的签章，仍受让票据，不享有票据权利。

（3）戊公司取得了票据权利。根据规定，尽管丙公司不享有票据权利，但由于其形式上是票据权利人，在其向戊公司背书转让时，戊公司符合票据权利善意取得的构成要件，戊公司善意取得票据权利。

（4）①A 银行以出票人甲公司银行账户资金不足为由拒绝付款的理由不成立。根据规定，承兑人不得以其与出票人之间的资金关系来对抗持票人，拒绝支付汇票金额；②A 银行以票据被伪造为由拒绝付款的理由不成立。根据规定，票据上有伪造签章的，不影响票据上其他真实签章的效力，在票据上真正签章的当事人，仍应对被伪造的票据的权利人承担票据责任，票据债权人在提示承兑、提示付款或者行使追索权时，在票据上的真正签章人不能以伪造为由进行抗辩。

（5）戊公司不能向乙公司行使追索权。根据规定，在假冒他人名义的情形下，被伪造人（乙公司）不承担票据责任。

（6）戊公司不能向张某行使追索权。根据规定，由于伪造人（张某）没有以自己的名义在票据上签章，因此不承担票据责任。

（7）戊公司可以向丁公司行使追索权。根据规定，票据上有伪造签章的，不影响票据上其他真实签章的效力，在票据上真正签章的当事人，仍应对被伪造的票据的权利人承担票据责任，票据债权人在提示承兑、提示付款或者行使追索权时，在票据上的真正签章人不能以伪造为由进行抗辩。

或者：根据规定，如果被保证人的债务因实质要件的欠缺而无效，并不影响票据保证的效力，保证人仍应对票据权利人承担票据保证责任。

【案例 3 答案】

（1）人民法院不予支持。根据规定，借贷双方没有约定利息，出借人主张支付借期内利息的，人民法院不予支持。

（2）人民法院应予支持。根据规定，借贷双方既未约定借期内的利率，也未约定逾期利率，出借人主张借款人自逾期还款之日起按照年利率 6% 支付资金占用期间利息的，人民法院应予支持。

（3）乙公司的抵押权于 2019 年 4 月 1 日设立。根据规定，当事人以动产设定抵押的，抵押权自抵押合同生效时设立。

（4）丁公司的主张不成立。根据规定，被担保的债权既有第三人提供的物的担保又有人的担保，当事人对承担担保责任的顺序没有约定或者约定不明确的，债权人可以执行第三人的物保，也可以首先要求保证人（丁公司）承担保证责任。

（5）丁公司的主张不成立。根据规定，当事人对保证方式没有约定或者约定不明确的，按照连带责任保证承担保证责任。在本题中，丁公司应承担连带保证责任，不享有先诉抗辩权。

（6）戊公司不享有优先购买权。根据规

定，只有在房屋租赁中承租人才享有优先购买权，对于其他标的物的租赁，并不适用优先购买权。

（7）丙公司不能向丁公司追偿。根据规定，在保证与第三人提供的物保并存的情况下，如果其中一人承担了担保责任，则只能向主债务人追偿，不能向另外一个担保人追偿。

【案例4答案】

（1）临时股东大会可以通过本次重大资产重组事项。根据规定，上市公司重大资产重组事宜与本公司股东或者其关联人存在关联关系的，股东大会就重大资产重组事项进行表决时，关联股东应当回避表决，该事项必须经出席会议的其他股东所持表决权的2/3以上通过。在本题中，除乙公司回避表决外，出席股东大会的其他股东所持的表决权合计为32%，投赞成票的股东所持的表决权合计为22%，超过了2/3。

（2）甲公司董事会有权拒绝回购王某所持有的甲公司股份。根据规定，股份有限公司异议股东的股份回购请求权仅限于对股东大会作出的公司合并、分立决议持有异议的情形。

（3）乙公司非公开协议转让所持上市公司股份的做法符合规定。根据规定，上市公司连续2年亏损并存在退市风险或者严重财务危机，受让方提出重大资产重组计划及具体时间表的，上市公司的国有股东可以非公开协议转让所持上市公司股份。

（4）保证金的数额不符合规定。根据规定，以现金支付股份转让价款的，国有股东应在股份转让协议签订后5个工作日内收取不低于转让价款30%的保证金，其余价款应在股份过户前全部结清。

（5）丁公司的净利润指标符合规定。根据规定，上市公司自控制权发生变更之日起36个月内，向收购人及其关联人购买的资产总额（36亿元）占上市公司控制权发生变更的前一个会计年度经审计的合并财务会计报告期末资产总额（30亿元）的比例达到100%以上的，上市公司购买的资产对应的经营实体应当是股份有限公司或者有限责任公司，且符合《首次公开发行股票并上市管理办法》规定的其他发行条件，其中包括最近3个会计年度净利润均为正数且累计超过人民币3000万元。在本题中，丁公司最近3个会计年度的净利润均为正数，合计为9000万元，符合规定。

（6）丙公司可以不向甲公司的所有剩余股份发出收购要约。根据规定，上市公司面临严重财务困难，收购人提出的挽救公司的重组方案取得该公司股东大会批准，且收购人承诺3年内不转让其在该公司中所拥有的权益，收购人可以免于以要约方式增持股份。

（7）甲公司的理由不成立。根据规定，公司合并的，债权人（不论债权是否到期）自接到通知书之日起30日内，未接到通知书的自公告之日起45日内，可以要求公司清偿债务或者提供相应的担保。

（8）张某的说法不成立。根据规定，因合并、分立而解散公司的，因其债权债务由合并、分立后继续存续的公司承继，不需要清算。

附　录

注册会计师全国统一考试（专业阶段）历年真题新解（东奥专供）

1. 历年真题价值大：

前面无数次介绍了历年真题的作用，简单来说，能帮助我们掌握考试“套路”，甚至有时候会出现真题原题，轻松拿分。

2. 根据最新政策变化修订的历年真题才是真正的“王者”：

市面上的真题和答案有很多，但多数是未根据最新政策修订的。这就容易出现考生做了一堆真题却都是无价值的情况。旧政策下的真题或答案不仅浪费做题时间，甚至会错误影响对考试的判断，与过关失之交臂。

东奥会计在线的历年真题，从题干到答案解析，都是经过《轻松过关》编著团队依据最新政策变化测算、修订出来的，让您用得放心，省时高效。

还等什么！赶紧扫码做题，冲力过关吧！

近 5 年真题查看方式：

1. 请登录网址：https://www.dongao.com/zckjs/xtzs/202002283056738.shtml，查看详情。

2. 或扫下方二维码，查看详情。

❖湖南天闻新华印务邵阳有限公司